Französische Atlantikküste

Manfred Görgens
Daniela Kasischke

DUMONT RICHTIG REISEN

Inhalt

Wind, Wasser und Wein (von Manfred Görgens)

Reisen an Frankreichs Atlantikküste

Loire-Mündung und Vendée

Poitou-Charentes

Das Bordelais

Gascogne

Baskenland und Béarn

Serviceteil

Wind, Wellen und Wein

Über 500 Kilometer Küste, das Hinterland nicht zu vergessen

»Gallia est omnis divisa in partes tres ...« – für Generationen von Schülern nahmen mit dieser Zeile aus Caesars ›Kriegsreport‹ die Qualen des Lateinunterrichts ihren Lauf. Was man schon nicht mehr so recht wahrnahm: Einer der »partes tres«, der drei Teile Galliens, war Aquitanien, zur Zeit des großen Imperators eine politische und kulturelle Einheit im Südwesten Frankreichs. Aqua, das Wasser, blieb Leitmotiv der Region, ob für die Römer, die an den Flüssen Handelsposten gründeten, ob für die Mönche des Mittelalters, die Klöster, Kirchen und Herbergen bevorzugt an den Wasserläufen als Stationen für die Jakobspilger errichteten, ob für die Wein- und Sklavenhändler, die in den Hafenstädten der frühen Neuzeit ihren Reichtum zur Schau stellten – oder für die heutigen Touristen, denen Wasser ein Hauptquell der Erholung ist.

Der Durchschnittsurlauber, so resümiert das Fremdenverkehrsamt der Region Aquitaine, verbringt nur die Stunden der An- und Abreise im Automobil, die eigentliche Ferienzeit jedoch ruhend oder sportlich aktiv am und im Wasser. Und als Transportmittel genügt diesem Mustergast zumeist das Fahrrad. Naturverbundenheit? Ökologische Einsicht? Gesundheitsbewusstsein? Von alledem etwas! Ein Blick zurück erschließt die historischen Wurzeln dieser Einstellung.

Um die Mitte des 19. Jh. stieg Arcachon zu einem der ersten Seebäder an der französischen Atlantikküste auf. Ob man nach Norden oder Süden blickte, meilenweit gab es nur Sand, der sich landeinwärts schob und alles begrub, was der Mensch errichtete. Doch Arcachon war anders, eine stille Meeresbucht an der Mündung der Leyre, die der Sand noch nicht zugeschüttet hatte.

Wer die Zeichen zu lesen versteht, der gewinnt hier Einblick in die Erd-

Die Côte Basque zählt zu den reizvollsten Küstenabschnitten Frankreichs

geschichte. Nach der letzten Eiszeit stieg der Meeresspiegel und überflutete das Aquitanische Becken. Dieser riesige Golf füllte sich von Osten und Süden her mit dem Schutt der Flüsse, von Westen mit dem Schwemmsand des Meeres. An einer fast schnurgeraden Linie, jenem heiß geliebten Sandband der Urlauber, treffen heute die Elemente aufeinander. Das Meer schiebt hier mit großer Gewalt Dünen auf, deren Sand nach Osten geweht wird. Die Wanderdünen, das wasserundurchlässige Gestein tieferer Schichten und das geringe Gefälle erschwerten die Drainage des Landes, das von Sümpfen und Binnenseen überzogen war. Es bedurfte großer Mühen, diese unwirtliche Region nutzbar zu machen.

Zu diesen Anstrengungen gehörte die weitflächige Aufforstung der *Landes* (›Heide‹, ›Ödland‹), wie das Hinterland der südlichen Atlantikküste genannt wird. Wer in Arcachon Urlaub macht und außer der Autobahn nur die Straßenzüge durch den riesigen Forst zum Sandstrand kennen lernt, der muss in der Tat den Eindruck gewinnen, dass

Richtig Reisen *Tipp*

Höhepunkte einer Reise an die französische Atlantikküste

- **Nantes,** einstiger Hafen an der Loire, reiche Stadt der Reeder, Geburtsort des Schriftstellers Jules Verne (S. 48ff.).
- Die **Insel Noirmoutier** mit ihren Salzgärten und der Passage du Gois (S. 67ff.).
- **Ile d'Yeu,** bretonisch-bizarre Felslandschaft auf einem Vorposten im Atlantik (S. 74ff.).
- **Puy du Fou,** ein Historienspektakel sondergleichen im Land der Windmühlen und der Kontrarevolutionäre (S.92f.).
- Die Altstadt von **La Rochelle** (S. 100ff.) und das Ferienparadies auf der **Ile de Ré** (S. 108ff.).
- Die romantischen Kanäle im **Marais Poitevin,** dem ›grünen Venedig‹ (S. 125f.).
- **Poitiers** (S. 135ff.), zeitweilig Hauptstadt Frankreichs, mit seinen Baudenkmälern und den Leinwandwundern des **Futuroscope** (S. 142).
- Relikte der Römerzeit und des Mittelalters in **Saintes,** heute Hafen der Hausboote (S. 162ff.).
- Die romanischen Kirchen der Saintonge, allen voran St-Pierre in **Aulnay-de-Saintonge** (S. 168).
- Schloss, Weinberge und Kellereien von **Cognac** (S. 158ff.).
- **Bordeaux,** Hauptstadt des ›Korkadels‹, prächtige Architektur einer glanzvollen Epoche (S. 172ff.).
- Die Altstadt von **St-Emilion** (S. 190ff.).
- Die Hochkultur des Weines in den Schlössern des **Médoc** (S. 204ff.).
- **Dune du Pilat,** Europas höchste Düne (S. 218).
- Die wilde Côte Basque mit dem Fischereihafen **Bayonne** (S. 230ff.) und dem Seebad **Biarritz** (S. 235ff.).
- Die Bergorte des Baskenlandes und des Béarn: **Aïnhoa** (S. 247), **St-Jean-Pied-de-Port** (S. 248), **Sauveterre-de-Béarn** (S. 250) oder **Oloron-Ste-Marie** (S. 254f.).

die wenigen Kilometer auf dem Fahrrad die gleichen oder gar intensivere Einblicke gewähren als Hunderte von Kilometern im Pkw. Doch der Eindruck täuscht. Dieses Buch möchte die Region zwischen Loire und Pyrenäen wieder als kulturelle Einheit erfahrbar machen und neben quirligem Urlaubsleben und Wassersport auch geruhsamere Gegenden vorstellen. In abgeschiedener Landschaft sind Dolmen zu entdecken, in lauschigen Dörfern romanische Kirchen. Thalassozentren und Thermalbäder bieten Entspannung, elegante Hafenstädte laden zum Bummel ein, Weingüter und erlesene Restaurants warten mit kulinarischen Genüssen auf. Der neugierige Gast wird die französische Atlantikküste als eine der vielfältigsten Urlaubsregionen Europas erleben.

Landeskunde im Schnelldurchgang – französische Atlantikküste

Verwaltung: Niemand, so scheint es, war 1790 so preußisch wie Frankreichs Revolutionäre. In ihrem Ordnungsdrang teilten sie das Land in Verwaltungseinheiten, die sie nach alphabetischer Abfolge durchnummerierten und gern noch am Reißbrett in Quadrate zerschnitten hätten. Die Nummern dieser Departements *(départements)* eröffnen heute die fünfstelligen Postleitzahlen und erscheinen auf Autokennzeichen.

Der revolutionäre Geist hatte die Republik im Kopf, bewahrte aber ein Ideal des Absolutismus: den zentralistischen Staat. So ignorierten die Departements die historischen Grenzen, um alte Machtzentren aufzubrechen. Erst eine Regionalreform der 70er Jahre des 20. Jh. fügte die Bruchstücke halbwegs behutsam wieder zusammen. Seither besteht Frankreich aus 21 Regionen mit je zwei bis acht Departements. Letztere besitzen einen auf sechs Jahre gewählten Rat *(conseil général),* der dem Rat der Region *(conseil régional)* untergeordnet ist.

Als schöne Bescherung der Teilungswut ergab sich, dass neben geläufige geographische Begriffe die neuen Namen der Departements und Regionen traten. Das moderne Aquitaine beispielsweise ist keineswegs identisch mit dem historischen Aquitanien, sondern nur noch ein Bruchteil dessen.

Um es leidlich überschaubar zu machen: Der vorliegende Reiseführer beschreibt aus der Region Pays de la Loire (Hauptstadt Nantes) die Departements Loire-Atlantique (Nantes) und Vendée (La Roche-sur-Yon); aus Poitou-Charentes (Poitiers) Teile von Deux-Sèvres (Niort), Vienne (Châtellerault) und Charente (Angoulême) sowie das gesamte Charente-Maritime (La Rochelle); schließlich aus Aquitaine (Bordeaux) die Departements Gironde (Bordeaux), Landes (Mont-de-Marsan) und Pyrénées-Atlantiques (Pau). Insgesamt ergibt dies eine Fläche von etwa 60 000 km^2 mit einer Bevölkerung von rund 5 Mio. Menschen.

Staatsform: Die Republik Frankreich ist eine Präsidialdemokratie. Der Präsident wird in allgemeiner Wahl auf fünf Jahre ins Amt berufen. Zu seinen weit reichenden Befugnissen zählt die Ausübung der Exekutive. Dem Parlament, bestehend aus der Nationalversammlung (577 Abgeordnete, auf fünf Jahre in Direktwahl bestimmt) und dem Senat (321 Senatoren, von Abgeordneten, Regional- und Stadträten auf neun Jahre gewählt), obliegt die Legislative. Führende Parteien sind die Parti Socialiste (PS) und die bürgerliche Mitte (RPR und UDF).

Hauptstadt und Regierungssitz des Landes ist Paris. Die Einwohnerzahl Frankreichs beläuft sich auf 57,8 Mio., die Gesamtfläche auf 543 965 km^2, die Bevölkerungsdichte auf 106 Ew./km^2.

Geographie: Das vorliegende Buch beschreibt ein sichelförmiges Gebiet zwischen Loire-Mündung und Pyrenäen, dessen prominentestes Merkmal der Küstensaum ist. Nördlich des 70 km langen Trichters der Gironde-Mündung ist diese Küste durch einige Buchten gegliedert. Die vorgelagerten Inseln Noirmoutier, Yeu, Ré und Oléron – letztere mit 30 km Länge und 6 km Breite Frankreichs zweitgrößte Insel – gelten wegen ihrer sandigen Strände als lohnende Urlaubsziele, während auf dem Festland die sumpfigen Mündungsgebiete der Flüsse zum Baden ungeeignet sind. Allerdings findet man abseits davon immerhin etwa 150 km feinen Sandstrand. Fast ununterbrochen zieht sich dagegen der 240 km lange, schnurgerade Dünenstreifen von der Gironde südwärts. Kurz vor der spanischen Grenze geht er in die wilde, bei Surfern beliebte Felsküste der Côte Basque über.

Das Hinterland ist eine weite, durch einen Gesteinsbogen begrenzte Ebene. Höchste Erhebungen sind hier die Hügel der Vendée mit max. 285 m. Südlich der Gironde erstrecken sich die flachen Landes, die im 19. Jh. für die Forstwirtschaft erschlossen wurden. Sie reichen bis zu den schroffen Gipfeln der Pyrenäen, deren höchste Erhebung in den Grenzen Aquitaniens der Pic du Midi d'Ossau (2884 m) ist.

Der von den Pyrenäen gespeiste Adour, der die Landes durchzieht, ist als Wasserstraße unbedeutend. Wichtige Transportwege waren dagegen die breiten Flüsse, die sich im Norden in den weichen Kalk gruben, darunter Garonne (650 km), Dordogne (490 km) und Charente (360 km) sowie die Loire, die wir nur an ihrem Unterlauf streifen.

Wirtschaft: Gegen die Tradition einer einseitigen Förderung der Hauptstadt Paris richtete sich seit den 70er Jahren des 20. Jh. eine Politik der Dezentralisierung. Regionale Universitäten wurden erweitert, Häfen erneuert, die Geleise des TGV *(train à grande vitesse)* zwischen Paris und Bordeaux verlegt, Autobahnen gebaut und – ein typisches Bild an den Ausfallstraßen der Städte – die Ansiedlung von Kleinbetrieben gefördert. Dennoch macht die Industrie am Atlantik lediglich 5 % vom Gesamtvolumen Frankreichs aus. Sie konzentriert sich weitgehend auf die Hafenstädte sowie die Gegend um Poitiers. Dies liegt auch am Mangel an Bodenschätzen. Nennenswert sind lediglich das Erdgas von Lacq im Béarn sowie das Öl von Biscarrosse und Parentis in den Landes.

Ansonsten wird die Region weitgehend von Vieh-, Land- und Forstwirtschaft beherrscht. Riesige Weizen-, Raps- und Sonnenblumenfelder überziehen Poitou und Angoumois. Saftige Viehweiden finden sich in der Vendée und entlang großer Flüsse. Im milden Klima der Küstenregionen gedeihen Frühgemüse und Frühobst. Die Landes liefern Holz, wovon die Möbel- und Papierproduktion ebenso profitiert wie das Druckereigewerbe von Angoulême. Vorrangige Einnahmequelle bleiben aber die Weine, insbesondere die des Bordelais. Dort liegt das mit 115 000 ha weltgrößte Anbaugebiet von Qualitätsweinen. Bedeutung haben zudem der Muscadet aus der Loire-Region sowie der Cognac.

Wichtiger Wirtschaftsfaktor ist daneben die Fischerei. Bei Hochseefängen handelt es sich vor allem um Thunfisch, bei küstennahen, eher im Norden eingebrachten Fängen um Sardinen, Plattfische und Krustentiere. Die Überfischung ist ein großes Problem, dem die EU mit der Reglementierung der Fangquoten begegnet. Weniger bedroht ist die Zucht von Austern (Europas größte Becken befinden sich in Marennes) und Miesmuscheln (z. B. Bucht von l'Aiguillon), doch lassen angesichts des hohen Aufwands die Gewinne zu wünschen übrig.

Der Tourismus beherrscht seit dem 19. Jh. die Thermal- und Seebäder und zog zunächst eine elitäre, finanzstarke Klientel an. Inzwischen hat man sich auf den Massentourismus umgestellt. Dabei ist die Nordküste eher Terrain der Franzosen (in der

Vendée 91 % der Gäste an den Stränden, 89 % im Hinterland), der Süden zudem stark von deutschen Campern frequentiert. Das Hinterland wird vergleichsweise selten besucht. Einzig die Vendée, zweitwichtigstes Departement im französischen Tourismus, hat dieses Problem zum Teil bewältigt – bedingt nicht zuletzt durch das Historienspektakel am Puy du Fou (s. S. 92f.).

Bevölkerung: Die drei Regionen Pays de la Loire, Poitou-Charentes und Aquitaine haben zusammen eine Bevölkerung von ca. 7,6 Mio. Ballungszentren sind die alten Hafenstädte, als größte Nantes mit ca. 250 000 und Bordeaux mit ca. 213 000 Einwohnern (ohne Agglomerationen).

Die Bevölkerungsdichte, etwa der Vendée mit 78 Ew./km^2, liegt deutlich unter dem Landesdurchschnitt (106/km^2). Im äußerst dünn besiedelten Departement Landes beträgt sie gar nur 34 Ew./km^2. Hier zeigen sich die dramatischen Folgen der Landflucht, die zu einem großen Teil den Pariser Zentralisierungsbestrebungen zuzuschreiben ist. Der Tiefststand der atlantischen Bevölkerung im Jahre 1936 ist allerdings längst überwunden, was auf einen Anstieg der Geburtenrate wie auch auf Zuwanderung etwa aus Spanien und Algerien zurückgeht. Der steigende Anteil von Muslimen wie auch die erneute Ansiedlung protestantischer Familien in den alten Hochburgen der Hugenotten trugen dazu bei, dass heute nur noch knapp 77 % der Bevölkerung dem römisch-katholischen Glauben angehören.

Riesige Sonnenblumenfelder überziehen die Region

Landschaft und Natur

Geographie: Weiden, Sümpfe, Sand und hohe Berge

Trotz Überschwemmungen, trotz vieler Pläne, trotz Bemühungen der Industrie: Der Loire blieb bislang die Begradigung erspart. Eine Fahrt entlang ihrer wilden Ufer kann daher der eindrucksvolle Auftakt für eine Reise an den Atlantik sein. Nördlich des Flusses, in der Bretagne, verläuft der Armorikanische Bogen, verwittertes Urgestein, dessen Schiefer- und Granitausläufer bis ins Pays de Retz und in die Vendée reichen. Ein atlantischer Vorposten dieser frühen Erdformungen sind die bizarren Felsufer der Ile d'Yeu. Die Nachbarinsel Noirmoutier mit ihren Sanddünen und dem Schlick der vorgelagerten Bucht kündet dagegen von weitaus jüngerem geologischen Wandel.

Von einer »amphibischen Wüste« ist mitunter die Rede, wenn die Vergangenheit des unwirtlichen Landes am Atlantik beschrieben wird. Im Norden wurde der Kalkboden eines urzeitlichen Meeres, im Süden der harte Gesteinsschutt der Pyrenäen von Schwemmland und Sand überdeckt. Wo das Wasser wegen der Beschaffenheit des Untergrundes, mangelnder Neigung oder periodischer Überspülung nicht ablief, bildeten sich Seen und Sümpfe. Nicht weit von Nantes liefert der Lac de Grand-Lieu ein erstes Beispiel für eine solche Landschaft. Richtung Süden folgen Marais Breton, Vendéen und Poitevin – Marschen, durch die in jahrhundertelanger Arbeit Entwässerungsgräben gezogen wurden, um Weiden für Rinder und Schafe sowie Ackerparzellen für den Gemüseanbau zu erhalten. Die von sattem Grün umschlossenen Kanäle dieser Marais zählen zu den großartigsten Szenerien im Hinterland.

In küstennahen Bereichen, wo Meerwasser die Sümpfe überspült, legten die Menschen schon früh Salzgärten an, denen die Region vorübergehend einen beträchtlichen Wohlstand verdankte. Salz, das im mittelalterlichen Nordeuropa besten Absatz als Konservierungsmittel fand, wird heute nur noch an wenigen Stellen auf den Inseln (außer Yeu) abgebaut. Was sonst von den alten Salzbecken blieb, dient als Weideland oder als Zuchtbecken für Austern.

Neben dem Wasser war der Wind prägendes Element der Landschaft. Der Bocage Vendéen, ein von Wiesen, Weißdorn und Ginster überzogenes Hügelland im Norden, das sich heute der Rinderzucht und dem Obstanbau widmet, war einst mit Windmühlen übersät. Dort wurde das im Überfluss vorhandene Getreide der Region gemahlen. Riesige Weizenfelder überziehen noch heute die Ebenen, die südlich an den Bocage anschließen, doch der größere optische Reiz dieses Landstrichs geht von den Raps- und Sonnenblumenpflanzungen aus, die von Frühjahr bis Herbst einen gelben Teppich über Poitou, Angoumois und Saintonge legen. Unterbrochen wird er von den grünen Blättern und Trauben des Cognac.

Dort, am Puls der Branntweinkultur, ist die Charente erreicht, der erste Fluss südlich der Loire, der ein breites, schiffbares Bett in den Kalk gegraben hat. Bedeutende Kulturdenkmäler und romantische Landschaften säumen seine Ufer.

Blick auf die Côte Sauvage der Ile d'Yeu, deren Rillen und Furchen von der Kraft des Atlantischen Ozeans zeugen

Weiter südlich vereinen sich Dordogne und Garonne zum Mündungstrichter der Gironde. An ihrem Nordufer ragen steile Kreidewände auf, ansonsten aber ist die Gironde mit ihrem trüben Wasser, der oft flirrenden Hitze und den weiten Ausblicken über spiegelglatte Flächen eher ein Ort der Tristesse. Heiterer wirken dagegen die über Meilen mit Wein bedeckten Hügel des Bordelais.

Wein ist nicht gleich Wein; diese Wahrheit vor allem lehrt das Bordelais. Viele Faktoren tragen zur Güte und zum Geschmack bei, einer davon ist die Beschaffenheit des Bodens. Kalk prägt die Tropfen nördlich und östlich von Bordeaux, während im Westen der vom Meer angespülte Kies das unverwechselbare Bukett des Médoc hervorbringt. Nur wenige Kilometer von den großen Weingütern entfernt beginnt der Kiefernforst, der die Landschaft bis zu den Vorbergen der Pyrenäen überzieht. Dort schließlich, am Rande der hohen Gipfel, wird auf Lehmböden ein wenig Weinbau, vor allem aber Viehzucht betrieben.

Das Gebirge, das auf 450 km Länge die Iberische Halbinsel von Frankreich trennt, wurde vor rund 250 Mio. Jahren erstmals aufgeschoben und etwa 50 Mio. Jahre später überschwemmt. Erst danach setzte die alpine Auffaltung ein, bei der das ältere, härtere Gestein brach, während sich die darüber gelegten Meeressedimente bizarr verformten und erodierten. Die mittlere Höhe der Pyrenäen liegt bei immerhin 1008 m, die höchste Erhebung (im Maladeta-Massiv auf spanischer Seite) bei 3404 m. Die alpinen, teils ganzjährig schneebedeckten

Zonen der Pyrenäen befinden sich allesamt im Zentrum der Bergkette und damit abseits unseres Reisegebietes. Das Buch beschränkt sich auf die dicht bewaldeten, niederen Gipfel von Baskenland und Béarn. Eindrucksvolle Faltungen, Höhlen, Schluchten und Thermalquellen machen den Reiz dieser Landschaft aus, die im Unterschied zu den Granit- und Schieferriesen der Zentralpyrenäen niemals Barriere, sondern Mittler zwischen Frankreich und Spanien war.

Klima

2500 wohlige Sonnenstunden pro Jahr verspricht die Touristikwerbung für die Côte de Lumière, 2000 immerhin noch für Biarritz. Doch sollte man daraus keine Garantie für einen sonnigen Urlaub ableiten. Der Atlantik lässt zwar keine extremen Temperaturschwankungen zu, strapaziert die Nerven der Feriengäste aber immer wieder einmal mit Sturm und Regen. Von Nord nach Süd nimmt die Wahrscheinlichkeit zu, Opfer

Das baskische Hügelland – geprägt von satten grünen Wiesen

von Wolken, Wind und Nässe zu werden. So beträgt der Niederschlag nördlich der Gironde im Jahresmittel 900 mm, südlich bereits bis 1300 mm und an den Hängen der Pyrenäen bis 1500 mm. Umgekehrt steigen von Süd nach Nord die Temperaturen. Spitzenwerte können im Sommer bei 40 °C liegen; als Tagesmittel gelten in dieser Zeit beispielsweise 24 °C für Biarritz, 26 °C für Bordeaux. Schwere Sommergewitter ziehen gelegentlich im Hinterland auf; die Inseln bleiben meistens verschont.

Hoch- und Hauptbadesaison sind Juli und August, wenn die Wassertemperatur des Atlantik auf über 20 °C steigt. Mai und Juni sowie September und Oktober gelten mit noch vertretbaren Wassertemperaturen um 20 °C als Vor- und Nachsaison für den Strandurlaub. Der Herbst ist launisch, mitunter wartet er mit Hagel auf, der schon mal die gesamte Weinernte vernichten kann. In den Monaten Dezember und Januar ziehen im Küstenbereich und über den Flüssen häufig Nebel auf. Wintertemperaturen unter 10 °C oder gar Frost sind aber die Ausnahme. Ein Temperaturgefälle ist in der kalten Jahreszeit weniger von Nord nach Süd als vielmehr von West nach Ost zu verzeichnen, da landeinwärts der nivellierende Einfluss des Meeres abnimmt.

Flora und Fauna

Riesige Sonnenblumenfelder und Forste, von Menschenhand trassierte Kanäle und gut gewartete Weinberge prägen das Bild einer ›zivilisierten‹ Flora, deren natürlicher, ursprünglicher Anteil kaum noch zu bestimmen ist. Ob Weideflächen entlang künstlicher Wasserstraßen, Kiefern in ehemaliger Heidelandschaft, Bananen und Palmen in Parkanlagen der Pyrenäenorte oder Mimosen in den Gärten auf Noirmoutier – an Frankreichs Atlantikküste hat man sich mit Akribie der Aufgabe gewidmet, die heimische Vegetation durch botanische Alternativen zu ersetzen. Historische Spuren werden sichtbar: Die flämische Familie Jakobsen beispielsweise, die sich im Deichbau engagierte, beglückte mit ihrer Vorliebe für die – ur-

Richtig Reisen
Thema

Wälder gegen Wanderdünen

Ein Pilgerführer des 12. Jh. berichtet über die Strapazen, die Reisende in den Landes erwarteten. Nur wenige Dörfer boten Rast; sie lagen alle an den Wasserstraßen, die sich durch den Morast zogen. Hauptverkehrsader war der Adour, ein unsteter Fluss, der mal bei Vieux-Boucau, dann wieder bei Capbreton ins Meer mündete. Geringes Gefälle und harte Gesteinsschichten in etwa 50 m Tiefe erschwerten den Ablauf der Wassermassen. Die Staunässe wiederum verhinderte jede landwirtschaftliche Nutzung.

Erste Bemühungen zur Urbarmachung reichen ins Mittelalter zurück, doch bedurfte es staatlicher Förderung, um weit reichende Veränderungen zu erzielen. 1569 ließ Charles IX den Adour durch Kanalisierung zähmen und nach Bayonne umleiten, um dort einen zuverlässigen Hafen zu erhalten. Maßnahmen, die über strategische Erwägungen hinausreichten, wurden erst ab dem späten 18. Jh. ergriffen, wobei man sich zunächst dem Problem der Wanderdünen widmete. An der Côte d'Argent lagern sich jährlich bis zu 18 m³ Sand pro Meter Küste ab. Sie zogen einst ungehindert landeinwärts, und zwar jährlich bis zu 25 m. Der Ingenieur Nicolas Brémontier (1738–1809) hatte die Idee, einen langen Schutzdamm zu errichten und ihn durch Pflanzen zu befestigen. Als erstes baute er eine hölzerne Palisade, an der sich der Flugsand fing. Die Bretterwand wurde immer höher gezogen, bis schließlich eine Düne von etwa 12 m Höhe als Schutz für das Hinterland geschaffen war. Zur Stabilisierung wurde diese mit einem *gourbet* genannten Kraut bepflanzt, das dank seines netzartigen Wuchses bald zu einem festen Teppich verwoben war. Landeinwärts breitete man Zweige auf dem Boden aus, um den Sandflug zu bremsen, und setzte darauf Ginster und Kiefern. Nach einer Methode des Ingenieurs Jules Chambrelent wurde zudem die harte Gesteinsschicht des Untergrundes durchbohrt, um das Wasser abfließen zu lassen.

sprünglich australische – Mimose die Atlantikinsel Noirmoutier ebenso wie ihre zweite Wahlheimat, die Côte d'Azur. Möglich war dies nur, weil die Küste südlich der Loire ein fast mediterranes Klima aufweist. Lavendel, Rosen, Ginster, Fenchel, Rosmarin und Stockrosen sind ein gewohnter Anblick, nur Olivenbäume wird man vermissen, sie benötigen mehr Trockenheit und Hitze. Aus dem Mittelmeerraum stammen auch die Schirmpinien; in der Vergangenheit waren sie ein bewusst gesetztes Zeichen für Siedlungen von Protestanten.

Seltene Wiesenblumen und über 200 wilde Orchideenarten sind verstreut über die gesamte Region anzutreffen. Im Marais Poitevin oder an der Charente findet man zudem gelb blühende Iris, in den Pyrenäen Eichen (bis 800 m Höhe), Buchen

Nachdem somit ein praktikables Beispiel gegeben war, erließ Napoléon III im Juni 1857 ein Gesetz, das die Gemeinden zur Trockenlegung und Aufforstung der Landes verpflichtete. Der Staat sicherte im Gegenzug finanzielle Unterstützung und den Bau von Straßen zu. So entstand ein Forst aus Strandkiefern, Kork- und Steineichen, der heute mit 950 000 ha Europas größtes Waldgebiet ist. Seine wirtschaftliche Nutzung reichte bald über die traditionell betriebene, sehr einträgliche Harzgewinnung (für Terpentinöl, Pech, Kolophonium) hinaus, denn das aufstrebende Kaiserreich benötigte große Mengen an Holz für den Eisenbahnbau und für Kohlegruben.

Der Verkauf von Harz und Holz unterlag jedoch ökonomischen Schwankungen, und in Krisenzeiten setzte die Landflucht erneut ein. 1949 zeigte ein Großbrand den Einwohnern in schmerzlicher Weise neue Grenzen auf. Die niedergebrannten Flächen wurden später mit Mais bepflanzt, von dem man sich gute Erträge, aber auch einen Feuerschutz versprach. Da die Futterpflanze mit großen Maschinen geerntet werden kann, entlastet sie den Arbeitsmarkt allerdings wenig. Die Harzgewinnung ist heute fast vergessen; der Kiefernwald liefert jedoch wertvollen Rohstoff für die Möbel- und Papierindustrie.

und Tannen (bis 1700 m), Kiefern (bis 2000 m), Rhododendren sowie eine reiche endemische Flora, die von Disteln über Lilien bis hin zu Enzian reicht. Eine Besonderheit der Küsten sind die meist unscheinbaren Halophyten (salzliebende Pflanzen), darunter *salicorne,* das Salzkraut, das mit seinem purpurroten Herbstlaub einen Farbtupfer setzt – und als eingelegtes Gemüse eine Delikatesse ist.

Die stete Frage, was denn wohl verzehrbar sei, hat der Fauna stark zugesetzt. Reptilien haben sich halten können, etwa die giftige Kreuzotter und die relativ gefährliche Sandviper, ebenso kleineres Wild wie Fischotter, Sumpfbiber oder Wiesel, doch den wild lebenden Großtieren hat die Jagdleidenschaft der Franzosen den Garaus gemacht. Einzig den Nationalpark in den Pyrenäen durchstreifen noch Gämsen, Murmeltiere, Luchse, Pyrenäendesmane (ca. 25 cm große Nagetiere) sowie geschätzte 20 Braunbären. Nicht ganz so selten sind Pottoks, die frei lebenden baskischen Ponys, die früher als Lasttiere in den Minen arbeiteten.

Erfreulich reich ist trotz intensiver Bejagung immer noch die Vogelwelt. Salzfelder, Sümpfe, Binnenseen und Flussniederungen wie auch Hecken oder Felsregionen bieten heimischen und Zugvögeln vielfältigen Lebensraum. So ist ein beachtlicher Artenreichtum zu verzeichnen, vom Eisvogel bis zum Wiedehopf, vom Fischreiher über den Storch bis zur sibirischen Ringelgans, vom Milan bis zum Gänsegeier. Zu den Stationen, die selbst Unkundigen die Vogelbeobachtung leicht machen, zählen der Lac de Grand-Lieu bei Nantes (s. S. 61f.) und vor allem das Reservat Le Teich (s. S. 216f.) bei Arcachon.

Wenig Einigkeit herrscht über den größten Vorzug der Vogelwelt. Während sich die einen für eine Schutzliga, die LPO in Rochefort, engagieren, erfreuen sich die anderen eher an Abschussquoten. Eine Besonderheit der Bordelaiser ist die herbstliche Jagd auf Ringeltauben *(palombe)* in den Landes. Ein Lockvogel zieht die gefiederten Artgenossen an, die lebend gefangen und zum Martinstag dem Kochtopf überantwortet werden. Das ist Sport, Gesellschaftsspiel und Traditionspflege zugleich.

Geschichte

Der Cro-Magnon

Vergleichsweise spät, vor etwa 450 000 Jahren, beginnt in Südfrankreich das **Altpaläolithikum,** von dem erste Steinwerkzeuge des Homo erectus zeugen. Ihm folgte vor annähernd 150 000 Jahren der Neandertaler, dessen verbesserte Gerätschaften bereits zum **Mittelpaläolithikum** gerechnet werden. Beginn oder Ende einer Eiszeit, die zu großen Wanderbewegungen führten, gaben jeweils Anstoß zum Kulturwandel.

Der Süden Frankreichs profitierte dabei von dem Umstand, dass das Land nie im Eis eingeschlossen war und deshalb als Zuflucht für Tiere und ihre Jäger diente. Zu Beginn der letzten Eiszeit, etwa 40 000 v. Chr., kamen Menschen vom Typ des Cro-Magnon in die Region und verdrängten hier allmählich die Neandertaler.

Cro-Magnon, der erste Homo sapiens sapiens (H.s.s.), hinterließ seine Spuren vor allem im Périgord und in den Pyrenäen. Erhalten sind Werkzeuge auf der Kulturstufe des **Jungpaläolithikums** und ab ca. 18 000 v. Chr. auch Steinritzungen, im Reisegebiet etwa in der Höhle Pair-non-Pair an der Gironde (s. S. 124). In der Periode des Magdalénien (15 000–10 000 v. Chr.) schließlich entstanden jene berühmten Malereien, wie sie in Lascaux oder im spanischen Altamira erhalten sind. Um 10 000 v. Chr. endete die letzte Eiszeit und mit ihr die Ära der Felsmalerei. Die Rentiere zogen nach Norden, die Cro-Magnon folgten ihrer Beute.

Für die nächste Kulturstufe, das **Mesolithikum,** existieren an Frankreichs Südwestküste nur wenig Belege. Zum einen wurden Werkzeuge nun häufig aus vergänglichen Materialien hergestellt. Im Übrigen hat sich die Topographie dieser Region seither stark gewandelt (Schwemmland, Wanderdünen, Trockenlegung von Sümpfen etc.), sodass etwaige Fundstätten nur mit hohem Aufwand zu erforschen wären.

Das anschließende **Neolithikum** (ca. 5000–2800 v. Chr.), in dem die Menschen Ackerbau und Viehzucht betrieben, effektivere Waffen, dazu erstmals Tonwaren wie auch Schmuck fertigten, ist erheblich besser dokumentiert. An der gesamten Vendée-Küste (vor allem St-Hilaire), im Poitou (Bougon) oder an der Charente (Region um Cognac) bezeugen Dolmen und Menhire ein reges Kulturschaffen. In der um 2800 v. Chr. einsetzenden **Bronzezeit** entstanden zwar keine steinernen Großbauten mehr, doch behielten die älteren Monumente ihre Bedeutung bei.

Römer, Westgoten, Franken

Um 600 v. Chr. drangen von Nordosten her **Kelten** in die Region am Atlantik vor. Ihr Anteil an der Gesamtbevölkerung dürfte gering geblieben sein. Wenn sie dennoch eine Vormachtstellung innehatten, dann deshalb, weil sie Eisen zu schmieden wussten. Diese neue Hochtechnologie beherrschten sonst nur die griechischen Kolonialstädte am Mittelmeer. Und genau von dort drohte auch später Konkurrenz und Gefahr. 123 v. Chr. fielen die **Römer,** die erstarkten Nachbarn, ins Land ein und gründeten zunächst im Südosten die Provincia Gallia Narbonensis, der die Provence ihren Namen verdankt. ›Gallia‹ war die lateinische Sammelbezeichnung für die keltischen Völker, denen die Römer nun das Territorium streitig machten.

56 v. Chr. besiegte Caesars Feldherr Crassus die Bituriger, die beim heutigen Bordeaux einen Hafen besaßen. Augustus gründete neue Siedlungen in der Region, um hier die römische Macht zu konsolidieren. Anders als im Norden Galliens (s. Asterix & Obelix ...) scheint der zivilisatorische Widerstand gegen die Römer im Süden nicht groß gewesen zu sein. Bereitwillig nahm man die fremde Kultur einschließlich der lateinischen Sprache auf. Auch das Christentum gelangte im Zuge römischer Truppenbewegungen ins Land, allerdings erst im 4. Jh., zu einer Zeit also, als Kaiser Konstantin mit dem Toleranzedikt von Mailand (313) die freie Religionsausübung gestattet hatte.

Ein kulturgeschichtlich kaum weniger bedeutsamer Import war der Wein. Auf dieses Getränk zu verzichten, war für die römischen Invasoren und Neusiedler undenkbar, die Einfuhr aus der Heimat über lange Meeresrouten jedoch teuer. Im 1. Jh. n. Chr. pflanzten die Exilrömer erstmals in der Region Reben an. Da ihre geliebten kampanischen Sorten ein trockeneres Klima benötigten, musste man sich mit Weinstöcken aus Illyrien (Albanien) begnügen. Am Atlantik nannte man sie, in Anlehnung an den hier einst ansässigen keltischen Stamm, *biturica.* Und die neue Zungen- und Gaumenkultur florierte. Unter den späten Kaisern versorgte Bordeaux statt der italischen Heimlande das westliche und nördliche Europa mit flüssigen Exporten: Der Ruhm der Bordeaux-Weine war begründet.

In dieser Zeit hatten sich die politischen Zentren des Imperium Romanum bereits in den Osten (Konstantinopel) und in den Norden (Trier) verlagert. Das ›Land des Wassers‹, Aquitania, wurde um 410 von den **Westgoten** vereinnahmt. Als Verbündete des römischen Reiches genossen sie das Vertrauen der Bevölkerung und konnten ihre Herrschaft ungehindert ausdehnen. Die westgotische Hauptstadt Toulouse blieb auch im 5. Jh. ein Zentrum römischer Kultur.

Im Norden formierte sich unterdessen mit dem fränkischen Adelsgeschlecht der **Merowinger** eine neue Macht. Sie verdrängte die Römer aus Gallien und Teilen Germaniens und rückte schließlich nach Süden vor. In der Schlacht von Vouillé (507) siegte eine Allianz aus Franken und Burgundern über die Westgoten. Dem Süden, der die höher entwickelte Zivilisation der Römer in weit stärkerem Maße aufgenommen hatte als der Norden, erschien dieser Sieg wie ein Triumph von Barbaren. Die Westgoten zogen sich nach Spanien zurück und behielten die Aufsicht über das heutige Languedoc, doch war die kulturelle Einheit in dem als Okzitanien bezeichneten römisch geprägten Süden Frankreichs damit zerrissen.

Sieg über Mauren und Normannen

In Spanien unterlagen die Westgoten 711 den **Mauren.** Die arabische Kultur war auf dem besten Wege, Europas Errungenschaften zu überflügeln. Die Bevölkerung Okzitaniens scheint dafür einen Blick gehabt zu haben, jedenfalls verlief die Übernahme des Languedoc durch die Araber halbwegs friedlich, und Aquitanien unterhielt zu seinen neuen islamischen Nachbarn freundschaftliche Beziehungen. Interne Spannungen, die Machtansprüche des Vasallen Munuza, veranlassten die arabische Führung in Córdoba zu einer Strafexpedition nach Norden. Dieses Geplänkel im Jahre 732 erscheint in unseren Geschichtsbüchern als arabische Invasion, der sich Karl Martell bei Tours und Poitiers erfolgreich entgegenstellte.

Mit Karl Martell (›der Hammer‹), dem Ahnherrn der fränkischen **Karolinger,** setzte der Niedergang der Merowinger ein. Nur ein fränkisches Großreich, so argumentierten die machtbewussten Karolinger, könne der maurischen Bedrohung erfolgreich entgegentreten. 778 wagte Karl der Große, der 800 zum Kaiser und Erben des Römischen Reiches aufsteigen sollte, einen halsbrecherischen Übergriff in den spanisch-maurischen Raum, eroberte tatsächlich Barcelona, wurde aber bei Zaragoza geschlagen. Überdies war das heimkehrende Heer den Anfeindungen der Einheimischen ausgesetzt. Am Pass von Roncesvalles kam es zu einer militärischen Katastrophe, die durch das »Rolandslied« (das die Sachverhalte aber auf den Kopf stellt) berühmt wurde: Eine Nachhut unter dem Markgrafen Hruodlandus (Roland) wurde von Vasconen, Vorfahren der Basken, aufgerieben.

Karls Sohn und Nachfolger, Ludwig der Fromme (reg. 814–40), konnte zwar die Araber aus der Region zwischen Provence und Katalonien vertreiben, musste sich zugleich aber mit diversen Autonomiebestrebungen und den Machtansprüchen seiner Söhne auseinander setzen. So gewährte er dem Südwesten Frankreichs den Status eines unabhängigen Königreichs unter seinem Sohn Pippin I. Nach dessen Tod fiel das Land wieder dem Kaiser zu und wurde bei den Reichsteilungen von 843 und 870 dem Westfrankenreich zugeordnet.

Nicht nur deswegen erlebte die Atlantikregion unruhige Zeiten. Um 820 waren an der Küste erstmals **Normannen** gelandet; mit ihren hoch entwickelten Booten unternahmen sie Beutezüge tief ins Inland. Städte und Klöster ent-

St-Philbert in Noirmoutier-en-l'Ile mit einer schönen Krypta aus dem 11. Jh.

lang der Flüsse, die ihre Existenz dem Binnenhandel verdankten, mussten ihren Wohlstand durch Festungen schützen – und unterlagen doch meist den plündernden Invasoren. Mit dem bretonischen Sieg über die Normannen Mitte des 10. Jh. begann im Südwesten Frankreichs ein Wiederaufstieg, der letztlich Politik, Wirtschaft und Kultur Europas beeinflussen sollte. Zunächst bildeten sich in dem maroden Land mehrere gräfliche Dynastien aus, deren mächtigste den Herzogtitel errangen. Als sich im Jahre 1058 die **Herzogtümer Gascogne und Aquitanien** unter Guillaume VIII, zugleich Graf von Poitiers, vereinten, entstand eine neue Großmacht. Nominelle Hauptstadt war Bordeaux, verwaltet wurde das Land aber von Poitiers aus.

Aufstieg und Fall einer Pilgerbewegung

Ostern 44 n. Chr. In Jerusalem lässt Herodes Agrippa den Bruder des Apostels Johannes, Jakobus den Älteren, enthaupten. Der Verbleib des Leichnams wird zum Mysterium. Angeblich sollen die Reliquien ins spanische Galicien überführt worden sein. Die Hoffnung auf eine ›Wiederentdeckung‹ des Jakobusgrabes erfüllte sich um das Jahr 800 in Santiago de Compostela. Diese angebliche letzte Ruhestätte des Märtyrers hatte zunächst jedoch nur lokale Bedeutung.

Der Sieg über die Normannen schuf eine Sicherheitslage, die ab Mitte des 10. Jh. auch Wallfahrern aus fernen Ländern das Apostelgrab zugänglich machte. Große Pilgerströme kamen jedoch erst im Gefolge der Reconquista, der Rückeroberung spanischer Territorien aus moslemischer Hand. Erbstreitigkeiten hatten 1031 zur Auflösung des Kalifats von Córdoba geführt, 1085 fiel auch Toledo. Südlich der Pyrenäen formierte sich das christliche Königreich Navarra, das ungehinderten Durchzug nach Santiago de Compostela garantierte.

Die Pilger, die sich nach Santiago begaben, hatten – bei aller Unterschiedlichkeit ihrer Motive – ein gemeinsames christliches Ziel. Das Einheitsgefühl, das daraus entstand, dokumentierten die Wallfahrer auch äußerlich: Man brach mit langem Haar und Bart auf, trug die Pelerine *(pélerin* = Pilger) mit weitem Kragen, einen breitkrempigen Hut und einen Pilgerstab und hatte nur ein paar Habseligkeiten im Gepäck. Die Coquille de St-Jacques, die Jakobsmuschel, hefteten sich die Pilger bei ihrer Heimkehr an den Hut, um zu demonstrieren, dass sie ihr Ziel erreicht hatten.

Im 12. Jh. hatte sich ein regelrechter Pilgerbetrieb entwickelt. In dieser Zeit, um 1138, schrieb der Mönch Aimeric Picaud aus Parthenay einen »Guide du Pélerin«. Das Werk enthält Anmerkungen zum schwer verständlichen Dialekt Bordeaux', zu Mückenplage, Versorgungsengpässen in den Landes oder auch zu den raffinierten Zolleintreibern im Baskenland. Picaud benannte vier Routen: Über Tours, über Vézelay, über Le Puy und über St-Gilles – eine subjektive Auswahl des Autors, der den Wallfahrern herausragende Ziele empfehlen wollte. Tatsächlich war das Wegenetz in Frankreich sehr engmaschig. Aquitanien stand jedoch im Brennpunkt, denn in St-Jean-Pied-de-Port liefen die Routen zusammen. Von dort überwanden die Pilger den Ibañeta-Pass in den Pyrenäen, um die Reise in Spanien fortzusetzen.

Etappenziele waren die neu gegründeten Klöster, insbesondere der Benediktiner und später der Zisterzienser.

Diese Orden organisierten den Bau von Kirchen, Krankenhospizen und Herbergen. Die Übernachtung in den Herbergen war für die Pilger frei, doch gaben sie Spenden und erstanden Devotionalien. Tatsächlich wurde der Devotionalienhandel dieser Zeit zu einem nennenswerten Wirtschaftsfaktor. Vor allem aber konnten sich die Ordensklöster auf Stiftungen des Adels stützen, denn die lokalen Herrscher waren aus machtpolitischen Erwägungen gezwungen, gute Beziehungen zur Kirche zu pflegen. Damit wuchsen Vermögen und Einfluss Roms, das sich schon 1054 stark genug fühlte, den Bruch mit den orthodoxen Patriarchen von Konstantinopel zu vollziehen.

Kirche und Staat förderten also gleichermaßen den Pilgerbetrieb. Es war sogar üblich, dass eine der beiden Mächte einem reuigen Sünder die Wallfahrt zur Buße auferlegte. Für das Volk wurde die Heiligenverehrung zu einem zentralen Aspekt des Glaubens. Orte entlang und sogar abseits der Pilgerrouten entwickelten sich zu eigenständigen Wallfahrtszielen – ein einträgliches Geschäft für die Einheimischen, die für ›ihre‹ Reliquie warben und gegen die Konkurrenz in den Nachbarorten wortreich zu Felde zogen. Dieser ›fromme‹ Wettstreit machte auch vor handgreiflichen Auseinandersetzungen nicht Halt.

Der Pilgeralltag brachte aber noch weitere bizarre Blüten hervor. Mitglieder von Diebesbanden mischten sich unter dem Zeichen der Jakobsmuschel in die Schar der Wallfahrer, um sie bei geeigneter Gelegenheit auszurauben, und es formierte sich ein ›Orden‹ von Brüdern und Schwestern, die als bezahlte Dauerpilger unterwegs waren. Sie ›vertraten‹ gebrechliche Christen, die sich die lange Wallfahrt selbst nicht mehr zutrauten, sich durch solche Stellvertreter aber spirituelle Verdienste erwerben wollten.

Durch die steigende Kriminalität und solche Usancen geriet das Pilgerwesen allmählich in Misskredit. Der aufkommende Protestantismus und die anschließenden Religionskriege (s. S. 28ff.) bereiteten der Wallfahrt als Massenbewegung vorerst ein Ende. Die wenigen Gläubigen, die sich im 18. Jh. noch auf den Weg nach Santiago de Compostela machen wollten, wurden oft durch bürokratische Einschränkungen von ihrem Vorhaben abgebracht. Erst im 20. Jh. kann man von einem Wiederaufleben der Jakobswallfahrt sprechen, begleitet von den Erscheinungsformen des modernen Tourismus.

Das Angevinische Großreich

Jedenfalls gelangte der politisch stabile Südwesten Frankreichs durch die Pilgerflut zu einer wirtschaftlichen Hochblüte. Herzog Guillaume X (1127–37) bewies jedoch eine unglückliche Hand, als er sich bei klerikalen Auseinandersetzungen auf die Seite des rechtmäßig gewählten Papstes Anaklet stellte. Der siegreiche Gegenpapst, Innozenz II., hörte auf die Stimme von Bernhard de Clairveaux, dem berüchtigten Streiter gegen alles, was auch nur irgendwie ketzerisch anmutete, und erlegte dem Herzog als Kirchenbuße die Pilgerfahrt zum Jakobsgrab auf. Guillaume starb im April 1137, noch bevor er Santiago erreichte. In seinen letzten Stunden wiederholte er den Wunsch, seine einzige Tochter, nunmehr Herzogin Aquitaniens, möge den Thronerben der seit 987 in Paris regierenden Dynastie der Kapetinger heiraten. Der König des Frankenreiches, Louis VI, ging auf den Ehehandel ein.

Aliénor von Aquitanien

Liegefiguren von Aliénor von Aquitanien und Henri II Plantagenêt

Sie war eine der großen Frauen der Weltgeschichte, doch bedurfte es zweier spannender, teils erdichteter Biographien des 20. Jh., um dies ins heutige Bewusstsein zu rufen: Régine Pernoud schrieb »Königin der Troubadoure – Eleonore von Aquitanien«, und von Jean Markale stammt »Eleonore von Aquitanien – Königin von Frankreich und von England«.

Aliénor, Enkelin des Troubadours Guillaume IX und Tochter von Guillaume X, der sich in die Intrigen Roms verstrickte, kam um 1122 zur Welt, hineingeboren in eine kulturell bedeutsame, für die Geschicke ihrer Heimat günstige Zeit. Als sie am 25. Juli 1137 in der Kathedrale von Bordeaux den Kronprinzen Frankreichs heiratete, dürfte ihr die glänzende Zukunft, die sie erwartete, nicht annähernd klar gewesen sein. Durch den Tod von Louis VI wurde sie noch während der Flitterwochen Königin, musste sich aber auf das Leben mit einem ungeliebten Partner einrichten. Die junge Aliénor wird als lebenslustig, extravagant und verschwenderisch beschrieben, Louis VII dagegen als verschlossen, übertrieben fromm und langweilig.

1147 führte Louis VII, zusammen mit dem deutschen König Konrad III., den zweiten Kreuzzug an und wollte bei diesem morgenländischen Abenteuer die Gattin an seiner Seite wissen, vielleicht aus Eifersucht. Doch reagierte das Schicksal ironisch: Denn es war eben im Orient, dass Aliénor ihren Onkel Raymond von Poitiers traf; mit ihm soll sie eine Liaison begonnen haben. Die Gerüchte darüber erreichten den Königshof, und Louis sah sich veranlasst, auf der Rückreise Station in Rom zu machen. Bei Papst Eugen III. sondierte er die Möglichkeiten einer Scheidung. Ein Argument war, dass das Ehepaar keinen Sohn hatte, was Louis seit langem bedrückte. Der Papst lehnte die Auflösung der Ehe ab und nötigte die Partner zu einer gemeinsamen Nacht in einem Bett, das er auf eigene Kosten schmücken ließ.

Ob durch Roms Segen oder nicht, die erhoffte Schwangerschaft stellte sich ein, doch gebar Aliénor zum zweiten Mal eine Tochter. Die Thronfolge im männlichen Stamm war also weiterhin nicht gesichert. Am 21. März 1152 wurde der Bund in Beaugency aufgelöst, wobei man sich auf eine entfernte Blutsverwandtschaft berief. Als Aliénor in Poitiers am 18. Mai ein zweites Mal heiratete, mögen Louis die katastrophalen Konsequenzen der Scheidung erstmals bewusst geworden sein. Im Jahre 1154, als Aliénors zweiter Gatte, Henri Plantagenêt, den Thron Englands erbte, stürzte Louis in die politische Bedeutungslosigkeit.

Das neue Herrscherpaar des Angevinischen Reiches hatte fünf Söhne und zwei Töchter, die in gewohnter Manier einträgliche Ehen eingingen. So entstanden politische Bande zu Deutschland, Spanien, Sizilien und dem okzitanischen Frankreich, die Louis VII das Leben schwer machten. Er konnte sich indessen damit trösten, dass auch sein Nachfolger im Ehebett nicht von den Intrigen der ehrgeizigen Aliénor und des gemeinsamen Sohnes Richard verschont blieb. Henri reagierte unerbittlich und ließ seine Frau 1173 in Winchester einkerkern. Erst 1189, mit dem Tod Henris, endete die Haft. Richard wurde König von England, Bruder Jean sein Neider. Erst mit dem Tod Richards 1199 entschloss sich Aliénor, nun bereits 77 Jahre alt, zum Rückzug aus der Politik. An der Loire hatte ihr Großvater die Abtei Fontevraud gegründet. Dort verbrachte die wohl prominenteste Dame des Mittelalters die letzten Jahre ihres Lebens. Sie starb 1204.

Die beiden Königskinder, die 15-jährige **Aliénor** (Eleonore) **von Aquitanien** und der um ein Jahr ältere Louis, heirateten schon Ende Juli 1137. Wenige Tage später starb Vater Louis VI, womit den Jungvermählten der Thron zustand. 15 Jahre lang erfüllten sie getreulich ihre Staatspflichten, eine glückliche Verbindung war diese ›Staatsehe‹ jedoch anscheinend nie. Im März 1152 wurde die Heirat annulliert, und zwei Monate später ging Aliénor eine neue Ehe ein. Der zweite Gemahl, Henri Plantagenêt, war Herzog der Normandie, Graf von Maine, Touraine und Anjou und wurde 1154 durch Erbschaft Henry II. von England. Der kapetingische Exgemahl Louis VII war damit auf ein vergleichsweise armseliges Frankenreich zurückgeworfen, während Aliénor und Henri/Henry über ein Imperium geboten, wie es in Europa zuletzt Karl der Große besessen hatte. Mehr noch: Dieses **Angevinische Großreich,** das sich von Schottland bis zu den Pyrenäen erstreckte, war politisch und ökonomisch weitaus gefestigter als das einstige karolingische Reich. Das von den Jakobspilgern ohnehin gesegnete Aquitanien erlebte nun weiteren Aufschwung durch den Weinhandel mit England. Die damalige Allianz sollte langfristig die Wirtschaft begünstigen, denn noch heute favorisieren Briten den Südwesten Frankreichs und sind dort die führende Tourismusnation.

Insofern kann nicht weiter verwundern, dass zwei Söhne Aliénors ausgerechnet einem Schriftsteller aus Edinburgh ihre Berühmtheit verdanken: Im frühen 19. Jh. griff Sir Walter Scott die Geschichte um Richard Lionheart (Richard Cœur de Lion oder Richard Löwenherz) und John Lackland (Jean sans Terre oder Johann Ohneland) auf. Richard, Liebling der Mutter und ›Dauerkreuzfahrer‹, wurde 1169 Herzog von Aquitanien und unternahm mit Aliénor manchen Versuch, den inzwischen zum Bonvivant gewandelten Vater auszuschalten. Erfolgreicher war darin Philippe II Auguste, Sohn und Nachfolger von Louis VII, als er 1186 dem englischen König Teile des Angevinischen Reiches entriss. Jean, der als einziger Sohn die Mutter überlebte, gelang es nicht, den alten Glanz wieder herzustellen. 1214 unterlag er Philippe in der Schlacht bei Bouvines und blieb ohne Land.

Der Hundertjährige Krieg

Rechnet man die Opfer Frankreichs in den beiden Weltkriegen des 20. Jh. zusammen, so liegt die Zahl immer noch unter den Verlusten im Hundertjährigen Krieg. Erst im 19. Jh. erreichte die Bevölkerungszahl wieder das Maß des Hochmittelalters. Dabei war der Auslöser für die große Tragödie ausgerechnet die erwähnte Blüte des Angevinischen Reiches. Spätestens mit dem Tod von Aliénors mächtigem Sohn Richard schien den Kapetingern der Weg zur Rückeroberung verlorener Territorien offen. Dabei unterschätzten sie die Zähigkeit Englands und übergingen auch die Tatsache, dass Aquitanien gar nicht der Sinn nach einem Anschluss an Frankreich stand, u. a. weil England ein viel bedeutenderer Absatzmarkt für die Produkte der Region geworden war.

Die Niederlage des Jean sans Terre weckte in Paris große Hoffnungen. Die nördlichen Teile des Angevinischen Reiches einschließlich Poitous fielen dem französischen König zu. Etwa zur gleichen Zeit, 1209, begann nach den Hetzkampagnen des Missionars und späteren Heiligen Dominikus gegen die Katharer der so genannte Albigenserkreuzzug, der sich nicht zuletzt gegen die mächtigen Grafen im Südosten Frankreichs richtete. Papst und König planten in trauter Eintracht die **Zerschlagung Okzitaniens.** In diesem Licht gesehen waren die Engländer keine fremden Besatzer, sondern Hüter einer bedrohten Hochkultur. Der Friede von Paris 1258 sicherte beiden Seiten zunächst einmal den Status quo, Frankreich also Gebiete nördlich und südlich der Loire, England große Teile des Südwestens.

1328 endete mit dem Tod Charles IV die Dynastie der Kapetinger. Die Frage nach der Thronfolge enthielt Brisanz, denn nicht nur die kapetingische Nebenlinie der Valois meldete Ansprüche an, sondern auch Englands König Edward III., der ein Enkel von Charles' Vorgänger war. Selbst der Adel im Südwesten war geteilter Ansicht über das Problem. Kurzentschlossen annektierten die **Valois** 1337 Aquitanien, woraufhin Edward mit seinen Truppen zur Rückeroberung der 1258 aufgegebenen Länder ansetzte. Seinem Sohn Edward von Woodstock, wegen seiner dunklen Rüstung als der **Schwarze Prinz** bekannt, gelang der entscheidende Schlag, als er 1356 in der Schlacht von Nouaillé-Maupertuis (bei Poitiers) den französischen König, Jean le Bon aus dem Hause Valois, gefangen nahm.

Der **Friede von Brétigny** (1360) sprach Edward III. weitere Gebiete im Südwesten zu. Jean le Bon wurde aus der Haft entlassen, Aquitanien als Fürstentum dem Schwarzen Prinzen unterstellt. Pest, Hungersnöte und Aufstände brachen in dieser Zeit über Frankreich herein. Dennoch wagte Charles V 1368 eine erneute Attacke gegen englische Territorien und eroberte in dem Zuge auch den alten Grafensitz Poitiers. Ein Waffenstillstand von 1396 sollte dem ausgebluteten Land für vereinbarte 28 Jahre Erholung gönnen. Doch 1415 waren es die Engländer, die den Kontrakt brachen. Henry V. verbündete sich mit Burgund und besetzte Teile Nordwestfrankreichs. Die Lage wurde äußerst bedrohlich. 1420 kam es durch Eroberung von Troyes zu einem Vertrag, der Henry als rechtmäßigen Erben der französischen Krone bestätigte. Englische Truppen rückten nun auf Paris vor, und der eingeschüchterte Hof verlegte 1423 seinen Sitz nach Poitiers.

Das einst so große Frankreich war damit auf ein Gebiet geschrumpft, das lediglich noch die Grafschaften Poitou und Berry umfasste. **Jeanne d'Arc** hatte ihre Mühe mit Adel und Klerus, als sie sich anbot, ein Heer gegen die Engländer zu führen. Der ratlose Charles stimmte schließlich zu, viel hatte er nicht mehr zu verlieren. Doch Jeanne, die ›Jungfrau von Orléans‹, siegte. 1429 eroberte sie Orléans und Troyes und geleitete Charles VII zur Krönung nach Reims. Sie selbst geriet bei weiteren Feldzügen in die Gefangenschaft der Burgunder und wurde 1431 in Rouen als Hexe verbrannt.

1435 schloss Frankreich Frieden mit Burgund, im Jahr darauf mussten sich die Engländer aus Paris zurückziehen. 1453 kam es bei Castillon an der Dordogne (s. S. 196) zur letzten Schlacht des Hundertjährigen Krieges. Alljährlich im Sommer stellt man dort in der Ebene von Coly mit großem Aufwand den **Sieg über die Engländer** nach. Es sollte aber noch weitere 50 Jahre dauern, bis die letzten Grafschaften Aquitaniens an die französische Krone fielen. Und die Kanalinseln blieben bis heute britisch.

Die Religionskriege

Frieden im Land – ein ungewohnter Zustand. Doch waren die Menschen der Region etwa glücklich über den Sieg Frankreichs? Wenig genug hatten überlebt, und der Krieg hatte ihnen hohe materielle Opfer abverlangt. Beim Wiederaufbau des verarmten Landstrichs fanden sich Zuwanderer aus anderen Gebieten ein, die ihren finanziellen Vorsprung nutzten, um wichtige Wirtschaftszweige in die Hand zu nehmen. Der größte Schlag bestand jedoch darin, dass Charles VII der Region die bisherigen Privilegien nahm und, schlimmer noch – mit Blick auf die eigene Staatskasse –, die Weinexporte mit hohen Steuern belegte. Von neuem Wohlstand war zumindest im Volk nicht viel zu spüren. Um Aufstände gegen die verordnete Politik rasch unterbinden zu können, ließ der König die im Krieg zerstörten Festungen wieder aufbauen.

Mit der Zeit arrangierte sich die lokale Aristokratie jedoch mit Paris und entdeckte die Freiheit im geeinten Reich als neues Lebensgefühl. Aus den Reihen dieser Adeligen stammte Frankreichs König **François I de Valois** (reg. 1515–47), der ein erster Verfechter des Absolutismus und damit der für die Provinzen verhängnisvollen Zentralisierung war. Auch bedeutende Philosophen und Schriftsteller brachte Aquitanien in dieser Zeit hervor, als berühmtesten Michel Eyquem de Montaigne (s. S. 197). Das Land war offen für neue Ideen, die sich über die spirituelle Finsternis des Mittelalters erhoben. Insbesondere das Verhältnis zur Kirche wurde überdacht, nachdem sich Rom durch sein bigottes Verhalten ins Zwielicht gerückt hatte.

1533 kam ein Mann ins Land, dem dieser Hintergrund schnell Zulauf brachte: Der Reformator **Johannes Calvin,** übrigens ein geborener Franzose. In Angoulême und Poitiers genoss er die Unterstützung des Hauses Valois und konnte sich mit seinen aufrührerischen Predigten ungehindert an das Volk wenden. Selbst Mönche wie der spätere Schriftsteller Rabelais ließen sich von Calvins Gedankengut beeinflussen. Schon nach kurzer Zeit war die Lehre auch in den Hafenstädten und damit in den ökonomischen Zentren verbreitet. Hochburg der *Eignots* (›Eidgenossen‹, im Französischen: *Huguenots)* wurde La Rochelle, wo sie 1559 eine Kirche mit calvinistischer Verfassung gründeten.

Zweifellos ging es nicht bloß um konfessionelle Fragen, sondern ebenso um die politisch-wirtschaftliche Richtung, die das alte Okzitanien nehmen sollte. Umso mehr verstimmte den Papst und bald auch den französischen Hof die rasante Entwicklung, die auch andere Regionen Frankreichs prägte. 1562 kam es zu ersten Auseinandersetzungen zwischen den Hugenotten unter Admiral Gaspard de Coligny und **Katharina de Medici.** Seit dem Tod ihres Gatten Henri II (1559) hielt sie die Fäden der Macht in der Hand und verfolgte dabei oft die Interessen ihrer katholischen Heimat Italien. Als im Februar 1563 Herzog François de Guise, der Führer einer militanten **Katholischen Liga,** ermordet wurde, brach der Bürgerkrieg aus. Schwere Niederlagen erlitten die Hugenotten 1569 bei Jarnac und Moncontour, doch hielten sie bei der Belagerung von Poitiers lange stand.

Inzwischen hatte die neue Lehre auch das Königreich Navarra erreicht, das seit der Pilgerzeit enge Beziehungen zu seinem französischen Nachbarn unterhielt und im Béarn den Hofsitz Pau besaß. 1570 erklärte dort Königin Jeanne d'Albret (reg. 1555–72) den Calvinismus zur Staatsreligion. Dies war kein Randereignis, wie sich bald zeigen sollte. 1553 war in Pau der Bourbone Henri geboren worden, der schon bald als Henri III den Thron Navarras übernahm. Seine Heirat mit der Schwester des französischen Königs Charles IX (reg. 1560–74) war als Aussöhnung zwischen Katholiken und Hugenotten gedacht. Doch mit Katharina de Medicis stillschweigender Billigung wurden in der **Bartholomäusnacht** (23./24. August) des Jahres 1572 Tausende von Hugenotten in Paris wie auch in der Provinz ermordet. Henri entkam der ›Bluthochzeit‹ nur, indem er seinem Glauben abschwor.

Die Hugenotten hatten ihre Führer verloren, doch die Auseinandersetzungen hielten an. Die Grands Jours von Poitiers (1579) erbrachten keine dauerhafte Schlichtung. Henri setzte sich 1581 wieder an die Spitze der Protestanten im Kampf gegen den König, inzwischen Charles' Bruder Henri III, und die immer noch mächtige Königinmutter Katha-

Tausende Hugenotten starben in der Bartholomäusnacht des Jahres 1572 (François Dubois)

rina. Der französische Henri war indes wankelmütig und ging schließlich ein Bündnis mit seinem Namensvetter aus Pau ein. 1589 fiel er einem Mordanschlag der Liga zum Opfer.

Mit seinem Tod starb das Haus Valois aus; die Thronfolge suchte Henri III, der Bourbone, für sich zu entscheiden. **Henri IV** von Frankreich wurde er aber erst 1594, nachdem »le Bon Roi«, wie man ihn bald nannte, zum Katholizismus übergetreten war. Seine Entscheidung begründete er damit, dass über 90 % der Bevölkerung Katholiken seien und nicht von einem Hugenotten regiert werden könnten. Teile der Liga und auch viele Calvinisten vermochten sich mit dieser Lösung nicht zu arrangieren. Ein Feldzug brachte die Schlichtung: Nantes war Sitz des ultra-katholischen Duc de Mercœur. 1598 eroberte Henri die Stadt, ein waghalsiges Unternehmen, wie die Hugenotten sehr wohl anerkannten. Sie ließen im Gegenzug von einigen Forderungen ab, sodass ein Vertrag möglich wurde, das berühmte **Edikt von Nantes.** Der Katholizismus wurde als Staatsreligion festgeschrieben, der Calvinismus durfte aber überall dort frei ausgeübt werden, wo die Religion bereits eingeführt war. Protestanten hatten nun Zugang zu Schulen und öffentlichen Ämtern und behielten im gesamten Land etwa 200 Festungen als ›Sicherheitsplätze‹, u. a. La Rochelle.

Blühende Häfen

Zehn Jahre war das Edikt in Kraft, da wurde nicht weit von La Rochelle, in Luçon, ein mürrischer, eigenwilliger Mann zum Bischof gewählt, der beinahe mehr Macht als der König selbst gewinnen sollte: **Armand-Jean du Plessis de Richelieu** (1585–1642). Er hasste das Provinznest, in das es ihn verschlagen hatte, und besaß einen sicheren Blick für schönere Gefilde. Auf La Rochelle fiel sein Auge, ausgerechnet dort sollte ein Bischofssitz entstehen. Nun ging es aber nicht nur um persönliche Vorlieben oder kirchliche Interessen. Es war klar geworden, dass mit dem Edikt von Nantes ein Staat im Staat entstanden war, was entschieden der Idee des Absolutismus zuwiderlief.

Nachdem Henri IV am 14. Mai 1610 einem Attentat zum Opfer gefallen war, spann sein Sohn Louis XIII neue Intrigen gegen die Hugenotten. Richelieu, seit 1622 Kardinal, wurde 1624 Minister des Königs mit Befugnissen, die einer Allmacht gleichkamen. In seinem Bestreben nach staatlicher und religiöser Einheit konnte er schon bald mit einem schlagenden Argument aufwarten: Die Engländer hatten die Insel Ré besetzt und sich mit La Rochelle verbündet. Die starke Festung der Stadt wurde ab 1627 von Truppen unter Richelieu belagert, sie fiel erst im Jahr darauf. Von 28 000 Einwohnern überlebten nur 5000 das Massaker. In der Folge wurde der Status der ›Sicherheitsplätze‹ abgeschafft und Kirchen der Calvinisten unter allerlei Vorwänden abgerissen.

Die Auseinandersetzung zwischen protestantischen und katholischen Mächten nahm auch Einfluss auf den Dreißigjährigen Krieg (1618–48), bei dem es um die Vorherrschaft Habsburgs ging. Richelieu favorisierte hier allerdings die Seite der protestantischen Reiche, von denen keine Gefahr für Frankreich ausging, und erklärte in diesem Zusammenhang 1635 Spanien den Krieg. Erst nach seinem Tod, 1659, fanden die Nachbarn im Pyrenäenfrieden zur Aussöhnung. Unabdingbar dafür war die Heirat zwischen Frankreichs König **Louis XIV** (reg. 1643–1715) und Maria Theresia, der Infantin von Spanien.

Aus den Kriegen ging letztlich die Zentralgewalt gestärkt hervor. Richelieu hatte vor seinem Tod die Institution der so genannten Intendanten geschaffen, die im Auftrag und Sinne von Paris Einfluss auf regionale Politik nahmen. Die ständische Selbstverwaltung war damit abgeschafft, Aquitanien (und andere Regionen Frankreichs) politisch bedeutungslos geworden. Letzter Zug in dieser Entwicklung war die Aufhebung des Edikts von Nantes. Zunächst wurden steuerliche Druckmittel gegen Protestanten erlassen, ab 1681 die gefürchteten Dragonaden eingesetzt, um Hugenotten an der Ausübung ihrer Religion zu hindern. 1685 verfügte das **Edikt von Fontainebleau** u. a. den Abriss der letzten Kirchen und die Vertreibung der hugenottischen Pastoren. Die Calvinisten sollten zum Katholizismus übertreten, Auswanderung war ihnen untersagt. Dennoch kam es zur Massenflucht der Hugenotten, womit in den bislang protestantischen Regionen, etwa im Poitou, der wirtschaftliche Niedergang einsetzte. Erst 1787 wurden mit einem Toleranzedikt die Bestimmungen gelockert.

Betrüblich waren diese Ereignisse nur für die einen; andere zogen Nutzen aus den Umwälzungen und der Stärke des Sonnenkönigs. Frankreich stieg zur Weltmacht auf, eroberte und festigte Kolonien in Übersee. Die **Hafenstädte** am Atlantik, vor allem Bordeaux und Nantes, erlebten damit einen Aufschwung in bislang unbekanntem Maße. Neben der bitterarmen, rückständigen Provinz gab es nun die prunkvollen Metropolen, in denen nicht mehr nur der Adel regierte, sondern eine neue Schicht Selbstbewusstsein entwickelte: Die Bourgeoisie, das am Welthandel genesende südwestfranzösische Bürgertum. Verschifft wurde, was Erträge brachte, darunter Wein, Kolonialwaren und Sklaven.

Von der Revolution zum Kaiserreich

Gegen Ende des 18. Jh. hatte sich das Ancien Régime überlebt. Die Gesellschaftskritik der Aufklärung, die mit dem aquitanischen Rechtsphilosophen Montesquieu eine starke Stimme besaß, legte die unzeitgemäßen Züge des Absolutismus bloß. Eine Wirtschafts- und Finanzkrise zwang das malade System schließlich in die Knie. Im Mai 1789 konstituierte sich eine Nationalversammlung, um eine **neue Verfassung** auszuarbeiten. Die Parole »liberté, égalité, fraternité« formulierte die Forderung nach Menschenrechten und der Beteiligung des Dritten Standes an der Macht. Am 14. Juli 1789 stürmte das Volk die Bastille und stürzte die absolute Monarchie. Im Jahr darauf entlud sich der Hass auf den satten, überheblichen Klerus: Priester wurden ermordet, Kirchen zerstört oder säkularisiert. Nicht minder radikal gingen die Aufständischen gegen den Besitz des Adels vor.

In der gewählten Gesetzgebenden Versammlung dominierten zunächst die Abgeordneten des Departement Gironde (daher: **Girondisten),** die entschieden die Interessen der Hafenstädte und der dortigen Kaufleute, Reeder und Bankiers vertraten. Dieser Bourgeoisie ging es weniger um soziale Gerechtigkeit als um eine föderative Staatsform, die wirtschaftliche Leistung stärker als bisher honorierte. Gegen diese gemäßigte Richtung erhoben sich radikale Republikaner wie Danton, Marat und Robespierre, die im einstigen Dominikanerkloster St-Jacques in Paris tagten und mitsamt ihrer Anhängerschaft deshalb **Jakobiner** genannt wurden.

Der August 1792 bedeutete das Ende für die konstitutionelle Monarchie, kurz darauf fielen etliche politische Gefangene den berüchtigten Septembermorden zum Opfer. Am 22. Januar 1793 wurde Louis XVI hingerichtet, im Juni besetzten die Jakobiner den Konvent und ließen 29 Girondisten inhaftieren. Einigen gelang die Flucht in die Provinz, doch ihr Widerstand fand keine Unterstützung beim Volk und wurde bald niedergeschlagen. Ein Revolutionsgericht unter der Diktatur der Jakobiner verfügte die Exekution von 22 Girondisten durch die Guillotine, die zum Fanal des revolutionären Terrors unter Robespierre wurde. Sein Regime endete im Juli 1794, als er selbst der Guillotine zum Opfer fiel.

Vor allem in der Provinz lehnten sich Aristokraten, Katholiken und Bauern gegen die jakobinische Willkür auf. Die geplante Rekrutierung der Landbevölkerung führte im März 1793 zum **Aufstand in der Vendée** und der Süd-Bretagne. Erst auf Drängen der Bauern setzten sich Adelige wie Maurice d'Elbée und François Charette de la Contrie an die Spitze der Konterrevolutionäre. Die Republikaner antworteten gewohnt grausam, vor allem in den blutigen Aktionen von 1794, doch der Guerillakrieg hielt an. Der Friedensschluss von 1795 wurde schon bald durch Charette gebrochen; unklugerweise, denn im Juli 1795 siegte die republikanische Armee unter General Hoche. Die Ergreifung und Hinrichtung Charettes (29. März 1796 in Nantes) beendete den Vendée-Aufstand.

Im November 1799 fiel mit der Machtübernahme **Napoléon Bonapartes** die Erste Republik. Napoléon ließ sich 1804 zum Kaiser krönen und widmete sich sogleich der immer noch beargwöhnten Vendée. Mit dem heutigen La Roche-sur-Yon gründete er dort eine Garnisonsstadt, von der aus er die Kontrolle über die Region ausübte.

Die Hinrichtung des Führers der Konterrevolutionäre, François Charette de la Contrie, beendete den Aufstand gegen die Jakobiner in der Vendée

Größere Gefahr drohte jedoch außenpolitisch. Nach der Niederlage bei Trafalgar verhängte Napoléon eine **Kontinentalsperre,** mit der er England von seinen europäischen Absatzmärkten abschneiden wollte. Im Gegenzug hinderte London neutrale Schiffe daran, französische Häfen anzulaufen. Die Atlantikregion, durch die Aktionen des Kaisers wirtschaftlich schwer geschädigt, bezog erneut Position gegen Paris.

Die Briten nützten die Gunst der alten Verbündeten, als sie 1814 über Bordeaux nach Toulouse vorrückten und dort über die kaiserliche Armee siegten. Napoléon dankte ab, wurde auf die Insel Elba verbannt und nach einem erneuten Versuch der Machtübernahme 1815 bei Waterloo geschlagen.

Der Weg in die Moderne

Bei einer Reichsbesichtigung zu Beginn seiner Ära hatte Napoléon bedrückende Armut in manchen Regionen am Atlantik wahrgenommen und tiefgreifende Änderungen versprochen. Die Politik der Zentralisierung bestimmte jedoch auch seine Regierungszeit, die nötigen Maßnahmen wurden nicht getroffen. Erst **Napoléon III** (Kaiser: 1852–70) unternahm ernsthafte Schritte, die unterentwickelten Gebiete zu fördern. Er bändigte das wilde Land im Süden, indem er die Wanderdünen stabilisieren und die Sümpfe trockenlegen ließ. Aufforstungen folgten, und die bislang vernachlässigten Landstriche erbrachten nun sogar reiche Erträge.

Schon ein paar Jahre zuvor, um die Mitte des 19. Jh., waren Arcachon, Les Sables-d'Olonne und Royan zu Badeorten erkoren worden und gaben damit ein Beispiel für eine neue Form wirtschaftlicher Entwicklung: den **Vergnügungs- und Erholungstourismus.** Wohlhabende Bürger aus dem gesamten Land strömten bald in die Thermal- und Seebäder am Atlantik. Die Regierung förderte dies durch den Ausbau des Eisenbahnnetzes. Als Napoléon III und Gattin Eugénie Biarritz zu ihrem Urlaubsort wählten, entwickelte sich die baskische Küste zum Treffpunkt der internationalen Aristokratie.

Im Zweiten Weltkrieg zerstörte Rue du Calvaire in Nantes

Weiteren Aufschwung brachte 1868 die Einführung der Portugiesischen Auster, deren Aufzucht den Fischern zu einem gewissen Wohlstand verhalf. Wenig später, 1876, erlebte die Region freilich eine bittere Zeit, als die Reblaus sämtliche Weinstöcke des Bordelais befiel. Viele Bauern sahen sich zur Auswanderung gezwungen, teils ins spanische Rioja, teils nach Algerien. Nur wenige konnten es sich leisten, die bestehenden Kulturen zu vernichten und mit resistenten Rebsorten zu experimentieren. Langfristig schichteten sich dadurch die Besitzverhältnisse um, denn die Experimente glückten, und die Nachfahren der waghalsigeren Winzer gelangten zu unvorstellbarem Reichtum.

In **beiden Weltkriegen,** 1914 und 1940, verließ die französische Regierung das belagerte Paris und bezog Quartier in Bordeaux. Doch im Zweiten Weltkrieg wurde die Lage auch für den Südwesten des Landes bedrohlich, als die Deutschen ab 1942 Frankreich besetzten, den Atlantikwall bauten und in La Rochelle einen U-Boot-Stützpunkt einrichteten. Im Zuge der Rückeroberung kam es 1945 zu einem verheerenden Bombardement der Stadt Royan durch Alliierte, dessen Hintergründe bis heute nicht geklärt sind.

In den 50er Jahren des 20. Jh. bekam Paris die Folgen der bislang nur mäßig vorangetriebenen Industrialisierung des Südwestens zu spüren. Zwar entdeckte man 1951 bei Lacq Frankreichs größtes Erdgasvorkommen und begann 1954 mit der Ölförderung in Parentis, doch brachte dies nicht den nötigen wirtschaftlichen Schub. Die Fünfte Republik unter General de Gaulle sah machtlos zu, wie sich in der ehemals so konservativen Region am Atlantik eine starke Linke formierte. Als de Gaulle 1968 dem Volk eine Gebietsreform zur Entscheidung vorlegte und für den Fall einer Niederlage mit seinem Rücktritt drohte, entschieden die Wähler gegen den General. Nachfolger Georges Pompidou konnte die wichtige Reform schließlich ohne Widerstand durchsetzen. Damit begann die längst überfällige **Dezentralisierung,** die kulturell und wirtschaftlich die Entwicklung der Provinz förderte.

Wahlplakat für Jean-Marie Le Pen und seine rechtsextreme Front National

Noch stärkeren politischen Auftrieb erhielt die Atlantikregion, als 1981 der in Jarnac geborene François Mitterrand zum ersten sozialistischen Präsidenten der Republik gewählt wurde. Mitterrand trieb die Dezentralisierung besonders entschieden voran. Als Verfechter der EU stand er zwar stets in der Kritik der Landbevölkerung, doch konnten sich die Konservativen, etwa Philippe de Villiers am Puy du Fou, auf Dauer nicht durchsetzen.

Zeittafel

15 000–10 000 v. Chr.	Magdalénien; im Périgord und in den Pyrenäen entstehen Höhlenmalereien
ca. 5000–2000 v. Chr.	Neolithische Megalithbauten
3. Jh. v. Chr.	Keltische Bituriger gründen eine Siedlung an der Stelle des heutigen Bordeaux
123 v. Chr.	Römer dringen in Südfrankreich ein, Gründung der Provinz Gallia Narbonensis
58–52 v. Chr.	Caesar unterwirft Gallien
1. Jh.	Beginn des Weinanbaus im Bordelais
ca. 360–368	Hilarius erster Bischof in Poitiers
410–507	Der Südwesten unter der Herrschaft der Westgoten
507	Von den Franken geschlagen, werden die Westgoten nach Spanien abgedrängt
Ende 6. Jh.	Vasconen aus den Pyrenäen besiedeln die Gascogne
711	Die Westgoten unterliegen in Spanien den Mauren
732	Karl Martell siegt bei Tours und Poitiers über die Mauren
800	Karl der Große wird zum Kaiser gekrönt
ab ca. 820	Normannen unternehmen von der Küste aus Plünderungszüge ins Inland
ca. 950	Vertreibung der Normannen; Beginn der Wallfahrten nach Santiago de Compostela
ca. 1000	Beginn der Trockenlegung des Marais Poitevin
1058	Vereinigung der Herzogtümer Gascogne und Aquitanien
1137	Louis VII heiratet Aliénor von Aquitanien, ihr Herzogtum fällt an das französische Königreich
1152	Nach Annullierung ihrer ersten Ehe heiratet Aliénor in Poitiers Henri Plantagenêt
1154	Henri wird durch Erbfolge Henry II. von England
1209–1229	Albigenser-Kreuzzug
1214	Jean sans Terre verliert die Schlacht von Bouvines, Teile des Angevinischen Reiches fallen der französischen Krone zu
1328	Thronfolgestreit zwischen Philippe VI de Valois und Edward III. von England
1337	Ausbruch des Hundertjährigen Krieges
1356	Jean le Bon unterliegt in der Schlacht von Poitiers dem Schwarzen Prinzen (Edward von Woodstock)
1360	Vertrag von Brétigny; der Schwarze Prinz verzichtet auf die französische Krone und erhält dafür Aquitanien
1369	Poitiers fällt an Frankreich
1423–1436	Frankreich verlegt den Hof nach Poitiers
1429	Jeanne d'Arc entreißt den Engländern Orléans

1431	Gründung der Universität von Poitiers; Jeanne d'Arc wird als Hexe verbrannt
1453	Mit dem Sieg der Franzosen bei Castillon endet der Hundertjährige Krieg
1515–1547	François I de Valois König von Frankreich
1532	Die Bretagne wird Frankreich angeschlossen
1533	Erste Predigten Calvins in Poitou und Angoumois
1555–1572	Jeanne d'Albret Königin von Navarra; sie setzt im Béarn den Calvinismus durch
1559	Glaubensbekenntnis der reformierten Kirche in Paris verabschiedet
1562	Beginn der Religionskriege zwischen Hugenotten und der Katholischen Liga
1572	Die Heirat von Henri de Navarre und Marguerite de Valois soll die Aussöhnung zwischen Katholiken und Protestanten erbringen, stattdessen kommt es in der Bartholomäusnacht zu einem Massaker
1579	Die Grands Jours in Poitiers sollen über die Religionsfrage entscheiden
1589	Ermordung von Henri III von Frankreich
1594	Henri de Navarre tritt zum Katholizismus über und wird König Henri IV von Frankreich
1598	Edikt von Nantes; Henri IV gewährt den Hugenotten in ›Sicherheitsplätzen‹ das Recht der freien Religionsausübung
1627/28	Richelieu belagert La Rochelle
1629–1631	Pest und Hungersnot entvölkern Aquitanien
1659	Pyrenäenfrieden zwischen Frankreich und Spanien
1685	Louis XIV hebt das Edikt von Nantes auf; Massenflucht der Hugenotten
18. Jh.	Der Handel mit Übersee lässt die Städte aufleben
1787	Ein Toleranzedikt gewährt Protestanten Religionsfreiheit
1789	Beginn der Französischen Revolution
1790	Aufgliederung Frankreichs in Departements
1793	Die Girondisten unterliegen den Jakobinern, Hinrichtung von Louis XVI; Aufstand der Royalisten in der Vendée
1796	Mit der Hinrichtung Charettes in Nantes (29. März) endet der Vendée-Aufstand
1804	Napoléon Bonaparte wird Kaiser; Gründung von La Roche-sur-Yon
1806–1810	Die Kontinentalsperre gegen England schadet den Hafenstädten
um 1845	Arcachon wird Badeort
1852–70	Zweites Kaiserreich; an den Küsten und in den Landes Pflanzung von Wäldern, Bau der Eisenbahnlinie Poitiers–La Rochelle, Baubeginn des Seehafens St-Nazaire, Blüte der See- und Thermalbäder

Bedeutender Wirtschaftsfaktor: der Weinbau (Weingut Chéreau)

1876	Die Reblaus vernichtet große Teile der französischen Weinberge
1914–18	Erster Weltkrieg; Regierung in Bordeaux
1939	Mit Ende des Bürgerkriegs in Spanien fliehen ca. 500 000 Spanier ins Nachbarland
1940	Paris von Deutschen besetzt, Regierung erneut in Bordeaux
1942	Deutsche Besetzung Frankreichs; Bau des Atlantikwalls, La Rochelle wird Hauptstützpunkt der deutschen U-Boot-Flotte
1945	Bombenangriff der Alliierten auf Royan
1954	Beginn der Erdölförderung in Parentis
1966	Die Ile d'Oléron wird durch eine Brücke mit dem Festland verbunden
1967	Gründung eines Nationalparks in den Pyrenäen
1968	Rücktritt de Gaulles
1970	In den Landes entsteht ein Naturpark
1972	Die von de Gaulle geplante Gebietsreform wird unter Georges Pompidou durchgesetzt
1977	Gründung des Vereins Puy du Fou, der sich zu einem bedeutenden Wirtschaftsfaktor in der Vendée entwickelt
1981	Eröffnung der Autobahn Paris–Bordeaux
1985	Einführung des Verhältniswahlrechts bei Parlamentswahlen
1992	In einem Referendum bekennen sich 51 % zu den Maastrichter Verträgen; der Hochgeschwindigkeitszug TGV-Atlantique bewältigt die Strecke Paris–Bordeaux in weniger als drei Stunden
1995	Jacques Chirac wird Präsident der Republik
2002	Wiederwahl Chiracs

Kunst, Architektur, Literatur

Romanisches Aquitanien

Die Epochen aquitanischer Kultur sind nicht durchgängig gut belegt, vielmehr gibt es zeitliche wie auch geographische Lücken. Ehemals unwirtliche Regionen, etwa die Landes, besitzen heute nur wenige Denkmäler. Ebenso existieren für einige prägende Perioden nur spärliche Zeugnisse: Für die **frühchristliche Ära** beispielsweise kaum mehr als das Baptisterium St-Jean in Poitiers und die Nekropole in Civaux. Krieg und Frieden trugen gleichermaßen zu diesem Missverhältnis bei – der Frieden insofern, als er nach Jahrzehnten der Unruhe dazu anregte, zerstörte Stätten zu neuem Leben zu erwecken und die Reste der älteren Architektur umzubauen.

Eine solche Zeit des Wandels im Frieden war die Romanik, die ihren Auftrieb mit den Pilgerfahrten nach Santiago erlebte. Während am Mittelmeer zahlreiche Kulturschätze der Frühromanik, des *premier art roman* (bis etwa 1060), erhalten sind, brachte am Atlantik erst die romanische Hochblüte (ab Ende 11. Jh.) Kirchen hervor. Der einfachste Bautyp ist die vor allem an der Charente anzutreffende **Saalkirche,** ein einschiffiges Gebäude, das zunächst mit einem Holzdach gedeckt wurde, später mit einem Tonnengewölbe oder mit Kuppeln. Die Kuppelvariante könnte auf byzantinische Vorbilder zurückgehen, die die Kreuzfahrer bei ihren Orientzügen kennen gelernt hatten.

Die Eindeckung der Kirchen stellte das größte statische Problem dar und setzte Grenzen für die Raumgröße, mithin für das Fassungsvermögen der Gotteshäuser. Angesichts wachsender Pilgerströme nahm aber der Platzbedarf zu; daraufhin entwickelten die Architekten im Poitou den Typ der geräumigeren dreischiffigen **Hallenkirche.** Bei dieser schon im 10. Jh. vorbereiteten Lösung bilden die parallelen Tonnen ein gegenseitiges Widerlager, fangen den seitlichen Schub auf und leiten ihn auf Stützen und Mauerwerk ab. Das Mittelschiff ist nur geringfügig höher als die beiden Seitenschiffe, Licht fällt also nicht von oben, sondern lediglich durch die Seitenfenster ein. Der reiche, phantasievolle Kapitellschmuck wie auch die (selten erhaltenen) Wandmalereien sind daher nur schwach beleuchtet.

Umso großartiger erstrahlt im Sonnenlicht der **Skulpturenschmuck** des nach Osten gerichteten Chors und der nach Westen weisenden Schauwand

Thronender Christus an der romanischen Fassade von N-D-la-Grande in Poitiers

Blick auf die Abteiruine La Sauve Majeure (11. Jh.)

des Portals. Ein Tympanon fehlt dort oft, häufiger findet man über den Eingängen skulptierte Blendbögen, deren Prinzip möglicherweise der römischen Architektur entlehnt ist. Der überwiegend verwendete Kalkstein war nicht nur leicht zu bearbeiten, sondern auch leicht zu zerstören, sodass die romanische Plastik Frankreichs in der Zeit der Religionskriege und der Revolution betrübliche Schäden genommen hat. In den Pyrenäen, wo man mit härterem Gestein arbeitete, sind die Verfallsspuren weniger deutlich, die Reliefs indes auch gröber und nicht so formenreich.

Um 1200, zur Zeit des Angevinischen Großreiches, kam ein neuer Kirchentyp auf, bei dem Kreuzrippengewölbe mit erhöhtem Scheitel größere Abmessungen der Gebäude zuließen. In der Glanzzeit dieses angevinischen oder **Plantagenêt-Stils** waren die Kirchenschiffe durch hohe, schlanke Säulen voneinander abgeteilt. Maße, Proportionen und Gewölbe leiten bereits zur Gotik über, doch besitzt dieser Stil immer noch ein schweres, stützendes Mauerwerk und kleinere, meist erst im oberen Wandbereich eingelassene Fenster.

Die im Norden Frankreichs ausgeformte **Hochgotik,** bei der ein Strebewerk den Schub nach außen ableitet, somit die Mauern entlastet, lichte Durchbrüche und himmelstrebende Höhen erlaubt, hat sich am Atlantik nicht recht durchgesetzt. Dies liegt weitgehend daran, dass in der Region der Hundertjährige Krieg wütete, Großbauten nur selten finanziert werden konnten und Kultureinflüsse allenfalls aus England einströmten. Zu den wenigen Kirchen im nordfranzösischen Flamboyantstil, der ansonsten auf den Skulpturenschmuck beschränkt blieb, zählen St-André in Bordeaux und die Kathedrale von Bayonne.

Die Religionskriege setzten der Baukunst weitere Schranken. Letzte Beispiele einer herausragenden Sakralarchitektur sind die **Barockkirchen** im Baskenland, die den Betrachter u. a. mit ihrem vergoldeten Skulpturenschmuck, den Deckengemälden und den zwei- oder dreistöckigen Holzemporen beeindrucken.

Bollwerke und Bastiden

Neben Kirchen und Klöstern entstanden in romanischer Zeit zahlreiche **Zweckbauten,** die dem Pilgerbetrieb dienten: Hospitäler und Pflegestationen für sieche Wallfahrer, Herbergen und Hospize, Brücken und Straßen, um die frommen Reisenden für die Nacht zu betten und ihnen den Weg zu ebnen. Nur wenig davon ist erhalten, ungewöhnlich viel hingegen von jener Profanarchitektur, die ihre Existenz den kriegerischen Auseinandersetzungen verdankt. Im 11. Jh. entwickelte sich der Typ des **Donjon,** eines rechteckigen Turms, über dessen Untergeschoss mit Vorratslagern sich Wohnräume staffelten. Das Grundgeschoss besaß weder Tor noch Tür; aus wehrtechnischen Erwägungen war der Zugang ausschließlich über eine Leiter ins erste Stockwerk möglich. Vom 13. Jh. an ließen es verbesserte Sturmwaffen und die prekäre politische Lage erforderlich erscheinen, die Wehr- und Wohntürme in größere, geschlossene Verteidigungsanlagen einzubinden.

Zur gleichen Zeit kam mit der **Bastide** (ursprünglich ›Bauwerk‹) eine neue Siedlungsform auf, die sich aus den Machtkämpfen zwischen Engländern und Franzosen erklärt. Beide Seiten waren im Ringen um territorialen Gewinn bemüht, unbewohnte oder im

Wahrzeichen La Rochelles, die beiden wuchtigen Wach- und Verteidigungstürme St-Nicolas und La Chaîne

Krieg entvölkerte Landstriche für sich zu reklamieren. So gründeten sie entlang der Grenzlinie, vor allem zwischen Dordogne und Pyrenäen, etwa 300 schachbrettartig gegliederte, ummauerte Wehrdörfer und warben durch öffentliche Ausrufer Siedler für sie an. Diesen Wehrbauern versprach man ein Grundstück, Baumaterialien und einen Garten (außerhalb der Mauern), Handels- und Steuervergünstigungen sowie Asylrecht. Wer unterschrieb und die zu damaliger Zeit günstigen Wohnbedingungen akzeptierte, verpflichtete sich seinerseits, bei Bau und Verteidigung der Bastide mitzuwirken.

Etwa ein Drittel dieser Wohnsiedlungen hat sich erhalten oder ist zumindest am Straßenverlauf als Bastide erkennbar. Das Zentrum bildet der Dorfplatz mit Markthalle und umlaufenden Arkaden. Einen Block weiter oder aber beim Friedhof am Dorfsaum erhebt sich die Kirche, meistens ein frühgotischer, nicht allzu groß bemessener Saalbau, als Wehrkirche gelegentlich mit eigener Ummauerung sowie Schießscharten und Pechnasen ausgestattet. Bemerkenswert ist, dass kaum eine Bastide nennenswert über die Grenzen ihrer Gründungszeit hinauswuchs.

Nach dem Hundertjährigen Krieg gelangte eine neue Schicht zu Wohlstand. Mit ihr lebte die Profanarchitektur abermals auf. Lokaler Adel, Winzer, Philosophen und Schriftsteller gaben Aufträge für **Renaissanceschlösser,** die mit ihren Freitreppen, Fenstern, Parks und Gärten die neu gewonnene Zuversicht auf Frieden bezeugen. Die Religionskriege machten diese schönen Hoffnungen zunichte, und wenig später schränkten die Zentralisierungsbestrebungen des absolutistischen Königshauses die Baukunst in der Provinz weiter ein. Bedeutende Großbauten unter Louis XIV waren die sternförmigen **Festungsanlagen** von Sébastien le Prestre de **Vauban** (1633–1707), die dem Schutz der Häfen gegen Spanier und Briten dienten. Hervorzuheben ist zudem der Ausbau des schachbrettartig angelegten Marinestützpunktes Rochefort.

Als großartige Leistung des 18. Jh. ist die **klassizistische Umgestaltung** der Hafenstädte Nantes und Bordeaux zu nennen, während im 19. Jh. prächtige Weinschlösser sowie Villen und Hotels im **historisierenden Stil** entstanden.

Sprache und Literatur

Als Frankreich 1882 die allgemeine Schulpflicht einführte und das Französische zur verbindlichen Unterrichtssprache erklärte, war das Ende einer Kultur besiegelt, die zu ihrer Blütezeit in Europa unvergleichlich war. Die Rede ist von der **Langue d'oc,** ihren Kunstformen und ihrer Lebensart. Die Langue d'oc, eine zwischen Alpen und Atlantik in vier Dialekten verbreitete Sprache, unterschied sich von der Langue d'oil, die weiter nördlich gesprochen wurde. Oc und oil waren die regionalen Ausformungen der lateinischen Bejahung, ein prägnanter Fingerzeig für die Varianten, die die beiden Teile Galliens der Sprache Roms entlockt hatten.

Der Süden, in stärkerem Einklang mit den römischen Besatzern, war deutlich zwangloser mit dem Lateinischen umgegangen, bewahrte Teile von Grammatik und Wortschatz aus vorrömischer Zeit, verzichtete auf penibles Studium des sprachlichen Imports und tradierte nur mündlich ein eher vulgäres Idiom des Lateinischen. Auf dieser Basis entstand eine neue romanische Sprache, jenes Okzitanische, das im Jahre 1002 erstmals urkundlich belegt ist, als Verwaltungssprache diente und auch – anders als im Norden – im kirchlichen Sektor Verwendung fand. Ein wesentlicher Vorzug dieser Sprache bestand darin, dass sie im Mittelalter, als Latein zu einer Gelehrtensprache erstarrte, eine Verständigung mit den südeuropäischen Nachbarvölkern und damit indirekt auch Zugang zu den Kulturströmungen des Orients gewährte.

Deutliche Spuren morgenländischer Einflüsse trägt die okzitanische Lyrik der **Troubadoure,** die seit dem späten 11. Jh. in Schriftzeugnissen überliefert ist. Die Dokumente belegen, dass hier inzwischen eine Hochsprache herangereift war – die erste Hochsprache Europas nach der Antike. Ihr Wortschatz belief sich auf wahrscheinlich etwa 180 000 Begriffe.

Als Pionier der Troubadourlyrik gilt Guillaume IX (1071–1127), Aliénors Großvater (s. S. 25f.), von dem elf Gedichte erhalten blieben. Ein anderer bedeutender Lyriker der Region war Jaufré Rudel, Prinz von Blaye. Doch unter den gut 400 Troubadouren, die uns namentlich bekannt sind, finden sich nicht nur Adelige, sondern auch Menschen einfacher Herkunft. *Paratge,* die Gleichwertigkeit aller, wurde denn auch als Ziel in der Dichtkunst immer wieder idealisiert. Wiederkehrendes Thema ist natürlich auch die Liebe, das höchste irdische Glück. Bei der demonstrativ Angebeteten handelte es sich indes oft um die Landesfürstin oder ein anderes unerreichbares Wesen, und so war die deklarierte Zuneigung selten im wörtlichen Sinne zu verstehen. Jaufré Rudel etwa verliebte sich in Lointaine, Prinzessin von Tripolis, allein aufgrund der blumigen Beschreibungen, die Kreuzfahrer ihm gegeben hatten. So nahm er selbst am nächsten Kreuzzug teil, erkrankte in Tripolis und starb in den Armen der Prinzessin.

Wenig von dem, was die Troubadoure dichteten und dachten, ist uns heute unmittelbar verständlich. Man schuf Lieder nach festem Muster, das dem jeweiligen Inhalt angepasst war: Liebe, Zeitgeschehen, Spott oder Klage. Wer geübt war, nahm mit Leichtigkeit die vielen Anspielungen der *trobar clus,* der verschlüsselten Sprache auf, die zu Instrumentalbegleitung in gesungener Form dargeboten wurde.

Die Troubadourlyrik gelangte über die Provence in deutsche Lande und wurde dort zum Minnesang umgestaltet. In Frankreich fand die Dichtkunst im späten 13. Jh. ihr Ende. Die Sprache, derer sie sich bedient hatte, sank danach zum plebejischen Idiom ab. Ihr Ende war besiegelt, als François I 1539 das Französische zur Amtssprache erhob. Henri IV war der letzte König, der noch Okzitanisch sprach. Im Volk hielt sich die abgesunkene Sprache bis ins 19. Jh.

An **Literatur in französischer Sprache** brachte die Atlantikregion weit über das Mittelalter hinaus Meisterwerke hervor. Großen Anteil daran hatten das Bordelais und seine Weinbauern. Auf drei große ›M‹ beruft man sich gern, doch Michel Eyquem de Montaigne (1533–92; s. S. 197), Autor der berühmten »Essais«, und Charles Louis de Secondat, Baron de la Brède et de Montesquieu (1689–1755; s. S. 203), Verfasser von »L'esprit des lois«, hatten deutlich größeres Format als das dritte ›M‹, der Nobelpreisträger François Mauriac (1885–1970; s. S. 200). Neben ihm, der schon heute nicht mehr mit Eifer gelesen wird, sind andere illustre Namen wie Jules Verne (1828–1905; s. S. 58f.) als auch schillernde Figuren wie Pierre Loti (1850–1923; s. S. 114) zu nennen. So ist zweifellos die Literatur, neben sakraler Architektur und Plastik, das kulturelle Aushängeschild der Region.

Reiseziel französische Atlantikküste heute

Verkehrschaos, gestikulierende Autofahrer, schmuddelige Gassen, verunreinigte Strände – so manches Klischee stirbt leider nicht aus. Dabei ist Frankreich längst der Lethargie entwachsen, die in den 70er Jahren des 20. Jh. gewiss noch das Leben und das Straßenbild mitprägte. In den Provinzen wachsen bedeutende Industriezweige heran, die Infrastruktur ist bestens entwickelt, man lebt weitgehend zufrieden. Und der Südwesten des Landes? Er trägt obendrein den unverkennbaren Stempel seiner britischen Vergangenheit. Höflichkeit, ein ausgeprägter Sinn für Ordnung, Warteschlangen an den Bushaltestellen oder die Liebe zu Guinness sind Zeichen dieser Erbschaft. Eine gewisse Kühle ist zu spüren, manchmal auch Snobismus.

Worüber regt man sich auf, wenn man sich denn aufregt? *Décentralisation,* die Pompidou einleitete und Mitterrand eifrig vorantrieb, ist immer noch Thema. Die Regionen besitzen kein eigenes Parlament und haben somit politisch kaum Einfluss. Ihre Aufgabe ist es, die ökonomischen, ökologischen und kulturellen Planungen der Departements miteinander in Einklang zu bringen und damit einer Zersplitterung entgegenzuwirken. Hier zeigt sich die weiterhin bestehende Sorge der Zentralgewalt, dass Dezentralisierung unweigerlich Machtverlust bedeute. Kein Wunder, dass durch diese Struktur Interessenskonflikte zwischen den Regionen und den Departements entstehen: Einer hält den anderen für überflüssig und seine Entscheidungen für parteiisch. Mancher gute Plan wird deshalb Opfer von Sabotage.

Die Schwächen des Systems offenbaren sich etwa in der Umweltpolitik. In den 70er Jahren war es ohne Zweifel erforderlich, Industrie und Infrastruktur zügig voranzutreiben, um der Landflucht entgegenzuwirken und die Provinzen nicht in eine Randzone der Entwicklung in Westeuropa abzudrängen. Auf die Umwelt wurde dabei wenig Rücksicht genommen. Entlang der Küste entstanden öde Zweckbauten für den gewinnträchtigen Tourismus, Autobahnen und die Schienen des Hochgeschwindigkeitszuges wurden durch Brutgebiete von Vögeln gezogen (etwa zwischen La Rochelle und Rochefort), in den Landes finden sich weite militärische Übungsgelände, der Ölhafen bei Verdon-sur-Mer und das Kernkraftwerk nördlich von Blaye verschmutzen die Gironde. Nicht einmal die Lobby der Winzer im Médoc hat dies abwenden können.

So zeigt sich immer wieder Unzufriedenheit mit den Planungen, die Paris mitunter gegen lokale Interessen durchsetzt. Die Departements wünschen mehr Entscheidungsgewalt, scheitern aber oft bereits an der ersten Hürde, dem Conseil régional, der für Paris sicher auch einen bequemen Puffer darstellt und deshalb auf lange Sicht seine Funktion behalten, wahrscheinlich sogar ausbauen wird.

Ein Spektakel, das viele Einheimische und Touristen anzieht: die Segelregatta Vendée Globe, die alle vier Jahre in Port Olona, dem Jachthafen von Les Sables-d'Olonne, startet

FRA
8589
17786
FRA.9000
395
FRA
16287

Loire-Mündung und Vendée

Nantes

Tipps & Adressen
S. 297ff.; 1 Tag; mit Besuch der Museen und mit Ausflügen 3 Tage

Nantes – Höhepunkt einer Fahrt an Frankreichs Atlantikküste oder nur Etappenziel auf der Durchreise? Für die meisten Urlauber aus Deutschland verbindet sich wenig mit dem Namen dieser Stadt, immerhin der sechstgrößten des Landes. Wer allein ihre genaue Lage benennen sollte, käme wohl in Bedrängnis. Doch dies sollte zuerst geklärt werden, denn die Lage gibt den Schlüssel zu Nantes.

Durch die Stadt fließt von Ost nach West die Loire, Frankreichs große Wetter- und mehr noch Kulturscheide, in die im Norden die Erdre, im Süden die Sèvre Nantaise mündet. Einige Dutzend Brücken querten einst das Flussgewirr, das Nantes in mehrere Inseln zerschnitt. Das abgegriffene Attribut ›Venedig des Westens‹ ging der Stadt schließlich durch einen Ingenieurstreich verloren. Während noch Mitte des 19. Jh. die Seehandelsschiffe von der Loire-Mündung 50 km landeinwärts zogen, um an den Kais von Nantes ihre Ladung zu löschen, debattierte der Stadtrat bereits, ob die Passage noch rentabel sei. Es war ein kostspieliges Unternehmen, die versandende Loire immer wieder frei zu schaufeln. Zudem brachte Napoléons Kontinentalsperre (s. S. 33) die Stadt um einen Teil der Mittel, die für solche Arbeiten erforderlich waren, und wenig später eröffnete die Eisenbahn einen

◁ *Bei Ebbe sieht man Tausende schwarzer Muschelpfähle in der flachen Bucht von Aiguillon-sur-Mer*

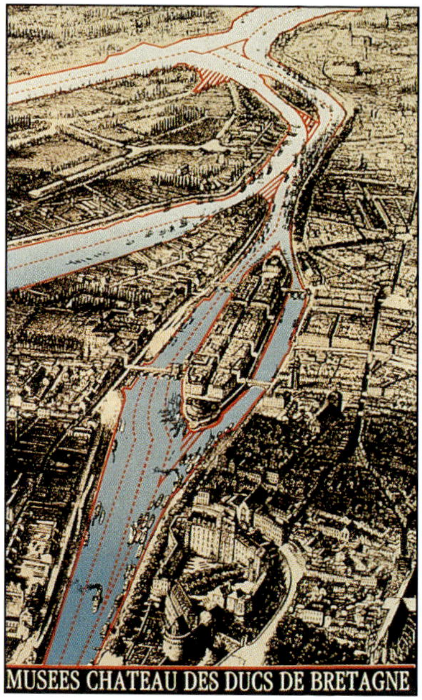

Die Ile Feydeau in Nantes vor der Überbauung der Flussarme

preiswerteren, schnelleren Transportweg nach Paris.

1856 begann man flussabwärts in St-Nazaire mit dem Bau eines neuen Seehafens. 70 Jahre später wurden in Nantes alte Flussarme umgeleitet oder überbaut, um Straßen und Wohnraum zu schaffen und den ehrwürdigen Reedervillen einen festeren Halt auf dem weichen Boden zu sichern. Viele Kais am Quai de la Fosse sind allerdings noch erhalten, und auch die 1991 fertig gestellte Brücke von Cheviré am westlichen Stadtrand schlägt einen so hohen Bogen über die Loire, dass der Passage von Ozeandampfern bei Bedarf nichts im Wege stünde.

Ein Stück Geschichte

Ein wenig schöner wäre Nantes wohl schon, wenn statt der großen Verkehrsachsen Wasserstraßen ihren Weg durch das imposante Häusermeer bahnten. Die architektonischen Reize der Stadt stammen im Wesentlichen aus dem 18. Jh., während die ältere Geschichte nur wenige Zeugnisse hinterlassen hat. Gründer waren um die Zeitenwende die keltischen Namneten, nach denen auch die römischen Besatzer ihre Siedlung benannten: Civitas Namnetum, seit dem 4. Jh. n. Chr. mit einem befestigten Hafen ausgestattet. Der Handel brachte Wohlstand, um den Franken und Bretonen stritten. Die Lage am Schnittpunkt, wo Inseln den Sprung über die Loire ermöglichten, ist bis heute Fluch und Segen: Die Stadt ist zu bretonisch, um mit dem Süden zu verwachsen, und zu atlantisch, um ganz der Loire anzugehören. Kurz: Ein kulturelles Glanzlicht, das sich mangels eindeutigem Etikett nur schwer vermarkten lässt.

Die Pracht der ersten Blütezeit überrollten 843 die Normannen, die u. a. die Kathedrale zerstörten und den Bischof zum Märtyrer machten. Erst knapp 100 Jahre später gelang es dem bretonischen Herzog Alain Barbe-Torte, dem ›Zwirbelbart‹, sie aus ihrer Wahlheimat zu vertreiben. Schließlich wechselte Nantes mit Rennes als Hauptstadt der Bretagne ab und fand seine Genesung vom normannischen Regiment im Handel mit Eisen, Salz, Wein und Wolle. Die bretonische Ära endete, als das Herzogtum Bretagne 1532 per Edikt Frankreich angeschlossen wurde.

Der spätere Aufstieg der Stadt ist nicht etwa Ergebnis einer weiseren Politik, sondern Spiegel eines düsteren Kapitels der Weltgeschichte. Ab Mitte des 17. Jh. beteiligten sich die Reeder und Kaufleute der Stadt am *commerce triangulaire,* dem Atlantischen Dreieckshandel mit ›weißem‹ und ›schwarzem Gold‹. Von den französischen Besitzungen in der Karibik brachten sie neben Kaffee, Indigo, Tabak und Baumwolle vor allem Zucker in ihre Heimat. Beladen mit Flinten, Fusel, billiger Tuchware und allerlei Tand nahmen die Segelschiffe hernach Kurs auf die westafrikanische Küste, wo sie den Ramsch gegen Sklaven eintauschten. Die menschliche Ware wurde schließlich in die Karibik verschleppt, um auf den dortigen Plantagen die Rohstoffe für weitere goldene Dreieckstouren anzubauen.

Das Elend der Sklaven bekamen die Nantaiser kaum zu Gesicht. Sie sahen ihre Stadt wachsen, bestaunten die prunkvollen Reederpaläste, die an die Stelle der brandgefährdeten Fachwerkhäuser traten, und legten sich mit den Jahren eine eisern konservative Haltung zu, die den Idealen der Revolution wenig abzugewinnen vermochte. Das Verbot der Sklaverei 1794 wurde beargwöhnt, die Wiedereinführung 1802 begrüßt. Als Frankreich 1848 sein offizielles Dekret zur Abschaffung der Sklaverei aussprach, hatte Nantes längst seine Profite gemacht und entwarf Pläne, sich radikal vom Hafen und seiner Geschichte zu trennen.

Zwischen Zug und Tram: Die Altstadt

Nur zwei Stunden benötigt der TGV, der *train à grande vitesse,* für die Strecke von Paris in die Hauptstadt des Pays de la Loire. Wer sich nach diesem berauschenden Erlebnis gegen Nantes und für die Weiterfahrt entscheidet, muss nicht die liebe Wartezeit lang auf Gleise starren. Ein Katzensprung ist es vom

Bahnhof zum **Jardin des Plantes** **1**, mit Teichen, Wasserfällen und Holzbrücken ein besonders schönes Stück der städtischen Grünflächen. Schon 1688 war in Nantes nahe der heutigen Rue du Calvaire einer der ersten botanischen Gärten Frankreichs angelegt worden. Dieser *Apothicaires* hatte vor allem eine praktische Aufgabe. Im gemäßigten Atlantikklima gediehen exotische Pflanzen, aus denen man Arzneien für die Nantaiser Seefahrer gewann. Als im 18. Jh. Gärten und Parks zum Aushängeschild der Reeder avancierten, kam koloniale Blütenpracht statt unscheinbarer Heilkräuter in Mode. 400 Kamelienarten und Europas erste Magnolien fanden so den Weg in den Jardin des Plantes, dessen Skulpturen und Gewächshäuser aus dem 19. Jh. stammen.

Nachdem der Hafen aus der Stadt verschwunden ist, hat sich die ›sündige Meile‹ von den Kais ins Bahnhofsviertel bequemt. Diesen kleinen Rotlichtbezirk muss man queren, um zu zwei Marksteinen der Stadtgeschichte zu gelangen. Das ist zum einen die verschnörkelte **LU-Fabrik** **2** von 1897. LU, die Keksbarone, mit bürgerlichem Namen Lefèvre-Utile, haben in der Tat viel für den Wandel der Stadt von der Hochburg des Sklavenhandels zum Industriestandort der Neuzeit geleistet. Die heutigen Fertigungshallen befinden sich außerhalb von Nantes in La Haye-Fouassière, die jetzigen Besitzer heißen Danone. Und die alte Fabrik, zur Jahrtausendwende in neuen Glanz gesetzt, ist nun ein LU anderer Art: Ein Lieu Unique – Espace Culturel, hergerichtet für Kulturveranstaltungen. Zur Eröffnung erhielt sie einen ›Jahrhundertspeicher‹, den Grenier du Siècle, mit Tausenden von Objekten, die Spender als ihr persönliches Stück Geschichte einreichten. Diese Essenz des 20. Jh. – vom Foto der Großeltern bis zum Steuerbescheid – wurde säuberlich verpackt und soll erst im Januar 2100 wieder das Licht des Tages erblicken.

Der zweite Markstein, das einst von der Loire umflossene **Château des Ducs de Bretagne** **3**, liegt nicht weit von hier an der Place Marc Elder. Über die Zugbrücke des Schlosses gelangt man in den ehemaligen Turnierhof, wo Pflastersteine den Verlauf antiker und mittelalterlicher Befestigungen anzeigen. Bis hierher und noch hinauf auf den Wehrgang ist die Besichtigung kostenlos, danach wird's teuer und nicht unbedingt erbaulich. Denn die kundigen Führungen durchs Schloss und seine Museen (Volkskunst, Kolonial- und Handelsgeschichte) sind ein harter Brocken: Zeitintensiv – sie können einem locker den ganzen Vormittag ›rauben‹ – und vor Informationen überbordend, wenngleich sachkundig und interessant. Die, die verzichten und im Innenhof geblieben sind, gedenken vor der prächtigen Fassade des Grand Logis der Schlossgeschichte.

François II, Gründer der Universität von Nantes und Herzog der Bretagne, gab 1466 den Auftrag für ein neues Château. Noch 1440 war im trutzigen Vorgängerbau Gilles de Rais (auch: Retz) eingekerkert gewesen, eine Kraftgestalt, aber auch ein Ungetüm des späten Mittelalters (s. S. 64f.). In dem Turm, wo er die letzten Tage vor seiner Hinrichtung zubrachte, wurde 1477 François' Tochter Anne geboren. Als sie im Alter von elf Jahren Duchesse der Bretagne wurde, war ihr Herzogtum schon in der Hand französischer Truppen. 1491 wurde das Kind, ›La petite Brette‹, zur Heirat mit Frankreichs König Charles VIII gezwungen. Nach dessen Tod kehrte sie in die Bretagne zurück, musste aber bereits 1499 unter ähnlichen Umständen König

Louis XII heiraten. Diese zweite Eheschließung fand in der Schlosskapelle zu Nantes statt; der Vertrag sicherte der Bretagne ein letztes Mal Autonomie. Mit ihrem Verlust sank wenig später die politische Bedeutung von Nantes.

Ende des 16. Jh., während der Religionskriege, residierte hier der Duc de Mercœur, Verfechter einer ultra-katholischen Linie gegen Henri IV (s. S. 30). Sein Regiment endete mit Henris Einmarsch ins Schloss von Nantes. Hier unterzeichnete der König im April 1598 ein Friedenspapier, das als Edikt von Nantes bekannt wurde. Die Protestanten, die vor allem in den Hafenstädten am Atlantik viele Anhänger hatten, erhielten damit Religionsfreiheit im katholischen Staat – ein Novum in der europäischen Geschichte, denn bislang war man überzeugt, dass nur ein einheitlicher Glaube politische Stabilität garantiere. 1998 feierte Nantes das Edikt mit Stolz und Pomp.

Ein letzter Blick auf das Schloss: Die starke Ummauerung verrät noch spätmittelalterlichen Geist, während sich am leichteren, dekorreichen Grand Logis der Wandel vom gotischen Flamboyant (untere Etage) zur Frührenaissance (für Anne gebaute obere Fluchten) ablesen lässt. Die Wappentiere von Anne und Louis XII, Windhund und Stachelschwein, erinnern an die Zwangsehe,

Château des Ducs de Bretagne, Grand Logis

mit der Paris die Ausdehnung seines Machtbereichs einleitete. Dass sich damit größere geographische Räume eröffneten, deuten die unter François I entstandenen Erweiterungen des Schlosses (Petit Gouvernement) an, die sich vollends der italienischen Renaissance widmen.

Über den oft mit Jahrmarktbuden besetzten Platz am Cours St-Pierre geht es zur **Cathédrale St-Pierre-et-St-Paul** **4**, 1434 über den bescheideneren Mauern einer romanischen Kirche begonnen und wie viele himmelstrebende gotische Gotteshäuser erst im 19. Jh. vollendet. Ausnahmsweise behielt man hier den ursprünglichen Entwurf bis zur Fertigstellung bei, doch stand den späteren Baumeistern weitaus weniger Geld zur Verfügung, sodass sich über der Skulpturenpracht der Westfassade immer einfachere Arbeiten türmen. Ein architektonisches Meisterwerk ist also nicht zu erwarten, zumal die Kathedrale mehrfach niederbrannte, so auch im Bombenhagel der 40er Jahre des 20. Jh. Es lohnt aber der Gang ins lichtdurchflutete Innere, wo im rechten Querhaus ein beeindruckendes Marmorgrab des Bildhauers Michel Colombe zu sehen ist. Vier junge Damen – Symbole für die Kardinaltugenden *iustitia* (Gerechtigkeit), *prudentia* (Weisheit), *temperantia* (Mäßigung) und *fortitudo* (Tapferkeit) – besetzen die Ecken des Sarkophags mit den Liegefiguren von Herzog François II und seiner zweiten Gattin, Marguerite de Foix. Ikonographisch interessant ist die ursprünglich wohl aus Rouen stammende Variante der Fortitudo, die hier tapfer dem aus einem Turm aufsteigenden Drachen begegnet. Von der *iustitia* (Schwert, Buch mit Waage) heißt es, sie sei ein Porträt der Anne de Bretagne, die das Werk 1502 in Auftrag gab.

Durch die Porte St-Pierre, die heute verwaist neben der Kathedrale steht, zog Henri IV am 13. April 1598 in die Stadt ein. Im 18. Jh. wurde vor dem Tor die heutige **Place Maréchal-Foch** 5 angelegt und jenseits davon ein neues Viertel errichtet. Die Figur auf hoher Säule, die den Platz überragt, datiert ins Jahr 1790 und stellt Louis XVI dar, ein Hinweis auf die königstreue Gesinnung der Stadt zur Zeit der Revolution. Während nämlich Abbilder des 1793 enthaupteten Königs in anderen Städten vom Sockel gestürzt wurden, verschwand es hier lediglich in der Asservatenkammer und kam 1823 wieder an seinen alten Platz.

Mehr als ein Abstecher wäre der Besuch des gut bestückten **Musée des Beaux-Arts** 6, den man sich für einen der nicht gar so seltenen Regentage aufsparen sollte. Das imposante Bauwerk aus dem 19. Jh. beherbergt Werke ab dem 13. Jh., darunter Gemälde von Monet und anderen Impressionisten. Ein ganzer Saal ist Kandinsky geweiht. Bei Sonnenschein führt der Rundgang ins Quartier Bouffay. Von den drei Plätzen, die dieses älteste Viertel der Stadt dritteln, gemahnen zwei an Folter und Tod. Auf der **Place du Pilori** 7 stand im Mittelalter der Pranger. An einer Fassade entdeckt man hier das Gesicht des lachenden und das des weinenden Jean. Die beiden ausdrucksstarken Maskarons aus dem 18. Jh., auf die bei jeder Stadtführung hingewiesen wird, stehen für Freud und Leid des Menschen. Leid war zur Zeit der Revolution das Motiv der **Place du Bouffay** 8, wo damals die Guillotine stand. Dieser Hauptplatz des mittelalterlichen Lebens hat seine ältere Bedeutung zurückerlangt und dient längst wieder als Gemüsemarkt. Der dritte Platz, **Place du Change** 9, befindet sich am Schnittpunkt alter Handelsstraßen und war Terrain der Geldwechsler. Zwischen den drei Plätzen schlängeln sich Gassen, in denen man noch Fachwerkhäuser des 15.–17. Jh. findet – etwa die Maison du Change am gleichnamigen Platz, weitere in der Rue de la Bâclerie und der Juiverie, letztere einst Straße der jüdischen Kaufleute. Schiefer, der nördlich der Loire die Häuser deckt, schützt am Südufer lediglich die Wetterseite. Um 1680 wurde Holz als Baumaterial verboten, da es Brände begünstigte und im Schiffsbau bessere Dienste leistete. Ansonsten ist das Viertel bemerkenswert wegen der **Kirche Ste-Croix** 10 (17. Jh., überragt vom Stadtglockenturm mit gusseiserner, tonnenschwerer Spitze von 1848) und seinem pulsierenden Nachtleben. Dass hier und andernorts in Nantes gern Rum kredenzt wird, erinnert an die alten Verbindungen zur Karibik.

Ein Stück südlich von hier erstreckt sich der **Cours Olivier-de-Clisson** 11. Nr. 4 war das Geburtshaus von Jules Verne, dem wohl bekanntesten Sohn der Stadt (s. S. 58f.), die aber noch mit anderen bedeutenden Namen aufwartet, etwa dem Staatsmann Aristide Briand (1862–1932).

Über diesen Cours geht es im Norden zum nächsten, dem **Cours des 50 Otages** 12. Die mit Muschelkalk und schmiedeeisernen Balkonen dekorierten Häuser scheinen nicht im Lot gebaut: Sie sinken in den Sand, der einst die Flussufer säumte. Denn der Cours verläuft als breite Schneise über einen alten Wasserweg. Seine Aufschüttung und Überbauung gehörte in den 20er und 30er Jahren des 20. Jh. zu den deutschen Reparationsleistungen nach dem Ersten Weltkrieg. Der damals verantwortliche Ingenieur Karl Hortz kam 1940 als Kommandant deutscher Truppen nach Nantes zurück, im Herbst 1941 wurde er von einem Widerstandskämpfer erschossen. Am 22. Oktober richteten die deutschen Besatzer daraufhin in einem barbarischen ›Gegenschlag‹ 50 französische Geiseln *(otages)* hin.

Beliebtestes Transportmittel auf dem breiten Cours sind die Straßenbahnen, die mitunter als Erfindung von Nantes gerühmt werden und inzwischen zur Verkehrsberuhigung wieder in Betrieb genommen sind. Drei Linien stehen zur Wahl: Von West nach Nordost die Nr. 1 (u. a. zum Parc Floral und Ausstellungsgelände von Beaujoire mit dem benachbarten Stadion des Fußballclubs Nantes Atlantique), von Süd nach Nord die Nr. 2 (u. a. zur Uni mit ihren 50 000 Studenten) und von Nordwest nach Südost die Linie Nr. 3.

Das Nantes der Reeder und Reichen

Der Cours des 50 Otages ist der Schnitt durch einen Stadtkern, dessen Hälften nicht so recht zusammenwachsen wollen. Nach Westen erstreckt sich ein reicheres Viertel, das ab Ende des 18. Jh. entstand. Architekt en vogue war damals Mathurin Crucy, der an der **Place du Commerce** 13 die ehemalige Börse errichtete, heute Zweigniederlassung des Verkehrsamtes und Sitz der »Fnac« (Kaufhauskette für Kultur und Medien). Der Platz vor dem klassizistischen Bauwerk ist Treffpunkt der Jugend und bietet u. a. Cafés, Kinos und einen Blumenmarkt.

Crucy gestaltete auch die **Place Royale** 14, deren klassizistische Fassaden sich um einen Brunnen aus bläulichem Granit gruppieren. Eine mit Weindolden behängte dralle Marmorschönheit dieser Fontaine de la Loire (1865) soll die Stadt Nantes darstellen, der es ersichtlich gut geht. Zu Füßen der Dame gießt die Loire Wasser aus nie versiegenden Krügen auf ihre Kinder herab: die Zuflüsse Cher, Loiret, Sèvre und

Richtig Reisen *Tipp*

La folle journée – Klassik zum Anfassen

Sommerzeit, Reisezeit. Kein Mensch zieht im Winter an den zugigen Atlantik. Doch ausgerechnet im Februar, am ersten Wochenende des Monats, lädt Nantes Musikfreunde in die Cité des Congrès zu einem Spektakel, das Frühjahrsgefühle weckt.

Gleichsam im Laufschritt eilt eine illustre Musikerschar aus aller Welt herbei, um Klassik fern allen Bierernstes erklingen zu lassen. In mehreren Sälen gleichzeitig geben die Tonkünstler Kurzauftritte, die Hörer und Hörerin hautnah erleben dürfen. Das Programm umfasst Werke eines im voraus bestimmten Komponisten.

Und wo genau darf sich amüsiert werden? In der Cité des Congrès, 5, Rue de Valmy, 44041 Nantes cedex 1. Reservierungen sind ab Mitte Januar unter Tel. 02 51 88 22 68 möglich, Karten auch über Filialen der »Fnac« erhältlich (Fnac Nantes:
Tel. 02 51 72 47 24;
Internet: www.fnac.fr).

Erdre, von denen zumindest einer androgyn geraten ist.

Wenn der Klassizismus den Revolutionären als Symbol eines selbstgefälligen Bürgertums galt, so interpretierte ihn die nach der Revolution wieder erstarkende Kirche als Ausdruck des Heidnischen. Schließlich stammte sein Formenkanon von Tempeln römischer und griechischer Götter. Der Rückgriff auf die Gotik als Glanzzeit des Katholizismus wird damit verständlich. Ab 1844 wurde in Nantes mit der Kirche **St-Nicolas** 15 eines der ersten neogotischen Gotteshäuser Frankreichs errichtet: Hoch aufragend, schlank, schmucklos und – wie üblich für den Stil – nicht sonderlich beeindruckend.

Die weltlichen Damen und Herren hatten damals Glanzvolleres im Sinn und leisteten sich eine dreistöckige überdachte Ladenstraße mit viel Glas und Schmiedeeisen, die **Passage Pommeraye** 16. Die 1843 eingeweihte Galerie fand Erwähnung in Flauberts Reisetagebüchern. Später drehte der Nantaiser Regisseur Jacques Demy hier Szenen seiner Filme »Lola« (1960) und »Une chambre en ville« (1982) – ersterer ein stadtgeschichtlicher Leckerbissen, da Anouk Aimée als Dirne Lola auch das alte Hafenviertel durchstreift. Die Passage entlässt den Flaneur auf die Rue Crébillon, eine kurze, aber prächtige Einkaufsstraße mit sehenswerten Modehäusern und einer der feinsten Patisserien Frankreichs (Philippe Jamin). *Crébilloner* ist für die Nantaiser und mehr noch für Provinzler das Verb für gepflegtes Einkaufen, auch wenn solcher Luxus inzwischen selbst in der Provinz zu haben ist.

Fontaine de la Loire an der Place Royale

Richtig Reisen
Tipp

Zwei Nächte im Luxus

Meisterkoch Gérard Ryngel ›zaubert‹ in der Villa »Mon Rêve«

Nicht Thema des vorliegenden Reiseführers, aber ein Tipp: die Region östlich von Nantes. Fahren Sie an einem sonnigen Tag über die D 751 Richtung Ancenis, immer der Idylle der ungebändigten Loire folgend. Den hungrigen Magen besänftigt ein Mittagsmahl, das Meisterkoch Gérard Ryngel im romantischen Ambiente der Villa »Mon Rêve« (506, Bd. de la Loire, 44115 Basse-Goulaine, Tel. 02 40 03 55 50) bereitet. Bei Champtoceaux geht es dann ans Nordufer der Loire, nach Oudon, dessen Burgherren einst den Handel kontrollierten. In der Nähe, vor Le Cellier, befindet sich Folies-Siffait. Die malerisch überwucherte Anlage aus dem frühen 19. Jh. war nie etwas anderes als eine Ruine mit Terrassen, Treppen, Trompe-l'œil-Fenstern und Pavillons ohne Zweck. Der Erbauer Maximilien Siffait soll sie in memoriam an seine früh verstorbene Tochter errichtet haben.

Nicht minder romantisch, ebenfalls vor Le Cellier und am Ufer der Loire liegt das Weingut Domaine des Génaudières (Tel. 02 40 25 40 27), wo man günstig die A.O.C.-Tropfen der Region erstehen kann. Der nach Champagner-Methode hergestellte Schaumwein kann nicht ohne Vorbehalt empfohlen werden, wohl aber der Muscadet La Coulée d'Or sur Lie und der halbtrockene Pinot Côteaux d'Ancenis. Die wohlverdiente Ruhe findet man hernach in einem Schlösschen aus dem 16.–19. Jh., das unter dem Namen Domaine des Forges firmiert (44440 Riaillé, Tel. 04 40 97 85 78). Der Preis ist erschwinglich, der Empfang herzlich, die Unterbringung fürstlich.

Eine mönchische Variante feudalen Wohnens ist die Abbaye de Villeneuve südlich von Nantes (Route de La Roche-sur-Yon, 44840 Les Sorinières, Tel. 02 40 04 40 25, Fax 02 40 31 28 45). Blasses Gelb und blasses Grau, angevinischer Tuff und bretonischer Granit, beherrschen die 1201 gegründete Zisterzienserabtei. Das heutige Bauwerk stammt aus dem 18. Jh., wurde während der Revolution beschädigt und im Zweiten Weltkrieg verlassen. Der Umbau zum Hotel datiert ins Jahr 1977. Pool und Garten im ehemaligen Kreuzgang üben zwar Verrat an der Bescheidenheit der Zisterzienser, doch bewahrt das Haus die besinnliche Ruhe und vielleicht gar Weihe eines Klosters.

Im Westen mündet die Rue Crébillon in die ovale **Place Graslin** 17 mit dem Théâtre, das 1788 eingeweiht wurde, und der Brasserie »La Cigale« von 1895. Der Schauspieler Jean-Louis Trintignant bezeichnete sie als »vielleicht schönste Brasserie der Welt«, was sich auf die Speisen, das Publikum, die Belle-Époque-Dekorationen oder eben die gelungene Mischung beziehen mag. Der Platz selbst geht wiederum auf einen Plan Crucys zurück, der, wie man heute sagen würde, Klüngel mit einem Baulöwen betrieb. Sein Gönner Joseph-Louis Graslin hatte außerhalb der alten Stadtmauern Ödland aufgekauft, ließ es von Crucy bebauen und veräußerte dann mit hohem Gewinn die optisch aufgewerteten Parzellen.

Geplant waren einheitliche Fassaden im gesamten Quartier Graslin, konsequent durchgesetzt wurde dies aber nur am **Cours Cambronne** 18. Die Idee hat ihre Vorläufer auf der Ile Feydeau, wo architektonische Einhelligkeit bis 1743 Pflicht war. Die Ile, seit der stadttypischen Entwässerung keine Insel mehr, zeigt auf historischen Luftaufnahmen noch die Umrisse eines Schiffsrumpfes. Hier wurden ab 1722 Sandbänke in der Loire zu (halbwegs) solidem Baugrund geformt, und zwar für Menschen, denen Schiffe Reichtum bedeuteten: Für die *négriers,* die Sklavenhändler. Gerade sie waren indes auf Konkurrenz gestimmt und suchten keineswegs ästhetische Einheit. Vielfalt prägt dann auch die Häuser entlang der **Rue Kervégan** 19, wo Maskarons von Antillanerinnen an den Sklavenhandel erinnern.

Museen und Stadtrand

Die Welt bereisen, ohne auf den Centime schauen zu müssen – der Reeder Thomas Dobrée (1810–95) hatte das Vergnügen und brachte von seinen Fahrten erlesene Souvenirs mit: Zeichnungen, Manuskripte, Porzellan, Waffen, Elfenbein- und Goldschmiedearbeiten. Die Sammlung, die er der Nachwelt im **Musée Dobrée** 20 hinterließ, enthält zudem ein ergreifendes Stück Geschichte, nämlich das Reliquiar, in dem einst das Herz der Anne de Bretagne eingeschlossen war.

Um die Welt reisen, ohne einen Centime auszugeben – der Phantast Jules Verne schaffte das in 80 Tagen. Frühe Ausgaben seiner Bücher, Gegenstände aus seinem Besitz, Modelle und Zeichnungen zu seinen Werken befinden sich im **Musée Jules Verne** 21, einem Haus an der Loire aus dem 19. Jh. (Tramlinie 1 bis zur Station Gare Maritime, den Rest der Strecke zu Fuß Richtung Butte Ste-Anne).

Weitere Museen ließen sich aufzählen, doch gibt es Reizvolleres zu entdecken. Nördlich des Zentrums befindet sich die von der Erdre umflossene **Ile de Versailles** 22, 1831 mit dem Aushub geschaffen, der bei Grabungen des Kanals von Nantes nach Brest anfiel. Die Insel ziert heute ein japanischer Garten mit der Maison de l'Erdre (zu Flora und Fauna des Flusses), die als fernöstlicher Pavillon gestaltet ist. Im Übrigen kann man Ruder-, Haus- und Motorboote mieten.

Wer die **Erdre** in ihrer größten Pracht erleben möchte, der sollte abends am Quai de la Rouge eines der Ausflugsboote besteigen. Die Erdre ist der einzige französische Fluss, an dem die Anwohner das Zugangsrecht zum Wasser verwalten. Die Ufer sind deshalb frei von Autoverkehr, die feudalen Anwesen teils nur mit Barken erreichbar. Doch warum den Ausflug bei Dunkelheit unternehmen, wenn es auch tagsüber Fahrten gibt? Ein Grund ist das

Väterchen Verne

Natürlich sind die Bibel und Lenins Schriften die Spitzenreiter in der UNESCO-Liste der am weitesten verbreiteten literarischen Werke. Aber der suchende Finger muss nur vier Positionen nach unten rücken, dann stößt er schon auf den Namen Jules Verne, der als Ahnherr der Sciencefiction gilt.

Jules Verne wurde am 8. Februar 1828, gegen 11 Uhr vormittags, in der Rue Olivier-de-Clisson zu Nantes als erstes Kind des Rechtsanwalts Pierre Verne geboren. Die Vernes waren eine gutbürgerliche Familie, seit Generationen in Verwaltung und Rechtswesen tätig. Auf der höheren Schule zeichnete sich der junge Jules eher in den natur- als in den geisteswissenschaftlichen Fächern aus. James Fenimore Coopers »Lederstrumpf«, den er geradezu verschlang, entzündete seine Phantasie, und am Hafen von Nantes, den ausfahrenden Überseeschiffen hinterdrein schauend, träumte er davon, als Goldschürfer im fernen Kalifornien sein Glück zu machen. Der Vater, der seinem Ältesten später einmal die Kanzlei übergeben wollte, setzte allerdings ganz andere Ziele: Jules musste Jurisprudenz studieren.

Im lichterfunkelnden Paris verbrachte der angehende Rechtsgelehrte indes weniger Zeit in den Hörsälen der Sorbonne als im Literatenkreis um den jüngeren Alexandre Dumas (»Die Kameliendame«), der Verne zu eigenen literarischen Versuchen anregte. Er debütierte mit Libretti und Vaudeville-Texten, erwog kurzzeitig auch, mit dem Geld, das ihm durch eine reiche Heirat zugefallen war, eine eigene Bühne zu begründen, kam schließlich aber in seinem steten Suchen nach einem lukrativen Literaturrezept auf einen ganz anderen Gedanken: »Ich schreibe eben«, verkündete er 1862 seinen Pariser Künstlerfreunden, »an einem Roman von ganz neuer Form, eine Idee von mir. Glückt er, dann habe ich, das weiß ich sicher, eine Goldader gefunden. Dann schreibe ich nur immer solche Romane, und Ihr müsst sie teuer bezahlen.«

Vernes erster Roman, betitelt »Fünf Wochen im Ballon«, wurde ein großer Publikumserfolg. Der Pariser Verlag Hetzel hatte die abenteuerliche Erzählung 1863 zunächst in einem Jugendmagazin (»für Erziehung und Unterhaltung«) abgedruckt, wagte nach der überaus positiven Resonanz aber einen Separatdruck, der nunmehr auf die ›Erwachsenenwelt‹ zielte – und auch diese begeisterte.

Denn Jules Verne war tatsächlich in eine ›Marktlücke‹ vorgestoßen. Auf die zunehmende Technisierung ihrer Lebensräume hatte die bürgerliche Welt literarisch bislang mit Achselzucken reagiert. Gerade die Jugend begeisterte sich aber für die neuen technologischen Chancen und folgte Jules Verne, wenn er – ebenso sensationalistisch wie humorvoll – über das phantasierte, was möglich sein könnte: Eine »Reise zum

Mittelpunkt der Erde« (1864), einen Kanonenschuss zum Mond (1865, 1870), U-Boot-Fahrten »20 000 Meilen unter dem Meer« (1870) und dergleichen mehr.

In den ersten Romanen und Erzählungen des produktiven Nantaisers – er schrieb sie in staunenswertem Fließbandtempo, freilich auch in schlichter Diktion – bestimmen gesellschaftlicher und wissenschaftlicher Optimismus den Tonfall. Verne verlieh dem vorwärts preschenden Zeitgeist des von sich selbst überzeugten Imperialismus in so massenwirksamer Weise Ausdruck, dass Napoléon III ihn 1870 zum Ritter der Ehrenlegion kürte. Der staatskonforme Verne nahm die Ehrung gern entgegen, war zugleich aber klug genug, aus der militärisch gefährdeten Hauptstadt mit Frau und Kindern noch im selben Jahr nach Amiens zu übersiedeln.

Das, was nach seiner Abreise in Paris geschah, warf dennoch Schatten über Vernes Optimismus, den er aus zuletzt 20 000 Exzerpten wissenschaftlicher Werke bezog. Mag sein, dass dem Vegetarier – er ernährte sich ausschließlich von Eiern und Gemüse – der preußische Sieg und die Einnahme von Paris, wo die Kommunarden in ihrer Not gebratene Ratten verspeisten, auf den Magen schlugen. Jedenfalls war es nach 1871 vorbei mit der ›guten technologischen‹ Laune. Nicht nur, dass sich Chauvinismus und Antisemitismus in Vernes späteren Werken bemerkbar machen, auch sein naiver Glaube an den Fortschritt war gebrochen, wie es besonders deutlich der Roman »Die fünfzig Millionen der Begum« (1879) mit dem Entwurf einer Schreck erregenden Industriestadt der Zukunft bezeugt. Und aus »Robur dem Eroberer« (1866), einem wissenschaftlichen Genie mit effektivem, an einen Helikopter erinnerndem Luftgefährt, wird 1904 in dem Roman »Herr der Welt« Robur der Zerstörer.

Gerade Werke, welche die Zwiespältigkeit der technologischen Entwicklung thematisieren, aber auch Romane wie »Die Eissphinx« (1897) gehören zum bleibenden Vermächtnis des Nantaisers, während seine viel verfilmten ›optimistischen‹ Romane heutzutage eher als Kinderliteratur rangieren.

Persönlich hatte Jules Verne in seinen späteren Jahren manchen Schicksalsschlag zu bestehen. 1886 richtete ein geisteskranker Neffe die Waffe gegen ihn; die Kugel verblieb als Steckschuss im Oberschenkel und bereitete ihm fortan ständig Schmerzen. 1895 erblindete Verne auf dem linken, Anfang 1900 auch auf dem rechten Auge. Dennoch blieb er – die Texte nicht mehr niederschreibend, sondern diktierend – unermüdlich produktiv bis zu seinem Tod am Nachmittag des 24. März 1905. Sogar Kaiser Wilhelm II. kondolierte der Witwe und ließ wissen, dass er in seiner Jugend großes Interesse an den Werken des »verewigten Dichters« genommen habe. In Amiens hat man dem Mann aus Nantes ein monumentales Grabmal gesetzt.

Frank Rainer Scheck

exquisite Abendessen an Bord, ein anderer, dass schiffseigene Scheinwerfer die Flusslandschaft wie einen Traum aus der Nacht heben. Reizvoll wird es vor allem im Frühjahr und Herbst, wenn Nebel aus dem Wasser steigen. Jenseits der Schwaden tauchen dann wie Schemen Parks und Schlösser aus dem 18. und 19. Jh. auf. Einige der Bauwerke haben ältere Wurzeln: Vor dem Pont de la Jonelière liegt am Ostufer das Château de l'Eraudière mit Ursprung im 16. Jh.; hinter der Brücke befindet sich auf der anderen Flussseite das nur wenig jüngere Château de la Desnerie. Höhepunkt der Fahrt aber ist das Château de la Gascherie, dessen Vorgänger schon im Mittelalter existierte. Das heutige Bauwerk, bekannt für sein Taubenhaus, wurde ab Ende des 15. Jh. errichtet. Bei Sucé-sur-Erdre, ca. 20 km nördlich von Nantes, wendet das Boot. Wer bei anderer Gelegenheit den Ort aufsucht, kann mit Mietbooten weiter bis zum Canal de Nantes à Brest fahren. Unbedingt einen Besuch wert ist das **Manoir de la Châtaigneraie** bei Sucé, wo es sich auch lohnt zu speisen (s. S. 298).

Richtung Süden, am anderen Ufer der Loire, erstreckt sich, was so unschön aussieht, wie es klingt: Städtische Agglomeration. Ein Lichtblick ist auf der Ile de Nantes der **Jardin des Cinq Sens** 23, ein Garten, der ursprünglich für Blinde angelegt wurde und eben nicht nur mit Farben die Augen verwöhnt, sondern auch erriechen, erfühlen, erschmecken und erhören lässt, was Gartenbaukunst ist. Im Vorort Rezé erhebt sich, von Autos umrauscht, die **Cité Radieuse** 24 des Architekten Le Corbusier. Der Klotz aus dem Jahre 1952 besteht aus mehreren hundert Wohnungen ›von der Stange‹; Führungen organisiert das Hôtel de Ville de Rezé. Zum Abschluss noch etwas Lauschiges: Ein Besuch des einstigen Fischerdorfs und heutigen Alternativenviertels **Trentemoult** 25 am linken Loire-Ufer, wo man von einem der urigen Cafés einen letzten Blick auf die alten Kais werfen kann.

Quietschbunte süße Verlockung im Angebot: die Belle Nantaise, eine Nantaiser Bonbonspezialität

Pays de Retz und die Inseln Noirmoutier und Yeu

Ca. 260 km, 2–3 Tage; mit Ile d'Yeu 4 Tage

Eine Nervensäge aus der Metropole, die in der Provinz so recht den Provinzler herauskehrt: Mr. Hulot, hoch gewachsen und ewig ungelenk. So machte er in den 50er Jahren Ferien in St-Marc, der Filmheld von Jacques Tati. Wer sein Domizil, das »Hôtel de la Plage«, sehen möchte, der quert die gewaltige Loire-Brücke bei St-Nazaire, besucht auch den Badeort La Baule, den Naturpark Grande Brière ... und ist schon auf dem besten Irrweg in die Bretagne. Nein, wir bleiben auf der Südseite der Loire. Messieurs Hulot gibt es auch hier: Verwegene Sandburgenritter, krebsrote Vanilleeisschlecker, tollkühne Muscheljäger. Zu Ferienbeginn ziehen sie tapfer hinaus und besetzen ihr von langer Hand vorgebuchtes Fleckchen Sand. Um keinen Zweifel zu lassen: Für Genießer sind diese Wochen nicht die Zeit des Genusses, obwohl dann natürlich die Sonne am höchsten steht und die Côte de Jade garantiert jadegrün erstrahlt.

Das Pays de Retz lebt aber nicht vom Tourismus allein. Südlich von Nantes liegt das Land des Feldsalats, der auch in deutsche Supermärkte schwappt. Küste und Inseln bieten erlesenere Speisen, etwa die Frühkartoffeln und das Salz von Noirmoutier, beides von Hand geerntet. Von regionaler Bedeutung ist Challans. Hier verlegte man sich darauf, Enten statt Gänse zu stopfen. Das Ergebnis ist *foie gras du canard,* ein schmalziger Klumpen Geflügelleber.

Ihre glücklichste Zeit verleben die Enten an den Kanälen des Marais de Challans, die vielleicht auch vielen Urlaubern die größte Freude bereiten. Die alten Wasserstraßen, von Menschenhand durch die Marschen gezogen, um den Salztransport zu erleichtern, sind Lebensraum vieler Wasservögel. Junges Schwemmland trifft hier auf sehr alte Formationen: Den Schiefer des Armorikanischen Bogens, der noch bretonisch ist – wie einst auch die Sprache des Pays de Retz. Wir besuchen ein Grenzland, Mittler zwischen Nord und Süd, ein Land so grün wie das Meer, der Salat und die Wasserlinsen auf den Kanälen.

Von Nantes zur Mündung der Loire

Tipps & Adressen
St-Philbert-de-Grand-Lieu S. 318

Und nun mal raus aus der Stadt, endlich Richtung Wasser, auch wenn es zunächst nur Süßwasser ist! Über die Ile de Nantes und den Vorort Rezé geht es auf die D 65, in weitem Bogen östlich am Flughafen vorbei, nach **Passay** **1** (s. St-Philbert S. 318). Im Sommer ist dies der einzige Ort, von dem man zum eigentlichen Ziel gelangt, dem nun mit Schilf überwucherten Lac de Grand-Lieu. In der heißen Jahreszeit schrumpft der bis zu 6300 ha große See auf zwei Drittel seiner Winterfläche zusammen. Dabei bleibt im Westen ein Sumpfgebiet, das 1980 zur Réserve Naturelle erkoren wurde und über 200 Vogelarten Zuflucht bietet. Über ihre Zukunft entscheidet nicht zuletzt die Landwirtschaft. Schad-

stoffe aus Gemüse- und Weinanbau gelangen in den See, verstärkt sogar, seit der hiesige Muscadet Côtes de Grand-Lieu als A.O.C. anerkannt ist und höhere Gewinne abwirft.

Direkt am See ist des Menschen Tun indes eingeschränkt. An einigen Festtagen im Jahr darf man mit dem Kahn aufs Wasser hinausfahren, ansonsten nur einem Uferpfad folgen (möglichst mit Fernglas und Gummistiefeln ausgerüstet) und die dicke Schlickschicht betrachten. Darin soll der Sage nach zur Strafe für gotteslästerliches Handeln die

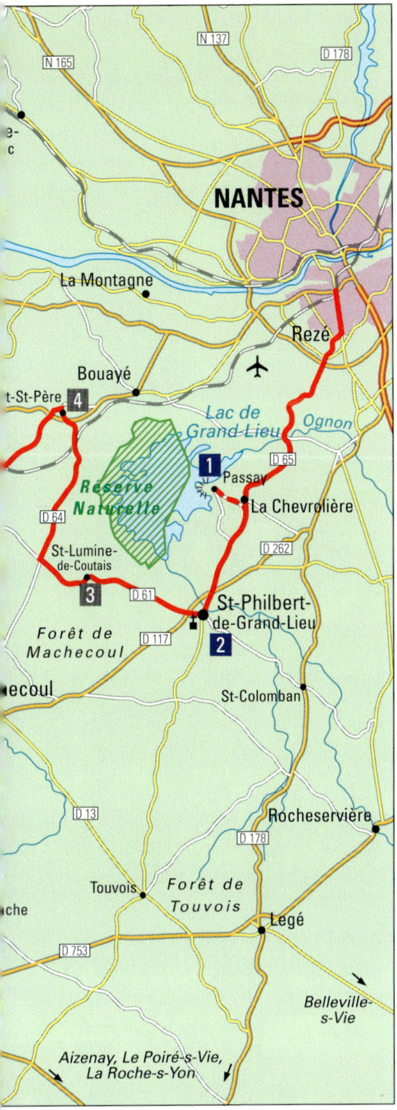

Stadt Herbauges (auch: Herbauge) eingesunken sein und lediglich noch – wie das Vineta der Ostsee – zur Weihnachtszeit mit Glockengeläut von sich hören lassen. Auch die Angelroute darf man nicht auswerfen, das bleibt allein Berufsfischern vorbehalten. Über ihr Leben informiert die Maison du Pêcheur in Passay, die zudem mit einem 11 m hohen Beobachtungsturm und Live-Videobildern aus dem Reservat darüber hinwegtröstet, dass am See mitunter nicht viel zu sehen ist.

Die ausgestopfte Tierwelt des Sees zeigt die Maison du Lac in **St-Philbert-de-Grand-Lieu** 2. Der Ort war ab 836 erste Zwischenstation für die Gebeine des hl. Philbert, die auf der Flucht vor den Normannen immer weiter landeinwärts getragen wurden (s. S. 74). Geblieben ist dem Dorf aus dieser Zeit die Abtei St-Philbert, eines der seltenen Relikte aus karolingischer Ära. Zierbänder aus roten Ziegeln und hellem Sandstein lockern den Eindruck der archaisch schweren Säulen im dunklen Kirchenschiff auf. In der Krypta steht noch der Marmorsarkophag aus dem 7. Jh., der seit dem Jahr 1936 wieder eine Reliquie des hl. Philbert enthält.

Einen Panoramablick über den See bietet der über 70 m hohe Glockenturm von **St-Lumine-de-Coutais** 3. In **Port-St-Père** 4 ist der Lac fast umrundet. 2 km südlich des Dorfes jagen Rhesusaffen durch den Wald, plantschen Robben, picken Marabus, Pelikane und Flamingos in einem See nach Beute. Das Kunstgebilde heißt Planète sauvage und bietet dem autofahrenden Besucher 10 km Pisten, auf denen er sich von 1500 exotischen Tieren anstarren lassen und zurückstarren kann. Restaurants, Geschäfte, Europas größtes Delphinarium und ein hier seltsam anmutendes Buschdorf komplettieren den Rummel.

Auf wenig reizvoller Route, über Ste-Pazanne und Rouans, gelangt man nach **Paimbœuf** 5, dem Vorhafen von Nantes, wo Schiffe mit großem Tiefgang ihre Fracht umladen. Imposanter ist der Anblick der 61 m hohen und 3356 m langen Brücke über die Loire-Mündung, die in ihrer Entstehungsphase (1972–75) eine technische Meisterleistung war. Nördlich der Brücke liegt die Hafen- und Reißbrettstadt St-Nazaire.

Côte de Jade und Baie de Bourgneuf

Tipps & Adressen
Pornic S. 305f.

Am Fuß der Loire-Brücke, in **St-Brevin-les-Pins** 6, ist die Jadeküste erreicht. Richtung Süden, vorbei an den Sandstränden des Badeorts **Tharon-Plage** 7, geht es zu Resten des Atlantikwalls und einem Leuchtturm an der **Pointe de St-Gildas** 8.

Vornehmste Adresse an der Côte de Jade ist **Pornic** 9, 1882 von Auguste Renoir gemalt und damals schon Tummelplatz reicher Nantaiser. 1910 wohnten Lenin und Gattin einen Monat lang im Haus Nr. 3 in der Rue Mon-Désir. Max Ernst verbrachte den Sommer des Jahres 1925 im »Hôtel de France« (heute »Relais St-Gilles«, 7, Rue Fernand de Mun) und erfand dort die Technik der Frottage: Auf ramponierte Holzfußböden legte er seinen Zeichengrund und rieb die Struktur mit Graphit durch. Andere prominente und reiche Gäste begnügten sich nicht mit einer Hoteladresse, sondern ließen sich Villen errichten. Eingeklemmt von solcher Pracht, umgeben von Golfplatz, Casino und Jachthafen, finden sich in der Altstadt mit der Kirche St-Gilles (19. Jh.) und den Markthallen (16./17. Jh.) noch die gedrungenen Backsteinhäuser der Fischer.

Pornics Kern ist das Château an der Hafeneinfahrt (Schloss ist im Privatbesitz; leider nur Außenbesichtigung möglich). Im 10. Jh. vom bretonischen Herzog Alain Barbe-Torte als Ausguck und Wehr gegen die Normannen gegründet, wurde die einstige Wasserburg vom 12. Jh. an verstärkt und bot nun Schutz für eine erste Siedlung am Felshang. Ihr Besitzer im 15. Jh. war Gilles de Rais (auch: Retz), 1404 in Machecoul geboren und im Alter von 25 Jahren

Blick von der Corniche de Gourmalon auf Pornic mit seinem beliebten Jachthafen

Marschall an der Seite von Jeanne d'Arc. Ihr Sieg über die Briten für das französische Königshaus machte nicht alle glücklich, denn das aufstrebende Frankreich entwickelte sich schnell zum Feind der Bretagne. Nach Jeannes Tod kehrte Gilles als reicher Mann in seine Heimat zurück. Er besaß mehrere Schlösser und große Ländereien, nicht jedoch die Fähigkeit, sein Geld zusammenzuhalten. 1438 musste er einen Teil seines Besitzes, darunter Pornic, an den bretonischen Herzog verkaufen. Gerüchte über seltsame Machenschaften brachten Gilles schließlich vor ein Tribunal. Schwarze Magie, schwarze Messen und Orgien mit Kindesopfern wurden ihm vorgeworfen. Es war die Zeit für solche Gräueltaten, aber auch für Richter, die aus Fama und politischem Kalkül Stricke drehten. Wie dem auch sei, Gilles wurde am 27. Oktober 1440 in Nantes erhängt (oder erdrosselt), sein Leichnam verbrannt. Als ›Blaubart‹ – ursprünglich eine bretonische Märchengestalt, die schon im 6. Jh. belegt ist – geisterte er durch Opern des 19. Jh.

Der Architekt Viollet-le-Duc, bekannt für romantisierendes Restaurieren, verwandelte das Schloss von Pornic in seinen ureigenen Traum vom finsteren Mittelalter.

Vor dem Schloss, an der Plage du Château, weist ein Schild zu den Dolmen des Mousseaux und damit zu den frühen Wurzeln des Pays de Retz (3500 v. Chr.). Wer Strände vorzieht, wählt zwischen den Plages des Sablons, de la Noëveillard und Mombeau im Norden oder de la Birochère im Süden – oder fährt gleich weiter nach **Les Moutiers-en-Retz** 10, wo es bereits ruhiger zugeht.

Südlich dieses Dorfes erstrecken sich Austernbänke im Flachwasser, ist unverkennbar, dass dieser zum Baden ungeeignete Küstensaum verlandet. Der Ort **Bourgneuf-en-Retz** 11, von dem noch im 17. Jh. Salz exportiert wurde, liegt inzwischen nicht mehr an der nach ihm benannten Bucht. Auch **Beauvoir-sur-Mer** 12 hat es landeinwärts verschlagen. 836 trafen hier Benediktiner mit dem Sarkophag des hl. Philbert von der Insel Noirmoutier ein. In der Kirche St-Philbert (romanisches Portal, 11. Jh.) illustriert ein Buntglasfenster die Prozession, die von hier zum Lac de Grand-Lieu (s. S. 61ff.) fortgesetzt wurde.

Die Marschen bei Challans

Tipps & Adressen

Challans S. 274f.

Das Erdreich hat noch nicht gesiegt, das Wasser seinen Kampf noch nicht aufgegeben. Im Hinterland der Baie de Bourgneuf treffen die Elemente aufeinander und formen sehenswerte Gefilde, den **Marais Breton** (= Marais de Machecoul und de Challans) 13. Auf rund 36 000 ha erstrecken sich sattgrüne, von Kanalrastern durchzogene Wiesen. Verlandung bedeutete zunächst Verlust der Häfen und Fischgründe, dann aber Gewinn an Weiden und Ackerböden. Um möglichst schnell Profit aus den neuen Gegebenheiten zu ziehen, legten die frühen Sumpfbewohner ein System von Wasserwegen an, das der Drainage und dem Transport von Meersalz diente. Der doppelte Nutzen brachte einigen Wohlstand für die Anrainer, doch inzwischen ist nicht nur die Verlandung fortgeschritten, sondern es bestehen auch modernere Transportwege, und vom Salz lässt es sich ohnehin nicht mehr sorglos leben. Geblieben sind schmale, von hohen Gräsern gesäumte Kanäle, an denen Angler mit Vögeln um die Wette fischen, während sich Feriengäste von Ortskundigen über das Wasser staken lassen oder im Mietkanu auf eigene Faust durch das nasse Schachbrett irren.

Zu den schönsten Flecken im Marais zählt die **Ile Chauvet** 14, ehemals eine Insel, auf der noch Reste der Benediktinerabtei Notre-Dame-de-Chauvet aus dem 13. Jh. erhalten sind.

Challans 15, Hauptort der Region, tut der Idylle Abbruch. Ein ausladender Straßenkreisel scheint zwar die Neuzeit aus der Innenstadt fernhalten zu wollen, doch ist im Zentrum die einstige Behaglichkeit längst einer gesichtslosen Moderne gewichen. An vier Donnerstagen im Juli und August will der in traditionellen Trachten abgehaltene Entenmarkt (Foire des Quatre Jeudis) die alten Zeiten noch einmal aufleben lassen. Nun ja.

Tradition aus der Retorte findet sich auch im Ecomusée (s. Challans S. 274f.) bei **La Barre-de-Monts** 16, für das im Marais etliche Hinweisschilder gesetzt wurden. Bestens gepflegt stehen dort die *bourrines*, reetgedeckte Häuser aus Löß mit weißem Verputz und hellblauen Fensterläden – zusammengestellt zu

Reklametafel für Entenstopfleber im Marais Breton

künstlichen Musterdörfern. Holzkarren, Heustößе, Esel – hier begegnet man auf einem Fleck all dem, was einst das Leben im Marais ausmachte.

Ile de Noirmoutier

Tipps & Adressen S. 283ff.

■ Es klingt schmatzend, lehmig: Gois. Selten fällt der Name, ohne dass irgendjemand eine kleine Katastrophe aus der Erinnerung hervorkramen würde. 4, nein 6 km vor der Küste habe man das Auto wieder gefunden. Die **Passage du Gois** 17, so die korrekte Bezeichnung, ist ein 4,5 km langer, von zwei gegenläufigen Strömungen geformter Wattweg vom Festland zur Insel Noirmoutier. Alle zwölf Stunden und 25 Minuten steigt er wie ein schlammgetränktes Ungeheuer aus dem Meer auf, um bei Flut wieder unterzutauchen – ein gewaltiges Naturschauspiel. Ein Karrenweg über den Gois existierte bereits im 18. Jh. Inzwischen ist die Furt gut gepflastert, die Überfahrt also sicher – sofern man die angeschlagenen Zeiten berücksichtigt. Wer dies versäumt, der kann vielleicht noch sein Leben, nicht aber sein Auto auf einen der Hochstände retten. Solche Phänomene zwingen geradezu zu Verrücktheiten, etwa zu den Foulées du Gois. Den alljährlich im Juni abgehaltenen Sprinterwettbewerb gewinnt, wer als letzter den Start wagt und dennoch trocken ankommt. Als Alternative zum Gois besteht seit 1971 eine 583 m lange, mittlerweile gebührenfreie Brückenverbindung ab Fromentine. Sie beschert den 10 000 Inselbewohnern jährlich ca. 80 000 Sommergäste.

Die Insel Noirmoutier selbst ist angeschwemmter Sand auf einem niedrigen Felsrücken. Dieser gehört zu einem riesigen Plateau, das längst von Atlantikfluten überspült ist, in prähistorischer

BRULAÏE
NOIRMOUTIER
THEMIS
Traîne Misère
NOIRMOUTIER
Manolie

Zeit jedoch besiedelt war. Beleg dafür sind u. a. Reste 5000 Jahre alter Dolmen, die bei Ebbe zum Vorschein treten. Längst steht das Wasser auch Noirmoutier bis zum Halse: Zwei Drittel der angenagten Inselfläche (49 km^2) liegen bei Flut unter dem Meeresspiegel. Stärkste Wehr gegen das salzige Nass ist ein ca. 25 km langer Deich, der samt Poldern im 18. und 19. Jh. auf Betreiben der flämischen Händlerfamilie Jakobsen angelegt wurde. Die Bepflanzung der Dünen mit Steineichen, Pinien und Mimosen verleiht der Insel weiteren Schutz und, vor allem mit der Mimosenblüte im zeitigen Frühjahr, auch Schmuck.

Ob per Pont oder Gois – der Besucher landet zunächst in **Barbâtre** 18, kann hier sein Auto gegen ein Mietfahrrad eintauschen, beim Office de Tourisme Prospekte einsammeln und gleich nebenan eine erste Windmühle besichtigen. Immerhin 26 solcher Mühlen – einst gab es 300 – sind auf der Insel zumindest in Resten erhalten; belegt sind sie seit dem 13. Jh., die letzten stammen aus dem 19. Jh. Eine dieser jüngeren Mühlen – sie steht neben drei weiteren an der Dune de la Cour beim einstigen Fischerdorf **La Guérinière** 19 – gehört der Regisseurin Agnès Varda. 1965 drehte sie auf Noirmoutier den Film »Les Créatures« mit Cathérine Deneuve und Michel Piccoli. Wohl nicht zufällig liegt vor ihrer Mühlentür der schönste Abschnitt von insgesamt 40 km Sandstränden. Zugleich befindet sich beim Dorf die mit 500–800 m schmalste Stelle der Insel. Eine Sturmflut im Jahre 1882 hätte hier fast eine Bresche geschlagen und Noirmoutier zweigeteilt.

Vom schmalsten zum höchsten Punkt: Der bewaldeten Dune Pé de l'Herse (23 m, andere Angaben sprechen von 27 m) an der **Pointe de la Loire** 20. Hier befindet sich die recht komfortable, einstöckige Ferienanlage »Punta Lara« in der Nachbarschaft ebenfalls einstöckiger, weiß verputzter Häuser mit himmelblau gestrichenem Holzwerk und roten Dachziegeln. Tradition wurde auf der Insel zur Richtschnur: Aufstockungen der Bauwerke sind verpönt und angesichts von Stürmen, die 120 km/h und mehr erreichen, auch nicht ratsam.

L'Herbaudière auf der Ile de Noirmoutier

Richtung Norden erstrecken sich die **Marais Salants,** weite Felder, auf denen seit Jahrhunderten Salz von Hand abgebaut wird. Nachdem dieser Wirtschaftszweig schon einmal totgesagt und die Marais Salants von Salzkraut überwuchert waren, werden sie heute wieder in vollem Umfang genutzt. Dabei ist ihr ökologischer Wert wohl höher einzuschätzen als der ökonomische.

Ein Begriff, der gerade in der Tourismuswerbung immer wieder fällt, ist das sonnenreiche Mikroklima der Salzinsel. Die relativ konstante Temperatur des Atlantik bedingt das gemäßigte Klima Noirmoutiers, von dem das nahe Festland nicht mehr so stark profitieren kann. Kälte herrscht nur zwei Monate pro Jahr, und selbst dann fällt das Thermometer selten unter 5 Grad, sodass auf der Insel sogar die frostempfindlichen, in Australien beheimateten Mimosen gedeihen. Nivellierende Wirkung haben aber auch die Salzfelder, die mit ihrer gespeicherten Wärme für einen milden Herbst sorgen, während die aufsteigende warme Feuchtigkeit manches Gewitter fern hält. Dem Erhalt der Felder – einschließlich des Kampfes gegen das Salzkraut, das übrigens eingelegt eine Delikatesse ist – wird deshalb wieder große Aufmerksamkeit geschenkt. Im Winter schließlich, wenn die Arbeit der *sauniers,* der Salzbauern, ruht, sind die

Würziges Gold: Salzabbau einst und heute

Kartoffeln, Ziegenkäse, Austern, Steinbutt – ein wenig stolz sind die Insulaner schon auf ihre Delikatessen und darauf, sich neben dem Tourismus eine ökonomische Hintertür bewahrt zu haben. Beides, lukullischer und wirtschaftlicher Zugewinn, ist auch das Meersalz, doch im Unterschied zu heute war es einst buchstäblich Gold wert.

Schon die Römer bauten Salz an Frankreichs Küsten ab und nutzten es unter anderem zur Besoldung der Legionäre. Eine Erinnerung an diesen Brauch ist das Wort *salaire,* Salär, für Lohn. Spätestens mit St-Philbert kam das erkleckliche Geschäft nach Noirmoutier. Sehr bald ging man daran, nicht nur die natürlichen Verdunstungsbecken zu nutzen, sondern auch landeinwärts durch Wälle abgestufte Felder mit einem regulierten Meerwasserzufluss zu schaffen. Je flacher die Becken, desto mehr Wasser verdunstet in ihnen, desto höher steigt der Salzgehalt. Nach der Kristallisierung im flachsten Becken wird das Salz zusammengerecht und zur Trocknung aufgehäuft. Bei geringen Regenfällen kann diese Ernte bis in den September fortgesetzt werden.

An der Technik hat sich seit dem Mittelalter wenig geändert, am Ertrag viel. Nachdem die Wikinger im 12. Jh. den Nutzen von Salz als Konservierungsmittel für Fisch erkannt hatten, wurde Noirmoutier Anlaufstation für Schiffe aus Nordeuropa. Den Profit machten zunächst Benediktiner, die auf der Insel ihre Salzgärten pflegten, später Adelige vom Festland, die nicht mehr selbst zur Tat schritten, sondern nur noch ihre Steuern abzweigten. An den Boom, der über Jahrhunderte andauerte, erinnern nicht zuletzt die Seemannshäuser, die auf Noirmoutier im Viertel Banzeau erhalten sind: Erbaut aus Ballaststeinen, mit denen die Handelskoggen auf der Herfahrt ihren Bauch füllten.

Der Deichbau, den die Familie Jakobsen initiierte, hat die Insel um weitere Salzmarschen bereichert, doch zeichnete sich bald der Niedergang ab. Steinsalz aus dem Osten Frankreichs, das per Eisenbahn in alle Winkel des Landes befördert wurde, ließ die Preise purzeln, und mit dem Aufkommen von Kühlschränken verringerte sich auch der Bedarf an Salz als Konservierungsmittel rapide. Wurden zu Spitzenzeiten etwa 30 000 Tonnen Salz pro Jahr allein auf Noirmoutier geerntet, so sank hier der Abbau im Laufe des 20. Jh. auf ein paar hundert Tonnen jährlich.

Was bei uns als angeblich so wertvolles Meersalz in den Handel kommt, ist nicht das feine Erzeugnis, das vor allem auf den Inseln Noirmoutier und Ré von Hand geerntet wird, sondern ein maschinell eingebrachtes Produkt, das sein strahlendes Weiß der Raffination verdankt. *Fleur du sel* dagegen, das Spitzenprodukt vom Atlantik, ist frei von chemischer und mechanischer Nachbearbeitung, dafür reich an Magnesium und anderen wertvollen Stoffen, die dieses Salz so besonders würzig machen. Sein Geschmack hat die Spitzenköche Frankreichs inspiriert, sodass inzwischen wieder eine Nachfrage nach hochwertigem Meersalz besteht.

Marais Salants Zwischenstation für rund 50 000 Zugvögel.

Während sich die von Mücken umschwärmten Salzbauern im Sommer in der Hitze plagen, ziehen Klein und Groß zum Vergnügen ins benachbarte Watt hinaus, um für den Kochtopf aufzulesen, was im Niedrigwasser dümpelt. Ein verbrieftes Recht zur kostenlosen Nutzung des Kleingetiers besteht seit 1681. Heutige Touristen teilen die Sammelleidenschaft, nicht aber die ökologische Einsicht, dass die Austernbänke verschont und zu kleine Muscheln oder Krebse wie auch schützende Steine unangetastet bleiben müssen.

Am Nordrand der Salzfelder liegt Noirmoutiers größtes Anbaugebiet für Frühkartoffeln. Die Sorte Bonnotte ist eine teuer gehandelte Spezialität, die wegen ihrer besonders feinen Haut nicht maschinell geerntet werden kann. Sie geriet deshalb in Vergessenheit, wird aber seit den 90er Jahren wieder auf algengedüngten Böden kultiviert und als Spezialität in den Restaurants der Insel serviert – gewürzt mit *fleur du sel,* der Salzkruste, die heller, feinkörniger und schmackhafter ist als das preiswertere *gros sel,* dem als Kochsalz dienenden grauen Bodensatz.

L'Herbaudière 21 ist seit dem 19. Jh. der wichtigste Fischerhafen der Insel. Fang und Konservierung von Kabeljau und Sardinen waren ein bedeutendes Zubrot zum Salzabbau. Heute hat L'Herbaudière zudem einen guten Ruf bei Tauchern. Anziehungspunkte für Fortgeschrittene sind einige Wracks, etwa die im Juni 1940 von der deutschen Luftwaffe versenkte »Lancastria« oder die 1906 gesunkene »Ville de Rochefort«.

Salzbauer Michel Gallois auf der Ile de Noirmoutier ▷

Noirmoutier-en-l'Ile 22, östlich des Hafens gelegen, bewahrt Erinnerungen an die frühe Geschichte der Insel. 674 kam ein Flüchtling vom Festland, der Mönch Philbert aus Eauze in der Gascogne. Beim König in Ungnade gefallen, erhielt er vom Bischof von Poitiers ein Bleiberecht auf dem damals unwirtlichen Eiland. Philbert scheint sich mehr dem *labora* als dem *ora* gewidmet zu haben, jedenfalls heißt es von ihm, er habe die ersten Deiche errichtet, Salz abgebaut, Weinstöcke gepflanzt und Korn gesät. Er starb 684 und wurde auf Noirmoutier beigesetzt. Der Reichtum durch Salz- und Kornhandel, den Philbert begründet hatte, lockte schließlich die Normannen auf die Insel. Die Gebeine des frommen Pioniers wurden vor den Plünderern über St-Philbert-de-Grand-Lieu (s. S. 63) nach Tournus, Burgund, gerettet. Erst um 1100 kehrten Mönche auf die Insel zurück und errichteten in Noirmoutier-en-l'Ile über der Krypta eine neue Kirche zu Philberts Ehren. Der Chor ist ein Werk der Romanik, das Kirchenschiff gotisch.

Aus der Zeit der Wiederbelebung (12./13. Jh.) stammt auch der 20 m hohe Wehrturm der Burg von Noirmoutier. Im Jahr 1793 fanden hier vom Festland geflohene Vendée-Rebellen (s. S. 32) Schutz, doch wurden sie von den Republikanern überrumpelt und auf der Insel hingerichtet. Krönender Akt, so sahen es die Sieger, war im Januar 1794 die Erschießung von General Maurice d'Elbée. Wegen schwerer Verletzungen wurde er in seinem Sessel zur Exekution getragen. Im Musée du Château ist das Möbelstück mit den Einschusslöchern zu begutachten, während im Burggraben bis heute die sterblichen Überreste der auf dem Platz Hingerichteten ruhen. Die feinere Kultur dieser Zeit lernt kennen, wer gleich neben der Burg in dem nach Elbée benannten Hotel einkehrt.

Vorbei an den Villen des **Bois de la Chaise** (auch: Chaize) 23 gelangt man zur Plage des Dames, an der weiße Holzkabinen, ein Leuchtturm und ein Pier neben dunklen, algenbewachsenen Klippen an die Welt der Belle Époque erinnern. Die Fertigstellung der Bahnlinie nach Nantes und der Dampferverkehr ab Pornic eröffneten damals den lukrativen Badebetrieb, dem auch die Villen zu verdanken sind.

Ile d'Yeu

Tipps & Adressen S. 288

■ Noch an anderem Ort taucht ein Zipfel Armorikas, der 600 Mio. Jahre alten Granit-Schiefer-Scholle, aus den Meeresfluten auf, doch dorthin reicht keine Brücke, kein Gois. Zur Ile d'Yeu, 17,5 km vor der Küste gelegen, gelangt man mit Fähren ab Fromentine, Noirmoutier und St-Gilles-Croix-de-Vie oder mit einem Helikopter ab La Barre-de-Monts. Fahrzeuge, ob Rad oder Camper, lassen Tagesausflügler am besten auf den bewachten Parkplätzen beim Fähranleger zurück. Um sich auf der nur 10 x 4 km großen Insel mit ihren 5000 Einwohnern fortzubewegen, reichen Mietfahrräder, Motorroller oder das altgediente Paar Füße. Geübte Wanderer schaffen die Inselrunde auf dem Küstensaumpfad an einem Tag, müssen allerdings damit rechnen, die letzte Fähre zu verpassen.

Auch wenn manches auf Yeu an Noirmoutier erinnert – die Sandstrände im Norden, die Mimosen, die niedrigen, strahlend weißen Häuser –, so ist doch die eher bretonisch anmutende Felsküste im Süden ein trefflicher Grund für

Hafen der Hummerfänger: Port de la Meule

einen Besuch. Von der Pointe du But bis zur Pointe des Corbeaux erstreckt sich diese Côte Sauvage, die mit Orchideen, Heide und seltenen Wiesenblumen aufwartet. Bei der Ankunft in **Port-Joinville** 24 ist von dieser Pracht noch nichts zu sehen, dafür entdeckt man im Hafen eine farbenfrohe Flotte. Die Fischer von Yeu waren einst erfolgreiche Thunfischfänger, doch längst hat sich ihre Beute weit in den Atlantik zurückgezogen. An die Zeit ihrer großen Fänge erinnert das Musée de la Pêche.

Ein weniger ruhmreiches Andenken bewahrt, neben lokaler Geschichte, das Musée Historial in der Rue de la République. In den Jahren nach dem Zweiten Weltkrieg lebte in diesem Haus die Gattin eines Greises, der von der Nation zuerst als Held gefeiert und dann als Verräter verteufelt wurde. Marschall Philippe Pétain, 1856 geboren, war im Ersten Weltkrieg ruhmreicher Sieger von Verdun, arrangierte sich aber als Führer des rechtsgerichteten Vichy-Regimes (1940–44) mit Hitler und wurde dafür bei Kriegsende zum Tode verurteilt. Man begnadigte ihn schließlich, schickte ihn aber in die Verbannung auf die Insel Yeu. Vom 16. November 1945 bis kurz vor seinem Tod am 23. Juli 1951 verbüßte Pétain Einzelhaft in der Zitadelle von Joinville. Sein Grab findet sich auf dem örtlichen Friedhof.

Ein Strandspaziergang Richtung Westen führt zu den sandigen Plages des Roses, de la Pulante und de la Gournaise und weiter zur Anse des Broches, wo der **Dolmen de la Planche à Puare** 25 von einer Besiedlung der Insel bereits in neolithischer Zeit zeugt.

Bei der Pointe du But geht es landeinwärts, nördlich am Aérodrome vorbei, zum **Grand Phare** 26. Der weithin sichtbare Leuchtturm ragt 56 m über den Meeresspiegel und bietet nach anstrengenden 201 Stufen einen prächtigen Ausblick.

Zur Côte Sauvage führen jeweils nur Stichstraßen, sodass es vom gewählten Beförderungsmittel abhängt, ob man dem gesamten Verlauf dieses schönsten Küstenabschnitts der Ile d'Yeu folgen kann. Wanderer haben die geringsten Probleme und werden vor allem die Strecke vom **Vieux Château** 27 zum Hafen von La Meule genießen. Die alte Burg, im 11. Jh. gegründet und danach oft Hort von Korsaren, ist durch eine 17 m tiefe Felsspalte von der Küste getrennt und bestand durch diese günstige Lage manche Bewährungsprobe. Im 16. Jh. zum letzten Mal ausgebaut, schwand ihr Glanz unter dem Kanonenbeschuss der Marine von Louis XIV.

Port de la Meule 28 mit seinen Holzhütten ist der Hafen der Hummerfänger. Über dem Ort thront die Chapelle Notre-Dame de Bonne Nouvelle, eine Wallfahrtskapelle (15. Jh.) der Seefahrer. Von hier führt ein Küstenpfad zur Pierre Tremblante. Der ›bebende Stein‹ auf der Klippe von Taillée gerät in Schwingung, wenn man auf die richtige Stelle klopft – was man sich am besten von einem Ortskundigen zeigen lässt.

Östlich der **Pointe de la Tranche** 29 erstrecken sich die schönsten Badebuchten der Insel, u.a. die Anse des Soux. Dort sind nochmals prähistorische Denkmäler zu besichtigen: Menhir du Sud und Dolmen du Pain et du Beurre.

Am Leuchtturm bei der **Pointe des Corbeaux** 30 treffen Sand- und Felsküste aufeinander. Richtung Port-Joinville zieht sich fast ununterbrochen ein Band von Sandstränden. Wer trotz dieser Verlockung nochmals ins Inselinnere abschwenkt, kann in **St-Sauveur** 31, einst Sitz eines Gouverneurs, eine Kirche besichtigen, die noch romanische Bausubstanz besitzt.

Côte de Lumière

Ca. 140 km, 2 Tage

»Partons, la mer est belle« – »Lasst uns aufbrechen, das Meer ist schön«, heißt es in einem alten Seemannslied von Les Sables, dem ehemals bedeutenden Handels-Fischereihafen, heute Hauptbadeort der Vendée-Küste. Der tobende Atlantik hat seinen Reiz nicht verloren, die Küste jedoch seit dem Aufkommen des Badetourismus im 19 Jh. ein anderes Gesicht bekommen. Côte de Lumière wird sie genannt, ›Küste des Lichts‹, mit durchschnittlich 2500 Sonnenstunden pro Jahr der sonnenreichste Streifen der Atlantikküste.

Die ungeheuren Weiten der Sandstrände, versteckte Buchten, Heidelandschaft und meterhohe Dünen, die ab Mitte des 19. Jh. durch Kiefern- und Steineichenpflanzungen befestigt wurden, lassen über so manche Bausünde der 50er Jahre des 20. Jh. in den lebhaften Badeorten hinwegsehen.

Ausländischen Touristen gilt die Vendée-Küste, die sich von der Ile de Noirmoutier bis hinunter zur Bucht von l'Aiguillon zieht, nicht gerade als klassisches Reiseziel in Frankreich. An den kilometerlangen Sandstränden und in den schier endlosen Dünenketten der im Sommer stark frequentierten Côte de Lumière bleiben die französischen Familien weitgehend unter sich – ein Paradies für Surfer und Liebhaber von Muschelgerichten. Im Gegensatz dazu wird das stille Hinterland der Vendée nur von wenigen französischen Feriengästen besucht.

Felsen mit Aussicht

Die Küste um St-Jean-de-Monts

Tipps & Adressen
Notre-Dame-de-Monts S. 300, St-Jean-de-Monts S. 316f., St-Gilles-Croix-de-Vie S. 315

Eine ausgedehnte Waldlandschaft mit Wander- und Reitwegen, die Forêt des Pays de Monts, umgibt die Badeorte **Notre-Dame-de-Monts** 1 und **St-Jean-de-Monts** 2, einst typische Dörfer des bretonischen Marschlandes. Im 19. Jh. hielt hier ein Badetourismus Einzug, der nach dem Zweiten Weltkrieg enorm expandierte. Die grauen Appartementfronten der Uferpromenaden mit ihren Pizzerien, Fischrestaurants und Cafés, Diskotheken und Spielhöllen sprechen Bände. Reizvoll sind die kilo-

Nördliche Côte de Lumière

meterlangen feinen Sandstrände besonders für Familien mit Kindern, da der Strand flach abfällt und es an vielen Abschnitten keine ablandige Strömung gibt. St-Jean-de-Monts verbirgt hinter seiner rummeligen Strandpromenade einen hübschen alten Ortskern mit einer Granitkirche aus dem 15. Jh., einem Marktplatz, Cafés und kleinen Geschäften.

Die D 123 führt durch den 800 ha großen Kiefernwald zur pittoresken Küstenstraße **Corniche Vendéenne** mit steilen Klippen, bizarren Buchten und dem Trou du Diable, dem ›Teufelsloch‹, durch das sich zischend die Gischt des Atlantik ergießt.

St-Gilles-Croix-de-Vie 3 besteht aus zwei Gemeinden an der Vie, die der Marais Breton entwässert und in einem letzten schmalen Mäander ins Meer mündet: Am linken Flussufer das noch recht ursprüngliche St-Gilles, auf der rechten Seite der moderne Fischereihafen von Croix-de-Vie. Hier sind zahlreiche Thunfisch- und Sardinenkutter beheimatet, die für Nachschub in den Konservenfabriken der Region sorgen. Im großen Jachthafen liegen neben Ausflugsbooten die Fähren zur Ile d'Yeu.

Wie das Leben eines Fischers in den 20er Jahren des 20. Jh. ausgesehen hat, verdeutlicht die liebevoll dekorierte Maison du Pêcheur in St-Gilles. In der Kirche des Ortes sind noch Spuren der im 11. Jh. von Benediktinern errichteten Abtei zu erkennen. An der Grande Plage, einem schönen, wenngleich überlaufenen Strand, der sich weit nach Süden erstreckt, finden Interessierte das Meeresaquarium.

Von St-Gilles führt die D 754 ins Landesinnere nach **Commequiers** 4 (s. St-Gilles-Croix-de-Vie S. 315). In einem verwilderten Park steht wie verwunschen die imposante Ruine eines Wasserschlosses aus dem 15. Jh. Die alte Eisenbahnstrecke, die im Ortskern beginnt, wurde zu einem familienfreundlichen Ausflugsspaß namens Vélo-Rail umfunktioniert: Auf Schienen-Fahrrädern (Draisinen) kann man eine 10 km lange Tour durch die reizvolle Landschaft des Marais unternehmen.

Über die Landstraße D 94 in Richtung Süden, durch die fruchtbaren Ebenen des Moorlandes, das mühselig dem Meer abgerungen wurde, gelangt man nach **St-Révérend** 5 (s. St-Gilles-Croix-de-Vie S. 315), wo sich noch die Flügel des 150 Jahre alten Moulin de Révérend drehen. Die restaurierte Mühle bietet Touristen Einblicke in den Herstellungsprozess von Mehl.

Coëx 6 (s. St-Gilles-Croix-de-Vie S. 315) an der D 6 besitzt einen farbenprächtigen Pflanzengarten, das Olfactorium, mit so genannten Duftkammern, in denen man das ›Parfüm‹ der verschiedenen Pflanzenarten kennen lernt.

Brem-sur-Mer 7 ist bekannt für das kleine Weinbaugebiet des Fief du Cardinal. Gemeint ist Kardinal Richelieu, der den Tropfen zu seinem Lieblingswein erkor. Am Dorfeingang, Rue des Vallées, liegt die Domaine St-Nicolas, wo man den trockenen Fief (weiß, rot und rosé) testen und kaufen kann. Es handelt sich um den einzigen Wein der Vendée, einen V.D.Q.S. (Vin Délimité de Qualité Supérieure). Gegenüber der höchsten Qualitätsstufe, dem A.O.C. (Appellation d'Origine Contrôlée), sind beim V.D.Q.S. höhere Ertragsmengen pro Hektar zulässig, worunter im Allgemeinen die Güte leidet. Dennoch lohnt eine Probe. Ansonsten sind im Ort eine romanische Kirche aus dem 11./12. Jh. und der bei Anglern beliebte Naturhafen von La Gachère zu besichtigen.

Südlich von Brem liegt die Forêt d'Olonne wie eine Insel zwischen Marsch und Meer. Über 15 km erstreckt sich der

Einblicke – Mühle von St-Révérend

Pinien- und Eichenwald, mit seinen zahlreichen Pfaden ein einladendes Wanderareal. Die Brandung an der vorgelagerten Küste ist das höchste Glück der Wellenreiter. Östlich von **Sauveterre** 8 mit seinen vielen kleinen Sandbuchten breitet sich bei **L'Ile-d'Olonne** 9 ein 38 ha großes Vogelschutzgebiet aus, von dessen Aussichtsturm im Sommer vor allem Säbelschnäbler zu beobachten sind.

Les Sables-d'Olonne

Tipps & Adressen S. 312f.

10 Wie viele ›schönste Strände Europas‹ gibt es eigentlich? Entlang der Atlantikküste streiten Les Sables-d'Olonne und La Baule in der Bretagne um diesen Titel. Les Sables hat jedoch die älteren Rechte, da die ersten Sommergäste bereits Anfang des 19. Jh. kamen.

Im Mittelalter war das Leben von Les Sables vom Handel mit Salz, Wein, Getreide und Fisch geprägt. Fischer aus dem heutigen Baskenland hatten im 10. Jh. das Viertel La Chaume gegründet, das mit seinen kleinen weißen Häusern und dem vorgelagerten Leuchtturm **Tour d'Arundel** auch heute noch eine Augenweide in dem ansonsten vom modernen Tourismus geprägten Badeort ist. Die Aussichtsplattform des Turms aus dem 12. Jh., der 1888 zu einem Leuchtturm umgebaut und in die Überreste des Château Ste-Claire (14. Jh.) integriert wurde, bietet einen herrlichen **Panoramablick** auf die Bucht und die ursprünglich romanische **Prieuré St-Nicolas** auf der gegenüberliegenden Seite der Hafeneinfahrt. Täglich fahren hier rund 600 Fischerboote vorbei und kommen mit Thunfisch, Scholle, Seehecht, Rochen und Langusten in den lebhaften **Port de Pêche** zurückgetuckert. In der *criée,* der Versteigerungshalle, wird der frische Fang an den Meistbietenden veräußert.

Gegen Ende des 19. Jh. brachte die Eisenbahn immer mehr Gäste aus Paris mit. Begeisterung rief bei den Touristen

Prachtstrand von Les Sables-d'Olonne

die Festtracht der schwarzhaarigen Fischermamsells hervor. Die *belles Sablaises* mit den weißen Hauben *(coiffe)* ließen unter den kurzen gerafften Röcken schwarze Straps-Strümpfe sehen und trugen dazu hochhackige gelackte Holzschuhe. Die Folkloregruppe »Le Nouche« trägt diese Tracht noch heute bei ihren Auftritten.

An der Strandpromenade **Remblai,** 1947 Schauplatz der Simenon-Verfilmung »Maigret macht Ferien«, entstanden prunkvolle Belle-Époque-Villen, die aber im Zweiten Weltkrieg weitgehend zerstört wurden. Nun drückte der Massentourismus dem charmanten Badeort seinen Stempel auf. Hohe Appartementhäuser, Casinos, ein Kongresssaal, Theater, Hotels, Boutiquen, Cafés und Restaurants säumen heute die Uferpromenade. Beeindruckend ist bei Ebbe der 3 km lange Sandstrand, der sich in einem sanften Bogen bis zur **Corniche** in Richtung Süden zieht. Von den Klippen entlang dieser kurvenreichen Küstenstraße hat man einen herrlichen Blick auf die Brandung des Atlantiks und die regenbogenfarbigen Segel der vielen Windsurfer. Höhepunkt der Fahrt ist der **Puits d'Enfer,** der ›Höllenbrunnen‹, wo sich bei Flut ein beeindruckendes Naturspektakel abspielt, wenn die Wellen in die Felsspalte donnern.

Hinter der Ufermeile Remblai, bis hin zum Hafenkai, wo die Fischer- und Ausflugsboote liegen, führen enge Gassen durch die charmante Altstadt. Sehenswert ist die gläserne **Markthalle** in der Rue du Palais, ein Belle-Époque-Pavillon von 1890, der 1991 vorbildlich renoviert wurde. Daneben ragen die Türme der **Eglise Notre-Dame-de-Bon-Port** in die Höhe, die 1646 nach Plänen von Richelieu erbaut und Ende des 19. Jh. im neogotischen Stil renoviert wurde. Im Hôtel du Relais (17. Jh.) in der Rue Napoléon Nr. 72 ist das **Musée des Guerres de Vendée** untergebracht. Eine Ausstellung zu den Vendée-Kriegen verdeutlicht, dass Les Sables und die Region um den Bischofssitz Luçon ›Inseln‹ in der sonst königstreuen Vendée bildeten, beteiligten sie sich doch nicht am Aufstand gegen die junge Republik.

Das **Musée de l'Abbaye Ste-Croix** in einer ehemaligen Benediktinerabtei aus dem 17. Jh. in der Rue de Verdun (östl. des Stadtkerns) zeigt eine Auswahl moderner und zeitgenössischer Kunst, u. a. mit Werken von Dubuffet, Baselitz, dem rumänischen Surrealisten Victor Brauner und dem einheimischen Maler Paul-Emile Pajot. Außerdem ist eine vorgeschichtliche und volkskundliche Ausstellung zu sehen.

Am östlichen Stadtrand befinden sich der **Parc Zoologique de Tanchet** (ein 3 ha großer Tierpark), der beliebte Surfstrand Le Tanchet, eine Segelschule und das Centre de Thalassothérapie.

Richtig Reisen *Tipp*

Thalassotherapie

Schon in der Antike wusste man um die Heilkräfte des Meeres, das die Griechen *thalassa* nannten. Im 20. Jh. wurde dieses Wort zur Zauberformel für Beauty und Wellness. 1897 hatte der Biologe René Quinton eine Verwandtschaft zwischen den Salzen im Meerwasser und denen im Blutplasma des Menschen entdeckt. Er fand heraus, dass der menschliche Organismus durch Osmose über die Haut sämtliche Mineralien und Spurenelemente aus dem auf Körpertemperatur erwärmten Meerwasser aufnehmen kann. Der Arzt Louis Bagot setzte die Erkenntnisse um und begründete in Frankreich die Thalassotherapie. Fortan wurden Meeressalz und Meeresalgen zur Bekämpfung u. a. von Rheuma, Übergewicht, Unfallschäden und Stress eingesetzt. Mit Hilfe von 20 verschiedenen Anwendungen wie Strahlduschen, Massagebädern und Algenpackungen wird der Körper regeneriert, angeregt, gestrafft und mit Feuchtigkeit versorgt.

Seit den 60er Jahren des 20. Jh. ist die französische Atlantikküste eine Hochburg der Thalassotherapie. Allein zwischen der Loire-Mündung und der spanischen Grenze existieren 14 renommierte Therapiezentren. Im Thalassa Biarritz (13, Rue Louisson Bobet, 64202 Biarritz, Tel. 05 59 41 30 01, Fax 05 59 24 77 20, mit angeschlossenem Hôtel Miramar) trifft sich die Prominenz. Luxuriös ist auch die Anlage Les Bains d'Aphrodite (44, Av. de la Plage, 17630 La Flotte, Ile de Ré, Tel. 05 46 09 58 58, Fax 05 46 09 50 59, Unterkunft im Hôtel Richelieu). Sehr viel günstiger fällt es im Hôtel Mercure (Lac de Tanchet, 85100 Les Sables-d'Olonne, Tel. 02 51 21 77 77, Fax 02 51 21 77 80) und in den Thermes Marins (Av. de Pays de Monts, 85160 St-Jean-de-Monts, Tel. 02 51 59 15 15, Fax 02 51 59 91 03) aus. Weitere Zentren gibt es in u. a. Pornic (Hôtel Alliance, Plage de la Source, 44210 Pornic, Tel. 02 40 82 21 21, Fax 02 40 82 80 89), auf der Ile de Ré (Thalacap, Pointe de Grignon, 17590 Ars, Tel. 05 46 29 10 00, Fax 05 46 29 10 01; Centre Neptune, Port Notre-Dame, 17740 Ste-Marie, Tel. 05 46 30 21 22, Fax 05 46 30 13 49), der Ile d'Oléron (Novotel Thalassa, Plage de Gatseau, 17370 St-Trojan, Tel. 05 46 76 02 46, Fax 05 46 76 09 33) und in Royan (Cap Royan, Fort du Chay, 17207 Royan, Tel. 05 46 39 96 96, Fax 05 46 06 63 61).

Für eine Woche mit Halbpension inklusive Thalassoprogramm zahlt man zwischen 850 und 1500 € je nach Unterkunft. Die deutschen Krankenkassen leisten nur teilweise eine Unterstützung. Es wird jedoch von den Kassen unterschiedlich gehandhabt und ist auch abhängig vom Krankheitsbild.

Eine deutschsprachige Broschüre über Thalassozentren in Frankreich gibt es bei der Maison de la France (s. auch S. 326) in Frankfurt, Tel. 01 90/57 00 25, Fax 01 90/59 90 61.

Über La Tranche-sur-Mer zur Bucht von l'Aiguillon

Tipps & Adressen
Talmont-St-Hilaire S. 322f., St-Vincent-sur-Jard S. 319, La-Tranche-sur-Mer S. 323f.

Von Les Sables führt die Küstenstraße nach **Port-Bourgenay** 11, wo ab 1985 ein Jachthafen sowie Hotels, Restaurants und ein 18-Loch-Golfplatz entstanden. Bourgenay ersetzt damit den einst betriebsamen, jedoch längst verlandeten Hafen von **Talmont-St-Hilaire** 12. Auf einem Hügel thronen dort die Ruinen eines im 11. Jh. errichteten Schlosses, das im 12. Jh. von Richard Löwenherz zu einer bedeutenden Festung ausgebaut wurde. Vom 30 m hohen Wehrturm hat man einen herrlichen Ausblick über das Sumpfgebiet bis hinaus aufs Meer.

Oldtimerfans kommen im Musée Automobile de Vendée 3 km außerhalb des Ortes auf ihre Kosten, wo 150 Fahrzeuge aus der Zeit von 1885 bis zu den Rennwagen der 60er Jahre des 20. Jh. ausgestellt sind.

Landeinwärts geht es in Richtung Avrillé. Kurz vor dem Ort liegt auf der rechten Seite das von Wäldern umgebene Renaissanceschloss **La Guignardière** 13 (s. Talmont-St-Hilaire S. 322f.), mit einem Hirschgehege, Magnolien, Zypressen und prähistorischen Menhiren. Jean Girard, Hofbäcker und Vorkoster des Königs Henri II, ließ das Château 1555 erbauen, wurde jedoch noch vor der Fertigstellung ermordet. Graf Sylvestre du Chauffault, der den Bau im 18. Jh. weiterführte, musste als Königstreuer nach der Festnahme von Louis XVI ins Exil fliehen. Der im Louis-XVI-Stil gestaltete Billardsalon wurde 1868 mit Holzvertäfelungen ausgekleidet. In der Bibliothek beeindruckt der riesige Renaissancekamin aus Granit. Im Schlafgemach darüber, über eine kunstvoll gestaltete Granittreppe zu erreichen, beheizte der Abzug des Kamins einen tiefen Wandschrank (17. Jh.). Dort hielt sich der Schlossherr in seinem Nachtgewand auf, bis ihm die Magd das Bett vorgewärmt hatte. Sehenswert ist schließlich der 12 m hohe Dachstuhl, gefertigt aus Eichenholz, der an einen kieloben liegenden Schiffsrumpf erinnert.

Südliche Côte de Lumière

Beeindruckend: der Dachstuhl des Renaissanceschlosses La Guignadière

Über **St-Hilaire-la-Forêt** 14 geht es wieder an die Küste nach **Jard-sur-Mer** 15 – ein ansprechender Ort mit weiß gestrichenen *bourrines,* den typischen Bauernhäusern dieser Gegend, die größtenteils zu Ferienhäusern umfunktioniert wurden. Die schmale Küstenstraße (364) führt westwärts durch das Waldgebiet des Bois des Sables de la Grange. Rechter Hand sieht man die **Abbaye Notre-Dame-de-Lieu-Dieu** 16. 1190 von Richard Löwenherz für die Prämonstratenser gestiftet, wurde sie im Hundertjährigen Krieg zerstört, von Mönchen im 17. Jh. mit den achteckigen Wehrtürmen wieder aufgebaut, später jedoch verlassen. Das Gewölbe im Kapitelsaal ist ein schönes Beispiel für den Plantagenêt-Stil (s. S. 40).

Wo das Sträßlein 364 an einem Parkplatz endet, kann man durch das Naturschutzgebiet zur **Pointe du Payré** 17 weiterwandern. Nach ca. 10 Minuten Fußmarsch durch einen dichten Wald voller Farne und vom Wind bizarr verformter Steineichen ist der von flachen Felsen gesäumte Sandstrand La Mine erreicht.

Das nächste Etappenziel, östlich von Jard-sur-Mer gelegen, wurde bekannt durch den Politiker Georges Clemenceau (1841–1929; s. S. 95): **In St-Vincent-sur-Jard** 18 richtete sich der ehemalige Staatspräsident seinen Alterswohnsitz mit herrlichem Blick auf den Atlantik ein. Der berühmt-berüchtigte ›Tiger‹, der Deutschland die französischen Forderungen im Versailler Vertrag oktroyierte, zog sich nach seiner Wahlniederlage 1920 hierher zurück, um seine Memoiren zu schreiben. Das von einem Rosengarten umgebene ehemalige Fischerhaus mit dem ursprünglichen Mobiliar und persönlichen Erinnerungsstücken des Politikers ist heute Nationalmuseum.

Insgesamt 10 km ziehen sich die bei Surfern beliebten Sandstrände Les

Dolmen und Menhire

Die Menhire im Park von La Guignardière zählen zu einer Gruppe von etwa 100 Megalithmonumenten, die im Radius von 10 km um St-Hilaire-la-Forêt erhalten sind. Einen Plan und Fahrräder zu ihrer Erkundung bekommt man im C.A.I.R.N. (Centre Archéologique d'Initiation et de Recherche sur le Néolithique, 85440 St-Hilaire, Tel. 02 51 33 38 38, 31. März–30. Juni und Sept. So–Fr 15–18, Juli/Aug. tgl. 10–13 und 15–19 Uhr, außer Sa und So morgens), einem Forschungszentrum, das u. a. anhand von Filmen mit handwerklichen Techniken der Jungsteinzeit vertraut macht.

Die ungewöhnlich hohe Konzentration neolithischer Steinsetzungen bei St-Hilaire bleibt letztlich rätselhaft, doch muss man sich vor einem Fehlschluss hüten: Die weltweit etwa 50 000 Monumente dieser Epoche sind der klägliche Rest von schätzungsweise einst 1 Mio. solcher Denkmäler. Vieles verschwand im Laufe jüngerer geologischer Entwicklungen unter Erdreich und Wassermassen, anderes wurde zerstört, teils aus Aberglauben, teils um preiswertes Baumaterial zu beschaffen. Die Frage ist also womöglich nicht, warum St-Hilaire einst ein so beliebter Ort war, sondern eher, warum hier so wenige Denkmäler vernichtet wurden.

Bei Dolmen handelt es sich um Grabstätten. Üblicherweise wurde ein Deckstein auf vier senkrechte Stützen gehoben und mit Erdreich überworfen. Imposantestes Beispiel in der Region ist der Dolmen de la Frébouchère, dessen Deckplatte 80 Tonnen wiegt und über eine Grabkammer von 7,5 x 3,5 m gesetzt wurde. C.A.I.R.N. leistete Aufklärungsarbeit bei der Frage, wie mit den damaligen technischen Mitteln derlei möglich war. Unklar bleibt, warum es den Menschen als nötig erschien, gerade Gräber so aufwendig zu gestalten. Möglicherweise kamen den Dolmen weitere Aufgaben zu, etwa in der Repräsentation oder im Kultus.

Größere Rätsel geben noch die Menhire auf. Diese von Obelix so unkonventionell getragenen Hinkelsteine stehen aufrecht in der Landschaft, einzeln, in Gruppen, Reihen, Alleen oder Kreisen. Die unterschiedliche Anordnung deutet auf vielfältige Aufgaben hin. Mag sein, dass Menhire als Gedenkstätte, Landmarke oder als Sternwarte dienten. Mit Sicherheit handelte es sich nicht um Grab- oder Wohnstätten. Der mit 8,7 m höchste Menhir der Vendée, Le Roi des Menhirs, erhebt sich im Garten des Rathauses von Avrillé.

Die Megalithbauten Europas wurden zwischen ca. 5000 und 2000 v. Chr. errichtet, in der Jungsteinzeit also, als die Menschen sesshaft wurden, Ackerbau und Viehzucht aufnahmen und neue, komplexere soziale Beziehungen miteinander eingingen. Ohne ›Teamarbeit‹ wären die technologisch aufwendigen Megalithbauten nicht denkbar gewesen. Völlig unklar ist dagegen, weshalb nach dem Ende der Jungsteinzeit keine Dolmen und Menhire mehr entstanden.

Conches, Le Bouil und Le Rocher an der Küste vor dem kleinen, landeinwärts gelegenen **Longeville-sur-Mer** 19 hin. Das von Kiefernwäldern umgebene Dorf lockt mit zahlreichen Wanderwegen Besucher an.

Über die D 105a erreicht man den Leuchtturm von **La Tranche-sur-Mer** 20. Der Ort ist berühmt für seine Blumenzwiebelzucht (Tulpen, Hyazinthen und Gladiolen) und richtet seit 1953 alljährlich im April/Mai eine große Blumenschau im Parc des Floralies aus. Besonders beliebt ist La Tranche bei Familien; an der Plage Centrale tummeln sich im Sommer Badeurlauber und Surfer.

Fast durchgehend zieht sich der Sandstrand der südlichen Vendée-Küste von Jard-sur-Mer über La Tranche weiter nach La Faute-sur-Mer und über den Küstendamm bis zur äußersten Spitze der Pointe de l'Aiguillon. Im Frühling und Herbst rasten auf dieser Landzunge Scharen von Zugvögeln. **L'Aiguillon-sur-Mer** 21 an der Mündung der Lay ist die Hochburg der Muschelzucht in der Vendée. In der seichten Bucht von Aiguillon sieht man bei Ebbe Tausende schwarzer Pfähle – *bouchots* genannt –, die übersät sind mit Miesmuscheln (s. S. 116f.). In den Restaurants der Region werden sie, in einer köstlichen Soße aus Weißwein, Sahne, Nelken und Lorbeer geköchelt, auf den Tisch gebracht. Ob sich Georges Simenon, als er im Hôtel du Port logierte und den Roman »Die Wahrheit über Bébé Donge« (1940) verfasste, auch daran labte?

›Handverlesen‹: die Miesmuscheln in der Bucht von l'Aiguillon-sur-Mer

In die Collines Vendéennes

Ca. 230 km, 2–3 Tage

Die Vendée ist besonders reich an Legenden. Schlösser sollen hier innerhalb einer einzigen Nacht entstanden sein. Mélusine, die gute Meerfee, wollte ihren Gemahl Raymond de Lusignan mit diesen Palästen reich und berühmt machen (s. S. 95f.). Weniger erfolgreich war trotz schwarzer Magie Gilles de Rais, der angeblich durch Teufelsbeschwörung seine geleerten Schatullen zu füllen hoffte. Wegen der grausamen Rituale und Kindesmorden in den dunklen Gewölben seines Schlosses in Tiffauges ging er als ›Blaubart‹ in die Geschichte ein, doch bleibt bis heute unklar, ob er seine unter der Folter eingestandenen Untaten wirklich beging.

Bekannt ist die Vendée, die 1790 von den bürgerlichen Revolutionären im Zuge der neuen Verwaltungsgliederung zum Departement erklärt wurde, für ihren einst rebellischen Charakter, für den hartnäckigen Aufstand der Royalisten gegen die Republik. In den dicht gewachsenen Hecken der hügeligen Bocage-Landschaft konnten sich die Gegenrevolutionäre besonders gut verstecken und entwickelten mit Hilfe der Windmühlen auf den Hügeln der Collines Vendéennes ein ausgetüfteltes Signalsystem.

Die Treue zu Kirche und König prägte das ehemalige Bas-Poitou, das als Zentrum der Opposition gegen die Revolutionsregierung durch die Teilung in mehrere Departements geschwächt werden sollte. Noch heute zeigen die Wahlen Spuren der konservativen Haltung. Das patriotische Historienschauspiel auf dem Puy du Fou (s. S. 92f.), das jährlich über 1 Mio. Besucher anzieht, verleiht dem ausgeprägten Traditionsbewusstsein dieser Region Ausdruck. Philippe de Villiers, der Erfinder des Spektakels, Abgeordneter der Vendée, ehemaliger Präsidentschaftskandidat und Gegner des Maastrichter Vertrags, hat hier sein politisches Forum.

Ansonsten hat der Massentourismus im Hinterland, wo Dolmen und Renaissanceschlösser, Abteien, romanische Kirchen und bezaubernde Städtchen die abwechslungsreiche, von Kriegen geprägte Geschichte bezeugen, noch nicht Einzug gehalten. Stille herrscht in der bewaldeten Landschaft des Bocage, auf deren Hügeln die Windmühlen aus dem 18. Jh. thronen, während sich die fruchtbaren Weiten der Plaine bis hin zum Sumpfland des Marais Poitevin ziehen.

Über Luçon zur Hauptstadt der Vendée

Weg vom Trubel der Küste führt die Route in das stille Hinterland, zunächst nach **Curzon** 1. In der kleinen Dorfkirche gelangt man durch eine Luke hinunter in die Krypta aus dem 11. Jh., ausgestattet mit romanischen Säulenkapitellen, deren Reliefs sehr gut erhalten sind.

3 km nördlich erhebt sich bei **St-Cyr-en-Talmondais** inmitten eines Blumenparks mit Rosengarten, Bambus und Bananen, Lotosblüten und Islandmohn das Renaissanceschloss **La Court d'Aron** 2 (s. La Tranche-sur-Mer S. 323f.), dessen prächtige Innenausstattung aus dem 16. und 17. Jh. stammt.

Die kleine Bischofsstadt **Luçon** 3, heute 20 km von der Küste entfernt, war

In die Collines Vendéennes

einst Hafenstadt, doch füllten die Ablagerungen der Gezeiten den Golf allmählich auf. Mönche, die im 7. Jh. in Luçon ein Benediktinerkloster errichteten, beschleunigten ungewollt diesen Vorgang, indem sie das Sumpfland trockenlegten. 1317 wurde die Abtei zum Bistum erhoben. Vor der Kathedrale, die im 14. Jh. anstelle der romanischen Abteikirche erbaut wurde, steht die Plastik des berühmtesten Bischofs der Stadt: Armand Jean du Plessis de Richelieu (1585–1642), der später Kardinal und als Erster Minister unter Louis XIII zum mächtigsten Mann Frankreichs wurde. Als Richelieu 1608 sein Amt als Bischof in Luçon übernahm, beschwerte er sich bitterlich, in das »hässlichste, schmutzigste und unangenehmste Bistum Frankreichs« versetzt worden zu sein. Im Inneren der Kathedrale Notre-Dame, deren Hauptfassade gegen Ende des 17. Jh. im klassizistischen Stil erneuert wurde, fällt im linken Seitenschiff eine mit Blumen und Früchten bemalte Kanzel auf, von der aus Richelieu seine Predigten gehalten haben soll. Hervorragend erhalten ist der Kreuzgang aus dem 16. Jh. Gleich neben der Kathedrale erhebt sich der Evêché (Bischofspalast).

Bevor man dem 4 ha großen Jardin Dumaine (Freilichtbühne, Konzertpavillon, Zitronen- und Orangenbäume, Magnolien) einen Besuch abstattet, kann man an der Place Richelieu einen Blick in die Maison Vrignaud werfen. Hier wird seit dem 19. Jh. die Spezialität Kamok, ein Kaffeelikör, verkauft.

La Roche-sur-Yon

Tipps & Adressen S. 306f.

4 Die heutige Hauptstadt der Vendée war nur ein kleiner Marktflecken am Fluss Yon, als er 1794 von den Republikanern im Zuge der Vendée-Aufstände (s. S. 32) in Brand gesetzt wurde.

1804 beschloss Napoléon I aus strategischen und administrativen Erwägungen, die Hauptstadt des Departements Vendée von Fontenay-le-Comte ins Herz des Bocage zu verlegen, um neuen Aufständen vorzubeugen. Er gab dem damaligen Dörfchen sogar seinen Namen, und für einige Zeit hieß es »Napoléon«.

Den Mittelpunkt der fünfeckigen, schachbrettartig angelegten Beamtenstadt, heute Heimat der halben Vendée-Bevölkerung, bildet die etwas triste **Place Napoléon** mit dem 1854 errichteten Reiterstandbild des Kaisers. Der ehemalige Exerzierplatz – 20 000 Soldaten konnten hier aufmarschieren – ist von neoklassizistischen Gebäuden umgeben, darunter die Eglise St-Louis und das Hôtel de Ville (Rathaus). Bekannt ist die Stadt für ihren 1843 eingerichteten **Haras,** eines der angesehensten Vollblutgestüte Frankreichs.

Ins Anbaugebiet des Muscadet

Tipps & Adressen
Clisson S. 275f.

Zwei aufschlussreiche Gedenkstätten rund 20 km nördlich von La Roche rufen bittere Ereignisse des Vendée-Kriegs in Erinnerung. Bei Les Lucs-sur-Boulogne, wo 1794 ein Großteil der Bevölkerung von republikanischen Truppen ermordet wurde, steht seit 1993 das **Mémorial de Vendée** 5. Es ist den Opfern dieses und anderer Massaker gewidmet und heroisiert auf der Allée de l'Histoire die Aufständischen der Region.

Am Rande des Waldes von **La Chabotterie** 6 (s. La Roche-sur-Yon S. 306f.) erinnert heute ein Kreuz an die Festnahme des Royalistenführers Marquis François Charette de la Contrie am 23. März 1796. Er wurde zunächst im Logis de la Chabotterie gefangen gehalten und sechs Tage später in Nantes füsiliert. Seine Hinrichtung setzte dem Bürgerkrieg ein Ende. La Chabotterie, ein Herrschaftssitz der Renaissance, der im 17. Jh. zu einem *logis* (geschlossene Wohnanlage um einen befestigten Hof) umgebaut wurde, ist heute Museum. In den Räumen – die Ausstattung ist originalgetreu – wird das Leben in der Vendée vor und während der revolutionären Jahre veranschaulicht. Im angrenzenden Militärmuseum werden

Richtig Reisen *Tipp*

Weingüter im Muscadet

Von Clisson aus lässt sich ein Ausflug zu den Weingütern von Chéreau-Carré unternehmen, wo der Muscadet de Sèvre et Maine gedeiht, benannt nach den beiden Flüssen, die durch dieses Anbaugebiet fließen. Neben dem Sèvre et Maine werden in dem etwa 15 000 ha großen Muscadet-Gebiet drei weitere Appellationen (Muscadet Côteaux de la Loire, Muscadet Côtes de Grand-Lieu und Muscadet) angebaut, allesamt Weißweine. Die verwendete Rebsorte Melon stammt ursprünglich aus Burgund und ist wegen ihrer großen Frostbeständigkeit seit dem 18. Jh. an der Loire geschätzt.

Der Familienbetrieb Chéreau-Carré gehört zu einem der größten Muscadet-Produzenten und stellt in der Region um St-Fiacre-sur-Maine als Spitzenprodukt den Muscadet de Sèvre et Maine sur lie her. Beim *sur lie* (übersetzt: ›auf Bodensatz‹) handelt es sich um ein Verfahren, bei dem der Muscadet über Winter im Fass lagert. Die toten Hefezellen, die bei der Fermentation entstehen, setzen sich während dieser Lagerungszeit am Boden ab. Am Ende des Winters wird der nunmehr klare Wein abgefüllt, ohne dass eine Oxidation stattfindet. Dadurch bleiben Anteile von Karbongas zurück, die einen leicht spritzigen Wein von maximal 12 % Vol. und einer Lagerfähigkeit von zumeist drei Jahren ergeben. Der Muscadet wird bei 9–11 °C in tulpenförmigen Gläsern serviert und passt gut zu Fisch und Salaten.

Alle sechs Weingüter, die die Familie Chéreau-Carré seit mehr als 50 Jahren ihr Eigen nennt, sind außer sonntags täglich zu besichtigen (möglichst nach Voranmeldung): Domaine du Bois Bruley (bei Basse-Goulaine), Château de l'Oiselinière und Château du Coing (bei La Haie-Fouassière), Grand Fief de la Cormeraie und Moulin de la Gravelle (zwischen St-Fiacre und Gorges). Besonders sehenswert ist das Château de Chasseloir (Bernard Chéreau, 44690 St-Fiacre-sur-Maine, Tel. 02 40 54 81 15). Das Schloss aus dem 15. Jh. wurde während der Französischen Revolution zerstört, nur ein gotischer Turm überdauerte. Im Weinkeller wachen originale Holzfiguren aus dem Renaissanceschloss über die Weinfässer.

die wichtigsten Stationen des Bürgerkriegs erläutert. Ebenfalls im 17. Jh. entstand der geometrisch angelegte Ziergarten.

Über Montaigu geht es weiter nach **Clisson** **7**, das bereits zum Departement Loire-Atlantique gehört, jedoch historisch mit der Vendée verbunden ist. Hier, in der Nähe des von Republikanern besetzten Nantes, lag das Zentrum des Aufstands. Das malerisch am Zusammenfluss von Sèvre Nantaise und Moine gelegene Städtchen hat eine überraschend italienische Note, die es

Im Familienbetrieb Chéreau-Carré lagert exquisiter Muscadet de Sèvre et Maine sur lie

den beiden aus Nantes stammenden Brüdern Cacault und Frédéric Lemot verdankt. Nach der Zerstörung Clissons 1794 entwarfen sie um 1800, im Anschluss an einen längeren Aufenthalt in Italien, die Pläne für den Wiederaufbau nach toskanischer Manier. Vom Viadukt, das über die rauschende Moine führt, genießt man einen herrlichen Blick auf das grüne Tal, die Brücke St-Antoine aus dem 15. Jh. und die rot geziegelte Stadtkulisse mit ihrer Schlossruine (13./14. Jh.) und der Kirche Notre-Dame. Südlich der Brücke führt die N 149 zur Domaine de la Garenne-Lemot, einem herrschaftlichen Anwesen im italienischen Stil mit der neoklassizistischen Villa des Bildhauers Frédéric Lemot (1772–1827), der im Temple de l'Amitié begraben liegt. Im romantischen Park der Domaine stehen antikisierende Statuen und kleine Tempel.

Nördlich von Clisson beginnt das Weingebiet des Muscadet, über dessen Traditionen das Musée du Vignoble Nantais in **Le Pallet** 8 (s. Clisson S. 275f.) informiert. Eine audiovisuelle Show lässt zudem den berühmtesten Sohn des Ortes aufleben: Pierre Abélard (1079–1142), französischer Philosoph und Theologe, versuchte in seiner »Theologie« Glauben und Wissen in Einklang zu bringen, wie es das große Anliegen seiner Zeit war. Die Liebe zu seiner Schülerin Héloïse, die ihm einen Sohn schenkte, hatte schwerwiegende Konsequenzen: Der Onkel seiner Geliebten ließ ihn entmannen. Héloïse wurde in ein Kloster geschickt, Abélard starb mit 63 Jahren auf dem Weg nach Rom, wo er sich dem Disput über seine Trinitätslehre stellen wollte, am 21. April 1142 im Kloster St-Marcel (bei Chalon-sur-Saône).

Ca. 17 km südöstlich von Clisson liegt **Tiffauges** 9 (s. Clisson S. 275f.) mit seinem berühmten Château, Stammsitz des Gilles de Rais (s. S. 64f.). In den

Verliesen dieser mächtigen, von den Grafen von Thouars im 11./12. Jh. errichteten Burg, die erhaben das Tal und den Zusammenfluss von Sèvre Nantaise und Crume überblickt, soll er Kinder geopfert und schwarze Magie wie Alchimie betrieben haben. Besterhaltene Teile der Anlage sind der von einem Burggraben umgebene Donjon aus dem 12. Jh., in dem angeblich Gilles' Opfer eingekerkert waren, und die im 15. Jh. errichtete Tour du Vidame. In der ummauerten Burgruine werden Ritterspiele veranstaltet und Besucher in die Geheimnisse der Alchimie eingeführt.

Le Puy du Fou und das Land der Windmühlen

Tipps & Adressen

Les Herbiers S. 281, Moilleron-en-Pareds S. 296

Südlich von Tiffauges beginnt das Hügelland der Vendée, wegen seiner dichten Hecken und Waldstücke auch ›Haut Bocage Vendéen‹ genannt. Hier hebt sich die Vendée mit den Ausläufern des Armorikanischen Massivs am höchsten – das Land der Windmühlen ist erreicht.

Auf dem 231 m hohen **Mont des Alouettes** 10 (›Berg der Lerchen‹; s. Les Herbiers S. 281) standen 1793 sieben Mühlen, heute existieren nur noch zwei. Als die Republikaner begriffen, dass die Bauern ihre Mühlen nicht nur zum Mahlen von Getreide nutzten, sondern durch die Flügelstellung den konterrevolutionären Weißen signalisierten, in welche Richtung sich die Truppen der revolutionären Blauen bewegten, brannten sie die Mühlen nieder. Eine der beiden restaurierten Mühlen auf dem Hügel mahlt seit 1989 wieder Weizen. Noch heute lässt sich nachvollziehen, wie man mit Hilfe von Eichenholzbalken das schiefergedeckte Kegeldach drehte, um die Flügel in Windrichtung zu bringen.

Schöne Einblicke in die Bocage-Landschaft bekommt man auch bei einer Fahrt mit der alten Dampflok auf dem 22 km langen Chemin de fer de la Vendée zwischen **Les Herbiers** 11 und Mortagne-sur-Sèvre.

Auf dem **Puy du Fou** 12 (s. Les Herbiers S. 281), dem ›Hügel der Buche‹ in-

Historienspektakel mobilisiert die Massen: Freizeitpark Puy du Fou

mitten der Collines Vendéennes, erhebt sich ein Château, das im 15./16. Jh. für François du Puy du Fou und seine Gemahlin Cathérine Laval erbaut wurde und 1794 niederbrannte. Man hat es inzwischen in Teilen wieder hergerichtet.

Einsam lag das Schloss in der weiten Landschaft, bis Philippe de Villiers das Anwesen erwarb, 1977 den Verein Puy du Fou gründete und die Cinéscénie ins Leben rief. 1978 wurde das Château erstmals Kulisse dieses Historienschauspiels, das sich inzwischen zu einem gigantischen Spektakel mit raffinierten Licht- und Toneffekten und prächtigen Kostümen entwickelt hat. Aus der idealisierenden Sicht von »Jacques Maupillier, paysan vendéen«, wie über Generationen der jeweils älteste Sohn einer Familie namens Maupillier hieß, unternimmt der Besucher eine Zeitreise in die Vergangenheit der Vendée. Insgesamt 1750 Laienschauspieler aus der Region arbeiten ehrenamtlich und höchst enthusiastisch an den Aufführungen mit; während einer einzigen abendlichen Darbietung erscheinen um die 850 Darsteller vor den Kulissen.

1989 entstand ergänzend und als weitere Einnahmequelle der kulturhistorische Freizeitpark Le Grand Parcours. In originalgetreu nachgebildeten Dörfern aus dem Mittelalter und dem 18. Jh. gehen Handwerker ihrer Arbeit nach. Schausteller und Musikanten unterhalten die Besucher und machen sie mit längst vergangenen Lebensweisen vertraut. Ein Arboretum mit den Baumarten der Vendée und ein Rosengarten nach Renaissancemanier entstanden in dem 35 ha großen Freizeitpark. Ein Wildgehege stellt die in dieser Region heimischen Tiere vor. Auf dem Parkgelände messen sich Ritter im Turnierkampf, zeigen Raubvögel ihre Flugkünste und versuchen kampfesfrohe Wikinger, eingetroffen auf einem brennenden Schiff, ein Fort einzunehmen.

Der D 755 von Les Herbiers nach Pouzauges folgend, gelangt man zunächst zu dem in 275 m Höhe gelegenen **Moulin des Justices** 13 (s. Les Herbiers S. 281). Nomen est omen: Der Ortshügel war früher Schauplatz der Rechtsprechung. Die Mühle, in der heute Biomehl gemahlen wird, kann im Sommer nach vorheriger Vereinbarung von Gruppen besucht werden.

Nach weiteren ca. 3 km Fahrt ist schon von weitem der 9 m hohe bronzene Erzengel Michael zu sehen, der auf dem Glockenturm der Basilika (19. Jh.) von **St-Michel-Mont-Mercure** 14 sein Schwert schwingt. Von dem 47 m hohen Glockenturm, der auf dem höchsten Gipfel der Vendée steht (285 m über dem Meeresspiegel), bietet sich ein herrlicher Panoramablick über die weite Bocage-Landschaft.

Kurz vor Pouzauges liegen linker Hand die restaurierten Moulins du Terrier-Marteau (s. Les Herbiers S. 281): Zwei weiße Mühlen aus dem 19. Jh., die besichtigt werden können. Sie besitzen noch die einst üblichen stoffbespannten Flügel. Später, ab Mitte des 19. Jh., ging man dazu über, bewegliche Holzlamellen zu verwenden.

Die Colline de Moulin, der ›Mühlenhügel‹ bei Mouilleron-en-Pareds

Dann taucht eine mächtige Burgruine mit den Überresten von zehn Türmen auf: das Vieux Château von **Pouzauges** 15. Die weißen Häuser der kleinen Stadt schmiegen sich an den Hügel, hinauf bis zum Bois de la Folie (›Wald des Wahnsinns‹), einst Heiligtum keltischer Druiden. In der Festung aus dem 12. Jh. verbrachte Cathérine de Thouars, Gattin des berüchtigten Gilles de Rais, ihr Leben. Aus dem gleichen Jahrhundert stammt auch die romanische Kirche im Vorort **Pouzauges-le-Vieux,** die man im 13. Jh. mit Fresken zum Marienleben ausstattete.

20 km südlich von Pouzauges liegt das idyllische Dorf **Mouilleron-en-Pareds** 16, Geburtsort des ehemaligen Staatspräsidenten Georges Clemenceau (1841–1929; s. S. 84) und des Marschalls Jean-Marie de Lattre de Tassigny (1889–1952). Im Musée des Deux Victoires werden beider Leben und Karriere gewürdigt. Clemenceau begann seine Laufbahn als Mediziner, wurde dann Bürgermeister des Pariser Stadtteils Montmartre und ab 1876 im Parlament Führer der Sozialisten. Durch die Verwicklung in den Panama-Skandal verlor er sein Abgeordnetenmandat jedoch. Sein Einsatz gegen die politische Rechte in der Dreyfus-Affäre brachte den brillanten Redner 1902 wieder auf die politische Bühne. Unnachgiebigkeit und eiserner Wille trugen ihm den Spitznamen ›Tiger‹ ein. Unter seiner Regierung ab 1917 wurde der Erste Weltkrieg siegreich beendet. Als ›Vater des Sieges‹ führte er 1919 den Vorsitz beim Abschluss des Friedensvertrags von Versailles.

De Lattre, der aus einer angesehenen Großgrundbesitzerfamilie stammte, war durch und durch Soldat. Der rechts orientierte Verfechter der französischen Kolonialpolitik stieg zum jüngsten Oberst Frankreichs auf und befreite an der Spitze der 1. französischen Armee 1944 das Elsass. Das Musée Jean-de-Lattre-de-Tassigny im Geburtshaus des Generals erinnert mit militärgeschichtlichen und persönlichen Exponaten an sein bewegtes Leben. Übrigens sind de Lattre und sein in Indochina gefallener Sohn Bernard auf dem kleinen Friedhof von Mouilleron beigesetzt.

2 km östlich hat man auf der Colline des Moulins eine der vier alten Mühlen zum Gedenken an Bernard de Lattre in ein Oratorium umgebaut. Der Mühlenhügel bietet eine prachtvolle Aussicht auf die Umgebung.

Der Wald von Mervent-Vouvant

Auf landschaftlich reizvoller Strecke geht es über Châtaigneraie in das malerische Örtchen **Vouvant** 17 oberhalb des Flusses Mère. Einst ragte über dem Tal der Mère auf der bewaldeten Bergspitze eine Festung auf; der Legende nach soll die Fee Mélusine sie im 12. Jh. binnen einer Nacht »mit einer Hand voll Stein und Mörtel« für ihren Mann Raymond de Lusignan erbaut haben. Heute ist nur noch der 30 m hohe Wachtturm übrig, der bestiegen werden kann (Schlüssel gegen Entgelt im »Café du Centre«). Die Fabel der Schlangenfrau und Sirene Mélusine, von der die Herren von Lusignan abzustammen behaupteten, ist hier am Rande des Waldes von Mervent noch sehr lebendig.

Mélusine, Tochter des Königs Elinas und der Fee Préssine, soll sich zusammen mit ihren Schwestern an ihrem Vater gerächt haben, der sich nicht an das eheliche Versprechen gehalten hatte, seine Kinder in den ersten Lebensmonaten nicht zu sehen. Mittels

Zauberkraft sperrten ihn seine drei Töchter auf einem Schlossberg ein. Ihre Mutter strafte Mélusines Härte dadurch, dass sie sich von nun an jeden Samstag vom Gürtel an abwärts in eine Schlange verwandelte. Unglücklich streifte sie im Wald von Coulombiers umher und traf Raymond de Lusignan, den Neffen des Grafen von Poitiers, der sich auf der Stelle in sie verliebte. Mélusine heiratete ihn unter der Bedingung, dass er sie niemals am Samstagabend aufsuchen dürfe. Die Verwunschene gebar ihrem Gemahl neun merkwürdig verunstaltete Kinder. Misstrauisch geworden, öffnete Raymond eines Samstags die Tür zu ihrem Zimmer und erblickte die Schlangenfrau. In Gestalt eines Drachen entflog sie aus dem Fenster und sprach einen schrecklichen Fluch aus: »Pouzauges, Tiffauges, Mervent, Vouvant und Châteaumur vergehen jedes Jahr, das schwöre ich, um einen Stein.«

Sehenswert in dem idyllischen Dorf Vouvant ist die romanische Kirche aus dem 11./12. Jh. mit einem reich verzierten Portal voller Blumenmotive, phantastischer Tiergestalten, Menschen in grotesken Verrenkungen und Szenen aus dem Alten Testament: Delila schneidet Samson das Haar, Samson kämpft mit dem Löwen. Im Innern befindet sich das Grabmal von Geoffroy la Grand-Dent, angeblich ein Sohn von Mélusine und Raymond.

Südlich von Vouvant, am Übergang des Bocage in die weite Ebene der Vendée, breitet sich der Wald von **Mervent** 18 auf einer Fläche von 5000 ha aus. Hier trifft die Mère auf die Vendée, den Fluss, der dem Departement 1790 seinen Namen gab. Wander- und Reitwege führen durch den dichten Eichen-, Kastanien- und Nadelwald zu fischreichen Bächen, Höhlen, Felsen und keltischen Steindenkmälern. Der Stausee von Mervent bietet sehr gute Möglichkeiten zum Baden, Segeln, Tretboot- und Kanufahren.

Über die D 99a gelangt man von Mervent zu einem Kalvarienberg. Ein Pfad führt hinunter zur Grotte du Père Montfort, in die sich der Geistliche Louis-Marie Grignion de Montfort um 1715 zurückgezogen hatte, um zu meditieren. Er war ein glühender Verfechter des Katholizismus in der Vendée, die lange Zeit unter dem Einfluss des Calvinismus stand und auch wirtschaftlich von Hugenotten geprägt wurde (s. S. 29). Montfort missionierte unter dem Sacré-Cœur-Symbol (›das rote Herz Jesu‹), das zum Zeichen der katholischen Identität wurde. Die kleine Höhle des eremitischen Missionars ist heute ein wichtiger Wallfahrtsort. In der benachbarten Kapelle wird von Juli bis September jeden Sonntag um 11.30 Uhr die Messe gelesen.

Fontenay-le-Comte

Tipps & Adressen S. 279

19 Die Renaissancestadt Fontenay-le-Comte liegt am Übergang der Plaine in den Marais Poitevin. Seit dem Mittelalter immer wieder ein Kriegsschauplatz, entwickelte sich Fontenay während der Renaissance zu einem Zentrum humanistischer Gelehrsamkeit. Berühmt wurde der Dichter François Rabelais (um 1494–1553), der als Franziskanernovize nach Fontenay kam, hier die Ideen der Reformation kennen lernte und deshalb schließlich in die Abtei Maillezais, zu den weniger strengen Benediktinern, überwechselte. Bekannt ist der Geistliche und spätere Arzt als Verfasser derb-humorvoller, zeitkritischer Epen, insbesondere des berühmten Romanzyklus »Gargantua und Pantagruel«.

Schlossbesitzer Fontenioux

Darin greift er in satirischer Form die noch stark vom mittelalterlichen Denken geprägten Institutionen wie Kirche, Ständestaat und Universität an.

Mit einem großen ›F‹ auf dem Straßenpflaster hat das Office de Tourisme einen Stadtrundgang durch Fontenay markiert. »Brunnen und Quell begnadeter Denker« taufte König François I die einst wohlhabende Textil- und Lederstadt, wie die Inschrift an der 1542 erbauten **Fontaine des Quatre-Tias** besagt. Blickfang der Stadt ist der knapp 83 m hohe Glockenturm der im 14. Jh. über einer frühromanischen Krypta aus dem 9. Jh. (Besichtigungsmöglichkeit) errichteten Kirche **Notre-Dame.**

Der Kirche gegenüber liegt das **Musée Vendéen,** das der Kultur und Geschichte der Stadt und ihrer Umgebung gewidmet ist, in ihrem Rücken die **Place Belliard** mit schönen Giebelhäusern aus dem 16. Jh. sowie der Statue und dem Geburtshaus Generals Belliard (1769–1832), der einst Napoléon Bonaparte das Leben rettete. Hier steht man am Saum des historischen Stadtzentrums. Die **Maison Billaud,** ein sehenswertes Palais aus dem 16. Jh. in der Rue Gaston Guillenet (Schlüssel beim Office de Tourisme erhältlich), wie auch viele andere Patrizierhäuser in der Altstadt erzählen von einer glanzvollen Vergangenheit. In der **Rue du Pont-aux-Chèvres** und in der **Rue des Loges** – im 18. Jh. Hauptverkehrsstraße, heute verkehrsberuhigte Fußgängerzone – haben sich einige Renaissancepaläste sowie reich verzierte Häuserfassaden aus dem 15. und 16. Jh. erhalten.

Sehenswert ist etwas außerhalb der Stadt das von Jean Morrison Ende des 16. Jh. erbaute **Château de Terre-Neuve.** Hier lebte der satirische Dichter Nicolas Rapin (um 1539–1608), der mit seinen Werken »La Puce« und »L'Anti-Puce« sowie seinem politischen Pamphlet gegen die Katholische Liga große Erfolge erzielte. Der 1850 von Octave de Rochebrune restaurierte Bau mit den zwei rechtwinklig zueinander stehenden Flügeln weist heute Stilelemente der Renaissance und des Klassizismus auf. Der Bildhauer und Radierer Rochebrune verzierte die ursprünglich schlichte Fassade mit stark vortretenden Pilastern, die nach Manier der italienischen Renaissance die Statuen der neun Musen tragen. Später gelangte das Château in den Besitz der Familie du Fontenioux. Als deren Gast hielt sich 1941–43 Georges Simenon im Schloss auf. Im Erdgeschoss sind Gemälde und Möbel aus dem 17./18. Jh., Trachten, Sammlungen von Uhren, Waffen und Elfenbeinschnitzereien zu sehen. Besonders bemerkenswert sind der ›Kamin der Greifvögel‹ im holzvertäfelten Speisesaal aus der Zeit des Sonnenkönigs sowie der monumentale Renaissancekamin von Philibert Delorme, der die Suche nach dem Stein der Weisen darstellt.

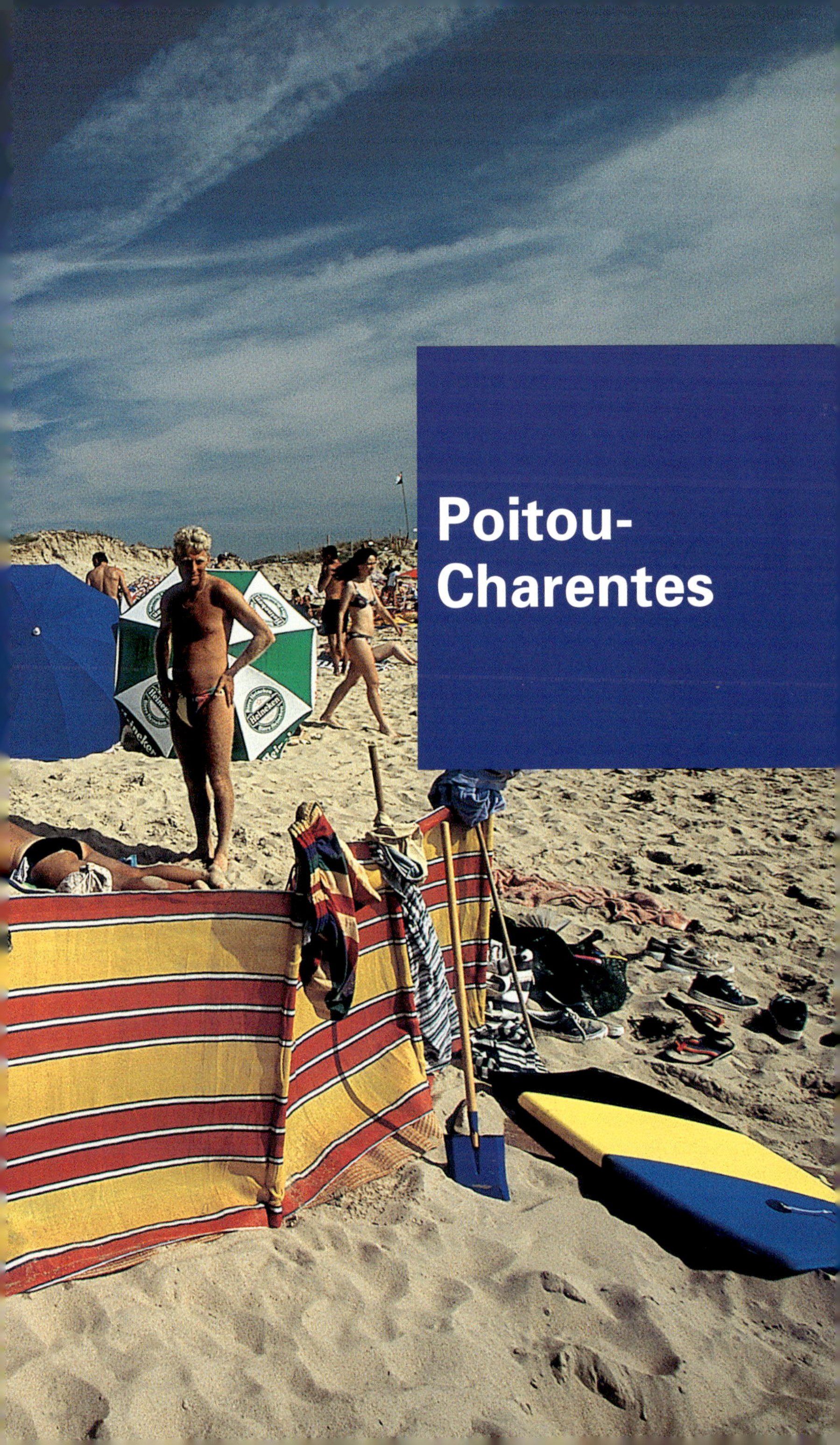

Poitou-Charentes

La Rochelle

Tipps & Adressen S. 308ff.; 1 Tag

Auf einem kleinen, vom Meer aus zugänglichen Felsen *(rochella)* wurde La Rochelle im 10. Jh. gegründet. Aus dem Meeresfelsen wurde eine reiche Hafenstadt und die heiß umkämpfte Hochburg der Hugenotten. Heute noch bietet die Stadt der Arkadenstraßen ein reizvolles Bild mit ihrer erlesenen Architektur, einem der größten Jachthäfen Europas und ihrer mediterranen Atmosphäre.

Zwei Geschichtsdaten prägten nachhaltig das Schicksal von La Rochelle: 1199 gestand Herzogin Aliénor der Stadt die Selbstverwaltung und eine eigene Gerichtsbarkeit zu; 1627/28 belagerte Kardinal Richelieu La Rochelle, um die Hugenotten zu entmachten.

Durch die Stadtrechte der Abgaben enthoben, entwickelte sich La Rochelle im 13. Jh. zu einem Handelszentrum für Salz und Wein. Das Bürgertum gewann aufgrund der wirtschaftlichen Erfolge und der Unabhängigkeit vom französischen Feudalstaat ein Selbstbewusstsein, das der Krone ebenso ein Dorn im Auge war wie die Empfänglichkeit der Rochelais für die Ideen der Reformation. In der weltoffenen und wirtschaftlich erfolgreichen Hafenstadt hatten sich die Lehren Calvins mit Hilfe protestantischer Drucker schnell verbreitet. 1571 verabschiedeten die Hugenotten auf einer Nationalsynode das Calvinistische Glaubensbekenntnis von La Rochelle. Die Stadt entwickelte sich zur Hauptfestung der Protestanten Westfrankreichs.

Familienbadestrand Plage de Vert-Bois
◁ *auf der Ile d'Oléron*

Nachdem Henri IV 1598 die Glaubenskriege mit dem Edikt von Nantes (s. S. 30) beendet hatte, wurde die Stellung La Rochelles als Staat im französischen Staate noch gestärkt. Doch mit des Königs Tod verschwand die schützende Hand. Kardinal Richelieu, mächtiger und ehrgeiziger Verfechter des Absolutismus, gelang es trotz heftigstem Widerstand, die ›Kaufmannsrepublik‹ in einer einjährigen Land- und Seeblockade auszuhungern. Nach dem Fall von La Rochelle beließ er den Hugenotten zwar das Recht der Religionsausübung, doch nahm er ihnen ihre politischen und wirtschaftlichen Privilegien.

Als 1685 das Edikt von Nantes aufgehoben wurde, wanderten viele Hugenotten in die Niederlande und nach Amerika aus und hinterließen eine Lücke im Wirtschaftsleben. Diejenigen, die blieben, hielten ihrer Konfession im Verborgenen die Treue und sollten bald erneut vom Überseehandel profitieren. Im 18. Jh. führte der Kolonialverkehr nämlich zum wirtschaftlichen Wiederaufschwung der Stadt. Zucker, Tabak, Gewürze und Kaffee von den Antillen, Pelze aus Kanada und vor allem der Sklavenhandel brachten neuen Reichtum nach La Rochelle.

Nach dem Verlust Kanadas (1763) ebbte der Kolonialhandel ab. Mit Napoléons Kontinentalsperre (1806–10) erlebte der Warenumschlag über den Hafen von La Rochelle weitere Einbußen. Bedeutung erlangte die Stadt erst wieder im Zweiten Weltkrieg als Stützpunkt der deutschen U-Bootflotte. Regisseur Wolfgang Petersen lässt in seinem Film »Das Boot« (1981), der z. T. hier gedreht wurde, die letzte Fahrt

Beeindruckende Kulisse für einen Kneipenbummel: die bei Nacht beleuchtete Porte de la Grosse Horloge

eines deutschen U-Bootes im Zweiten Weltkrieg in La Rochelle enden. Doch auch diese bittere Besatzungszeit überstand die Stadt, die sich ihre Schönheit und den Charakter der blühenden Hugenottenzeit bewahren konnte.

Inzwischen hat sich die Hauptstadt des Departements Charente-Maritime mit dem Frachthafen La Pallice wieder zu einem wichtigen Fischerei- und Handelshafen entwickelt. Von hier aus werden Metrowaggons und Lokomotiven in die Dritte Welt geliefert, die, wie auch der TGV *(train à grande vitesse)*, im Vorort Aytré gebaut werden. Weiterhin spielen Industriezweige wie Schiffsbau und Chemie eine bedeutende Rolle für die Stadt.

Vom Vieux Port in die Altstadt

Eine geschlossene Häuserfront umgibt den **Vieux Port** 1, seit dem 12. Jh. Heimat abenteuerlustiger Seefahrer, Fischer und geschäftstüchtiger Händler. Der alte Hafen ist der historische Keim La Rochelles und als seine ›gute Stube‹ Blickfang für jeden Besucher. Cafés und Restaurants säumen das malerische Hafenbecken mit Blick auf zwei Türme, die seit dem 14./15. Jh. als Wachposten zwischen dem Meer und der Stadt stehen: Die **Tour de la Chaîne** 2 und die **Tour St-Nicolas** (s. S. 106) geben nur eine schmale Einfahrt zum Binnenhafen frei. Früher wurde eine Kette *(chaîne)* zwischen beide gespannt, um den Hafen nachts abzusichern.

Über den Cours des Dames ist am Hafenbecken entlang schnell die **Porte de la Grosse Horloge** 3 erreicht. Das Stadttor aus dem 14. Jh. mit dem barocken Uhrenturm (18. Jh.) führt vom Hafen hinein in die Fußgängerzone der Altstadt. An der **Place des Petits-Blancs** 4, wo im 13. Jh. die Geldwechsler saßen, steht die Statue des Rochelaiser Malers und Schriftstellers Eugène Fromentin (1820–76), der in seinem literarischen Hauptwerk »Dominique« das Leben der Gesellschaft im 19. Jh. beschreibt.

Kleine belebte Straßen mit Geschäften, Arkadengängen, Restaurants und

Fachwerkhäusern aus dem 15. Jh., die zum Schutz gegen die salzhaltige Luft Schieferdächer erhielten, führen zur **Place de l'Hôtel de Ville** 5 im Herzen der Altstadt. Vom Traditionscafé »La Poste« schaut man auf die 1911 entworfene Statue des einstigen Bürgermeisters Jean Guiton (1585–1654). Mutig sagte er Kardinal Richelieu den Kampf an. Guiton schwor, nicht zu kapitulieren, obwohl die Lage aussichtslos war: Richelieu hatte die Hafeneinfahrt von La Rochelle durch einen 12 m langen Damm versperren lassen und belagerte die Stadt seit Oktober 1627. Nach 13 Monaten tapferen Widerstands musste die Bevölkerung aufgeben. Von 28 000 Rochelais hatten nur 5000 überlebt. Damit endete die Unabhängigkeit der Stadt.

La Rochelle

Das **Hôtel de Ville** mit seiner gotischen Außenmauer (15. Jh.) ist ein Symbol der vergangenen Privilegien. Hier tagte der Stadtrat und saßen die Schöffen im 16. Jh. zu Gericht. Die Hauptfassade des Rathausgebäudes im Innenhof wurde 1595–1606 unter Henri IV im toskanischen Renaissancestil errichtet. In den großen Fensterdurchbrüchen des ersten Stockwerks sind steinerne Bildnisse der vier Kardinaltugenden zu sehen. Im Treppenpavillon des von Arkaden gesäumten Hofes steht die Statue des Hugenottenkönigs Henri IV. Im Inneren des Rathauses ist neben dem holzvertäfelten Rats- und Schöffensaal mit einer Galerie von Wappen der ehemaligen Bürgermeister das Arbeitszimmer des Richelieu-Kontrahenten Jean Guiton einen Besuch wert. Den Schwur, niemals zu kapitulieren, soll der neu gewählte Bürgermeister mit einem heftigen Säbelschlag auf seinen Schreibtisch bekräftigt und damit die heute noch sichtbare Kerbe in der Marmorplatte verursacht haben. Die Wände zieren Gobelins und ein Porträt von Choderlos de Laclos (1741–1803), Autor von »Gefährliche Liebschaften«, der sich eine Zeitlang in La Rochelle aufhielt. Ein Gemälde von Henri Motte aus dem 19. Jh. stellt die Belagerung von La Rochelle dar: Im roten Kardinalsmantel steht der herrschsüchtige Staatsmann Richelieu im tosenden Sturm auf dem gewaltigen Deich am Hafen.

Geschäftiges Treiben rund um den Marktplatz

Die **Rue des Merciers** 6 bildet gemeinsam mit der **Rue du Palais** 7 und der **Rue Dupaty** 8 die Haupteinkaufsmeile der Stadt. Die Rue des Merciers, La Rochelles älteste Geschäftsstraße, die direkt zum Marktplatz führt, war einst die Straße der Tuchhändler, die bereits im 14. Jh. unter den Arkaden ihre Ware anboten. Mehr als 200 steinerne Figuren aus der Mythologie, die als Wasserspeier dienen, schmücken neben Büsten und Masken die Häuserfassaden. Das Haus Nr. 3 in der Rue des Merciers (17. Jh.) wurde von Jean Guiton bewohnt.

An der malerischen **Place du Marché** 9 werden frühmorgens Gemüse, Obst und Blumen angeboten. In der dahinter liegenden **Markthalle im Jugendstil** findet mittwochs und samstags ein großer Markt statt mit einem reichhaltigen Angebot an Fisch, Fleisch sowie Getränken der Region: Cognac, Pineau, Vendée- und Poitou-Weine. Der Marktplatz ist umgeben von Restaurants, Cafés, Delikatessengeschäften, alten Fachwerkhäusern und Arkadenstraßen. Zwei sehenswerte Museen liegen in Nebenstraßen: Das **Musée du Nouveau Monde** 10 mit wertvollen Möbeln aus dem 18. Jh. sowie Fotos und Zeichnungen aus der Neuen Welt ist in dem prächtigen Stadtpalais Hôtel Fleuriau in der Rue Fleuriau untergebracht, das der gleichnamige Kolonialhändler 1772 nach seiner Rückkehr von den Antillen erbaute. Das **Musée des Beaux-Arts** 11, im einstigen Bischofspalast an der Gargoulleau, zeigt französische Kunst seit dem 17. Jh.

Besonders schöne Bogengänge befinden sich in der Parallelstraße **Rue du Minage** 12, die zur **Place de Verdun** 13 führt. Georges Simenon hat hier, im Belle-Époque-Café »De la Paix«, in den 30er Jahren des 20. Jh. seinen Roman »Maigret und der Verrückte von Bergerac« geschrieben. Gegenüber steht die Kathedrale der Stadt, deren Bau erforderlich wurde, nachdem sich Richelieu in den Kopf gesetzt hatte, La Rochelle

solle das verhasste Luçon (s. S. 87ff.) als Bischofssitz ablösen. Die **Cathédrale St-Louis** 14 (18. Jh.) im Louis-XVI-Stil wurde anstelle der ersten, Ende des 17. Jh. niedergebrannten Kathedrale errichtet.

Im Viertel der reichen Händler

Südlich der Place de Verdun breitet sich das ehemalige Händlerviertel aus. In der **Rue Réaumur** 15 (benannt nach dem 1683 in La Rochelle geborenen Physiker René-Antoine de Réaumur, der die Thermometerskala erfand) und der **Rue de l'Escale** 16 sind die herrschaftlichen Stadtpalais der wohlhabenden, oftmals hugenottischen Reederfamilien zu finden, die im 18. Jh. durch den Handel mit Zuckerrohr, Pelzen und Sklaven reich geworden waren. Bemerkenswert in der mit Bruchsteinen gepflasterten Rue de l'Escale ist beispielsweise das Haus des Arztes und Schriftstellers Nicolas Venette (1633–98), die **Maison Venette.** Steinerne Skulpturen schmücken seine Fassade: Dem Stand des Besitzers entsprechend zeigen sie antike und mittelalterliche Ärzte, so Hippokrates.

In der lebendigen **Rue du Palais** mit ihren prächtigen Bürgerhäusern und Geschäftsarkaden befinden sich das **Hôtel de la Bourse** 17 (18. Jh.), seit 1760 Sitz der Handelskammer, dessen Fassade mit Schiffshecks und Seefahrtstrophäen verziert ist und der 1789 fertiggestellte **Palais de Justice** 18.

Weiter westlich zieht sich der **Stadtpark Charruyer** 19 2 km entlang des Chemin des Remparts und endet an der

La Rochelle – hier der Vieux Port, der Alte Hafen – präsentiert sich als ◁ *weltoffene Hafenstadt*

Allées de Mail. Hier sind das Casino (früher ein Kurbad, in dem sich auch Marie Antoinette, Gemahlin von Louis XVI, regelmäßig einfand) und der kleine Stadtstrand **Plage de la Concurrence** 20 zu finden. Südlich der Rue de la Monnaie, wo im Hôtel de la Monnaie das Geld von La Rochelle geprägt wurde, steht die 70 m hohe **Tour de la Lanterne** 21 mit ihrer spätgotischen Spitze, die nicht nur als Wach- und Leuchtturm, sondern auch als Gefängnis diente. Die Inhaftierten hinterließen an den Wänden zahlreiche Graffiti. Ein mittelalterlicher Schutzwall zieht sich von hier bis zur Hafeneinfahrt.

Vom Fischerviertel St-Nicolas zum neuen Jachthafen

Vorbei am insbesondere für Theater- und Musikfreunde interessanten **Kulturzentrum La Coursive** geht es über den Quai Duperré ins ehemalige **Fischerviertel St-Nicolas** an der Ostseite des alten Hafens. Die pittoreske **Rue St-Nicolas** 22 ist bekannt für ihre Antiquitäten- und Trödlerläden, die Kunstgalerien und Weinhandlungen sowie für den Flohmarkt am Donnerstag und Samstag.

Der belebte Quai Valin führt in das neu angelegte Geschäfts- und Wohnviertel **Gabut** 23 mit bunt gestrichenen Holzhäusern, die stark an Skandinavien erinnern. Wo einst die Fischer ihr Material lagerten, stehen heute Restaurants und Cafés am Wasser. Ein kleiner Abstecher zur **Tour St-Nicolas** 24 lohnt: Von der oberen Plattform des 42 m hohen Festungsturms hat man eine reizvolle Aussicht auf Stadt und Hafen.

Direkt hinter dem *quartier* Gabut liegt La Rochelles Jachthafen **Port des**

Richtig Reisen *Tipp*

Mit dem gelben Stadtfahrrad durch La Rochelle

L'Opération Vélos Jaunes« nannte Bürgermeister Michel Crépeau 1976 sein Konzept, öffentliche Stadtfahrräder in La Rochelle einzuführen, um die Innenstadt von Autos zu befreien. Seitdem sticht in der City immer wieder eine Farbe ins Auge: Sonnengelb. Gelb sind die mehr als 200 Fahrräder, die im Frühjahr und Sommer auch von Touristen zwei Stunden lang kostenlos ausgeliehen werden können, um die Altstadt mit den vielen kleinen Gassen, die Parks und die Umgebung auf Fahrradwegen zu erkunden. Gelb sind übrigens auch die Elektroautos und – motorroller, die günstig zu mieten sind – vorbildhaft für Europas Städte.

Crépeaus Nachfolger, Bürgermeister Maxime Bono, setzte diese Politik fort: Die Fahrradpisten sollen ausgebaut, die Parkplätze rund um die City erweitert und der Quai Duperré am Vieux Port im Sommer weiterhin zeitweilig gesperrt werden.

»Veloautoplus« nennt sich der kommunale Vermieter von Fahrrad- und Elektrovehikeln. *Les Vélos Jaunes* können das ganze Jahr an der Place de Verdun, Mo–Sa 7.30–19, So 13–19 Uhr ausgeliehen werden; am Quai Valin im Mai, Juni und Sept. tgl. 9–12.30, 13.30–19, Juli/Aug. 9–19 Uhr. 2 Std. sind gratis, jede weitere Std. kostet 1 €. Personalausweis oder Führerschein müssen als Sicherheit hinterlegt werden. *Les Véhicules Electriques* können an der Place de Verdun, Mo–Sa 6.45–19.30, So 13–19 Uhr, gemietet werden. Autos (garantierte Schnelligkeit: 50 km/h) kosten 10 € für einen halben und 17 € für den ganzen Tag, Scooter (garantierte Geschwindigkeit: 30 km/h) 7 bzw. 12 €. Voraussetzung: Führerschein Klasse B (frühere Klasse 3). Zu hinterlegen ist eine Kaution von 450 €.
Tel. 05 46 34 02 22,
Fax 05 46 34 66 31.

Minimes 25, mit 3500 Liegeplätzen Frankreichs größter Freizeithafen an der Atlantikküste. Er ist Treffpunkt für Segel- und Motorjachten aus der ganzen Welt.

Im Viertel Ville-en-Bois liegen sich zwei außergewöhnliche Museen gegenüber: Das **Musée des Modèles Réduits** 26 zeigt liebevoll nachgearbeitete Schiffsmodelle, U-Boote, Modellautos und Eisenbahnanlagen, während das **Musée des Automates** 27 der Roboterwelt gewidmet ist. Rund um das Bassin à Flot geht es zu einem weiteren Museums-Highlight, dem **Musée Maritime Neptunéa** 28 am Quai des Chalutiers, das der Geschichte der Seefahrt gewidmet ist. Was kann am Ende einer Hafenstadt-Besichtigung schöner sein, als auf alten ›Kähnen‹ herumzuklettern? In diesem Fall der »France I«, einer schwimmenden Wetterstation, und einem historischen Fischkutter.

Die Küste

Ca. 400 km, 4–5 Tage

Der Küstenstreifen zwischen La Rochelle und der Gironde-Mündung ist das Land der Austern und Muscheln. Das Sammeln der kleinen Tiere in den Meeresgärten bei Niedrigwasser gehört zu den nationalen Leidenschaften. Durch die starken Gezeiten des Atlantik und die Anschwemmungen der Flüsse ist an der Küste eine Sumpflandschaft entstanden, die u. a. für die Austernzucht genutzt wird. In Marennes liegt heute Europas wichtigster Austernpark.

Auf den Inseln Aix, Ré und Oléron, die der Küste wie Wellenbrecher vorgelagert sind, tummeln sich in der Hochsaison die Badeurlauber.

Die Ile d'Aix ist für viele Franzosen ein Nationalheiligtum, denn hier verbrachte Kaiser Napoléon seine letzten Tage auf französischem Boden, bevor ihn die Engländer in die Verbannung schickten.

Entlang der Küste thronen auf Klippen mächtige Forts aus der Zeit des Sonnenkönigs, die zum Schutz des Kriegshafens Rochefort vor den angreifenden Engländern errichtet wurden; an der Gironde sollten sie Bordeaux schützen. Louis' XIV Bestreben war es darüber hinaus, selbst eine mächtige Flotte auszurüsten.

Doch nicht nur kriegerische Gedanken haben das Leben der Region bestimmt. Romanische Kirchen bezeugen die Pilgerschaft zum Apostelgrab im spanischen Santiago de Compostela. Künstler und *tout Paris* vergnügten sich im 19. Jh. an den Stränden und in den Casinos der damals exklusiven Seebäder. Heute sind nur noch wenige Belle-Époque-Villen übrig geblieben. Die Modernisierung der kleinen und großen Badeorte nach dem Krieg hat ein neues Bild entstehen lassen.

Die Côte de Beauté mit ihren weiten Sandstränden, Pinienwäldern, Dünenlandschaften und Klippen endet hinter den Felshöhlen von Meschers-sur-Gironde, wo sich das klare Salzwasser des Atlantik mit den trüben Fluten der Gironde vermischt. Das Hügelland zwischen Blaye und Bourg-sur-Gironde am Nordufer der Gironde ist die Heimat einiger ansprechender Weine.

Ile de Ré

Tipps & Adressen S. 286f.

1 *La Blanche,* ›die Weiße‹, wurde die Ile de Ré genannt, als Salzgärten die Insel im Mittelalter reich machten. Seit 1988 verbindet eine fast 3 km lange gebührenpflichtige Brücke die beliebte Ferieninsel mit dem Festland, wodurch die Besucherzahl enorm angestiegen ist.

Beherrscht wird das sommerliche Inselbild von Strandurlaubern, Wassersportlern und vor allem von Fahrradfahrern. Das gut ausgebaute Radwegenetz der 32 km langen und bis zu 5 km breiten Insel führt durch alte Fischerdörfer, Salzmoore, Kiefern- und Pinienwälder, vorbei an Sandstränden, Gemüse- und Sonnenblumenfeldern. Schon mehrfach dienten die charmanten Dörfer mit den von Steckrosen und Wunderblumen gesäumten Gassen und den gekalkten Häusern mit blauen oder grünen Fensterläden als Filmkulisse, so auch 1961 für »Der längste Tag« von Darryl Zanuck. Der Regis-

Küste südlich von La Rochelle mit den Inseln Ré und Oléron

seur, der die Landung der Alliierten in der Normandie im Zweiten Weltkrieg (6. Juni 1944) hier nachstellte, brachte die Einwohner dazu, ihre Häuser mit aufgemaltem Fachwerk verzieren zu lassen.

Die nördliche Küstenstraße führt von **Rivedoux** 2, wo der Pont-Viaduc endet, zu der einsam in der Heidelandschaft gelegenen Ruine der **Abbaye Notre-Dame des Châteliers** 3. Die

Schlägt einen Bogen vom Festland zur Insel: die Brücke zur Ile de Ré

Zisterzienserabtei aus dem 12. Jh. wurde 1623 zerstört. Den Kern des kleinen Ortes **La Flotte** 4 bildet das ausgesprochen hübsche Hafenbassin, gesäumt von Cafés und Fischrestaurants. Am Meeresufer zeugen noch einige Stadtpalais aus dem 18. Jh. vom Reichtum der Händler und Reeder, die das kostbare Meersalz und Wein nach Übersee verkauften.

Hinter den flachen, fruchtbaren Feldern, wo neben dem bekömmlichen Weiß-, Rosé- und Rotwein auf noch so kleinen Parzellen Frühgemüse, insbesondere Spargel, angebaut wird, taucht die Befestigungsanlage von **St-Martin** 5 auf. Die 1681 errichtete Zitadelle diente im 18. Jh. und auch heute wieder als Gefängnis. Des Sonnenkönigs ›militärischer Stararchitekt‹, Sébastien de Vauban (1633–1707), ließ die bereits seit Anfang des 17. Jh. bestehenden Befestigungsanlagen komplett umbauen und verstärken. Die für seine von tiefen Gräben umgebenen Verteidigungsbauten typische Sternform ermöglichte eine flexible Positionierung der Kanonen. Auftraggeber Louis XIV wollte der starken Seemacht England Paroli bieten und eine erneute Besetzung der Insel durch die Engländer sowie ihre weitere Einmischung in die französische Politik verhindern.

In St-Martin pulsiert im Sommer das Leben. Rund um das mit bunten Fischerbooten und luxuriösen Jachten belegte Hafenbecken reihen sich Cafés und Restaurants im ehemaligen Seemannsviertel. Kopfsteingepflasterte Gassen führen vom Hafenkai hinauf zur ursprünglich gotischen Eglise St-Martin, die nach ihrer Zerstörung 1696 im 18./19. Jh. restauriert wurde. Reizvoll ist die weite Aussicht vom Glockenturm. Das Hôtel de Clerjotte, halb im Flamboyant-, halb im Renaissancestil errichtet, war Sitz des königlichen Gouverneurs. Heute ist hier das Ernest-Cognacq-Museum untergebracht, benannt nach dem Begründer des berühmten Pariser Kaufhauses La Samaritaine und Ex-Bürgermeisters von La Couarde, das östlich von St-Martin liegt. Das Heimatmuseum präsentiert Schiffsmodelle, Waffen und Stiche.

Hinter St-Martin beginnt die Sumpflandschaft, die im westlichen Teil der Insel vorherrscht. In der Fier d'Ars liegen die **Marais Salants,** wo noch einige Familien das einst so wertvolle Meeressalz von Hand ernten. Mühsam sind Kristallisierungs- und Trocknungsprozess, und das hochwertige Mineral ist heute längst kein Gold mehr wert: Die Erfindung des Kühlschranks hat den Bedarf an Konservierungsmitteln extrem eingeschränkt, und ein feines weißes Salz kann nun wesentlich günstiger hergestellt werden. Das Sumpfgebiet um die Ortschaft **Ars-en-Ré** 6, in dem viele Salzgärten brachliegen, ist ein Paradies für Vögel. Im Naturschutzgebiet Lilleau-des-Niges nördlich des Dorfes nisten u. a. Knäkenten, Ringelgänse und Regenpfeifer. So schön es für die Vögel ist, das Brachliegen der Felder birgt allerdings die Gefahr, dass das überwuchernde Salzkraut *(salicorne)* den Aufstieg feuchtwarmer Luft verhindert und damit das Mikroklima der Insel beeinflusst.

Im Hafen von Ars-en-Ré lagen vor 100 Jahren holländische und skandinavische Schiffe, deren Bäuche mit dem wertvollen Salz gefüllt wurden. Heute frequentieren ihn sportliche Segeljachten. Schwarz-weiß ragt im Dorfkern der als Seezeichen genutzte Glockenturm der Eglise St-Etienne (12.–14. Jh.) auf.

Im Westen führt die wilde, von Felsen, Dünen und Kiefernwald gesäumte Küste zum 55 m hohen **Phare des Baleines** 7, wo der Legende nach zur Römerzeit 300 Wale – daher ›Leuchtturm der Wale‹ – gestrandet sein sollen. Nebenan ist noch der ehemalige Leuchtturm aus dem 17 Jh. zu sehen.

Spazier- und Fahrradwege führen in östliche Richtung vorbei an den weiten Sandstränden und Dünen der Bucht Conche des Baleines, durch den Pinienwald Lizay bis zum Forêt de Trousse Chemise. Reizvoll sind die Dörfer **La Rivière** 8, wo sich Künstler angesiedelt haben, und **Les Portes** 9 mit seinen von Wein und Glyzinien bewachsenen Häuserfassaden.

Die schönsten Strände findet man an der Südwestküste. **Le Bois-Plage** 10 ist der größte Badeort mit weiten Stränden und zahlreichen Sport- und Unterhaltungsmöglichkeiten. Ebenso reizvoll sind die Strände bei **Ste-Marie** 11, die etwas weniger überfüllt sind.

Von La Rochelle zur Ile d'Aix

Tipps & Adressen

Ile d'Aix S. 282f.

Einige Kilometer südöstlich von La Rochelle, mitten im Wald bei La Jarne, liegt das 1771 erbaute **Château de Buzay** 12 (s. La Rochelle S. 308ff.) des reichen Kolonialherren Pierre-Etienne Harouard de Beignon. Ein schöner Park umgibt das stattliche Anwesen, das nach Voranmeldung von Gruppen besichtigt werden kann.

Die D 111/D 202 führt zurück zur Küstenstraße N 137, der man in Richtung Rochefort folgt. Im wenig attraktiven **Châtelaillon-Plage** 13 wechseln sich Villen der Jahrhundertwende mit modernen Appartementhäusern ab. Der 4 km lange Sandstrand ist bei Besuchern aus La Rochelle beliebt, ebenso das Casino und das Thalassozentrum.

Bei **Yves** 14 (s. Rochefort S. 307f.), am Rande der gleichnamigen Bucht, liegt ein Vogelschutzgebiet, das Touristen zu geführten Wanderungen einlädt.

Kurz vor Rochefort windet sich eine schmale Landzunge ins Meer hinaus. Sie bietet jedoch Platz genug für das hübsche Örtchen **Fouras** 15, dessen feine Sandstrände überaus anziehend auf Touristen wirken. Eindrucksvoll erhebt sich die Festungsanlage über dem Ort. Sie wurde im 15. Jh. erbaut und im 17. Jh. von Vauban in der typischen Sternform zur Verteidigung der Charente-Mündung erweitert. Napoléon errichtete 1810 vor der Halbinsel mit dem Fort Enet ein weiteres Bollwerk. Im Sommer fährt ein Touristenzug täglich ab 10 Uhr von der Pointe de la Fumée, der äußersten Landspitze, wo man Austern und Krevetten sammeln kann, durch den lang gestreckten Ort.

Ebenfalls von der Pointe de la Fumée gelangt man mit der Fähre zu der kleinen **Ile d'Aix** 16. Die 3 km lange autofreie Ausflugsidylle besuchen jährlich 120 000 Tagesgäste. 200 Einwohner leben hier vom Fisch- und Krabbenfang, von Austern- und Muschelzucht, dem Anbau von Frühgemüse und vom Tourismus.

Die beschauliche Insel kann man mit dem Fahrrad, mit der Pferdekutsche oder auf einem 3-stündigen Spaziergang zu Fuß umrunden. Am Anlegeplatz der Boote im Süden steht das 1699–1702 nach Plänen von Vauban errichtete Fort de la Rade, das im 18. Jh. größtenteils vernichtet und 1810 auf Befehl Napoléons wieder aufgebaut wurde. Eine weitere Befestigungsmauer im Stil Vaubans umgibt das Inseldorf **Le Bourg.** Sehenswert ist hier auch die kleine Pfarrkirche St-Martin der ehemaligen Benediktinerabtei mit schönen Kapitellen in der romanischen Krypta.

Für einen Augenblick erlangte die Ile d'Aix Weltruhm, als Napoléon hier nach seiner Niederlage bei Waterloo unter englischer Aufsicht landete. Die Maison de l'Empéreur in Le Bourg, wo er die letzten Stunden verbrachte, bevor ihn die Engländer im Juli 1815 ins Exil nach Sankt Helena verbannten, ist heute ein Museum. Gezeigt werden u. a. eine Totenmaske des Kaisers, ein Fragment seines Sarges und ein Faksimile des Briefes, in dem er den Prinzregenten von England vergebens um Asyl bat. Im benachbarten Musée Africain steht das ausgestopfte weiße Dromedar, auf dem Napoléon während seines Ägyptenfeldzugs geritten sein soll.

An der Ostküste breitet sich die seichte Anse du Saillant mit weiten Sandstränden und Austernbänken aus. Weiter nordöstlich wird es waldig. Etwas versteckt liegt hier das Fort Liédot, wo u. a. Russen während der Krimkriege und Aufständische der Pariser Kommune gefangen gehalten wurden. Zuletzt war bis 1961 Mohammed Ahmed Ben Bella, der Anführer der algerischen Nationalen Befreiungsfront (FLN) und spätere Präsident Algeriens, inhaftiert.

Bis zum Ostzipfel, der Pointe de Coudepont, ziehen sich Pinienwälder und felsige Buchten. An der Westküste liegt der große Sandstrand von Aix, der wegen seines flachen Ufers auch bei Surfern und Seglern beliebt ist.

Rochefort

Tipps & Adressen S. 307f.

17 Zurück auf dem Festland, folgt man der letzten Charente-Biegung nach Rochefort. Ihre Existenz verdankt die Stadt den kriegerischen Auseinandersetzungen mit England und den

Geschichte spannend aufbereitet: Besuch in der Corderie Royale in Rochefort

Bemühungen des Sonnenkönigs, Frankreich im Konkurrenzkampf mit England und als Basis für seine Europa- und Kolonialpolitik aufzurüsten. Jean-Baptiste Colbert (1619–83), Staatsreformer unter Louis XIV und Oberintendant u. a. der königlichen Bauwerke, fand hier, 15 km vor der Charente-Mündung ins Meer, eine ideale Lage zum Bau von Handels- und Kriegsschiffen. Rochefort benötigte nur eine Lebensmittelversorgung über die Charente, um völlig autark zu sein. 1666 errichtete Colbert die Reißbrettstadt und einen der größten Flottenstützpunkte des Landes, der mit einem Ring von Festungen (Ile de Ré, Ile d'Aix, Ile d'Oléron und Fouras) gesichert wurde. In der Zeit zwischen 1690 und den Revolutionsjahren wurden im damals modernsten Marinearsenal, in dem bis zu 10 000 Arbeiter beschäftigt waren, mehr als 300 Schiffe gebaut. Darüber hinaus wurden die Schiffe hier auch komplett ausgestattet – vom Anker über die Kanonenkugel bis hin zur Verpflegung.

Heute ist die königliche Marineanlage, die 1926 stillgelegt, im Zweiten Weltkrieg von den Deutschen zerstört und ab 1976 wieder aufgebaut wurde, ein eindrucksvolles Museum am Ufer der Charente, eingebettet in den Jardin des Retours mit seinen seltenen Baumarten. Als Eingang fungiert die 1830 errichtete **Porte du Soleil,** der Triumphbogen von Rochefort. Die imposante **Corderie Royale,** die königliche Seilmacherei, wurde 1666 nach Plänen von Jean-François Blondel auf einer Plattform aus Eichenbohlen – 14 000 m^3 Holz – erbaut. Sie beherbergt heute das **Centre International de la Mer** mit einer Ausstellung zur Seilerei und zum Thema Meer. In dem 373 m langen klassizisti-

schen Bau wurden die armdicken, bis zu 193 m langen Hanftaue der Kriegsschiffe hergestellt. Im Nordflügel wurde der Hanf zunächst getrocknet, dann gedreht und die Seile geteert, um sie vor dem Verfaulen im Wasser zu schützen. Im Südflügel lag die Segelmacherei.

In Rochefort liefen übrigens auch Schiffe vom Stapel, die in die Geschichte eingingen: im 19. Jh. die »Sphinx«, das erste französische Dampfschiff, 1816 die Fregatte »La Médusa«, die vor der mauretanischen Küste sank. Der Dreimaster **Hermione,** mit dem der Marquis de la Fayette 1780 nach Amerika aufbrach, um General Washington die Unterstützung Frankreichs im Unabhängigkeitskrieg zuzusagen, ist zur Zeit als Modellgerippe im restaurierten Trockendock, wo in der Double Forme zwei Schiffe gleichzeitig gebaut werden konnten, nahe der Corderie zu sehen. Das gut 200 Jahre alte Schiff soll nach Fertigstellung als Touristenattraktion auf der Charente schwimmen. Interessant ist, dass es nur ein Jahr dauerte, das Schiff im 18. Jh. zu bauen, während es heute an Handwerkern und gut abgelagertem Holz mangelt, um die Rekonstruktion endlich abschließen zu können.

Für die, die damals nicht reisen konnten oder wollten, schuf der Weltenbummler Pierre Loti das oftmals bizarre Szenarium fremder Städte und Länder. Mit dem exotischen Ambiente seiner Romane, in denen der Schriftsteller und Marineoffizier seine Erlebnisse verarbeitete, bediente Loti alias Julien Viaud (1850–1923) das Fernweh seiner Leser. In »Aziyadeh« schildert er seine aufregende Liebesgeschichte mit der türkischen Haremsdame Hakidjé. Hinter der schlichten Fassade der **Maison de Pierre Loti,** südlich der Place Colbert mit ihren repräsentativen Bürgerhäusern, verbirgt sich ein aufregendes Mu-

An Phantasie mangelte es Pierre Loti – hier sein Wohnhaus – gewiss nicht

seum mit den authentischen Wohnräumen des von fernen Ländern inspirierten Romantikers: Orientalische Salons, Teile einer Moschee aus Damaskus mit türkisfarbenen Mosaiken, die originale Grabstele seiner türkischen Geliebten, die er vom Topkapi-Friedhof in Istanbul stahl, und ein Minarett.

Eine ganz andere Berühmtheit der Stadt wurde 1690 von einem Franziskaner auf den Antillen entdeckt, im 18. Jh. in Frankreich eingeführt und etliche Male gekreuzt: Die sonnenscheue, aber lichthungrige Begonie, die nach dem Stadtintendanten Rocheforts Michel Bégon benannt wurde, hat Weltruhm erlangt und wurde in alle Länder exportiert. Im Gewächshaus des **Conservatoire du Bégonia** am Südrand der Stadt gibt es 800 verschiedene Sorten und Hybriden zu sehen.

Zu den Austernbecken von Marennes

Tipps & Adressen
Marennes S. 293f.

Südlich von Rochefort führt die alte, 1900 von Ferdinand Arnodin gebaute **Schwebefähre von Le Martrou** (Ancien Port Transbordeur de Martrou) mit einer Spannweite von 176 m in 50 m Höhe über die Charente. Wer zu Fuß oder mit dem Rad unterwegs ist, kann diese Stahlkonstruktion nutzen – zum einen macht es Spaß, zum anderen umgeht man so das 1991 fertig gestellte gebührenpflichtige Viadukt. Pkw-Fahrer haben die Möglichkeit, über die ältere Brücke ein Stück weiter östlich bei Tonnay zu fahen, um die sehr hohe Maut zu sparen.

Westlich von Rochefort gelangt man von der Pointe Piédemont oder bei Ebbe über die Passe aux Bœufs zu der winzigen, nur 1000 x 600 m messenden, seit Ende der 60er Jahre des 20. Jh. unbewohnten **Ile Madame** 18. Außer Stränden hat die Mini-Insel nicht viel zu bieten. Doch auch dieses kleine, inzwischen fast vergessene Stückchen Erde im Atlantik ist nicht unberührt geblieben von den Schicksalen der französischen Geschichte. In einem Zypressenhain liegen 275 Priester begraben, die während der Französischen Revolution deportiert werden sollten, jedoch an Bord zweier Kähne im Hafen von Rochefort elend umkamen. Im August führt eine Pilgerfahrt zu ihrem Grab.

20 km südlich von Rochefort erheben sich mitten in der flachen Sumpflandschaft die Wachtürme von **Brouage** 19. Hinter der imposanten Festungsmauer verbirgt sich der Ort, den man im 16. Jh. als ›schönsten Hafen Frankreichs‹ rühmte, bekannt als Zentrum des Salzhandels. Zwischen 1630 und 1640 ließ Richelieu die Stadtwälle nach dem Fall La Rochelles ausbauen. Doch mit dem Wiederaufbau der Festungsmauern von La Rochelle und der Gründung von Rochefort verlor die Garnisonsstadt ihre militärische Bedeutung. Als nun Ende des 17. Jh. auch noch der Hafen versandete und damit der Salzhandel seine Bedeutung verlor, geriet Brouage in Vergessenheit. Seit den 80er Jahren des 20. Jh. wird es als Musterbeispiel europäischer Militärgeschichte zu neuem Leben erweckt. Heute erstrahlen die Häuser in den kopfsteingepflasterten Straßen wieder in hellem Ocker. Mittelpunkt ist die klassizistische Garnisonskirche St-Pierre, die noch gotische Elemente birgt. Lohnend ist ein Spaziergang auf der restaurierten Wallanlage, die um das rechteckig angelegte Dorf herumführt. Auf derselben Stadtmauer soll König Louis XIV nach seiner Hochzeit mit der spanischen Infantin Maria Theresia (1659) voller Sehnsucht nach seiner verlorenen Geliebten Maria Mancini, die er aus politischen Gründen nicht heiraten konnte, auf und ab marschiert sein. Die Verzweifelte lebte eine Zeitlang in der Einsamkeit von Brouage. Die traurige Romanze, die Racine zu seiner Tragödie »Bérénice« (1670) inspirierte, wird im Sommer als abendliche Ton- und Lichtshow aufgeführt.

Für Austernliebhaber eröffnet sich am Ende der ausgedehnten Bucht zwischen La Rochelle und der Seudre-Mündung mit **Marennes** 20 ein Eldorado. Hier an der Seudre liegt Europas bedeutendster Austernpark (s. S. 116f.). Sowohl in Marennes als auch im benachbarten **Bourcefranc-le-Chapus** 21 und dem südlich gelegenen **La Tremblade** 22 wird das Leben von der Austernzucht bestimmt. Die Kanalstraße von La Tremblade wird gesäumt von Verkaufsstän-

Richtig Reisen
Thema

Austern und Miesmuscheln

Die besten Austern der Welt – so Kenner – wachsen an der französischen Atlantikküste, vor Marennes. Seit der Römerzeit werden diese Weichtiere von Menschenhand kultiviert, gezüchtet. Unter Napoléon III wurde die moderne französische Austernwirtschaft entwickelt, nachdem die natürlichen Vorkommen überfischt und von Krankheiten befallen waren.

Austern ernähren sich von Plankton, das mit dem Atemwasser einstrudelt und mit den Kiemen abgefangen wird. Damit die Auster optimal gedeiht, braucht das Wasser den richtigen Salzgehalt, muss um die 20 Grad warm, sauber und nicht stehend sein. Ideale Bedingungen bietet die Bucht von Marennes, die auch als Zentrum der französischen Austernkultur und des Austernhandels gilt. Rund 2500 Züchter produzieren in den größten Austernparks Europas auf einer Fläche von 5000 ha rund die Hälfte aller französischen Austern (60 000 t jährlich). Austern brauchen hier mindestens vier Jahre Zucht, bevor sie verzehrt werden können: In den Fangbecken legt man kalkbestrichene Ziegel, Holzpfähle oder Steinplatten aus, auf welche sich die Larven setzen. Eine Auster stößt übrigens bis zu 1 Mio. Eier aus. Nach etwa einem Jahr werden die Jungtiere (Saat-Austern) abgepflückt und kommen in Zuchtparks, dann für rund zwei Jahre in Mastparks *(claires)* und schließlich zur Reinigung in ein Klärbecken. Immer wieder wird Wasser abgelassen, damit die Austern lernen, ihre Schalen zu schließen und Wasser darin zu speichern, was wichtig für den Transport ist: Das Wasser im Inneren verhindert das Austrocknen.

Nun ist Auster nicht gleich Auster. Die flache Variante *(huître plate* auf der Speisekarte, *Ostrea edulis* im Lexikon) ist die ursprüngliche Auster der französischen Atlantikküste; sie ist die herzhaftere, fleischigere. Allerdings war sie aufgrund von Anfälligkeiten des Öfteren vom Aussterben bedroht. 1868 gelangte die robustere Portugiesische Auster *(Crassostrea angulata)* in die Gegend: Auf dem Weg von Portugal nach Eng-

den, einfachen Austernrestaurants und den bunten Arbeitshütten der Austernfarmer, die sich bis **La Greve,** dem Endpunkt der Landzunge, ziehen, wo die Ausflugsboote zur Ile d'Aix und Ile Madame starten. Vom kleinen Hafen an der Kanalroute La Cayenne bei Marennes werden Bootsexkursionen in die Austernparks unternommen.

Ile d'Oléron

Tipps & Adressen S. 285f.

23 Sie ist Frankreichs größte Atlantikinsel und zweitgrößte Insel nach Korsika. Seit 1966 führt von Marennes aus die längste Brücke des Landes zur Ile d'Oléron: Eine 3027 m lange Stahl- und

land war ein Schiff in der Gironde-Mündung auf Grund gelaufen, die verderbliche Ladung – Portugiesische Austern – musste über Bord geworfen werden. Seit den 70er Jahren des 20. Jh. ist auch diese Austernsorte, weil sie wiederholt von Viren befallen wurde, weitgehend verdrängt, und zwar von der Riesenauster (*Crassostrea giga*) aus Japan.

Ihre leicht grünliche Färbung verdanken die Austern von Marennes ihrer Hauptnahrung: den Algen im hiesigen Wasser. Besonders beliebt sind die *Fines de Claires* – sie werden am längsten in den Mastparks gehalten. Allerdings: Von Mai bis August, in ihrer Laichzeit, sind alle Austern milchig und wenig schmackhaft.

Die Auster gibt nach dem Öffnen Wasser ab (s. o.); besteht sie diese ›Frischeprüfung‹ nicht, ist sie ein Kandidat für den Mülleimer. Das Austernwasser sollte beim Öffnen nicht verschüttet werden. Um dies zu verhindern, ist folgende Technik zu empfehlen: Die tiefe Schale in die linke, mit einem Handtuch geschützte Hand legen, dann den Schließmuskel zwischen beiden Klappen mit einem ›Austernbrecher‹ durchtrennen.

Nördlich von Marennes, in der flachen Aiguillon-Bucht, ist das Zentrum der Miesmuscheln. Rund 10 % der 100 000 t, die jährlich allein auf den französischen Markt kommen, werden in den Fischerdörfern Aiguillon, Charron, Esnandes und Marsilly gezüchtet. Miesmuscheln gedeihen schneller als Austern: Möglichst weit draußen im Meer spannt man lange Seile, an die sich die Muschellarven heften. Nach rund acht Monaten holt man sie aus den Fluten und wickelt sie in großen

Netzen um Eichenpflöcke *(bouchots)*. Diese ragen nahe der Küste aus dem hier flachen Meer. Einige Monate noch, dann werden sie ›geerntet‹.

Als besondere Delikatesse gilt die *Charron* aus dem gleichnamigen Fischerort. Man isst sie am liebsten in einer Sahne-Curry-Soße, der *mouclade*.

Eines gilt sowohl für Austern als auch für Miesmuscheln: Besteht Verdacht auf Vergiftung – am gefährlichsten ist der Verzehr im Sommer –, sollte man sofort zum Arzt gehen! Anzeichen sind nesselartige Hautausschläge, Magen-Darm-Störungen oder Lähmungserscheinungen.

Betonkonstruktion. Den Beinamen »Ile lumineuse«, die ›leuchtende Insel‹, verdankt Oléron den vielen Sonnenstunden. Im Februar erblühen hier bereits die Mimosen, dann folgen Oleander, Ginster, Nelken und Glyzinien. Im Landesinneren gedeihen Oliven, Orangenbäume und Weintrauben. 30 km feinster Sandstrand und hervorragende Wassersportmöglichkeiten ziehen jährlich 200 000 Sommergäste auf das 30 km lange und 6 km breite Feriendomizil. Die 18 000 Einwohner leben von der Austernzucht in den ehemaligen Salzfeldern, von Krabbenfang, Landwirtschaft und Fremdenverkehr.

Hinter dem gebührenfreien Pont-Viaduc zweigt die D 734 ab und führt zum

Dorf **Château-d'Oléron** 24, dessen Festung im 17. Jh. von Vauban errichtet wurde. Hier hat einst das Schloss der Herzöge von Aquitanien gestanden, die seit dem 11. Jh. die Charente-Mündung beherrschten.

Richtung Norden führt an der Küste die »Route des huîtres« (›Austernstraße‹) an zahlreichen Kanälen und Austernbecken in den ehemaligen Salzfeldern vorbei. Hinter Les Allards bei Les Grissotières liegt der **Parc Ornithologique du Marais aux Oiseaux** 25, ein Naturschutzgebiet in den ehemaligen Salzgärten, wo sich Pelikane, Wildgänse, Reiher und andere Vögel zum Nisten und Überwintern einfinden. Ganz in der Nähe befindet sich der **Parc des Myocastor,** wo Sumpfbiber gezüchtet werden.

Im Hauptort **St-Pierre-d'Oléron** 26 liegt der Schriftsteller Pierre Loti (s. S. 114) im Garten des großelterlichen Hauses (13, Rue Pierre Loti; nur Außenbesichtigung möglich) begraben. In der Nachbarschaft, Rue Pierre Loti Nr. 23, befindet sich das Musée Aliénor-d'Aquitaine, ein Heimatmuseum mit Erinnerungsstücken und Dokumenten zum Leben des Schriftstellers. Durch das Stadtzentrum von St-Pierre ziehen sich Fußgängerzonen, die im Sommer stark belebt sind. Die achteckige Kirche aus dem 18. Jh. (ursprünglich romanisch), deren Turm 35 m in die Höhe ragt, dient den Seeleuten als Seezeichen. An der Place Camille Memain, wo sich früher ein Friedhof befand, steht eine 30 m hohe, im 13. Jh. errichtete Totenlaterne, wo früher ein Feuer für die Verstorbenen angezündet wurde, um sie nicht der Dunkelheit zu überlassen.

Die D 126 führt Richtung Osten nach **Boyardville** 27, wo die Arbeiter lebten, die das vorgelagerte **Fort Boyard** 28 errichteten. Vom Jachthafen starten Schiffe zu der 1859 fertig gestellten Festung, die heute hauptsächlich als Filmkulisse für das französische Fernsehen dient. Zwischen dem sich anschließenden Forêt des Saumonards und **St-Denis-d'Oléron** 29, wo ein moderner Jachthafen angelegt wurde, erstrecken sich schöne Strände, die besonders für Kinder geeignet sind. Von der Aussichtsplattform des 1836 erbauten **Phare de Chassiron** 30 am nördlichen Zipfel hat man einen weiten Blick über die Insel.

Die nördliche Westküste säumen Strände für Surfer, Les Huttes, und Schwimmer, Domino. Die D 273 führt von hier ins bäuerliche Landesinnere, wo Frühgemüse angebaut wird, und in die Ortschaft **St-Georges-d'Oléron** 31 mit einer schlichten romanischen Kirche des 11./12. Jh.

Bekannt ist die *criée* des farbenprächtigen Hafenortes **La Cotinière** 32 an der Westküste: In der Auktionshaushalle versteigern die Fischer vor allem Krevetten und Hummerkrabben (Mo–Fr ab 16 Uhr für Touristen geöffnet). Weiter südlich breiten sich die für Kinder geeigneten Sandstrände von La Perroche, die **Plage de Vert-Bois** 33 und **Le Grand-Village-Plage** 34, vor den bis zu 36 m hohen Dünen des Waldes von St-Trojan-les-Bains aus. Dieser 2000 ha große Staatsforst ist von Januar bis März besonders attraktiv: Dann blühen die Mimosen. Dieser Teil der windumwehten Côte Sauvage mit ihren hohen Brandungswellen ist auch besonders bei Surfern beliebt. In ihrem Hauptbadeort **St-Trojan-les-Bains** 35 mit hübschen Villen aus dem 19. Jh. findet man alles, was mit Wassersport zu tun hat: Tauchschulen, Segel- und Surfkurse etc. Sehenswert im nördlich gelegenen **Port des Salines** 36 ist das Ecomusée des Pêcheurs (Petit-Village) nahe des Viaduc d'Oléron, ein Freilichtmuseum, in dem die traditionelle Salzgewinnung veranschaulicht wird. In dem kleinen Hafenbecken, das umgeben ist von Restaurants und den bunten Hütten der Austernzüchter, liegen einige historische Schiffe. Wer mag, kann auf einer Kahnfahrt die Flora und Fauna des Sumpfgebietes kennen lernen.

Côte de Beauté

Tipps & Adressen
Royan S. 311f.

Bei der Coubre-Landzunge auf der Halbinsel Arvert beginnt die Côte de Beauté. Im 19. Jh. wurde hier die **Forêt de la Coubre** 37 angepflanzt, um die gewaltigen Wanderdünen aufzuhalten. Der 10 000 ha große Kiefern- und Steineichenwald ist heute ein beliebtes Wander- und Radfahrgebiet. Hinter den hohen Dünen erstrecken sich die Sandstrände fast 25 km bis nach La Palmyre. Dieser Küstenabschnitt, »Côte Sauvage« genannt, ist ein Eldorado für Surfer und Strandurlauber, doch auch berüchtigt für die extrem starke Strömung. Einen Überblick kann man sich aus 64 m Höhe von dem rot-weiß gestreiften Leuchtturm an der **Pointe de la Coubre** 38 verschaffen.

Nur nicht wundern, wenn im Wald von Palmyre plötzlich eine Giraffe über den Zaun äugt. Sie gehört zum **Zoo von La Palmyre** 39 (s. Royan S. 311f.), Frankreichs ältestem – und wie Kenner behaupten: schönstem – zoologischen Garten, der seit 1965 existiert und 1500 Tieren ein 14 ha großes Zuhause bietet.

Der Strand des eleganten Badeortes **St-Palais-sur-Mer** 40 wird von hohen Klippen eingerahmt. Oberhalb der Bucht stehen prächtige Villen aus den 20er Jahren des 20. Jh., eingebettet in üppige Vegetation. Panoramawege führen entlang der Küste mit Blick auf die im Meer angesiedelten *carrelets,*

Wahrzeichen dieses Küstenabschnitts: die carrelets, *Fischerhütten auf Stelzen, bei St-Palais*

Im Hafen von Royan

Fischerhütten auf Stelzen mit riesigen Senknetzen. Hinter der benachbarten Bucht von Nauzan, am Hang des **Dorfes Vaux-sur-Mer** 41, erhebt sich die romanische Abteikirche St-Etienne, 1075 von Benediktinermönchen aus Maillezais gegründet.

Royan 42, Hauptstadt der Côte de Beauté, war einer der ersten Badeorte an der französischen Atlantikküste. Im Zweiten Weltkrieg Stützpunkt der Deutschen, wurde die Stadt am 5. Januar 1945 im Auftrag des französischen Generals de Larminat fast völlig zerstört. Bis heute sind die Gründe der Bombardierung, bei der mehr französische Zivilisten als Deutsche getötet wurden, nicht geklärt. Das zweite Bombardement kurz vor der Kapitulation der Deutschen im April machte der Stadt und ihren Bewohnern endgültig den Garaus. Sein jetziges, nicht sehr reizvolles Stadtbild erhielt der beliebte Bade- und Kongressort durch Claude Ferret, einen Schüler Le Corbusiers, der für den Aufbau Stahl, Beton und Glas verwendete. Die nach Plänen der Architekten Gillet und Hébrard errichtete Eglise Notre-Dame an der gleichnamigen Place wirkt in ihrer starren Stahlbeton-Konstruktion aus den 50er Jahren des 20 Jh. sehr eigenwillig. Nur einige Belle-Époque-Bauten des ehemals mondänen Seebades, wo sich seit Beginn des 19. Jh. der ›Korkadel‹ von Bordeaux sowie Künstler aus Paris trafen, sind im westlichen Stadtteil Pontaillac erhalten geblieben. Hier sind in kleinen Felsbuchten auch die schönsten Sandstrände zu finden. Grande Conche, der 2 km lange Hauptstrand, liegt östlich des Zentrums.

Wenn die Stadt auch etwas unter ihrem ›50er-Jahre-Charme‹ leidet, so ist sie im Sommer doch sehr beliebt bei jungen Leuten und Familien, die das vielfältige Freizeit- und Wassersportangebot sowie den großen Jachthafen zu schätzen wissen. Am Port de Commerce finden von Montag bis Freitag Fischversteigerungen statt.

Lohnend ist eine Exkursion vom Hafen zum 11 km vorgelagerten **Phare de Cordouan** in der Gironde-Mündung. In den sechs Geschossen des 400 Jahre alten Leuchtturms errichtete der Architekt Louis de Foix eine Königssuite, eine Kapelle mit üppig dekorierter Kugel und einen Wachraum. 1788 wurde der obere Teil des 67,5 m hohen Renaissanceturms vor der Flusseinfahrt im klassizis-

tischen Stil umgebaut. Die Küstenstraße führt weiter zum Höhlen- und Feriendorf **Meschers-sur-Gironde** 43 (s. Royan S. 311f.), das auf einem Kalkplateau thront. Im Laufe der Jahrhunderte hat das Meer das weiche Gestein der Steilwände ausgespült und hier bizarre Höhlen entstehen lassen. Sie dienten Salzschmugglern als Speicher, Protestanten nach der Aufhebung des Edikts von Nantes (s. S. 30) als Zufluchtsort, Piraten als Schlupfwinkel und den armen Fischerfamilien als Wohnung. Heute stellen die **Grottes de Matata et du Régulus** wahre Touristenattraktionen dar.

Am Nordufer der Gironde

Tipps & Adressen

Blaye S. 268

Hinter Meschers fällt die Küste steil ab. Hier, wo sich das klare Salzwasser mit dem braunen Flusswasser der Gironde vermengt, endet die Côte de Beauté. In die Trichtermündung von Garonne und Dordogne schieben sich die Festungsmauern von **Talmont** 44. Nur zu Fuß lässt sich das malerische Dorf mit seinen verwinkelten, von Stockrosen gesäumten Gassen und den niedrigen Häusern erkunden. Auf einem Felsvor-

Spektakulär über der Gironde gelegen: die romanische Ste-Radegonde

sprung über der Gironde thront spektakulär die im 12. Jh. erbaute Eglise Ste-Radegonde, die den Ruf des ›rettenden Ankers für Schiffbrüchige‹ hatte.

Von Talmont aus schifften sich die Jakobspilger auf ihrer Reise ins spanische Santiago de Compostela zum gegenüber liegenden Médoc ein oder zogen auf dem Landweg weiter nach Blaye. Den einstigen Hafen, die Burg und die Pilgerunterkünfte hat das Meer längst verschlungen. Heute ist Talmont von Touristen bevölkert, die in die Kunsthandwerksläden und Cafés pilgern.

Die so genannte Grüne Küstenstraße führt entlang der Gironde nach **Mortagne-sur-Gironde** 45, einen unspektakulären Ort mit einem kleinen Hafen und dem »Restaurant de la Rive«, wo es Fisch und Austern zu schlemmen gibt.

Lohnend ist ein Abstecher über die D 6 und die D 732 nach **Pons** 46 in der Haut-Saintonge. Seine Befestigungsmauern und der Donjon aus dem 12. Jh., ein Rest des ehemaligen Schlosses, ragen hoch auf einem Felsen über der Seugne in die Luft. Der schon in vorchristlicher Zeit besiedelte Ort war Wiege der mächtigen Herren von Pons, die über mehr als 60 Städte regierten. Erhalten ist noch das Hospiz St-Jacques aus dem 12. Jh., in dem kranke Jakobspilger gepflegt wurden.

Die D 142 führt nach **Jonzac** 47, das sich an beiden Ufern der Seugne erstreckt und auf zwei Felsen erbaut wurde. Auf dem einen thront die Kirche des Ortes, auf dem anderen, 22 m über dem Fluss, ein Renaissanceschloss. Sehenswert ist auch das 1505 gegründete Karmeliterkloster, das im 17. Jh. fertig gestellt wurde und Napoléon als Gericht, Gendarmerie und Gefängnis diente.

Folgt man der D 19 in Richtung Süden, ist das auf einer Anhöhe erbaute **Montendre** 48 schon von fern her zu sehen. Von der Burg, die 1452 durch Charles VII zerstört und anschließend wieder aufgebaut wurde, sind außer dem Viereckstursm des Festungsgürtels nur noch Mauerreste erhalten.

Die D 253 führt zurück ans Nordufer der Gironde. Wo einst die Römer eine Siedlung namens Blavia gegründet hatten, bestimmt heute die mächtige Zitadelle von **Blaye** 49 das Stadtbild. Hoch auf dem Felsen, 45 m über der Gironde, ließ Louis XIV eine Festungsanlage am Wasserweg nach Bordeaux anstelle einer Burg aus dem 7. Jh. errichten, die Vauban 1689 erweiterte. Das Fort Paté auf einer kleinen Flussinsel und das Fort Médoc auf der anderen Uferseite (s. S. 207) sollten das Verteidigungssystem gegen die englische Flotte vervollständigen. Die **Zitadelle** von Blaye ist mit einer Fläche von 18 ha eine kleine Stadt für sich, der Besucher findet Kunsthand-

Am Nordufer der Gironde

werker, Hotels, Restaurants, Gärten und Museen vor.

Im 8. Jh. residierte hier in der alten Burg Roland le Preux (Roland der Tapfere), der Karl den Großen auf seinem Feldzug gegen die Mauren nach Spanien begleitete und in den Pyrenäen getötet wurde (s. S. 247). In der Abtei St-Romain soll er 778 zusammen mit seiner Geliebten Aude begraben worden sein. Die Grundmauern der im Jahre 350 gegründeten Abtei sind noch unter der Bastion St-Romain erhalten.

1832/33 wurde die Herzogin Marie-Caroline de Berry (1798–1870) in der hiesigen Festung gefangen gehalten, nachdem sie in der Vendée einen Aufstand gegen Bürgerkönig Louis-Philippe angezettelt hatte, um ihren Sohn Henri auf den Thron zu bringen. Im Musée d'Histoire et d'Art du Pays Blayais, das im Pavillon de la Place untergebracht ist, wo die Herzogin während ihrer Gefangenschaft lebte, sind Ausstellungen zur Geschichte von Blaye zu sehen.

Im mittelalterlichen Château des Rudel, von dem inmitten der Festungsanlage nur noch die Grundmauern zu sehen sind, wurde Geoffroy (auch Jaufré) Rudel, ein bekannter Troubadour des 12. Jh., geboren (s. S. 43). Vom Wachturm, einem weiteren Überbleibsel der Burg, hat man einen herrlichen Ausblick auf die Stadt, die Weinberge und die Gironde.

Die kleine Hafenstadt hat außer ihrer reizvollen Lage und der mächtigen Festung auch kulinarische Genüsse zu bieten. Die ›Praslines de Blaye‹, benannt nach dem Marschall de Plessis-Praslin, werden hier schon seit dem 17. Jh. hergestellt. Außerdem ist die Region bekannt für ihre Weine – ein leichter roter Premières Côtes de Blaye und ein erfrischender weißer Côtes de Blaye. Es empfiehlt sich ein Besuch der Maison du Vin in der Ortsmitte am Cours Vauban, wo man die hiesigen Weine erstehen kann. Zahlreiche Wander- und Fahrradwege führen den Fluss entlang und in die Weinberge im Umkreis von Blaye, in denen kleine Châteaux liegen.

In **Plassac** 50, ca. 3 km südlich von Blaye, wurden die Grundmauern einer gallo-römischen Villa entdeckt. Dort gefundene Schmuckstücke, Münzen, Haushaltsgegenstände und Werkzeuge sind in einem Museum ausgestellt. Das Château de Plassac, ein schöner Landsitz aus dem 18. Jh., wurde im Auftrag des Erzbischofs von Lyon, Antoine Malvin de Montuzet, errichtet.

Die Corniche Girondine, eine besonders reizvolle Strecke entlang dem Fluss, führt in die Weinregion Côtes de Bourg, die Heimat eines nicht sehr edlen, aber ansprechenden Rotweins. **Bourg-sur-Gironde** 51, wo sich einst ein bedeutender Hafen befand, liegt aufgrund einer zunehmenden Verschlammung des Flusses und Bildung der Landzunge Bec-d'Ambès nicht mehr an der Gironde, sondern an ihrem Zufluss, der Dordogne. Schon zur Römerzeit befand sich hier an der steilen Kalksteinböschung eine Festungsanlage, die sich später auf die gesamte Stadt ausdehnte. Das Château de la Citadelle mit seinem Park voller Magnolien und Pistazien entstand im 17. Jh. als Sommerresidenz der Erzbischöfe Bordeaux'. Unter dem Schloss – im Krieg von den Deutschen niedergebrannt und später restauriert – erstreckt sich ein Kellerlabyrinth, das heute noch als Weinlager dient.

Die Weiterfahrt nach Bordeaux führt über die prähistorischen Höhlen von **Pair-non-Pair** 52 (s. Blaye S. 168f.) bei Prignac mit ihren ca. 30 000 Jahre alten Felsritzungen von Mammuts, Bisons, Bären, Rentieren und Pferden, die z. T. nur mit viel Phantasie zu erkennen sind.

Auf dem Weg ins Poitou

Ca. 260 km, 2 Tage

In Nantes fließt bekanntlich die Sèvre, doch es gibt noch einen zweiten Fluss gleichen Namens. Dieser heißt Sèvre Niortaise, bildet an seinem Unterlauf die Grenze zwischen den Departements Vendée und Charente-Maritime und mündet dort in ein Gewirr von Kanälen, die ein weiteres Mal vom Disput zwischen Mensch und Meer künden. Einst erstreckte sich hier der Golfe des Pictons, von dem nur noch die Baie de l'Aiguillon nördlich von La Rochelle geblieben ist – ein Paradies für Zugvögel, die im Watt Proviant für den Weiterflug aufpicken.

Schwemmland hatte diesen Golf im frühen Mittelalter in ein riesiges Sumpfgebiet verwandelt, in dem sich einige Kalksteininseln als Siedlungsraum anboten. Auch hier waren es Mönche, die Benediktiner von Maillezais, die um 1000 begannen, das Land trockenzulegen und urbar zu machen. Die wesentlichen Arbeiten fanden jedoch erst im 13. Jh. und später, auf Drängen des Königs, unter holländischer Ägide im 17. Jh. statt.

Inzwischen sind über 60 000 ha der Marschen *desséchés,* trockengelegt. Hier entstanden Weiden für Schafe und Marais-Kühe und vor allem Äcker für Weizen und Bohnen – öde Monokulturen, die der Reisende schnell hinter sich lassen möchte. Was man bei allzu eiligem Transit übersieht, sind die Marais Mouillés, das Glanzstück der Route und eine der schönsten Landschaften an Frankreichs Atlantikküste. ›Feuchte‹ und ›trockene‹ Marschen ergeben zusammen den Marais Poitevin; 15 000 ha die-

Marais Poitevin – auch Kanallandschaft des ›Grünen Venedig‹ genannt

ses Gebietes wurden zum Parc Naturel Régional erklärt. Auf mehreren tausend Kilometern Wasserwegen kann man hier schon einmal die Zeit vergessen. Neben Fahrten mit gemieteten Booten bieten sich auch Erkundungen per Pferd, Rad oder zu Fuß entlang der Kanäle an.

Wie gesagt, es gibt zwei Sèvres, daher auch ein Departement namens Deux-Sèvres. An seinen Grenzen enden die Marschen, beginnen die weiten Raps- und Sonnenblumenfelder, die auch große Teile des Poitou überziehen. Hauptstadt des Departements ist Niort. Von hier führt die Reise nach Poitiers – mit Abstechern zu idyllischen Flecken im Tal der Sèvre Niortaise.

Das Kanallabyrinth des Marais Poitevin

Tipps & Adressen

Maillezais S. 293, Coulon S. 277f.

Ein reizender Anblick? Eher nicht! Weder die *bouchots,* an denen, Teerklumpen gleich, die Muscheln kleben, noch die Anse de l'Aiguillon, in der die Muschelpfähle aufgepflanzt wurden. Die Zucht ist der letzte lohnende Ertrag, den der alte Golf noch hergeben mag. Was sich seit dem 15. Jh. in ›Muschelangelegenheiten‹ an der Bucht von Aiguillon getan hat, dokumentiert eine Ausstellung in der Maison de la Mytiliculture in **Esnandes** 1 (s. La Tranche S. 323f.).

Bei **Charron** 2, wo die Sèvre Niortaise mäandernd in die Bucht münden will, regulieren Schleusen den Abfluss der Süßwassermassen und halten so den gewünschten Pegel in den Kanälen. Landeinwärts ziehen Boote über den Canal Maritime zum Hafen von **Marans** 3, der über einen ebenfalls schiffbaren Kanal mit La Rochelle verbunden ist und sogar über eine Werft verfügt. Der Ort, heute Zentrum des Getreidehandels, befindet sich auf einer jener früh besiedelten Kalksteininseln, die einst von Meerwasser umspült waren. Die Nachbargemeinde **L'Ile-d'Elle** 4 bewahrt die Erinnerung an diese Herkunft in ihrem Namen.

Auf dem Weg nach **Chaillé-les-Marais** 5 (s. Maillezais S. 293) quert man den Canal des Cinq Abbés, der sich rein äußerlich nicht von den anderen Wasserstraßen unterscheidet, geschichtlich jedoch herausragt: Im 13. Jh. schlossen sich die Mönche von ›fünf Abteien‹ zusammen, um diesen ersten großen Kanal durch den Marais zu ziehen. Exponate und Filme zur Trockenlegung der Marschen zeigt in Chaillé die Maison du Petit Poitou.

Vier Abteien dieser Kanalpioniere lohnen kaum noch den Besuch, die fünfte indes gehört auch als Ruine zum ›Pflichtprogramm‹ für jeden Architekturliebhaber: St-Pierre in **Maillezais** 6. Bald nach Gründung der Abtei (ca. 1005; Vorgängerbau von 989) bemühte sich ihr Prior um eine Reliquie, die dem Gotteshaus Besucher zuführen sollte. Ganz unchristlich erwog dieser sogar, einen Zahn von Johannes dem Täufer in St-Jean-d'Angély zu stehlen. Um das dunkle Treiben des Geistlichen zu unterbinden, verschaffte die kirchliche Obrigkeit Maillezais als Ersatzreliquie einen Arm des hl. Rigomer. Die Mönche der Abtei erfreuten sich fortan eines florierenden Pilgerbetriebs und nahmen in ihre Reihen auch illustre Häupter auf, so Herzog Guillaume V von Aquitanien, der hier die letzten Jahre vor seinem Tod (1030) verbrachte und in Maillezais beigesetzt wurde.

Detail von St-Pierre in Maillezais

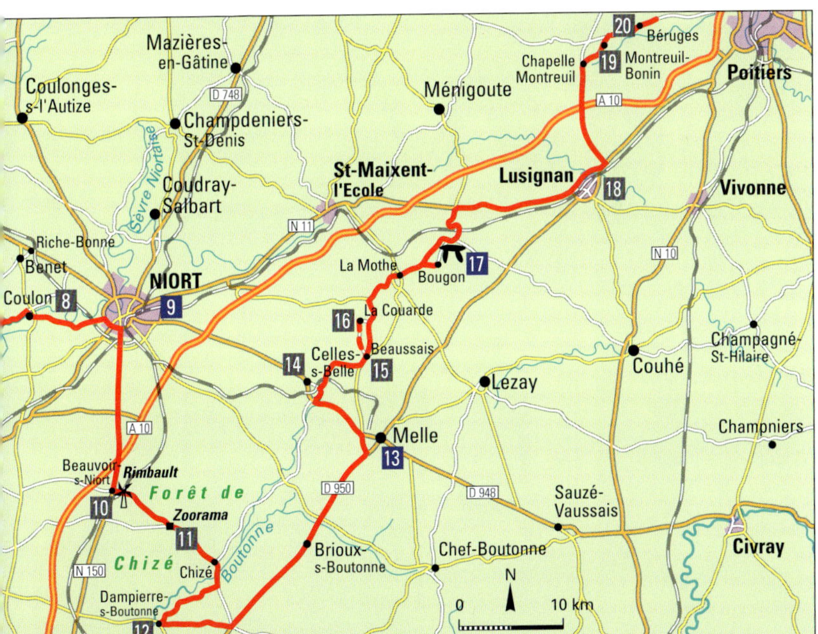

1058 unterstellte der Papst die Abtei dem größeren Cluny, sie gehörte nun also zum Benediktinerorden. Kurz darauf erfolgte ein Umbau, dem die ältesten erhaltenen Teile der Klosterkirche (z. B. die westliche Vorhalle) zu verdanken sind. Bei Plünderungen im 13. Jh. nahm das Bauwerk beträchtlichen Schaden. Bösewicht par excellence war dabei ein gewisser Geoffroy la Grand-Dent de Lusignan, nach der Legende ein Sohn der Meerfee Mélusine (s. S. 95f.).

Ab etwa 1300 schritten die Bauherren erneut zur Tat und schufen die – bereits gotischen – Spitzbögen des Langhauses, durch deren Öffnungen heute, nach dem Verfall, bei gutem Wetter das Blau des Himmels strahlt. Aus unbekanntem Grund wurden die Arbeiten nach wenigen Jahrzehnten eingestellt. Erst Geoffroy d'Estissac, Bischof von Maillezais zwischen 1518 und 1542, ließ sie wieder aufnehmen. Der hoch gelobte Renaissancechor seiner Ära hat die Religionskriege nicht überstanden und zeichnet sich nur noch in den Grundmauern ab. Doch hat sich d'Estissac ein unvergängliches Denkmal anderer Art gesetzt, indem er 1523 dem entwichenen Franziskanermönch Rabelais (s. S. 96) Unterschlupf gewährte und ihm ein Amt als Sekretär anvertraute.

Das eigentliche Kloster ist längst zerstört, doch blieb aus dem 14. Jh. ein Ensemble aus Refektorium, Küche und Schlafsaal in der Südwestecke der Anlage erhalten, das Laienbrüdern und Gästen ein Dach über dem Kopf bot. Nun noch schnell einen Blick in die klösterlichen Kochtöpfe werfen! Die Mönche konsumierten Brot, Wein, *mogettes* und gelegentlich Aal aus den umliegenden Gewässern. *Mogettes* gelten als Spezialität des Marais, sie werden in hiesigen Gemüsegärten noch heute gern angebaut und erreichten als Exportschlager sogar die Antillen. Das verstehe, wer will, denn es handelt sich um ... dicke Bohnen.

Langhaus der Klosterkirche von St-Pierre

Seit 1317 war Maillezais Bistum. In der Zeit der Religionskriege verwandelte der Protestant Agrippa d'Aubigné (1552–1630) die Abtei auf Geheiß des Königs jedoch in eine Festung; dabei bediente er sich eifrig des vorhandenen Baumaterials. Im Edikt von Nantes wurde dieses Abtei-Bollwerk als Sicherheitsplatz der Hugenotten anerkannt. 1648 verlegte man den Bischofssitz nach La Rochelle, und Maillezais geriet in Vergessenheit. Auch wenn die Abtei während der Französischen Revolution abermals als Steinbruch missbraucht wurde, setzt sie allein durch die ›Ruinenromantik‹ noch immer kulturelle Akzente inmitten der Marschen.

Gleich neben St-Pierre kann man an einem der zahlreichen *embarcadères,* der Bootsanleger im **Marais Mouillé** **7**, geführte Kanalausflüge buchen oder Kanus für eigene Erkundungen mieten. Obwohl die Ausflügler einen Plan erhalten und die Abzweige markiert sind, sind Irrfahrten auf den Wasserstraßen nicht auszuschließen. Wer das Risiko scheut, kann sich einem *guide* anvertrauen, der im Übrigen viel Wissenswertes über den Marais zu berichten hat, mit seinem geschulten Auge auch dem Touristen Tierbeobachtungen ermöglicht und außerdem das Rudern besorgt – denn lärmende Motoren besitzen die Boote nicht. So gleitet man entspannt unter dem Blätterdach dahin, schwenkt von großen Wasserläufen *(contrebots)* in kleinere *(rigoles)* und in kleinste *(conches)* ab und ist schon nach wenigen Kehren froh, sich nicht auf den eigenen Orientierungssinn verlassen zu müssen.

Erst vom 18. Jh. an wurden im Marais Mouillé Kanäle gelegt, von einer systematischen Entwässerung kann man indes nicht sprechen. Im Unterschied zum Marais Desséché, wo Schleusen und Dämme den Wasserstand ganzjährig auf etwa gleichem Niveau halten, liegt der Pegel in den ›feuchten Marschen‹ im Winter höher. Im Sommer legt die Hitze einen grünen Teppich aus wärmeliebenden Wasserlinsen auf die Kanäle, sodass die Tourismusbranche werbewirksam gern von einem *Venise verte,* einem ›grünen Venedig‹, spricht. Jedenfalls schafft das schützende Dach ein wertvolles Brutgebiet für Frösche, Karpfen, Aale, Zander, Hechte und Barsche. Der Fischreichtum des Marais ist bis heute ein wichtiger Erwerbszweig und komplettiert die Speisekarte mit Begriffen, die andernorts selten sind – bis hin zu *lumas* (kleine Schnecken) und *cuisses de grenouilles* (›Froschschenkel‹). Von den günstigen Lebensbedingungen profitieren auch Sumpfbiber, der fast nur nachtaktive europäische Fischotter und zahlreiche Vogelarten, darunter Wasserhuhn, Bachstelze und der goldfarbene Regenpfeifer. Wer die Fauna erleben möchte, sollte sein Glück früh am Morgen versuchen.

Das Leben der Menschen im Marais bleibt trotz des prosperierenden Tourismus eine Spur hinter der allgemeinen Entwicklung zurück. Noch bis vor wenigen Jahrzehnten war das Wasser Gastgeber von Hochzeiten oder Trauerzügen, die von Kanälen umgrenzten Ackerparzellen wurden mit Eselskraft bearbeitet, und der mit Torf vermischte Dung der Tiere diente als Brennmaterial. Gemüsegärten, in denen Melonen, Zucchini, Artischocken und Bohnen prächtig gedeihen, werden bis heute fast ausschließlich von Hand bestellt. Eine Idylle also; ihr Tribut an die Moderne sind Fernsehantennen und Wohnwagen für Sommergäste.

Autos sieht man meist nur in der Ferne, Boote bleiben das wichtigste Verkehrsmittel. Mit der kleinen *yole* fahren die Einheimischen zum Einkauf oder nachbarschaftlichem Besuch, die größere *plate* dient zum Transport von Ernte oder Vieh und für das Treideln von Pappelholz, das in den Werken von Niort und St-Hilaire-la-Palud zu Spanplatten verarbeitet wird. Bei den *plates* läuft übrigens nicht der Bug, sondern das Heck spitz zu. Dort steht oder sitzt man, um mit der *pelle* zu rudern oder mit der *pigouille* zu staken, und hebt durch die Gewichtsverteilung das flache Boot, sofern es denn unbeladen ist, weit aus dem Wasser, sodass es erstaunlich schnell wird, von Ungeübten allerdings kaum zu lenken ist.

Einen letzten versonnenen Blick auf das Sumpfleben gestattet in **Coulon** 8 die Maison des Marais Mouillés. Das Gebäude aus dem 16./17. Jh. beherbergte einst die Zollbehörde, hier mussten vorbeiziehende Boote Abgaben entrichten, aus denen die Wartung der Kanäle mitfinanziert wurde. Heute dient die Maison als Museum und informiert über die Entstehung des Sumpfes, über Kultur, Bootsbau, Fischfang und Holznutzung. Viel gepriesen ist das so genannte Maraiscope, eine 20-minütige Bild-Ton-Show, doch dürfte besinnlichen Betrachtern die nachgebildete Wohnstube aus dem späten 19. Jh. eher zusagen. Im gut ausgestatteten Verkaufsraum findet man u. a. Bücher und kulinarische Spezialitäten der Region.

Am Kanalufer oder am Platz mit der romanisch-gotischen Kirche (11. Jh.), die für ihre ungewöhnliche Außenkanzel bekannt ist, kann man in einem der Restaurants den Tag mit einem Abendessen ausklingen lassen. Ängstliche

Ruhig und beschaulich wirkt das an den grünen Wassern der Sèvre Niortaise gelegene Niort

Naturen seien vor Myocastor (Sumpfbiber)-Gerichten gewarnt, probierfreudige vor Jambon aux Mogettes – was doch stark an ein englisches Frühstück mit Ham and Baked Beans erinnert.

Niort

Tipps & Adressen S. 300

9 In gallo-römischer Zeit, als der Golfe des Pictons noch existierte und die Sèvre sich in einem viel breiteren Bett räkelte, war der Handel zwischen Poitiers und Saintes, den Hauptorten der keltischen Pictonen und Santonen, auf Furten angewiesen. Als ›Neue Furt‹ gründeten die Römer Novum Ritum, das heutige Niort. Vom 12. Jh. an – die Trockenlegung der Sümpfe war noch nicht weit fortgeschritten – entwickelte sich die Stadt zu einem bedeutenden Hafen für Exporte nach England. Zeugen dieser Zeit sind der **Vieux Pont,** damals einziger Zugang zur Stadt, und der **Donjon,** Rest einer Burganlage, die Henri II und dessen Sohn Richard Cœur de Lion (Richard Löwenherz) zum Schutz des Hafens erbauen ließen. Heute beherbergt dieser Wehrturm ein Museum zur Archäologie (u. a. Goldhalsband aus St-Laurs, ca. 2000 v. Chr.; Wagenrad aus Coulon, 9. Jh. v. Chr.) und zum Gerberhandwerk.

Niort wurde im 14. Jh. für seine Gerbereien und Handschuhmanufakturen bekannt. Dem Handel mit Kanada, der dem Gewerbe im 18. Jh. einen kurzen Aufschwung brachte, bereitete Napoléons Englandpolitik und die daraufhin verhängte britische Seeblockade ein Ende. Inzwischen haben Holzverarbeitung und Versicherungswesen dem alten Handwerk den Rang abgelaufen. Dass sich gerade in Niort Versicherungen etablierten, hängt mit der calvinistischen Vergangenheit der Stadt zusammen. Nach dem Toleranzedikt des Jahres 1787 kehrten einige Hugenotten in die Heimat ihrer Vorfahren zurück. Ihrem Wirken sind Genossenschaftsbewegungen im Agrarbereich einschließlich Feuer- und Viehversicherungen zu verdanken.

Vom Donjon führt der Weg zur **Markthalle,** einer Eisen-Glas-Konstruktion aus dem Jahre 1869, und weiter zum **Logis de l'Hercule.** In der einstigen Pilgerherberge trat 1603 Niorts erster Pestfall auf – Anlass genug, um im Haus eine damals verwendete Heilpflanze vorzustellen. Zwar erwies sich diese *angélique,* ›Engelwurz‹, als machtlos gegen die Seuche, geriet deshalb aber keineswegs in Vergessenheit: Angélique de Niort findet sich in Konfitüren, Bonbons, Likören oder als Beilage zu Forellen und ist neben Tourteau fromagé, dem runden Kuchen aus frischem Ziegenkäse, das lukullische Markenzeichen der Stadt.

Ein paar Schritte führen vom Logis zum **Pilori,** dem alten Rathaus, das im 16. Jh. an der Stelle des mittelalterlichen Prangers *(pilori)* errichtet wurde. Es lohnt ein Blick von seinem Dach auf die Altstadt, in der sich einige Fachwerkhäuser des 14.–16. Jh. erhalten haben: Etwa in der Rue St-Jean, Rue du Pont, Rue du Petit St-Jean (Nr. 3, **Hôtel d'Estissac,** kurzzeitig Wohnsitz von Rabelais). An der **Maison Présidiale** (5, Rue du Pont) erinnert eine Tafel daran, dass hier im Jahre 1635 Françoise d'Aubigné, die Enkelin des Calvinisten Agrippa d'Aubigné (s. S. 129), geboren wurde. Die ehemalige Klosterschülerin heiratete in Paris den Dichter Scarron, fand nach dessen Tod Zugang zum Hof und wurde die Geliebte und 1684 die heimliche Gemahlin von Louis XIV, der sie zur Marquise de Maintenant ernannte. Françoise starb 1719.

Das südliche Deux-Sèvres

Tipps & Adressen

Melle S. 294, Lusignan S. 292f.

Etwa 20 km südlich von Niort erhebt sich im Dorf **Rimbault** 10 eine mit 12 m Höhe besonders stattliche Mühle; für das Jahr 1682 erstmals erwähnt, wurde sie erst 1928 aufgegeben. Inzwischen ist sie restauriert und seit 1989 wieder in Betrieb. Südöstlich erstreckt sich die Forêt de Chizé, mit über 5000 ha einer der größten Laubwälder Westeuropas. In seinem Zentrum liegt der **Zoorama** 11, der der europäischen Tierwelt gewidmet ist. Neben Mardern, Hirschen und Rehen leben hier u. a. Ginsterkatzen, Braunbären, Mufflons und Bisons sowie Nachzüchtungen des ausgestorbenen Auerochsen. Vom Aussterben bedroht war auch der Poitou-Esel *(baudet),* ein besonders robustes Lasttier mit zottigem, rotbraunem Fell, das eigens für die Arbeit im Marais gezüchtet wurde. Um sein Überleben kümmert sich heute die etwa 5 km vor **Dampierre-sur-Boutonne** 12 (s. Melle S. 294) gelegene Maison du Baudet du Poitou.

Traditioneller Zuchtort der eigentümlichen Eselrasse war **Melle** 13. In den dortigen Mines d'Argent des Rois francs wurde zwischen dem 5. und 10. Jh. Blei und Silber für Münzen gefördert. Das lokale Kalkgestein enthält Blasen, in denen Bleiglanz mit einem Anteil von 3% Silber kristallisierte. 20 km Stollen wurden seinerzeit in den weichen Fels getrieben, davon sind 350 m heutigen Besuchern zugänglich. Neben den Minen werden im Karolingergarten um 150 Pflanzenarten gezeigt, die im frühen Mittelalter zum Verzehr oder als Heilmittel dienten.

Von den drei romanischen Kirchen des Ortes hat vor allem St-Hilaire

Der »Reiter von Melle« wurde berühmt durch die Kontroversen, die er in der Kunstgeschichte hervorrief

(12. Jh.) wegen des »Reiters von Melle« Bekanntheit erlangt. Die imposante Skulptur über dem Nordportal – ein Mann zu Pferde, dem eine kleinere Gestalt zu Füßen kauert – gab den Gelehrten ein Rätsel auf: Ist es der hl. Martin oder Karl der Große oder etwa Kaiser Konstantin, der hier bildlich die Heiden bezwingt? Oder erhebt sich gar Christus selbst über das Alte Testament? Die Ikonographie des ›Bezwingers‹ war im Südwesten Frankreichs gar nicht so selten, doch wurden die meisten Bildwerke zur Zeit der Religionskriege oder während der Französischen Revolution zerstört.

Nach den Abmessungen des Bauwerks zu urteilen, war die ehemalige Benediktinerkirche ein viel besuchtes und eben deshalb besonders geräumiges Pilgerziel. Die reliefgeschmückten Kapitelle und das an der Innenseite dekorierte Portal des rechten Seitenschiffs, was selten vorkommt, gaben den Wallfahrern reiche Vorlagen zur andächtigen Kontemplation. Weitere Studien zur romanischen Skulptur, ob fromm oder kunsthistorisch, erlauben Chor, Portal und Kapitelle von St-Pierre sowie das Portal von St-Savinien. Savinien war nach der Französischen Revolution als Gefängnis zweckentfremdet und dient nun sommers, nicht weniger zweckvergessen, als Ausstellungsraum und Bühne für Musikfestivals.

St-Savinien liegt bereits außerhalb von Melle an der D 948 nach **Celles-sur-Belle** 14. Von der 1568 durch Hugenotten zerstörten romanischen Notre-Dame, einst Abteikirche der Augustiner, ist nur das Portal mit steinernen Fratzen erhalten und sehenswert; alles Übrige geht auf einen Wiederaufbau im 17. Jh. zurück. Auf dem Gelände des ebenfalls restaurierten Klosters besitzt die Ruine der Kirche St-Hilaire eine Krypta aus dem 12. Jh.

Damit genug der Historie! Vor allem ist Celles eine der Stationen auf der 200 km langen ›Route du Chabichou et des fromages de chèvre‹. Der Chabichou ist ein Ziegenkäse mit kontrollierter Herkunftsbezeichnung (A.O.C.), eine Rarität also. Ziegen werden vorzugsweise auf Kalkböden gehalten, wo anderes Vieh kein Futter mehr findet. Früher war auch Ziegenkäse auf solche Regionen – darunter das Sèvre-Tal – begrenzt. Anfang des 20. Jh. inspirierte ein Verwandter des Chabichou, der auf einem Kastanienblatt gereichte Mothais-sur-feuille, zu der Idee, den Käse in Schachteln zu verpacken. Damit wurde seine Transportfähigkeit verbessert und dem Ziegenkäse ein größerer Markt eröffnet.

Nördlich von Celles bilden die beiden Kirchen der Nachbardörfer **Beaussais**

15 und **La Couarde** 16 (s. Melle S. 294) gemeinsam die Maison du Protestantisme poitevin. Die architektonisch nicht sonderlich bedeutenden Bauwerke beherbergen Exponate zur Geschichte des Protestantismus, insbesondere zur Zeit nach Aufhebung des Edikts von Nantes (1685), als die verfolgten Hugenotten ihren Gottesdienst in Scheunen oder auf freiem Feld abhalten mussten. Man sprach von *assemblées du désert,* Versammlungen in der Ödnis, in Anlehnung an den Zug der Israeliten durch die Wüste ins Gelobte Land. Als Erkennungszeichen, die zur Teilnahme am Abendmahl berechtigten und das Eindringen von Spionen verhindern sollten, wurden die *méreaux* genannten Bleimünzen ausgegeben. Unübersehbare Indizien waren dagegen die aus dem Mittelmeerraum stammenden Pinien mit Schirmkrone, die dem Konfessionsbruder Zufluchtstätten anzeigten.

In fernere Vergangenheit führt das Dorf **Bougon** 17 (s. Lusignan S. 292f.). Hier wurden um 1840 fünf Grabhügel entdeckt, entstanden ab ca. 4700 v. Chr. – sie zählen zu den ältesten bekannten Begräbnisstätten der Welt. Den frühen Tumuli aus Trockenmauerwerk folgen zu Beginn des 4. Jahrtausends v. Chr. die ersten Großsteinbauten. Tumulus A etwa beeindruckt durch seine 90 t schwere Deckplatte, unter der die Archäologen etwa 200 Skelette und zahlreiche Grabbeigaben freilegten. Von besonderem Interesse sind zwei Schädelfunde, die chirurgische Eingriffe aufweisen. Ob sie aus medizinischen oder religiösen Gründen erfolgten, ließ sich nicht ermitteln, doch belegen Knochenverwachsungen an einem der Schädel, dass die Person die so genannte Trepanation um mehr als zehn Jahre überlebte. Die Funde sind in einem vorbildlich gestalteten Museum ausgestellt, wo u. a. auch Filme dokumentieren, wie einst die gewaltigen Steinblöcke transportiert und aufgerichtet wurden.

Eine Kirche aus dem 11. Jh., ein Fachwerkhaus aus dem 15. Jh., Grundmauern einer Burg aus dem 10. Jh. – und eine Sage ungewissen Alters. **Lusignan** 18 ist das Stammhaus eines Adelsgeschlechts, dessen legendäre Ahnherrin Mélusine uns schon mehrfach begegnete. Die Fee, die auch in der Allianz mit einem Menschenkind ihre Zauberkräfte behielt, konnte gleichsam ›mit links‹ Burgen entstehen lassen, darunter das inzwischen so kläglich anzuschauende Gemäuer von Lusignan. Ihren Ruhm begründete die einst hier ansässige Familie während der Kreuzzüge, als Abkömmlinge der Lusignans Könige von Zypern und Jerusalem wurden.

Für die Weiterreise nach Poitiers scheint die Nationalstraße oder Autobahn das Naheliegende, doch wer die Einfahrt in die Stadt in schönerer Erinnerung bewahren möchte, der steuert erst einmal Richtung Chapelle-Montreuil. Nordöstlich des Dorfes erstreckt sich ein weitgehend naturbelassenes Waldgebiet entlang der Boivre, die Forêt de Vouillé-St-Hilaire. Genau hier unterlagen 507 die Westgoten den Merowingern, womit Poitiers erstmals in die Politik des Nordens eingebunden wurde. Die Fahrt durch den Wald vermittelt noch etwas von der Atmosphäre längst vergangener Zeit und ist damit die denkbar schönste Einstimmung auf die Hauptstadt von Poitou-Charentes. Lohnende Stationen an der Strecke sind **Montreuil-Bonnin** 19 mit einer romanischen Kirche und Resten einer Burg von Richard Löwenherz sowie **Béruges** 20 mit den Ruinen einer Lusignan-Festung und der Zisterzienserabtei du Pin (12. Jh.).

Poitiers

Tipps & Adressen S.304f.; 1 Tag

■ Eine idyllische Lage, das gewiss: Auf 50 m hohem Fels, umflossen von Clain und Boivre, schlängeln sich Gassen, die noch mittelalterlicher Ordnung folgen. Aber: Ein Gräuel für Autofahrer. Wer sich morgens, mittags, abends in und aus dem Zentrum quält, folgt dem Vordermann schleichend durch ein wirres Knäuel von Einbahnstraßen. Wählen Sie also ein Hotel im Stadtkern und verzichten für die beiden folgenden Kapitel auf das Auto.

Doch vorab ein Stück Geschichte. Poitiers, Hauptsitz der keltischen Pictonen und dann römische Provinzstadt namens Limonum, kam im 4. Jh. mit dem Christentum in Kontakt. Damals wirkte hier Hilarius, erster Bischof der Stadt, um 368 gestorben und hernach Heiliger – eben jener St-Hilaire, dem schon einige Kirchen auf den Routen gewidmet waren. Rund fünf Jahrzehnte nach seinem Tod fiel Poitiers den Westgoten zu, die als Verbündete Roms die Aufsicht über die südliche Atlantikregion übernahmen und ihre Herrschaft über ein Großreich mit der Hauptstadt Toulouse ausdehnten. Die Toleranz der Westgoten ist eine Schimäre, die bis heute durch südfranzösische Köpfe geistert. In Wahrheit ist nicht viel mehr bekannt, als dass der Westgote Alaric II. 507 bei Vouillé dem Merowinger Clotaire (Chlodwig) unterlag – der Süden also dem Norden. Dieser ersten großen Schlacht um Poitiers folgte 732 beim heutigen Moussais-la-Bataille (südl. von Châtellerault) die zweite: Karl Martell besiegte die Araber – ein ebenfalls verklärtes Geschichtskapitel (s. S. 22).

Den Karolingern wurde schnell bewusst, dass sie mit ihrem Sieg keinen Verbündeten im Südwesten gewonnen hatten. Sie und ihre Nachfolger mussten die Grafen des Poitou als Herzöge anerkennen und dem Landstrich Teilautonomie gewähren. Händler ließen sich in Poitiers nieder, Klöster wurden gegründet – nach mittelalterlichen Maßstäben waren damit die Weichen für den Aufstieg gestellt. 1058 kam es durch Erbschaft zu einer großen Union der Herzogtümer im Südwesten, deren Hauptstadt Bordeaux, deren Verwaltungssitz aber Poitiers wurde. Hier wirkte auch Aliénor von Aquitanien, Gattin des Königs von Frankreich, Louis VII, dann des Königs von England, Henri II Plantagenêt (s. S. 26). Durch diese letztere Ehe wurde Poitiers Weltstadt und kulturelles Zentrum, aber auch Zankapfel zwischen Briten und Franzosen.

1369 gewann mit Jean de Berry, dem Bruder des Königs Charles V, ein Franzose die Oberhand. Der Prunk liebende Regent holte Künstler und Architekten nach Poitiers und überschüttete sie mit Aufträgen zur Verschönerung der Stadt. Kurz nach Berrys Tod verlegte der König, inzwischen Charles VII, seinen Sitz vorübergehend (1423–36) nach Poitiers, denn der größte Teil Frankreichs einschließlich der Hauptstadt Paris war von den Engländern besetzt. In dieser Zeit, 1431, kam es auch zur Gründung der Universität von Poitiers, da die Rückverlegung des Hofes nach Paris höchst ungewiss war.

Die Uni wuchs, Berichten zufolge auf 4000 Studienplätze, und zog namhafte

Blick über den Clain und Poitiers ▷

Gelehrte und Schriftsteller an, unter ihnen Rabelais. Folgenschwer war der Besuch Calvins, der schon 1534 mit seiner ersten Predigt zahlreiche Anhänger in der Stadt gewann. Die Region um Poitiers wurde zum Zentrum der Hugenotten und damit später auch der Auseinandersetzungen zwischen Katholiken und Protestanten. Die berühmten ›Grands Jours‹ (1579) verfehlten ihr Ziel einer Schlichtung, die Stadt erlitt in den Religionskriegen schwere Schäden und verarmte. Eine Phase der Erholung setzte erst nach dem Zweiten Weltkrieg ein, wozu die Universität und neu gegründete Industrien ebenso beitrugen wie die Etablierung von Poitiers als Hauptstadt der Region Poitou-Charentes.

Von der Notre-Dame-la-Grande nach Süden

Fontana di Trevi, Piccadilly Circus, Ramblas – es gibt diese unvermeidlichen Winkel der Touristik. In Poitiers ist es **Notre-Dame-la-Grande** 1. Dauerndes Kameraklicken und Cafés, die nicht unbedingt einen Besuch wert sind, len-

Poitiers

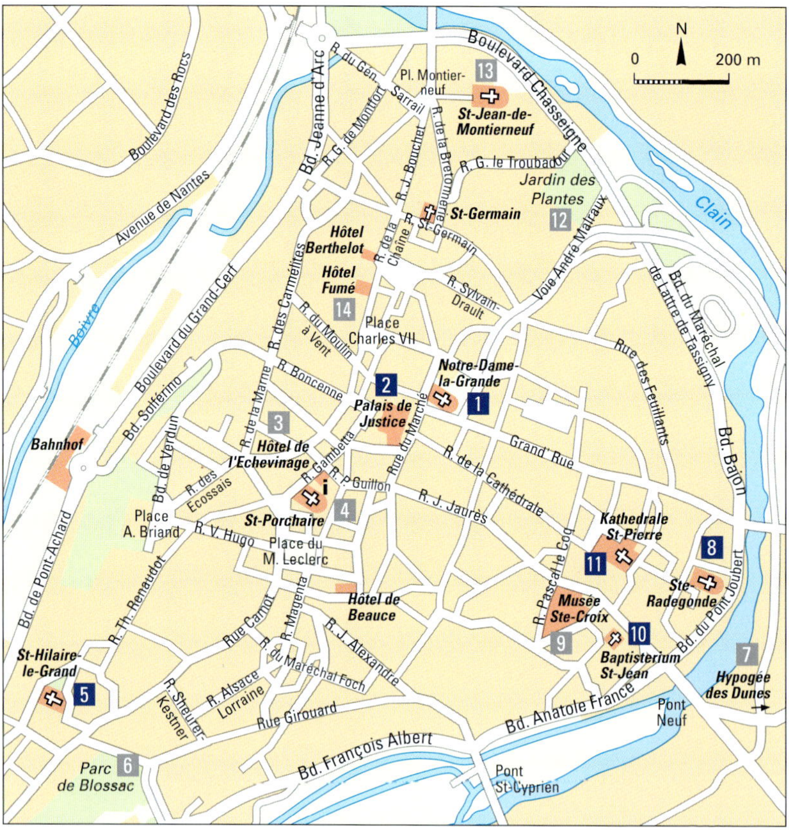

Perfekte Proportionen und reicher Bilderschmuck machten sie bekannt: Notre-Dame-la-Grande

ken davon ab, dass die Kirche ein Juwel der Architekturgeschichte ist. Im Jahr 1080 wird sie erstmals urkundlich erwähnt. Damals wurde in der Stadt an mehreren Kirchen gleichzeitig gearbeitet – Zeichen für ein kulturelles Aufbruchklima, das den politischen Aufstieg begleitete. Die romanische Fassade der Notre-Dame litt unter dem Vandalismus der Religionskriege und der Französischen Revolution, hat aber ihre perfekten Proportionen und einen großen Teil des eindrucksvollen Bildschmucks bewahrt. Über dem Mittelportal und den flankierenden Scheinportalen sieht man von links nach rechts: Adam und Eva; Nebukadnezar; Moses, Jeremias, Jesaja und Daniel; Mariä Verkündung; Wurzel Jesse; Heimsuchung Mariä; Christi Geburt; Waschung des Jesuskindes; Meditation des hl. Joseph. Im zweiten Geschoss befinden sich ein großes Fenster und zu beiden Seiten Blendbögen, in denen die zwölf Apostel sowie (obere Reihe links und rechts) die beiden Heiligen Hilarius und dessen Schüler Martin von Tours (s. S. 144) abgebildet sind. Der abschließende Giebel mit Christus in der Mandorla zeigt auch nach außen das erhöhte Mittelschiff der Hallenkirche an. Die beiden Ecktürme setzen dazu ein optisches Gegengewicht; sie besitzen, ebenso wie der Glockenturm, ein geschupptes Kegeldach, wie es typisch für die Region ist.

Schwache Spuren der ursprünglichen Außenbemalung blieben erhalten. Bei den Fresken im Innern handelt es sich hauptsächlich um Arbeiten aus dem 19. Jh., doch stammt die Szene im Halbrund des Chors (Thronende Jungfrau und Christus mit Glorie) noch aus romanischer Zeit. Die Orgeltribüne vor dem Westfenster dämpft den ohnehin mäßigen Lichteinfall, sodass die Malereien wie auch der Kapitellschmuck im Chorumgang ohne künstliche Beleuchtung nur mit Mühe zu erkennen sind.

Die Figur in dem kleinen Park an der Rückseite des **Palais de Justice** 2, die ein wenig wie Mireille Mathieu geraten ist, stellt Jeanne d'Arc dar. Sie erinnert an ein dreiwöchiges Verhör im Jahre 1429, das in ebendiesem Gebäude stattfand. Jeanne, Bauernmädchen aus Lothringen, hatte behauptet, Stimmen hätten ihr die Befreiung Frankreichs von den Engländern verkündet. Dem niedergeschmetterten König Charles VII fehlte der Schneid, dem Mädchen zu folgen, und die Geistlichen munkelten von einem Pakt mit dem Teufel. Jeanne musste sich einer Befragung durch die Theologen stellen. Das sinistre Gericht erteilte ihr am Ende kirchlichen Segen, mit dem sie am 10. April die Stadt verließ. Tatsächlich errang das von Jeanne begleitete und inspirierte königliche Heer einen Monat später den berühmten Sieg von Orléans gegen die englischen Belagerer. Im Jahr darauf von Burgundern gefangen genommen und an die Engländer ausgeliefert, fand Jeanne sich abermals vor einem geistlichen Gericht wieder, wurde nunmehr aber, wie nicht anders zu erwarten, als Hexe überführt und am 30. Mai 1431 in Rouen verbrannt.

Die Giebelwand, vor der Jeanne steht, ist die einzige Außenmauer, die vom ehemaligen Schloss blieb. Der Sitz der Grafen des Poitou datiert ursprünglich ins frühe 12. Jh. Er wurde für Aliénor und Henri II erweitert und Ende des 14. Jh. für Jean de Berry im gotischen Stil umgebaut. Über den Maßwerkfenstern sieht man vier Statuen, die linke ist ein Bildnis de Berrys. Im 19. Jh. wurde das Schloss von Grund auf umgestaltet, doch verbirgt sich hinter der neoklassizistischen Fassade noch die Grande Salle, jener große Audienzsaal (47 x 17 m) mit riesigen Kaminen, in dem Jeanne d'Arc verhört wurde.

Geschäfte und Restaurants umgeben Kirche und Justizpalast, doch sind in einigen Straßen (etwa Nr. 15, Rue de la Régratterie; Nr. 2 und 9, Rue du Marché) noch Fachwerkhäuser aus dem 15./16. Jh. zu entdecken. Leider ist man nicht davor zurückgeschreckt, in ihrem Erdgeschoss moderne Schaufenster einzuziehen. Aus dem 15. Jh. stammt auch das **Hôtel de l'Echevinage** 3, zunächst Teil der Universität, dann Schöffenamt, das den Übergang von der Gotik zur Renaissance dokumentiert. An die frühen Jahre der Universität erinnert ferner die 1451 gegossene Glocke von **St-Porchaire** 4, die einst die Vorlesungen einläutete. Die Kirche selbst stammt aus dem 16. Jh., besitzt aber noch den romanischen Glockenturm samt Vorhalle.

Vorbei am Rathaus (19. Jh.) und über die Place Leclerc geht es zur Rue Carnot, die von Restaurants und Hotels gesäumt ist. Im Mittelalter strömten die Jakobspilger über diese Straße zur Kirche **St-Hilaire-le-Grand** 5. Der großen Besucherschar, die dort das Grab des hl. Hilarius sehen wollte, entspricht eine besonders geräumige dreischiffige Kirche aus dem 11. Jh. Zur Eindeckung eines solchen Raumes stand als technische Lösung damals nur ein Holzdach zur Wahl, das jedoch im 12. Jh. abbrannte. Beim Wiederaufbau in Stein musste man komplizierte Gewölbe ersinnen und sie mit zusätzlichen Pfeilern stützen. Der Chor war im 11. Jh. erhöht angelegt worden, um darunter die ältere Kapelle mit den Reliquien als Krypta zu erhalten. Diesem Chor wurden beim Umbau vier Kapellen hinzugefügt, in denen Fresken aus dem 12. Jh. Szenen aus dem Leben des hl. Martin darstellen.

Ende des 16. Jh. stürzten Teile des Langhauses ein. Der Schutt diente den Einwohnern als Steinbruch; was blieb, wurde noch vor der Französischen Revolution an eine Abbruchfirma verkauft. Die heutige Kirche ist mit Ausnahme von Chor, Turm und Querschiff eine Rekonstruktion aus dem späten 19. Jh. Die Stadterweiterung machte es notwendig, die Front um zwei Joche zu verkürzen. Ein Gang zur Rückseite der Kirche lohnt wegen der Kapitellfiguren außen am Chor.

Nach diesem ersten Stadtrundgang bietet sich der **Parc de Blossac** 6 für eine Rast an. Nach einer Ruhepause geht es durch den fast 10 ha großen Stadtpark aus der zweiten Hälfte des 18. Jh. hinunter zu den Spazierwegen am romantischen, wenig besuchten Ufer des Clain. Weitaus bekannter ist der Aussichtspunkt beim **Hypogée des Dunes** 7, einer Totenkapelle aus dem 7. Jh., im Vorort St-Saturnin.

Von Ste-Radegonde nach Norden

Neben Hilarius kann sich Poitiers noch einer zweiten bedeutenden Heiligengestalt rühmen. Die Germanenprinzessin Radegunde aus Thüringen war durch Zwangsehe mit einem Merowinger liiert und sah als einzigen Ausweg aus ihrer unfreiwilligen Bindung die Flucht nach Poitiers ins Kloster Ste-Croix, das sie selbst um 560 als erstes Nonnenkloster Galliens gegründet hatte. Radegonde, wie sie in Frankreich heißt, starb dort 587 und wurde in der von ihr gestifteten Grabkirche **Ste-Radegonde** 8 beigesetzt. Das ursprüngliche Gebäude, im 9. Jh. zerstört, ersetzte man 1099 durch eine neue Kirche. Von diesem romanischen Gotteshaus sind Apsis und Glockenturm erhalten, während das Kirchenschiff (13. Jh.) in dem als angevinisch bezeichneten Übergangsstil zur Gotik (s. S. 40) entstand. Das Portal aus dem 15. Jh. ist im gotischen Flamboyant ausgeführt, also nach der Manier Nordfrankreichs, die mit Jean de Berry Einzug gehalten hatte. In der Krypta steht noch der Sarkophag Radegondes, die Gebeine der Heiligen jedoch wurden 1562 von Hugenotten verbrannt.

Den Wirren der Revolutionszeit fiel auch Radegondes Kloster zum Opfer. Heute steht an seiner Stelle das **Musée Ste-Croix** 9, das in drei Abteilungen gegliedert ist: Archäologie, darunter als Schwerpunkt die gallo-römische Zeit (z.B. Minerva aus weißem Marmor, 1. Jh.); Volkskunde mit Dokumenten zu den Handwerksberufen des Poitou; französische Kunst ab dem 18. Jh., vor allem Maler und Bildhauer der Region, aber auch Bronzen von Claudel, Maillol, Rodin u. a.

Auch das **Baptistère St-Jean** 10 bietet gallo-römische Fundstücke sowie Sarkophage der Merowinger, besitzt aber als Bauwerk größere Bedeutung. Denn das Baptisterium ist Frankreichs frühestes Zeugnis christlicher Architektur. Mitte des 4. Jh., zur Zeit von Bischof Hilarius, auf antiken Fundamenten errichtet, liegt die Taufkapelle heute fast 4 m unter dem Niveau des sie umgebenden Bodens. Erhalten blieb der zentrale Saal mit dem achteckigen Becken, das zur Ganzkörpertaufe diente. Im Osten schließen Apsis und Kapellen aus dem 6./7. Jh. an. Die Vorhalle stammt aus dem 11. Jh., die Wandfresken aus dem 12. und 13. Jh. Rote Backsteinbänder zieren die Außenwand – ein anspruchsvolles und sehr harmonisches Dekor, das typisch für die Zeit der Merowinger ist.

Familienspaß Futuroscope

Nach all den Blicken auf und in die Vergangenheit erfrischt eine Vision der Zukunft. Jedoch: Auch das futuristische Futuroscope altert. 1987 wurde das 70 ha große Gelände am Nordrand von Poitiers – mit eigener Ausfahrt an der Autobahn A 10 – eröffnet. Formenreiche Architektur aus Glas und Stahl spiegelt sich in weiten Wasserflächen und reflektiert ihrerseits die Landschaft. Der Besucher genießt lichtdurchflutete Räume voll von Imaginationen, die wiederum die eigene Vorstellungskraft beflügeln.

Visuelle Eindrücke sind das generelle Thema des Futuroscope. Das schnelllebige Bild, so lehrt uns die Einrichtung, ist längst unsere vorrangige Informationsquelle und verlangt nach weiterer Perfektionierung. Mehrere Pavillons stellen jeweils ein technisches Mittel vor, mit dessen Hilfe sich unser Auge hinters Licht führen lässt. Mal werden hoch auflösende Bilder in schneller Folge (60 Bilder pro Sekunde gegenüber 24 beim herkömmlichen Film) auf Riesenleinwände projiziert, mal Sitze hydraulisch bewegt oder Klangeffekte beigegeben, um Visionen real erscheinen zu lassen. Leinwände von 180 und 360 Grad simulieren das Blickfeld des Menschen bzw. seinen Umkreis, in dem er sich sogar drehen und der gewünschten Szene zuwenden kann. In einem anderen Pavillon suggerieren gegeneinander verschobene, durch Spezialbrillen betrachtete Bilder Räumlichkeit. Ein experimentales, interaktives Kino erlaubt es dem Zuschauer, über den weiteren Verlauf der Handlung zu entscheiden. Spiele, Trickfilme oder Musik speziell für Kinder ergänzen das Angebot des Futuroscope. Im Téléport forschen Unternehmen der Computer- und Kommunikationsbranche, befinden sich Ausbildungsplätze der Luft- und Raumfahrt und werden Kongresse abgehalten.

Fast 3 Mio. Besucher jährlich sind Bestätigung für ein überzeugendes Konzept, aber auch Garantie dafür, dass man sich vor den Restaurants und Pavillons auf Warteschlangen einzurichten hat. Kluge Reiseplaner beugen vor, indem sie sich mit Proviant ausstatten, ihr Hotel bzw. den Campingplatz »Le Futuriste« in Parknähe vorausbuchen oder in Poitiers übernachten (vom Bahnhof Pendeltaxi).

Öffnungszeiten: Juli–Aug. tgl. 9–23, übrige Monate 9–18 Uhr, an Feiertagen und Wochenenden mitunter auch länger; Preise: Je nach Saison pro Tag 25–33 € (Kinder 15–25 €); Auskunft: Futuroscope, Beethovenplatz 1–3, 60325 Frankfurt, Tel. 069/97 46 71 82, Fax 97 46 71 00; Parc du Futuroscope, B.P. 2000, Route Nationale 10, F-86130 Jaunay-Clain,
Tel. 05 49 49 30 80,
Fax 05 49 49 30 25.

Der erwähnte angevinische Stil, auch Plantagenêt genannt, trägt seinen Namen nach dem Großreich, das Henri II und Aliénor begründeten. Das Königspaar stiftete auch die **Cathédrale St-Pierre** 11, die diesen Stil dokumentiert: in Grund- und Aufriss noch eine romanische Hallenkirche mit drei fast gleich hohen Schiffen, verknüpft jedoch mit gotischen Elementen, etwa den Kreuzrippengewölben und der Fensterrose über dem Portal. Auch die Maße (100 m lang, Chorhaupt 49 m hoch) weisen schon auf zukünftige Entwicklungen hin. Mit dem Bau der Kathedrale wurde 1166 begonnen, die Türme und der obere Teil der Fassade gelangten erst im frühen 15. Jh. zum Abschluss.

St-Pierre ist aber nicht nur von hohem architektonischen Reiz, sondern überzeugt ebenso durch überragende künstlerische Leistungen. Der gotische Schmuck über den drei Portalen zeigt von links nach rechts: Tod Mariä und Krönung; Jüngstes Gericht (mit Toten, die aus ihren Gräbern steigen); Szenen aus dem Leben des hl. Thomas. Letzteren soll es nach Madras in Indien verschlagen haben, und so kündet ein Bild von der wundersamen Errichtung eines indischen Palastes. Leider tragen auch diese Reliefs die Blessuren aus Religionskriegen und Revolution. Umso erstaunlicher, dass in der Apsis ein Fenster aus dem 13. Jh. unbeschadet blieb. Aus dieser Zeit stammt auch das Chorgestühl, das älteste Frankreichs, dessen Schnitzereien beispielsweise die Jungfrau mit dem Kinde, Engel, Fabelwesen und den Baumeister bei der Arbeit zeigen. Ein weiteres Prachtstück ist die 1787–91 von François Henri Clicquot gebaute Orgel, eine der schönsten Europas.

In der Grand' Rue, die seit der Stadtgründung als Handelsstraße benutzt wird, und der parallel verlaufenden Rue de la Cathédrale stehen noch Häuser aus dem 15.–18. Jh.

Fenster aus dem 13. Jh. in der Kathedrale St-Pierre

Über eine der Straßen geht es wieder Richtung Zentrum, vor Notre-Dame jedoch rechts ab zum **Jardin des Plantes** 12. Nördlich davon erhebt sich in einem ehemaligen Mühlen- und Gerberviertel die Abteikirche **St-Jean-de-Montierneuf** 13, 1096 von Papst Urban II. geweiht. Finanzknappheit verhinderte die Fertigstellung nach ursprünglichem Plan.

Auf dem Rückweg zur Notre-Dame sind in der Chaussée des Trois Rois, Rue de la Chaîne und Rue Descartes weitere alte Bürgerhäuser zu sehen, darunter als wohl schönstes das **Hôtel Fumé** (8, Rue Descartes) 14, das im 16. Jh. für Bürgermeister François Fumé errichtet wurde und heute Sitz der Fakultät für Kunst und Geisteswissenschaften ist.

Fahrten durchs Poitou

Ca. 285 km, 1–2 Tage

Wogende Sonnenblumenfelder vor stahlblauem Himmel, Gewölbe aus sattgrünem Laub über träge dahinziehenden Flüssen, weiß blitzende Schlossruinen hoch über verschlafenen Dörfern. – Nein, dem Poitou mangelt es wahrlich nicht an bedeutenden Denkmälern und verträumten Landschaften. Wer sein Quartier an der Küste aufgeschlagen hat, dem erscheint das Hinterland fast überreich an Kunstschätzen – und auch etwas unübersichtlich. Und so zieht sich manch einer rasch in seine Sandburg zurück, ermattet und überzeugt davon, dass es ein exotischer Menschenschlag sein muss, der in solch kulturlastigen Gefilden seinen Urlaubsfrieden findet.

Um das Maß nicht allzu voll zu machen, sei eine knappe Auswahl getroffen: zunächst ein paar Ziele bei Poitiers, dann auf gewundenen Wegen zu einigen der schönsten Flusslandschaften in der Region.

Doch was versteht man eigentlich unter diesem Poitou, das auf modernen Landkarten meist gar nicht erscheint? Grob gesagt: das Gebiet um Poitiers. Historischer Keim ist der Siedlungsraum der Pictonen, ein Land zwischen Loire und Sèvre Niortaise, Küste und Gartempe. Diesem Gebiet entsprach ungefähr auch die mittelalterliche Grafschaft Poitou. In der heutigen Region Poitou-Charentes ist davon nur noch ein Fragment geblieben: die Departements Deux-Sèvres und Vienne.

Zu den Ufern von Vienne und Gartempe

Tipps & Adressen

Chauvigny S. 275, St-Savin-sur-Gartempe S. 318f.

Wenn am 11. November Kinder mit Laternen singend hinter einem Mantelträger durch die Straßen ziehen, dann denkt wohl niemand daran, dass dieser Berittene aus Ungarn stammte und Sohn eines römischen Tribuns war. Martin, um 316 in Savaria (heute: Szombathely) geboren und einige Jahre Offizier in der römischen Armee, war nach der Legende bei Amiens einem frierenden Bettler begegnet, dem er die Hälfte seines Soldatenmantels überließ. Nachdem ihm im Traum Christus in diesem halben Mantel erschien, beschloss Martin, sich vom berühmten Bischof Hilarius im Baptisterium zu Poitiers taufen zu lassen. 361 bezog er als Mönch eine verfallene gallo-römische Villa im heutigen **Ligugé** **1**, das erste Kloster auf gallischem Boden. Zehn Jahre später wählte die Stadt Tours den inzwischen berühmten Mann zum Bischof. Dieser hl. Martin von Tours, wie er nach seinem späteren Wirkungsort genannt wird, starb am 8. November 397. Er wurde zunächst in der von ihm in Ligugé gegründeten Basilika beigesetzt, doch stahlen Mönche aus Tours die Reliquien und überführten sie in das Kloster Marmoutier.

Im frühen 16. Jh. gab Geoffroy d'Estissac (s. S. 129) als Prior von Ligugé den Auftrag für den spätgotischen Neu-

Auf dem Weg durchs Poitou

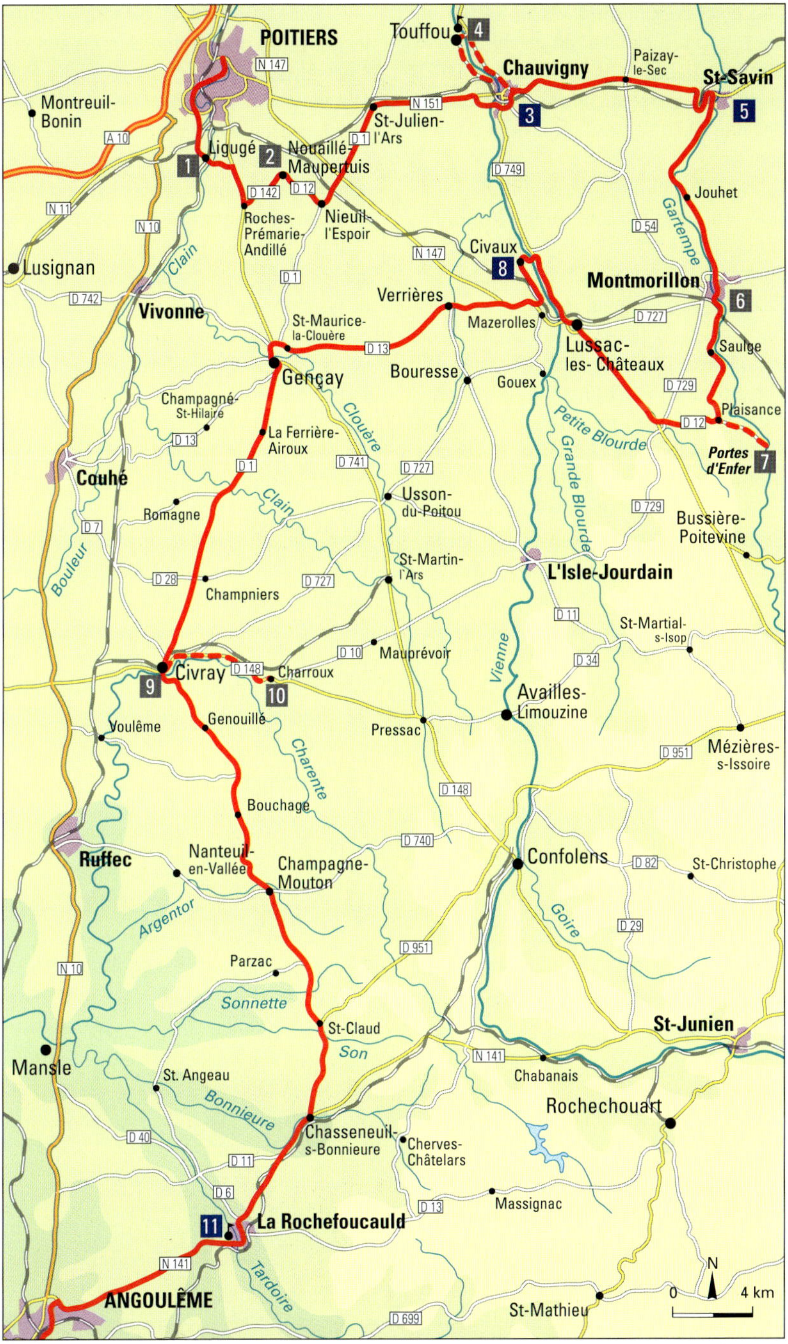
POITIERS
Touffou
4
Chauvigny
Paizay-le-Sec
St-Savin
5
3
N 147
N 151
Montreuil-Bonin
A 10
St-Julien-l'Ars
D 1
Ligugé
2
Nouaillé-Maupertuis
1
D 142
D 12
D 749
N 11
Roches-Prémarie-Andillé
Nieuil-l'Espoir
Jouhet
Gartempe
D 54
N 10
Clain
N 147
Civaux
8
Lusignan
D 1
Montmorillon
6
D 742
Vivonne
Verrières
St-Maurice-la-Clouère
Mazerolles
D 727
Lussac-les-Châteaux
D 13
Saulge
Gençay
Bouresse
Gouex
D 729
Champagné-St-Hilaire
Clouère
Petite Blourde
Plaisance
D 12
La Ferrière-Airoux
D 13
Portes d'Enfer
7
D 741
D 1
D 727
Grande Blourde
Couhé
Usson-du-Poitou
Clain
D 729
Romagne
Bussière-Poitevine
D 7
St-Martin-l'Ars
L'Isle-Jourdain
Bouleur
D 28
Champniers
D 727
D 11
St-Martial-s-Isop
D 10
Mauprévoir
Vienne
D 34
Civray
D 148
Charroux
9
10
Availles-Limouzine
Genouillé
Pressac
Vouléme
Mézières-s-Issoire
D 951
Charente
D 148
Bouchage
D 740
Confolens
Nanteuil-en-Vallée
Champagne-Mouton
D 82
St-Christophe
Ruffec
Goire
Argentor
D 29
D 951
N 10
Parzac
Sonnette
St-Claud
St-Junien
Son
N 141
Mansle
Chabanais
St. Angeau
Bonnieure
Rochechouart
Chasseneuil-s-Bonnieure
Cherves-Châtelars
D 40
D 11
D 6
D 13
Massignac
11
La Rochefoucauld
N 141
Tardoire
N
ANGOULÊME
0
4 km
St-Mathieu
D 699

bau der heutigen Pfarrkirche St-Martin. Im runden Turm der angeschlossenen Konventsgebäude wohnte von 1524–27 Geoffroys Sekretär, François Rabelais, der hier Teile seiner berühmten Satiren schrieb.

Nicht weit von Ligugé lohnt die einstige Benediktinerabtei von **Nouaillé-Maupertuis** 2 mit ihrer – in einigen Partien noch romanischen – Kirche den Besuch. In der Apsis steht ein schöner Sarkophag aus dem 9. Jh., doch locken vor allem die romantische Anlage des Ortes und seine historische Bedeutung. 1356, während des Hundertjährigen Krieges, fand bei Nouaillé die dritte große Schlacht um Poitiers statt. Sieger war der berüchtigte Schwarze Prinz, Sohn von Englands Regenten Edward III., der hier Frankreichs König Jean le Bon, Johann den Guten, gefangen nahm. Der Friede von Brétigny bescherte Jean 1360 die Freiheit, neun Jahre später eroberten die Franzosen Poitiers zurück.

Unsicheren Zeiten verdankt **Chauvigny** 3 an der Vienne sein Entstehen. Über Fluss und Stadt thronen die Ruinen von fünf Festungen des 11.–15. Jh., die den geistlichen und weltlichen Herren von Poitiers als Zuflucht dienten, wenn in der Hauptstadt die Waffen klirrten. Das einst bischöfliche Château Baronnial beherbergt heute eine viel besuchte Adlerwarte, während im Donjon de Gauzon das Musée des Traditions populaires et Archéologie untergebracht ist. Von den beiden romanischen Kirchen Chauvignys ist vor allem St-Pierre in der Oberstadt einen Besuch wert. Das Gotteshaus aus dem 11./12. Jh. besitzt im Chor sehr schöne Kapitelle; leider wurden sie im 19. Jh. mit einer recht aufdringlichen Bemalung versehen.

Durch Chauvigny verlaufen zwei Straßen, die den Fluss Vienne begleiten. Die attraktivere von beiden ist die geschlängelte Gasse am linken Ufer, die im Norden nach Bonnes und zum **Château de Touffou** 4 (s. Chauvigny S. 275)

Ein Zentrum der Porzellanherstellung: Chauvigny im Vienne-Tal

führt. Allein der Fahrt wegen lohnt der Abstecher, auch wenn das Schloss (ursprünglich 11./12. Jh., Wohnflügel der Renaissance von 1560) und sein Garten Besuchern leider nur an Sommerwochenenden offen stehen.

Etwa 20 km östlich von Chauvigny ist **St-Savin-sur-Gartempe** 5 erreicht. Über die Gartempe führt hier ein Vieux Pont aus dem 13./14. Jh., dessen spitz zulaufende Wellenbrecher Hinweis darauf geben, dass sich der Fluss nicht immer träge durch sein Bett wälzt. An seinem linken Ufer steht eine Abtei, die im 9. Jh. gegründet, wenig später von Normannen zerstört und im 11. Jh. wieder aufgebaut wurde. Ihre Kirche besitzt beachtliche Ausmaße und ist die älteste Hallenkirche des Poitou. Zeitweilig verfallen, wurde sie ab 1836 sorgsam restauriert. Berühmt ist ihr romanischer Freskenzyklus, der besterhaltene Frankreichs, der in enger Farbpalette Kapitel aus dem Alten Testament illustriert. Die bedeutendsten Gemälde befinden sich im Langhaus, dort sieht man links Szenen aus der Schöpfungsgeschichte, die Sintflut, den Auszug aus Ägypten und die Übergabe der Gesetzestafeln an Moses, rechts u.a. den betrunkenen Noah, den Turmbau zu Babel sowie Abraham und Lot.

Nicht sehr ergiebig ist zunächst die Weiterfahrt bis **Montmorillon** 6, ein bedeutendes Zentrum der französischen Schafzucht, in deren Kirche Notre-Dame romanische Wandmalereien (12./13. Jh.) erhalten blieben. Wer von dort der D 5, später D 12 Richtung Süden folgt, genießt eine herrliche Flusslandschaft mit den **Portes d'Enfer** 7 (›Höllentore‹) bei Lathus als Höhepunkt.

Über die Nationalstraße N 147 gelangt man zurück zur Vienne und biegt nach Überqueren des Flusses rechts ab nach **Civaux** 8. Vor der wenig genehmen Kulisse des dortigen Kernkraftwerks breitet sich einer der ungewöhnlichsten Friedhöfe Frankreichs aus. Mehr als 15 000 Gräber aus der Zeit der Merowinger – andere Quellen sprechen gar von 20 000 – muss es hier einst gegeben haben. Im 17. Jh. wurde ein großer Teil der alten Sarkophagdeckel dazu verwendet, einen neuen, kleineren Friedhof einzugrenzen. Zwischen den jüngeren Gräbern sind immerhin noch rund 500 Merowingersärge sowie die Ruine einer Kapelle zu besichtigen. Die gewaltige Größe der Nekropole gab Anlass zu allerlei Vermutungen, und natürlich kam auch der Gedanke auf, hier seien die Gefallenen der Schlacht gegen die Westgoten beigesetzt.

Unterwegs zur Charente

Tipps & Adressen

La Rochefoucauld S. 308

Von Civaux oder – falls man den Bogen zu Vienne und Gartempe auslassen möchte – direkt von Poitiers führt der Weg nach **Civray** 9. Die romanische Eglise St-Nicolas besitzt eine reich skulptierte Fassade aus dem 12. Jh., u. a. mit einer Darstellung der Klugen und der Törichten Jungfrauen. Zehn Damen suchen in der Dunkelheit den Weg zum Gatten, doch fünf von ihnen verschütten ihr Lampenöl, sodass ihnen nur noch die Klage über die eigene Dummheit bleibt. Dieses Gleichnis, das die Romanik bildnerisch nicht selten aufgegriffen hat, sollte den Christen mahnen, seine Mittel mit Bedacht einzusetzen – nur dann würde er ins Paradies gelangen. Zugleich gab es den Bildhauern die Möglichkeit, weibliche Sinnlichkeit und Tugend darzustellen. An eine gute Tat des hl. Nikolaus, dem die

Kreuzgang des Karmeliterklosters in La Rochefoucauld

Kirche geweiht ist, erinnern fünf Statuen zur Rechten: Der Heilige warf drei Mädchen, die vom hoch verschuldeten Vater an ein Freudenhaus verkauft werden sollten, Goldkugeln zu, mit denen sie sich freikaufen konnten.

Ruinen des einst größten Klosters des Poitou sind in **Charroux** 10 (s. La Rochefoucauld S. 308) erhalten. Die 1096 von Papst Urban II. geweihte Benediktinerabtei St-Sauveur besaß gleich mehrere Reliquien und war deshalb ein bedeutendes Pilgerziel. 1762 wurde das Kloster aufgelöst, nach der Revolution erfolgte der partielle Abriss. Zu sehen sind lediglich noch der südöstliche Teil der Kirche mit dem romanischen Turm (11. Jh.) sowie Reste der Konventsgebäude, in denen der Kirchenschatz ausgestellt ist.

Letzter Halt vor Angoulême ist der idyllisch am Fluss Tardoire gelegene Ort **La Rochefoucauld** 11. Der Blick aus der Ferne verdeutlicht die gewaltigen Dimensionen seines Schlosses, das im 11. Jh. gegründet wurde und sein heutiges Aussehen in den Jahren 1528–38 erhielt (darin heute einige luxuriöse Gästezimmer). Berühmtester Spross der dort residierenden Familie war Herzog François VI de la Rochefoucauld (1613–80), Verfasser der »Réflexions ou sentences et maximes morales« (»Betrachtungen oder moralische Sentenzen und Maximen«). Das Werk lehrt, dass die treibende Kraft allen menschlichen Handelns der Egoismus ist. »Unsere Tugenden sind unsere Laster.« Das prunkvolle Schloss scheint dem Gedanken nichts entgegensetzen zu wollen. Zu den Höhepunkten der Besichtigung zählen der Treppenaufgang im Südflügel, der Innenhof mit Renaissance-Arkaden und die Küchenräume.

Im Ort, der sich am Fuß des Schlosshügels ausbreitet, lohnt ein Besuch der Apotheke aus dem 17. Jh. und des ehemaligen Karmeliterklosters aus dem 14. Jh. (im gut erhaltenen weitläufigen Kreuzgang Exponate zur Vorgeschichte der Region).

Angoulême

Tipps & Adressen S.260ff.; 1 Tag

■ »Angoulême ist eine alte Stadt, auf dem Gipfel eines Felsens erbaut, der die Form eines Zuckerhutes hat und die grüne Ebene beherrscht, durch die die Charente fließt«, beschreibt Honoré de Balzac in seinem Roman »Die Verlorenen Illusionen« (1843) die einst bedeutende Provinzmetropole auf dem Kalksteinplateau.

Die aus der Römersiedlung Encolisma hervorgegangene Bischofsstadt, die schon in vorrömischer Zeit als Fluchtburg gedient hatte, entwickelte sich im Mittelalter zu einem Hauptort der Jakobspilgerschaft auf dem Weg nach Santiago de Compostela.

Eine zweite Blütezeit erlebte die heutige Hauptstadt des Departements Charente während der Renaissance, als sie zu einem Zentrum der Literatur aufstieg. François I (1494–1547) aus dem Herrscherhaus Valois, der 1515 den Thron Frankreichs bestieg, und seine gebildete Schwester Marguerite (1492–1549) zogen Künstler und Dichter in die Stadt.

Bereits im 16. Jh. war die Region bekannt für ihre Papierproduktion, die hauptsächlich von den Hugenotten betrieben wurde. Angezogen von der toleranten Herrscherin Marguerite, die auch die Reformiertenkreise förderte, hatten nicht nur Literaten, sondern auch das Druck- und Papiergewerbe Einzug gehalten. Über 100 Mühlen an den Zuflüs-

Angoulême

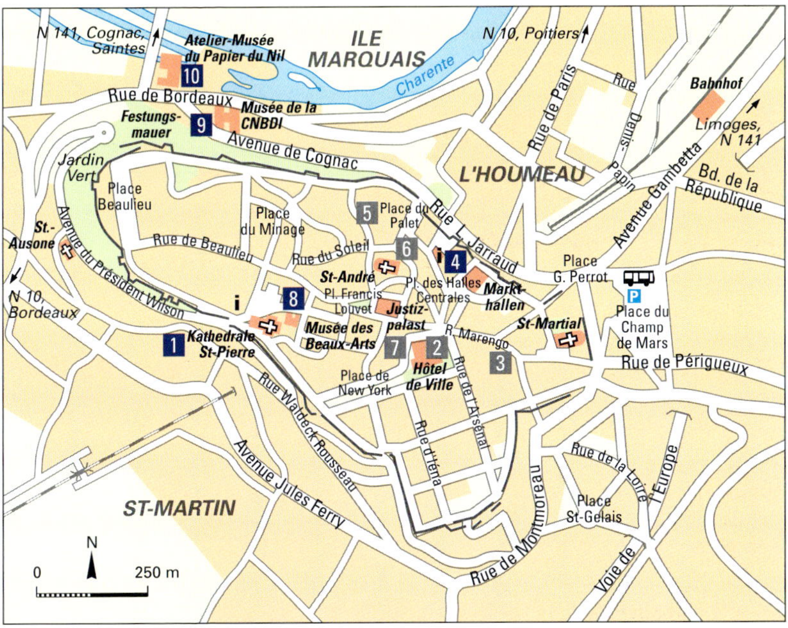

Dichter und Denker in Angoulême

Dass Angoulême im 16. Jh. zu einem Zentrum der Dichter wurde, ist einer der zu ihrer Zeit wohl gebildetsten Frauen Europas zu verdanken: Marguerite d'Angoulême (1492–1549) schuf zusammen mit ihrem Bruder François (1494–1547) in der Stadt eine für Kunstschaffende sehr fruchtbare Atmosphäre, förderte das Geistesleben, zog Künstler und Denker an und betätigte sich selbst als Literatin. Ihr bekanntestes Werk ist das »Heptaméron des nouvelles«, eine Sammlung erotischer Novellen, die als das französische Pendant zu Boccaccios »Decamerone« gelten. Marguerite verkehrte brieflich mit Erasmus auf Hebräisch, Griechisch und Latein, sprach neben Französisch Italienisch und Spanisch. In ihrer Dichtkunst sind neben christlichen Einflüssen auch solche Platons zu finden.

Das Ende des Hundertjährigen Krieges und die Wiederentdeckung der Werte und Werke der Antike führte Europa in eine neue Epoche – die Renaissance –, in deren Verlauf sich Humanismus und Reformation entwickelten. Eine ihrer Keimzellen war das von Marguerite geprägte Angoulême. Die tolerante Novellistin, die 1527 durch Heirat Königin von Navarra wurde, förderte, ohne selbst den Glauben zu wechseln, die Reformiertenkreise und gewährte auch Glaubensflüchtlingen Asyl. Ihr Bruder kam 1515 auf den Thron Frankreichs und begünstigte nun in Paris Kunst und Wissenschaft. Er holte u. a. Leonardo da Vinci an seinen Hof.

Angoulême blieb auch nach dem Weggang des Geschwisterpaares ein bedeutendes geistiges Zentrum. Viele Dichter und Denker kamen, die man noch heute kennt. Unter ihnen war Johannes Calvin (1509–64; eigentlich Jean Cauvin). Als offener Verfechter der Reformation musste er Paris verlassen und flüchtete 1533 zunächst nach Angoulême. Fast drei Jahre blieb er und arbeitete an seinem Hauptwerk »Unterricht in der christlichen Religion«, bevor er erst nach Basel und dann nach Genf weiterzog. Dieses Werk legte den Grundstein für den Calvinismus, der Europa und vor allem Nordamerika stark beeinflussen sollte. Zentraler Punkt war seine Form der Prädestinationslehre (Lehre von der Vorherbestimmung des menschlichen

sen der Charente stellten Filigranpapier her, das vor allem nach Holland exportiert wurde. Mit der Einführung der maschinellen Produktion begann ab 1830 der Niedergang der alten Betriebe. In der Unterstadt entstanden die neuen Fabriken. Honoré de Balzac, Literat des 19. Jh., der eine Zeitlang in Angoulême lebte, äußerte sich in seinem oben zitierten Roman »Die Verlorenen Illusionen« über die soziale Kluft zwischen der Angoulêmer Ober- und Unterstadt: »Auf

Schicksals durch Gott): Die Auserwähltheit des Menschen sei *auch* an den Lebensverhältnissen, ja, am wirtschaftlichen Erfolg, erkennbar. Im Unterschied zu Luther vertrat er in der Abendmahlslehre die Gegenwart Christi im Geist und hielt nicht an der Notwendigkeit seiner wirklichen Anwesenheit fest.

Das Werk des Literaten Honoré de Balzac (1799–1850) ist ein Querschnitt durch die zeitgenössische Gesellschaft, insbesondere nahm er ihr Streben nach Besitz und ihre Genusssucht kritisch unter die Lupe. Balzac gilt als Begründer des soziologischen Realismus. Drei Romane seines Hauptwerks »La comédie humaine« (»Die menschliche Komödie«) – unter diesem Titel sind 91 Erzählungen und Romane zusammengefasst – spiegeln auch das Leben in Angoulême wider. Der Held von »Louis Lambert« sucht nach einer Ersatzreligion für das Christentum. Der Protagonist von »Verlorene Illusionen« ist Lucien Chardon, ein Dichter aus Angoulême, der der Provinz nach Paris entflieht, dort jedoch scheitert und verschuldet zurückkehrt; die Fortsetzung von Luciens Lebensgeschichte, er geht ein zweites Mal nach Paris, wird in »Glanz und Elend der Kurtisanen« erzählt. Balzac blieb lange in Angoulême, weil er in die Ehefrau seines Gastgebers verliebt war – dies allerdings wohl ohne Erfolg bei der Dame.

Auch Prosper Mérimée (1803–70) war angetan von den Damen in

Marguerite d'Angoulême

Angoulême, doch kam er eigentlich aus rein beruflichen Gründen in die Stadt. Er hatte in Paris Archäologie und Kunstwissenschaft studiert und wurde 1831 zunächst Inspektor der historischen Denkmäler Frankreichs. Auf seinen Reisen führte er Tagebücher, die später unter dem Titel »Memoiren eines Touristen« erschienen und in knapper, mit leiser Ironie gewürzter Sprache auch über Angoulême berichten. Weitere, bekanntere Werke sind »Carmen« (von Bizet als Oper vertont) und »Die Bartholomäusnacht«.

den Anhöhen regierte der Adel, unten bestimmte der harte Alltag in den Papierfabriken das Leben.« Heute erinnert in der Umgebung nur noch eine Papiermühle (Fleurac, s. S. 156) an die alte Tradition. Die anderen produzieren nicht mehr, sind z.T. verfallen, abgerissen oder in moderne Gehöfte eingebunden worden.

Heute ist Angoulême eine beschauliche Kleinstadt, von der einstigen Betriebsamkeit ist nur noch wenig zu spüren. Mit der Krise der Papierindustrie an der Charente um 1970 verlor der wichtigste Industriezweig der Stadt stark an Bedeutung. Alle Fabriken mussten ihre Tore schließen; eine wurde zum Museum, das Besuchern die Papierherstellung und das alte Druckgewerbe veranschaulicht.

Die Oberstadt

Serpentinen führen von der Unter- in die Oberstadt, vom Industrieviertel, wo einst die Papierfabriken rotierten, in die charmante Altstadt, wo Regierung und Adel residierten, »...jene alten Familien, die wie misstrauische Raben auf ihrem Felsen sitzen ... und so unerregt dahinleben wie ihre Stadt und ihre Felsen«, während unten Handel und Geld das Leben beherrsche, beschrieb Honoré de Balzac in seinem Roman zynisch die zwei Welten.

Die **Festungsmauer,** die im 4. Jh. begonnen und im 12./13. Jh. vollendet wurde, umschließt den 70 m hohen Hügel. Ein 3 km langer Spazierweg führt entlang der Mauer der *ville haut* mit weitem Blick über den Fluss Charente und auf die Vorstädte und Fabriken.

Auf der höchsten Stelle des Felsvorsprungs thront die **Cathédrale St-Pierre** 1, ein Kunstwerk der romanischen Kirchenarchitektur, das sein Gesicht jedoch durch Zerstörung und Umbau im Laufe der Jahrhunderte stark verändert hat. 59 m ragt ihr an italienische Gefilde erinnernder Campanile, der frei stehende Glockenturm, in die Höhe, 30 m hoch ist die reich verzierte Skulpturenfassade. Bischof Girard II von Angoulême ließ den Vorgängerbau abreißen und zwischen 1110 und 1128 diese Kathedrale mit der größten Fassade der romanischen Zeit errichten. Über 70 Skulpturen stellen Szenen von Himmelfahrt und Jüngstem Gericht dar. Sechs Engel bejubeln den Aufstieg Christi, der umgeben ist von den vier Evangelistensymbolen: dem geflügelten Löwen, dem geflügelten Rind, dem Adler und einem Engel. Freude zeichnet das Gesicht von acht tanzenden Heiligen, die die Wiederkehr und den Triumph Christi feiern. Elf der zwölf Apostel nehmen Abschied von ihrem Herrn. Judas fehlt bereits, und Matthias wurde noch nicht berufen. Im Seitenportal ist eine Folge von kämpfenden Rittern zu sehen.

Beeindruckend groß ist das Innere der Kathedrale. Der Baumeister folgte der périgordinischen Schule des 12. Jh. Der einschiffige Saalbau wird von vier Kuppeln überwölbt. Die Kapitelle mit Pflanzenmotiven im Chorbereich – typisch für die frühromanische Zeit, während der Figurenschmuck erst später aufkam – stammen zum Teil noch aus dem 9. Jh. Das imposante Gotteshaus wurde während der Religionskriege von den Calvinisten 1562 stark beschädigt, im 17. Jh. restauriert und im 19. Jh. von Paul Abadie (1812–84), der auch die Pariser Sacré-Cœur nach dem Vorbild der Angoulêmer Kathedrale entwarf, neu gestaltet.

Wo früher das Schloss der Grafen von Angoulême stand, erbaute derselbe Abadie zwischen 1858 und 1869 als Mittelpunkt des Stadtzentrums das **Hôtel de Ville** (Rathaus) 2 in einem Mischstil aus Gotik und Renaissance. Vom ehemaligen Herzogschloss erhalten und integriert in den Bau sind die Tour Polygone aus dem 13./14. Jh. und die Tour Valois aus dem 15. Jh., die angebliche Geburtsstätte der Marguerite d'Angoulême, der späteren Königin von Navarra. Hier findet eine permanente Ausstellung zur Stadtgeschichte statt. Im Garten erinnert eine Statue an diese

Blick von der Promenade des Remparts auf die Unterstadt

berühmte Schriftstellerin, Politikerin und Kunstmäzenin (s. S. 150).

Gegenüber dem Rathaus beginnt die **Rue Marengo** 3, eine Fußgängerzone mit kleinen Plätzen und schönen Brunnen. Über die Rue du Général de Gaulle gelangt man zu den 1886 von dem Architekten Edouard Warin erbauten **Markthallen** 4. In den umliegenden Altstadtgassen gibt es zahlreiche Restaurants, Bars und Weinstuben. Von der Place des Halles kann man entgegen dem Uhrzeigersinn der **Promenade des Remparts** entlang dem Stadtwall mit seinen Rundtürmen und Bastionen folgen. An der **Place du Palet** 5 befand sich im Mittelalter das Eingangstor zur Stadt und wurden bis zum 14. Jh. Exekutionen durchgeführt. Hier zog François I nach seiner Rückkehr aus der Gefangenschaft in Madrid, in die er nach seinem erfolglosen Kampf gegen den deutschen Kaiser und spanischen König Karl V. um das Herzogtum Mailand und gegen die spanisch-habsburgische Übermacht gelangt war, voller Triumph in seine Heimatstadt ein.

Zwischen den Markthallen, dem Justizpalast (s. u.) und der Kathedrale St-Pierre sind zahlreiche Stadtpalais aus dem 17. und 18. Jh. erhalten. In der Rue de Genève Nr. 34 existiert noch das Haus, in dem Johannes Calvin (1509–64) 1534 eine Weile gelebt hat und das heute das **Musée de la Résistance et de la Déportation** beherbergt. In der Rue de la Cloche Verte Nr. 15 ist das Hôtel St-Simon aus dem Jahre 1530 mit einer schönen Renaissancefassade zu sehen, in dem der **Fonds Régional d'Art Contemporain Poitou-Charentes** (FRAC), das Museum für zeitgenössische Kunst, untergebracht ist. Die gotische **Eglise St-André** 6 aus dem 15. Jh., sie wurde 1821/22 von Abadie senior wieder aufgebaut, steht nördlich des 1828 von demselben errichteten **Palais de Justice** 7. Auf dem Weg zurück zur Kathedrale kommt man am ehemaligen Bischofspalais aus dem 12. Jh. (Umbau im 15./16. Jh.) vorbei, in dem sich heute das **Musée des Beaux-Arts** 8 befindet. Das städtische Kunstmuseum zeigt Werke europäischer Maler (16.–19. Jh.) und Künstler der Region (14.–20. Jh.) sowie Funde aus vor- und frühgeschichtlicher Zeit. Prunkstück des Museums ist der keltische Agris-Helm aus dem 4. Jh. v. Chr. Bekannt ist das Museum auch für seine afrikanische und ozeanische Kollektion.

Die Unterstadt

Eine Attraktion der Unterstadt ist seit 1991 das **CNBDI** (Centre National de la Bande Dessinée et de l'Image) 9, ein Comiczentrum, in dem von Roland Castro umgestalteten Gebäude einer ehemaligen Brauerei. Der Architekt verlieh ihm einen originellen Anstrich, indem er eine postmoderne Spiegelglasfront vorsetzte. Auf fast 6000 m^2 dokumentieren 250 Originale aus einer Sammlung von rund 5000 Zeichnungen und Videofilme die Geschichte des französischen Comics *(Bande dessinée)* von 1830 bis zur Gegenwart. Seit 1974 findet in Angoulême alljährlich am letzten Wochenende im Januar ein Internationales Comicfestival statt, zu dem sich Fans und Profis aus aller Welt einfinden.

Direkt gegenüber des CNBDI liegt das **Atelier-Musée du Papier du Nil** 10 in dem Gebäude der ehemaligen Papierfabrik Bardou-Le Nil, die ihren Mühlenbetrieb 1835 auf maschinelle Produktion umgestellt hatte und seit 1887 auf die Herstellung von Zigarettenpapier spezialisiert war. Anfang der 70er Jahre des 20. Jh. wurde der Betrieb geschlossen. Das 1988 eröffnete Museum präsentiert die Geschichte der Papierindustrie und veranschaulicht den Herstellungsprozess der Papiermasse erst aus Lumpen, viel später dann aus Holz und schließlich aus Altpapier bis zum Entstehen von Papierbögen. Außerdem sind Reklameplakate und Zigarettenschachteln ausgestellt, deren exotische Papierlabels die Firma Nil im 19. Jh. hauptsächlich für den ägyptischen Markt kreierte.

Setzkasten besonderer Art: Zigarettenpapier-Kästchen im Atelier-Musée du Papier du Nil

An der Charente

Ca. 310 km, 3 Tage

Trauben auf 80 000 ha Land, und doch: Die Charente zählt nicht zu Frankreichs führenden Weinbauregionen. Ugni blanc, so der Name der hier verbreiteten Rebsorte, ist viel zu ertragreich, zu saftig, um einer solchen Aufgabe gewachsen zu sein. Nein, ihr idealer Lebenszweck ist es, nach doppeltem Brand in ein Eichenfass gebettet zu werden und dort einer besseren Zukunft zu harren. Was die Kellermeister heute kreieren, werden sie selbst wohl nicht mehr in höchster Reife kosten. Das dürfte für viele von uns ebenso gelten, denn ein Cognac der Spitzenklasse – von ihm ist die Rede – erreicht seine Vollendung erst nach 50 Jahren.

Der Grieche Strabon erwähnt in seiner »Geographie«, die kurz nach der Zeitenwende entstand, einen Weißwein der Charente, einen Fusel, der zumeist zu Essig verarbeitet wurde. Heimkehrende Kreuzritter leiteten die Wende ein, als sie aus dem Nahen Osten ein erstes Destilliergefäß mitbrachten. 1475 erteilte ein königliches Dekret der Region, die nach dem Hundertjährigen Krieg der wirtschaftlichen Sanierung bedurfte, die Erlaubnis, neben Wein und Essig auch Weinbrand herzustellen.

Die Rechnung war einfach: Mehr Alkohol bedeutete mehr Rausch bei geringerer Schiffsladung. Immerhin wurde das hochprozentige Duselwasser ja auf kleinen Booten mühsam flussauf und flussab verfrachtet, und bei einem solchen Geschäft wog jedes Gramm mindestens doppelt. Weiteres Stückgut auf der Charente waren, nachdem sich der Essig verflüchtigt hatte, Bruchsteine vom Oberlauf des Flusses, Papier aus Angoulême, Salz und Fisch von den Küsten.

Jedoch beginnt die Geschichte des Cognac erst im 17. Jh., als (laut Legende) in Segonzac der Chevalier de la Croix Marron das Verfahren des zweifachen Brennens erfand: Nach der Lese und einer vierwöchigen Gärung wird der nunmehr siebenprozentige Wein über offenem Feuer acht Stunden lang geköchelt. Der aufsteigende Dampf entweicht durch den ›Schwanenhals‹ des Destilliergefäßes und kondensiert in der kühlen, spiralförmigen ›Schlange‹ eines zweiten Kessels. Man erhält ein 25–35-prozentiges Destillat, das abermals eingefüllt und weitere zwölf Stunden erhitzt wird. Die zuerst aufsteigenden Dämpfe (›Kopf‹) haben einen zu geringen, die letzten (›Schwanz‹) einen zu hohen Alkoholgehalt für einen guten Cognac. Für Eau de vie, das ›Lebenswasser‹, das später durch Lagerung und Verschnitt veredelt wird, eignet sich nur das etwa 70-prozentige ›Herz‹ der Destillation.

Der zweite Brand, der den Cognac vom Armagnac unterscheidet, bescherte dem Getränk die seither hoch geschätzte Feinheit. Den Cognac-Boom eröffneten im 18. Jh. die Briten, die nicht nur den Handel in die Hand nahmen, sondern auch dankbarste Abnehmer waren. Das erklärt, warum einige der marktführenden Namen so schwer mit französischem Akzent auszusprechen sind.

Die Charente hat längst keinen Anteil mehr am eigentlichen Geschäft, sie ist stiller Teilhaber. 360 km legt sie von der Quelle bis zum Meer zurück, 171 km davon sind schiffbar. Auf dieser knappen Hälfte, dem Abschnitt zwischen Angoulême und Rochefort, tingeln heute Freizeitkapitäne im Kielwasser des alten Handelsverkehrs. Das Flussschippern ist preiswert und führerscheinfrei, sodass sich inzwischen Erholungssuchende aus ganz Europa auf der Charente einfinden, um durch die Idylle zu dümpeln. Letzte Abenteuer bescheren allenfalls die 21 Schleusen auf dem Weg, die mit ein wenig Erfahrung gemeistert sein wollen.

Die ausgewählte Tour folgt den Straßen, eignet sich aber auch für Flussurlauber, die von der Anlegestelle aus einen Teil der vorgeschlagenen Ziele mit dem Mietfahrrad erreichen. Auf dem Plan stehen vor allem die ruhmreichen Keller des Cognac und die romanischen Kirchen der Saintonge.

Im Angoumois

Tipps & Adressen

Jarnac S. 289

Wo heute Ugni blanc in flirrender Hitze reift, spendeten einst dichte Wälder Schatten. Doch nicht die Papiermühlen der Region raspelten den Naturschatz zugrunde, denn sie verarbeiteten bis ins frühe 19. Jh. ausschließlich Lumpen. Wasser war dabei unerlässlich, sowohl zur Bereitung der Rohmasse als auch zum Antrieb der Mühlräder. Über 100 Kleinbetriebe säumten ehedem die Ufer der Charente und ihrer Zuflüsse, nur zwei davon sind der Handarbeit treu geblieben: Moulin du Verger bei **Puymoyen** 1 (6 km südl. von Angoulême an der D 104) und Moulin de Fleurac bei

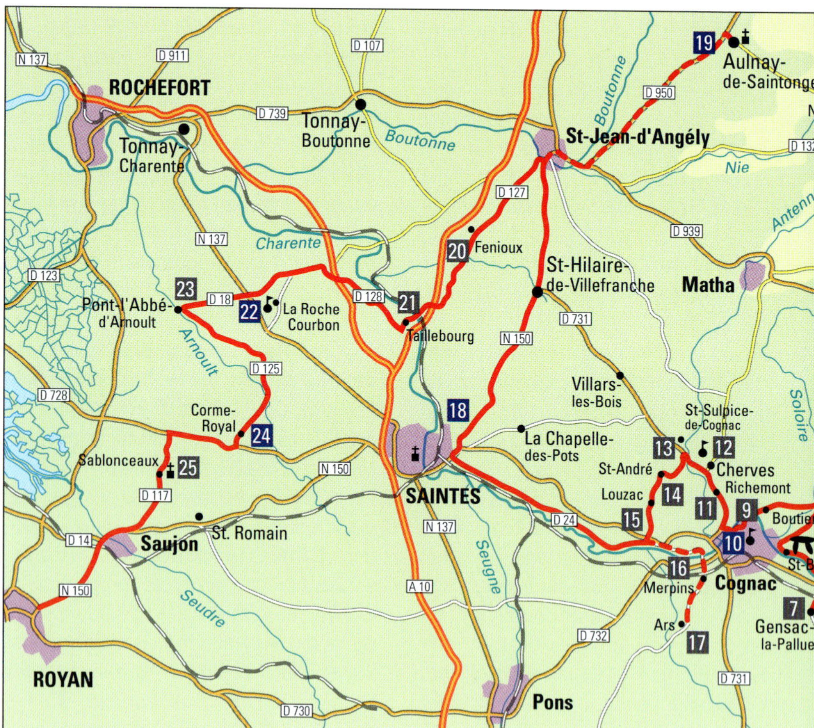

St-Michel 2 (5 km westl. an der D 699) (beide s. Angoulême S. 260ff.). Verger existiert seit 1539, das heutige Gebäude datiert ins Jahr 1639. Fleurac war dagegen ursprünglich eine Kornmühle (17. Jh.) und wurde erst 1978 umgebaut. Das Papier, das man hier kaufen kann, ist nicht nur schöner, sondern auch haltbarer als Industrieware.

Was manuelles Geschick und ein phantasievoller Kopf außerdem zaubern können, lässt sich am nördlichen Charente-Ufer in **Trois-Palis** 3 (s. Angoulême S. 260ff.) bestaunen – und verzehren. Schräg gegenüber der romanischen Dorfkirche (12. Jh.) formen die Konditoren der Chocolaterie Letuffe von Hand ein höchst feines Zuckerwerk.

Um auf den Wald zurückzukommen: Die Route nähert sich der Grande Champagne. Holzfäller prägten einst den Begriff, der ein waldreiches Land meint. Es ist umgeben von Petite Champagne, Borderies, Fins Bois, Bon Bois und schließlich, an der Peripherie, Bois Ordinaires. Die Abholzer ahnten nicht, dass ihre Klassifizierungen dereinst die Lagen eines Weinbrands kennzeichnen würden. Während im Zentrum, eben der Grande Champagne, Kalkgehalt und Klima ideal ausfallen, steigt in den Randzonen der Anteil an Ton und Feuchtigkeit, sodass die Trauben nicht mehr zu höchster Güte gelangen. Was aber geschah mit dem Wald? Ein Teil wurde in **St-Simon** 4 zu Lastkähnen *(gabares)* verarbeitet, die auf der Charente Salz und Cognac transportierten und den Marinestützpunkt Rochefort mit Nachschub versorgten. Durch St-Simon führt ein beschilderter Rundgang, u. a. zur Maison des Gabariers (s. Angoulême S. 260ff.), die über den Bootsbau informiert.

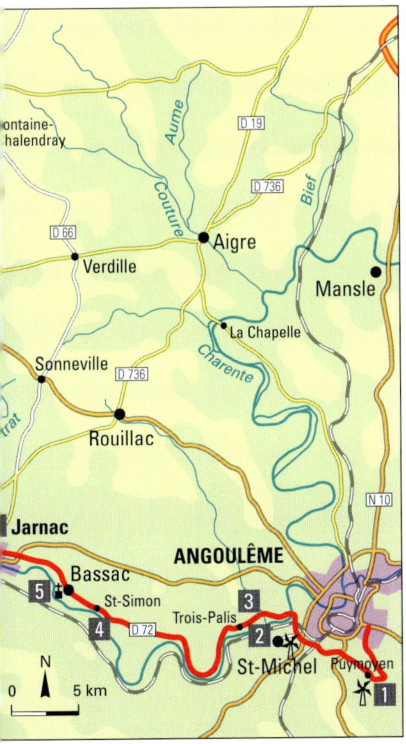

Zu den Wirkungsorten Calvins zählten 1534/35 auch die Städte an der Charente, doch gab es daneben Hochburgen des Katholizismus, die unter dem Einfluss berühmter Klöster standen. Die Benediktinerabtei von **Bassac** 5, um 1002 gegründet, war ein solcher Brennpunkt. Am 13. März 1569 trafen nicht weit von hier, bei Triac, die Heere der verfeindeten Lager aufeinander. Der Sieg der Katholiken bewahrte die Abtei nicht vor schweren Schäden. Sie wurde erst im 17. Jh. wieder aufgebaut, während der Revolution jedoch verlassen. 1947 bezog der Orden der Hl. Theresia vom Kinde Jesu die weitläufigen Gebäude. Die Klosterkirche besitzt eine restaurierte romanische Fassade (13. Jh.), deren Schießscharten von der berechtigten Besorgnis späterer Eigentümer zeugen. Ebenfalls ins 13. Jh.

An der Charente

datiert man ein Bildnis des hl. Nikolaus im Inneren der Kirche. Deutliche Spuren hinterließ ein über Jahrhunderte praktizierter Brauch, bei dem junge Mädchen die Füße der Statue berührten: Um nicht den Nöten ausgesetzt zu sein, aus denen der Heilige einst drei Jungfrauen befreite (s. S. 148), baten sie Nikolaus doch lieber gleich um einen treusorgenden Ehemann.

Streng katholisch war auch die Familie Mitterrand aus **Jarnac** 6, Essigfabrikanten alter Schule, die ihren am 26. Oktober 1916 geborenen Sohn auf den Namen eines Königs taufen ließen: François. Aus dem Kleinen wurde etwas: Zuerst ein Lehrer und Jurist, dann ein Widerstandskämpfer (1940), Übersee-, Innen- und Justizminister (1946–58), Führer der vereinigten französischen Linken (1972) und schließlich (1981) der Präsident Frankreichs. Mitterrand, einer der wichtigsten Befürworter der europäischen Einigung, starb am 8. Januar 1996 und wurde in Jarnac auf dem Cimetière des Grand's Maisons beigesetzt. Sein Geburtshaus befindet sich in der Rue Abel Guy, eine nach ihm benannte Stiftung, die Donation François Mitterrand, am Quai de l'Orangerie. In diesem ehemaligen Cognaclager sind Geschenke ausgestellt, die der Präsident während seiner Amtszeit von anderen Staatsmännern erhielt.

Wer den Eindruck hat, Jarnac sei nicht eben ein Muster an strahlender Sauberkeit – der hat Recht. Eine kleine Entschuldigung für die schwärzlichen Fassaden gibt es aber, und zwar einen Pilz namens Torula compniacensis (auch: coniacensis), der sich überall dort einnistet, wo Cognac lagert. Er ernährt sich vom *part des anges,* dem ›Anteil der Engel‹, was die berauschenden Dünste bezeichnet, die während der Reifung des Weinbrands aus den Eichenfässern entweichen. Pro Jahr rechnet man mit 8 Mio. Litern, die verdunsten, das ist etwa die Menge, die im gleichen Zeitraum in Frankreich getrunken wird. So gilt es denn, Jarnacs düsterste Gemäuer zu finden, um zum Hauptsitz der berühmten Firma Courvoisier zu gelangen. Es handelt sich um ein Schloss aus dem 19. Jh., das neben dem Cognac auch eine kleine Ausstellung zum Leben Napoléons besitzt.

Pallue heißt ein Moorgebiet südwestlich von Jarnac. In seinem Zentrum liegt **Gensac-la-Pallue** 7 mit der Kirche St-Martin aus dem 12. Jh. Martin, sonst an romanischen Fassaden selten abgebildet, erscheint hier sogar in einer Mandorla. In **St-Brice** 8 können Sportfreunde den Golfplatz und Liebhaber von Megalithbauten den Dolmen Garde Epée besuchen. Tatsächlich sind im Cognac recht viele solcher Steinsetzungen erhalten, die meisten aber nur mit größerem Aufwand zu erreichen. In **Boutiers** 9 lohnt eine Besichtigung der verfallenen Kirche St-Marmet (12.–15. Jh.) und des benachbarten Friedhofs mit seinen alten Grabsteinen.

Cognac

Tipps & Adressen S. 276f.

10 Mit nur 20000 Einwohnern keine große Stadt, aber ein Ort der großen Geschäfte. Um 950 wurde hier eine erste Festung zur Sicherung der Charente gegen Invasionen der Normannen errichtet. In ihrem Schutz entstanden im 11. Jh. eine Benediktinerabtei und ein Flusshafen, über den Salz und Wein verschifft wurden. Cognac, 1030 erstmals auf einer Landkarte unter dem lateinischem Namen Comniacum erwähnt, gelangte im 12. Jh. durch Heirat in den

Edler Brand, purer Genuss

Zum Kippen zu schade – die Werbeweisheit hilft nicht weiter, solange man nicht ahnt, was bei der Degustation zählt. Cognac gehört in ein tulpenförmiges Glas, dessen Kelch sich mit der offenen Hand erwärmen lässt. Aromen steigen auf, die man zunächst nicht durch Schwenken irritieren sollte. Die Nase sucht zu unterscheiden: Kräuter, Früchte, Blütenduft? Die Lagen des Verschnitts offenbaren jetzt ihren Charakter, auch wenn man als Laie die Herkunft nicht zu bestimmen weiß. Immerhin hat uns der Kellermeister eine 20-jährige Lehrzeit voraus, und dem sollte man gar nicht erst nacheifern.

Und nun die fast klischeehafte Zeremonie: Das zwischen Mittel- und Ringfinger zu optimaler Erwärmung geführte Glas wird sanft geschwenkt. Warum? Weil damit die feineren Duftnoten den kräftigeren weichen (und rabiates Schütteln alle Aromen zum Teufel jagen würde). Ein Bukett von Pflaume oder Birne, Vanille oder Zimt regt den Geruchssinn an. Dem ersten Schluck kann man nun kaum noch widerstehen, doch sollte es ein leichter sein. Nur die Zungenspitze spürt die Nuancen. Der Genießer mag selbst entscheiden, welche Richtung er favorisiert: Jung oder alt, leicht oder schwer, weich oder hart.

Wer seinem eigenen Geschmackssinn nun doch nicht so ganz traut und den Handelshäusern Parteilichkeit unterstellt, der findet in Cognac zwei erfahrene, wenngleich gewinnorientierte Berater: La Maison de Cognac (39, Rue d'Angoulême, Tel. 05 45 82 05 77) und Cognathèque (10, Pl. Jean Monnet, Tel. 05 45 82 43 31), beide mit breitem Angebot an Spitzenerzeugnissen.

Zu Gast bei Hennessy

Im Unterschied zu Wein wird dem Cognac oft kein fester Platz in der Speisefolge zugewiesen. Die Produzenten sind offen, selbst für Mixgetränke. Je 2 cl Cognac und ein, zwei Eiswürfel werden empfohlen für: 2/3 Glas Orangensaft + 1 cl Pfirsichlikör; 2/3 Glas Limonade; 2/3 Glas Perrier + 1 cl Pampelmusensirup. Eher ein Genuss fürs Auge ist folgender Tipp: ein Schuss Cassis ins Glas, darauf ein Eiswürfel. Nun gießt man langsam Tonic aufs Eis und anschließend, ebenfalls aufs Eis, 2 cl Cognac. Dieses Trikolore-Getränk wird vor dem Genuss vorsichtig geschwenkt.

Besitz der Familie Lusignan. Sie ließ die Burg ausbauen, doch wurde diese im Hundertjährigen Krieg zerstört.

Im **Ancien Château** blieb aus der Zeit der Lusignans die Salle au Casque erhalten. Über dem Kamin sieht man dort die Abbildung dreier Lilien unter einem Helm *(casque)*, das Wappen der Valois-Angoulême, die nach 1450 den Wiederaufbau des Schlosses in Auftrag gaben. Hinter diesen jüngeren Mauern wurde am 12. September 1494 François I von Frankreich geboren. Aus seiner Ära stammen die im Stil der Renaissance ausgeführten Hauptgebäude, die zum Charente-Ufer weisen. Mit dem Tod des Königs im Jahre 1547 nahm der Niedergang des Schlosses seinen Lauf. Im Siebenjährigen Krieg (1756–63) waren hier britische Gefangene eingekerkert, die in der Salle des Gardes einige Graffiti hinterließen. Während der Französischen Revolution wurden Teile des Châteaus abgerissen. 1795 fanden sich Käufer für das marode Bauwerk: die Schnapshändler **Otard** und Dupuy, denen die Keller *(chais)* Gold wert waren. Denn die gleich bleibend kühle Temperatur hinter den dicken Mauern und die hohe Feuchtigkeit der Charente ergaben ideale Lagerbedingungen für ihren Cognac. Die ältesten Tropfen, *le paradis*, wie man sie nennt, ruhen unter strengstem Verschluss in einem ehemaligen Verlies.

Vor dem Schloss steht als Rest der einstigen Befestigungsanlagen die um 1500 erbaute **Porte St-Jacques.** Die Brücke vor diesem Tor und die Stadtmauer wurden im 19. Jh. abgerissen. Im Flusshafen, der ehemals so vehement verteidigt wurde, liegen heute nur noch Hausboote vor Anker.

Gleich nebenan hat 1765 ein anderer Cognac-Händler Quartier bezogen, der Ire Richard **Hennessy.** Offizier im Dienst von Louis XV, lernte er auf der Insel Ré den Weinbrand kennen und sah die Chance, den Rest seines Lebens einem lohnenderen und weniger gefährlichen Broterwerb zu widmen. Im heutigen Firmengebäude lohnt ein Besuch des Musée de la Tonnellerie, das über das Böttcherhandwerk informiert. Cognac, das lernt man dort, reift ausschließlich in Fässern aus 80-jährigem Eichenholz, das in den Wäldern des Limousin geschlagen wird. Der Böttcher biegt die gleichmäßig zugeschnittenen, gut abgelagerten Bretter über einer Flamme und verspannt sie anschließend mit Eisen. Danach muss das Fass eine Weile an der frischen Luft zubringen, bevor es in seinem Bauch den ersten Cognac aufnehmen kann. Die jungen Fässer geben dem zunächst klaren Destillat die Farbe, doch wird der Weinbrand nach sechs Monaten in ein ›erfahrenes‹ Fass umgebettet, damit er nicht zu viele Bitterstoffe aufnimmt. Der Holzwurm, der dem Prozess den Garaus machen könnte, wird durch eine Finte irritiert: Das Fass erhält Reifen aus weichem Kastanienholz, die der Übeltäter der harten Eiche vorzieht.

Weder Otard noch Hennessy oder eine der anderen großen Firmen in und um Cognac (u. a. **Martell,** 1715 von Jean Martell aus Jersey gegründet; **Rémy-Martin** in Merpins, 1724 gegründet; **Camus,** 1863 gegründet) destillieren ihren Weinbrand selbst. Vielmehr stehen bei ihnen etwa 30 000 Winzer als Zulieferer unter Vertrag, die – so das Gesetz – jeweils zwischen dem 1. November und dem 31. März Eau de vie brennen. Dennoch beschränkt sich die Tätigkeit der Handelshäuser keineswegs bloß auf Lagerung und Verkauf. Nein, die Behandlung im Fass gibt der jeweiligen Marke erst den unverwechselbaren Charakter. Während dieses Ausbaus reduziert sich der Alkoholgehalt durch Ver-

Im Quartier Ancien von Cognac

dunstung, zurück bleiben die weicheren Aromen. Von Anfang an werden Brände aus verschiedenen Lagen und Altersstufen gemischt. Durch den Verschnitt und das gelegentliche Umlagern wird eine gleich bleibende Qualität erzielt, die lediglich von Haus zu Haus unterschiedlich ausfällt. 30 Monate Fasslagerung sind Minimum für einen Drei-Sterne-Cognac, der aber Anteile älterer Brände enthält. Ein V.O. (Very Old) hat mindestens 54 Monate im Fass zugebracht. Danach werden die edlen Weinbrände zumeist in Korbflaschen umgefüllt, weil im Fass zwar noch Verdunstung, aber kaum mehr Veredelung stattfindet. Doch auch in der Flasche reift das Getränk, etwa zu V.S.O.P. (Very Superior Old Pale, in guten Häusern 8 Jahre alt), Napoléon (15 Jahre), X.O. (Extra Old, 35 Jahre) oder Extra (ab 55 Jahre). Auf dem Etikett darf allerdings höchstens ein Alter von fünf Jahren vermerkt werden, was zumeist der Lagerzeit des jüngsten beigemischten Tropfens entspricht.

Doch ist Cognac etwa nur Schnaps? Keineswegs. Im Süden des Schlosses existiert eine Altstadt, in deren teils noch kopfsteingepflasterten Straßen einige mehr als 400 Jahre alte Häuser stehen, zumeist Palais von Salz- und Weinbrandhändlern: **Rue François Ier** (Nr. 31, 41 und 43: 16. Jh.), **Grande Rue** (Nr. 7: 16. Jh.), **Rue du Palais** (Nr. 2: einst Laden eines Tuchschneiders, 16. Jh.), **Rue Saulnier** (Nr. 5 und 15: 17. Jh.; Nr. 11: 1567; Nr. 19: Haus der Familie Martell, 18. Jh.) oder auch **Rue du Plessis** (Nr. 20: 16. Jh.). Am Südrand dieses ältesten Bezirks erhebt sich die Kirche **St-Léger,** deren romanische Fassade im 15. Jh. mit einem Mauerdurchbruch im Flamboyantstil versehen wurde, um das Innere zu erhellen. 1622 zogen hier Benediktinerinnen ein. Der Kreuzgang stammt aus dem 18. Jh.

Heutige Drehscheibe von Cognac ist die **Place François Ier,** ein Verkehrskreisel mit Cafés und Geschäften. Im Zentrum ragt ein Reiterstandbild des

Königs auf, der 1515 den Thron bestieg. Was gemeinhin mit dem Sonnenkönig verbunden wird, war bereits eine Idee des berühmtesten Sohnes von Cognac: François I wollte alle Staatsgewalt auf den Regenten fixieren und war damit Frankreichs erster Absolutist. In seinem Wettlauf gegen das Haus Habsburg kamen ihm Allianzen mit dem Papst ebenso gelegen wie flüchtige Beziehungen zu reformatorischen Ländern. Mehr Geradlinigkeit bewies François als Kunstliebhaber (s. auch S. 29), indem er an seinen Hof vor allem die führenden Meister der italienischen Renaissance berief, unter ihnen Leonardo da Vinci ...

... doch hat das mit Cognac kaum noch etwas zu tun. Was hier zu erwähnen bleibt, ist die **Verrerie St-Gobain,** der Welt bedeutendste Glashütte. Dort werden täglich 2 Mio. Flaschen für Cognac und Wein produziert. Führungen durch die vollautomatische Hütte organisiert das Office de Tourisme.

Von der Champagne in die Saintonge

Wer Pinot kennt, wird Pineau nicht unbedingt schätzen. Pineau des Charentes, wie er korrekt heißt, ist ein fruchtiger Likörwein mit kontrollierter Herkunftsbezeichnung (A.O.C.), der sein Entstehen angeblich einem Zufall und sein Überleben der Tatsache verdankt, dass nun mal nicht alle Lagen das Zeug zu einem Cognac haben. Im Übrigen ist der Pineau ein beliebtes Betätigungsfeld für Winzer im Cognac, die nicht bloß Zulieferer sein wollen, sondern auch eigene konkurrenzfähige Erzeugnisse auf den Markt bringen möchten. Die Fahrt durch die Weinberge des Cognac ist demnach auch ein Bummel – oder Spießrutenlauf?– von Pineau zu Pineau.

1589, sagt man, füllte ein Winzer seinen Traubenmost versehentlich in ein Fass, in dem sich noch Branntwein befand. Die erwartete Fermentation blieb aus, und so rollte der Mann das Fass erst einmal beiseite. Als er sehr viel später von dem Gebräu probierte, hatte es sich in einen köstlichen Aperitif verwandelt. Und damit ist man auch schon dem Rezept auf der Spur: Most, mal blanc, mal rosé, fermentiert, bis er einen Anteil von 10 % Alkohol erreicht hat. Dann wird die Gärung durch Zusatz von Cognac gestoppt, und es folgt die mehrmonatige Lagerung im Fass. Pineau des Charentes, der mind. 16,5 % Alkohol enthalten muss, wird sehr kühl und in kleinen Mengen getrunken.

Weit hat man's nicht von Cognac nach Saintes, nur 23 km über die Nationalstraße oder 27 km über die schönere Strecke entlang der Charente. Ziele an und abseits der Route sind – neben unzähligen Alkoholanbietern – lediglich ein paar Dörfer im Umkreis von Cognac. In **Richemont** 11 steht eine Schlossruine über der Antenne, was in diesem Fall ein Fluss ist; zudem existiert hier eine romanische Kirche mit Krypta aus dem 10. Jh. Der Nachbarort **Cherves** 12 wartet mit einem ähnlichen Angebot auf, nur ist hier das Schloss (Château Chesnel, 17. Jh.) noch gut erhalten. Kirchen aus dem 12. Jh. sind, um es kurz zu machen, auch die Attraktion von **St-Sulpice-de-Cognac** 13, **St-André** 14, **Louzac** 15, **Merpins** 16 und **Ars** 17.

Saintes

Tipps & Adressen S. 319f.

18 *Romaine et romane* – römisch und romanisch. Die einfache Werbeformel liefert den Schlüssel zu einer Kleinstadt, die

auf den ersten Blick gezwungen weltmännisch wirkt. Dichter Verkehr rollt von Cognac heran, quert die Charente-Brücke und wälzt sich über den schnurgeraden Cours National durch die Altstadt. Geschäfte, Restaurants und Verwaltungsbauten säumen die breite Schneise, die im 19. Jh. durch Saintes gezogen wurde. Ein kleines Trauerspiel konnte bei der Gelegenheit gerade noch verhindert werden: Die Handelsroute der Römerzeit, im Mittelalter von den Jakobspilgern genutzt, verlief ein Stück weiter südlich und vollführte den Brückenschlag zwischen heutiger Esplanade Malraux und Rue Victor Hugo. Das Ding muss weg, beschloss man 1843, demontierte den alten Pont und beinahe auch den römischen **Arc de Germanicus,** der den Brückenbogen krönte. Der Schriftsteller Prosper Mérimée, Inspektor für historische Denkmäler, erwirkte, dass das Doppeltor sorgsam zerlegt und am Ostufer der Charente wieder aufgebaut wurde. 18/19 n. Chr. aus lokalem Kalkstein errichtet, zählt es zu Frankreichs schönsten Monumenten römischer Zeit. Widmungen erwähnen den Feldherrn Germanicus (15 v.–19 n. Chr.), seinen Vater Drusus und seinen Onkel und späteren Adoptivvater, Roms zweiten Kaiser Tiberius.

Saintes – gemeint sind keine Heiligen, vielmehr geht der Name auf die keltischen Santonen zurück, die vor über 2000 Jahren hier an der Charente ihren Hauptsitz hatten. Zur Zeit Kaiser Augustus' (geb. 63 v. Chr., gest. 14 n. Chr.), des ersten Caesaren nach Caesar, wurde aus ihrer Siedlung das römische Mediolanum Santonum. Außer dem zwangsverrückten Germanicus-Bogen sind am Ostufer der Charente allerdings keine Römerruinen erhalten, dafür steht dort ein Juwel der Romanik: die **Abbaye aux Dames.** Agnès de Bourgogne, Gattin des Grafen der Saintonge, gründete dieses Kloster 1047 und überließ es den Benediktinerinnen. Über Jahrhunderte wachten hinter den Mauern aristokratische Äbtissinnen über die Erziehung

Das Mittelportal der Abbaye aux Dames ist reich verziert

Crédit Mutuel

ebenfalls adeliger Mädchen – ein Dorn im Auge der Revolutionäre. So wurde das Kloster im späten 18. Jh. profaniert und diente erst als Gefängnis, dann als Kaserne.

Trotz aller Turbulenzen blieben große Teile des Klosterkomplexes fast vollständig erhalten. Er beherbergt heute ein Kulturzentrum, in dem ganzjährig Konzerte veranstaltet werden. Höhepunkt der Besichtigung ist die Abteikirche mit einem begehbaren Glockenturm und der zweigeschossigen Schauwand des 12. Jh. Zwei Scheinportale (rechts Darstellung des Abendmahls, links Christus mit fünf nicht zweifelsfrei identifizierten Figuren) flankieren das Eingangstor. Über diesem Hauptportal erscheint ein Lamm mit Buch und Kreuz als Verkörperung Christi, umringt von den geläufigen Evangelistensymbolen. Ein Rätsel geben die 54 musizierenden alten Männer auf, die sich paarweise gegenübersitzen. Sie werden bisweilen als die Ältesten der Apokalypse interpretiert, doch müssten es in diesem Fall 24 Figuren sein.

Ein Glanzlicht der Stadtbesichtigung: der Blick vom Germanicus-Bogen auf die **Altstadt.** In ihren Gassen wurde 1738 der Arzt und Abgeordnete Joseph Ignace Guillotin geboren. Sein Name ist mit dem Grauen des Fallbeils verbunden, doch nicht ganz zu Recht. Guillotin plädierte für die – keineswegs von ihm erfundene – Exekutionsmaschine, weil viele Scharfrichter nichts von ihrem Handwerk verstanden und den Opfern unnötige Qualen bereiteten. Im Übrigen rief er den Pariser Revolutionären in Erinnerung, dass auch der Tod Gleichheit fordere – bis dahin war die Enthauptung dem Adel vorbehalten.

Zentrum der Altstadt ist die mit ihrem 72 m hohen Turm unübersehbare **Cathédrale St-Pierre.** Im 15. Jh. aus einem romanischen Vorgängerbau entwickelt, wurde sie während der Religionskriege und abermals zur Zeit der Revolution stark beschädigt. Interessanter als das lädierte Bauwerk sind die Gassen ringsum, etwa die Rue St-Michel mit ihren alten Bürgerhäusern oder die Rue Alsace-Lorraine (Nr. 55 einst Atelier und Wohnhaus des Malers Gustave Courbet, 1819–77).

Eine weitere bedeutende Persönlichkeit, die eine Weile in Saintes wirkte, war Decimus Magnus Ausonius. Der Dichter, um 310 in Bordeaux geboren und um 393 gestorben, besaß hier eine Villa. Bekannt ist er als Verfasser der »Mosella«, die er 371 in Trier schrieb, wo er als Prinzenerzieher tätig war. Während sich Ausonius noch der römischen Götter- und Sagenwelt verhaftet zeigt, steht der Name seines Zeitgenossen Eutropius, des ersten Bischofs von Saintes, für die Abkehr des Abendlandes von der Antike. Die über dem Grab des Heiligen errichtete **Eglise St-Eutrope** ist ein ungewöhnliches Gebilde aus Unterkirche und seitlich angesetzter Oberkirche. Von letzterer verdient nach umfangreichen Umbauten lediglich noch der Chor aus dem 15. Jh. Beachtung. Dagegen bewahrt die dreischiffige Unterkirche, die 1096 von Papst Urban II. geweiht wurde, neben ihrem bedeutenden frühromanischen Kapitellschmuck auch den spätrömischen Sarkophag des Eutropius.

Eindringlichstes Mahnmal an die Kollision zwischen antiker Welt und Christentum sind in Saintes die **Arènes.** Das Amphitheater stammt aus dem 1. Jh. n. Chr. und ist damit eines der ältesten außerhalb Roms. Bis zu 20 000 Zuschauer hatten ihre fragwürdige Freude an den blutigen Darbietungen.

Über den Dächern von Saintes

Zeugnis der Antike: Arènes von Saintes ▷

Ein Abstecher zur Boutonne

Mehr als 40 ereignislose Kilometer, doch der Weg nach **Aulnay-de-Saintonge** 19 lohnt sich. Denn mit der Abteikirche St-Pierre-de-la-Tour (12. Jh.) besitzt das Dorf eines der schönsten Denkmäler aus der Zeit der Jakobspilger. Der Schmuck der Westfassade gibt Einblick in den Themenkatalog der Romanik: Der erste Bogenlauf über dem Portal zeigt das von Engeln angebetete Lamm Gottes. Im Lauf darüber erscheint der Kampf zwischen Tugenden und Lastern, so wie es der Dichter Prudentius (348–nach 404) in seiner »Psychomachia« allegorisch dargestellt hat, nämlich als Ringen zwischen bewaffneten Frauen und Furcht erregenden Ungeheuern. Die Darstellung der Klugen und der Törichten Jungfrauen im Bogen darüber ist bereits bekannt (s. S. 147). Ihr folgen als letzte und ebenfalls häufige Motive die schon in der Antike verwendeten und nun mit moralischen Bedeutungen verknüpften Tierkreiszeichen sowie die Monatsbilder. Letztere weisen den Bauern an, welche Arbeiten er im jeweiligen Monat zu verrichten hat, um unverzagt dem Jüngsten Gericht entgegenblicken zu können. Im Blendfenster über dem Portal befand sich einst ein großes Reiterstandbild des Kaisers Konstantin (s. auch S. 21).

Die flankierenden Scheinportale zeigen rechts den thronenden Christus zwischen Petrus und Paulus, links das Martyrium des Petrus, der nach der Legende kopfunter gekreuzigt wurde. Ein weiteres geschmücktes Portal befindet sich am südlichen Querhaus. Die vier Bogenläufe sind überreich mit Skulpturen verziert. Beim vierten, dem größten Lauf, sieht man vor allem Fabelwesen, die die Hölle bevölkern. Den Bildhauern bot sich hier ein weites Feld, um ihrer Phantasie, ihrem Humor, aber auch einem Hang zur Grausamkeit Ausdruck zu verleihen. Vorbilder fanden sich in der Antike wie im Orient, dem heimkehrende Kreuzritter, Wallfahrer und Abenteurer allerlei merkwürdige Geschöpfe nachsagten.

Abteien wie die von Aulnay gingen auf Stiftungen Adeliger zurück. Sie waren Hauptpilgerziele am Weg nach Santiago de Compostela und kamen somit in den Besitz beträchtlicher Gelder. Daraus wiederum finanzierten die Mönche die Verwaltung von Äckern und Wäldern wie auch den Bau von Kirchen für die Siedlungen der Bauern und Holzfäller, die das Land urbar machten. Kein Zufall also, dass in diesem Buch immer wieder auf romanische Kirchen verwiesen wird. Allein für die Saintonge wären in einer vollständigen Liste über 200 solcher Bauwerke aufzuführen – das ist die höchste Konzentration romanischer Kirchen in Europa. Üblicherweise bilden sie noch heute den Ortskern, mitunter aber ist das einstige Dorf inzwischen gänzlich verschwunden, so im Fall von **Fenioux** 20. Am Rand eines neuen Weilers liegt die Kirche Notre-Dame, sie hat ihren Ursprung in der Karolingerzeit (9. Jh.) und zeigt noch einige typische Merkmale dieser Ära (kleinteilige Bruchsteine; nur wenige, kleine Fenster), während ihr Portal aus dem späten 12. Jh. das übliche Programm präsentiert. Bekannt ist Fenioux allerdings eher für seine 10 m hohe romanische Totenlaterne.

Im Mündungsgebiet der Charente

Auf dem Schloss von **Taillebourg** 21, inzwischen eine Ruine, sollen Aliénor und Louis VII einen Teil ihrer Flitterwochen verbracht haben. Die Lage hoch über der Charente ist allemal schön genug für ein Freudenfest. Heute fällt der Blick auf gemächlich dahinziehende Hausboote.

Für Freunde intakter Architektur und Lustwandelei ist das **Château de la Roche Courbon** 22 (s. Saintes S. 319f.) die bessere Empfehlung. In ruhigeren Zeiten nach dem Ende des Hundertjährigen Krieges aus einem einfachen Wehrbau in ein Renaissanceschloss verwandelt, wurde das Anwesen im 17. Jh. für Jean-Louis de Courbon in barocker Manier umgebaut. Nach der Revolution schlummerte es inmitten eines Eichenwaldes vor sich hin und verfiel, bis Pierre Loti (s. S. 114) 1908 im »Figaro« zu seiner Rettung aufrief. Der Fabrikant Paul Chenéreau ließ die Anlage samt Garten restaurieren und vermachte das Prunkstück seinen Nachkommen, die noch heute hier wohnen. Die Innenbesichtigung ist deshalb nur im Rahmen einer Führung möglich. Man sieht Bibliothek und Salon im Stil von Louis XIII, mit Sagenmotiven bemalte Wandtäfelungen aus dem Jahre 1662 und eine Küche mit alten Kochgeräten. Im Donjon, der vom mittelalterlichen Bauwerk erhalten blieb, sind Fossilien und Knochenfunde aus den Grottes du Bouil Bleu ausgestellt. Diese Höhlen, die das Flüsschen Bruant in den Fels gegraben hat, erreicht man vom Garten aus in einem etwa 15-minütigen Waldspaziergang. Der Weg zu dem lauschigen Plätzchen, das schon vor 100 000 Jahren von Frühmenschen genutzt wurde, ist sehr zu empfehlen.

Romanik ist dann wieder das Leitmotiv des letzten Routenabschnitts. In **Pont-l'Abbé-d'Arnoult** 23 sausen Durchreisende direkt an der Kirche St-Pierre vorbei und schwärzen die Fassade mit Abgasen. Romanisch ist nur noch das Portal mit einer Darstellung des Martyriums Petri nach der Manier von Aulnay (s. S. 168).

St-Nazaire in **Corme-Royal** 24 besitzt eine der schönsten Schauwände der Saintonge. Die Kirche wurde von Agnès de Barbezieux (1134–74), Äbtissin der Abbaye aux Dames in Saintes, ge-

Gärten und Château de la Roche-Courbon

stiftet. Einige Themen des Skulpturenschmucks: über dem Portal Christus, der Bischöfen das Buch des Evangeliums zeigt; über dem linken Scheinportal die Heimsuchung von Maria und Elisabeth, der Mutter Johannes des Täufers; rechts eine nicht identifizierte Dreiergruppe.

Sablonceaux 25, wo die Route endet, glänzt mit einer romanisch-gotischen Abtei, die Aliénors Vater Guillaume X 1136 den Augustinern stiftete. Verwüstungen seit dem Hundertjährigen Krieg und die spätere Profanierung machten umfangreiche Restaurierungsarbeiten an der Kirche, dem gotischen Bau und den Klostergebäuden erforderlich. Der Besuch lohnt vor allem wegen der romantischen Lage der Abtei an einem Bachlauf, in dem sich die prächtige Architektur spiegelt.

Das Bordelais

Bordeaux

Tipps & Adressen
S. 269ff.; 2 Tage, mit Museen 3 Tage

Bordeaux ist eine stolze und vornehme Stadt, einige sagen, sie sei *bourgeois* – geprägt von 300 Jahren englischem Einfluss, vermengt mit einem Schuss ›Korkadel‹.

Die Bordelais verweisen gerne auf ihre Prachtarchitektur und die berühmten Söhne der Stadt, die in die Weltliteratur eingingen: Montaigne, Montesquieu und Mauriac, kurz »die drei großen M« genannt. Michel de Montaigne (1533–92), Humanist und Verfasser der berühmten »Essais«, leitete von 1582 bis 1586 als Bürgermeister die Geschicke von Bordeaux. Der Staatsdenker Charles de Montesquieu (1689–1755) gehörte mit seinem Hauptwerk »Vom Geist der Gesetze« zu den Wegbereitern der Französischen Revolution. François Mauriac (1885–1970) erhielt für seine Romane 1952 den Literaturnobelpreis.

Ein anderer Sohn der Stadt, Jean Anouilh (1910–87), reiht sich nahtlos in die Riege großer Literaten ein. Seine bedeutendsten Erfolge feierte der Avantgarde-Dramatiker in Frankreich in den Kriegs- und Nachkriegsjahren. Zu seinen in Deutschland bekannteren Stücken zählen »Antigone« (1943) und »L'Alouette« (Jeanne oder die Lerche; 1953), ein Jeanne d'Arc-Drama. Anouilh erhielt 1980 den neu geschaffenen Theaterpreis der Académie Française.

Doch geadelt hat die Stadt der Wein. Fällt der Name Bordeaux, denkt ein jeder sofort an die edlen Tropfen, die vor den Toren der Welthauptstadt des Weines gedeihen. Sie haben ihr Reichtum und Ansehen beschert und eine neue Kaste, ›die Korkaristokratie‹, kreiert.

Die Römer etablierten bereits vor 2000 Jahren die Weinkultur. Im Jahre 56 v. Chr. erreichte der Römer Crassus mit seinen Truppen die große Biegung der Garonne, wo der Fluss wie eine Mondsichel geformt ist. Er eroberte die kleine Keltensiedlung der Bituriges vivisci, die hier seit 200 Jahren vom Zinnhandel gelebt hatten. An diesem kleinen Hafen gründeten die Eroberer Burdigala, das sich dank der römischen Handelsdynamik rasch zu einer blühenden Stadt entwickelte. Bordeaux wurde 28 v. Chr. die Hauptstadt der Provinz Aquitania (ab 297 n. Chr. von Aquitania secunda; s. S. 21). Die Römer pflanzten die ersten Weinreben und legten so den Grundstock für den späteren Reichtum.

Auf die Römer folgten Germanen und Westgoten, Araber und Normannen. Die Stadt litt unter immer neuen Invasoren. Eine zweite Blütezeit erlebte sie erst im 10. bzw. 11. Jh., nachdem die Normannen erfolgreich geschlagen waren und Bordeaux Hauptstadt des neu gegründeten Herzogtums Gascogne wurde. Der kulturelle und wirtschaftliche Aufschwung setzte sich mit der 1058 erfolgten Vereinigung der Herzogtümer Gascogne und Aquitanien unter der Herrschaft von Bordeaux fort – wenngleich das Land von Poitiers aus verwaltet wurde (s. S. 28).

Bordeaux' goldene Jahre dauerten an, als Aliénor, Herzogin von Aquitanien, nach ihrer Scheidung vom französischen König Louis VII 1152 Henri Plantagenêt heiratete, der zwei Jahre später

◁ *Idylle im Bordelais*

Auf 17 Bögen über die Garonne: die Pont de Pierre

König von England wurde. Das Herzogtum Aquitanien mit seiner Hauptstadt Bordeaux war nun englisches Besitztum. 300 Jahre lang bestand dieses englisch-gaskonische Band, das vor allem den Weinhandel florieren ließ. Die britische Insel anvancierte zum Absatzmarkt Nr. 1 für den jungen Claret, den hellen roten Wein. Die Freude an den guten Bordeaux-Tropfen bescherte den Einwohnern der Guyenne (die englische Sprachvariante für Aquitanien) nicht nur einen blühenden Handel, sondern auch verschiedene Privilegien: Im Jahre 1199 setzte Aliénor die Weinsteuer herab, und 1206 wurde den Einwohnern von Bordeaux die *jurade,* ein eigener Stadtrat, zugesprochen. Als Gegenleistung erwarteten die Engländer die besten Weine. Auch während des Hundertjährigen Krieges (1337–1453) blühte das Geschäft, und die Bevölkerung unterstützte die englischen Herrscher, denen sie ihren Wohlstand zu verdanken hatte. Viele Häuser wurden abgerissen, um die Stadt zu befestigen und gegen die französischen Truppen zu verteidigen. Doch die französische Krone konnte Aquitanien zurückerobern, und Bordeaux musste sich dem siegreichen Frankreich unterwerfen. Der Handel mit England wurde unter Charles VII verboten, die Wirtschaft für lange Zeit lahmgelegt.

Das 18. Jh. wurde Bordeaux' Goldene Ära. Der koloniale Dreieckshandel blühte, der Hafen war einer der wichtigsten Frankreichs geworden. Neben dem Wein brachte auch der Handel mit Gewürzen, Indigo, Kaffee, Rohrzucker und Sklaven der Stadt Reichtümer. Dem wirtschaftlichen Aufschwung folgte eine architektonische Neugestaltung. Zwei königliche Verwaltungsbeamte, die so genannten Intendanten – bereits eine Erfindung von Kardinal Richelieu (s. S. 31), um die Zentralgewalt zu stabilisieren –, ließen Bordeaux ein völlig neues Gesicht nach Pariser Vorbild angedeihen. Claude Boucher und sein Nachfolger Marquis de Tourny schufen eines der schönsten Stadtensembles des 18. Jh. Das mittelalterliche Bild verschwand, prächtige

tige Häuserfassaden und Plätze mit Stadtpalais entstanden, großzügige Grünanlagen und breite Boulevards wurden angelegt, was natürlich nicht ohne Protest der ärmeren Bevölkerung ablief, die in diesem Viertel lebte. Die Französische Revolution bereitete dem wirtschaftlichen Wohlstand und dem architektonischen Elan ein jähes Ende. Frankreich verlor seine Kolonien – und Bordeaux seine Absatzmärkte. Die gemäßigten Girondisten dieser Region, die sich gegen den jakobinischen Zentralismus wandten, landeten unter der Guillotine. Napoléons Kontinentalsperre verschlimmerte die wirtschaftliche Misere.

Doch Bordeaux überstand drei Kriege (1870/71, 1914–18, 1940–45), diente der Regierung des besetzten Frankreich als Zufluchtsort und präsentiert sich heute einheitlich im noblen Gewand des 18. Jh. – auch wenn die moderne Stadtentwicklung einige Scheußlichkeiten wie das Büro- und Kongressviertel Mériadeck und das Messezentrum Bordeaux-Lac hervorgebracht hat. Inzwischen hat sich die Hauptstadt der Gironde, des größten

französischen Departements, und der Region Aquitaine zu einem der bedeutendsten Handels- und Industriezentren Frankreichs entwickelt. Neben dem Wein, welchem Stadt und Region ihren Reichtum und guten Ruf zu verdanken haben, spielen Luftfahrt- und Raumfahrttechnik, Schiffsbau, Öl-, Elektronik-, chemische, Nahrungsmittel- und Metallindustrie sowie der Gesundheitssektor eine wichtige wirtschaftliche Rolle in Bordeaux. Mit ihren bedeutenden Museen und dem Zentrum für Zeitgenössische Bildende Kunst (CAPC) sowie den

zahlreichen Theatern und Musikveranstaltungen wird Bordeaux seiner Rolle als kulturelles Zentrum der Region gerecht. Die Weinmetropole pflegt auch ihr Image als Universitätsstadt: Sie besitzt eine der ältesten und wichtigsten Hochschulen Frankreichs, führend auf dem Gebiet der Biotechnologie und der Weinkunde. Die Zahl der Studenten an der 1441 gegründeten Universität ist inzwischen auf 60 000 angestiegen. Stark nachgelassen hat allerdings die Bedeutung des Hafens: War er im 18. Jh. der bedeutendste des Landes, steht er national nur mehr an sechster Stelle. Die Garonne ist für die großen Hochseeschiffe nicht mehr passierbar, sodass die Häfen von Bordeaux sich nun weiter stromabwärts, nicht weit vom Meer in Verdon-sur-Mer (s. S. 209), Pauillac, in Blaye und Ambès befinden.

Vieux Bordeaux – das alte Herz der Stadt

Das römische Stadtmuster, das durch die Nord-Süd- und Ost-West-Achse bestimmt war, ist in der Altstadt von Bordeaux noch immer sichtbar. Der heutige Cours du Chapeau-Rouge führte als ›Decumanus‹ vom Fluss in die Stadt hinein und traf auf den ›Cardo‹, die heutige Einkaufsstraße Rue Ste-Cathérine.

Zwischen Römer-Cardo und Fluss liegt das historische Herz der Stadt, das **Quartier St-Pierre.** Mit einer einladenden Geste öffnet sich die **Place de la Bourse** 1 als Mittelpunkt der klassizistischen Uferpromenade zum Fluss hin und gibt dem Besucher den Weg frei in das dahinter liegende Labyrinth gepflasterter Gassen, idyllischer Plätze und zahlloser Restaurants. Der repräsentati-

ve Platz (früher Place Royale), im 18. Jh. ›Vorzeigemeile‹ der Hafenstadt, wurde 1730–55 nach Plänen des Architekten Jacques Gabriel und seines Sohnes Jacques-Ange für König Louis XV erbaut. Die Mitte des Platzes ziert heute der ›Brunnen der Drei Grazien‹, der 1864 die während der Revolution zerstörte Reiterstatue von Louis XV ersetzte. Links und rechts flankieren zwei Pavillons im Louis-XIV-Stil mit verzierten Dreiecksgiebeln und steinernen Skulpturen den Halbkreis: das **Palais de la Bourse,** die Börse, und das Hôtel des Douanes mit dem **Musée des Douanes** 2, dem Zollmuseum.

Durch die kleine Rue Philippart, in der das **Théâtre Onyx** 3 noch die alte Sprache der Stadt, das *bordeluche,* kultiviert, gelangt man zur **Place du Parlement** 4. Der ehemalige königliche Marktplatz – ein Parlament hat hier nie getagt – ist von Restaurants und Cafés gesäumt. Eine Gasse weiter liegt die ruhige **Place St-Pierre** 5. Zur Römerzeit reichte das Hafenbecken bis zur Eglise St-Pierre, die im 14. Jh. erbaut wurde. Donnerstags vormittags wird es hier lebhaft, dann ist ›Öko-Markttag‹ – vom Wein über Hühner bis zum Käse ist alles im Angebot. Durch die Rue des Argentiers, in der Häuser mit schönen Steinmetzarbeiten zu finden sind – so beispielsweise das Relief mit Neptun als Knabe am Haus Nr. 14, der Maison de l'Angelot –, gelangt man zur **Place du Palais** 6. Diese präsentiert sich heute gar nicht mehr königlich, da 1800 auch die letzten Reste des namengebenden Palastes geschliffen wurden. Hier, im Palais de l'Ombrière, residierten einst die Herzöge von Aquitanien und später die Könige von England. Nachdem Louis XI der Stadt im 15. Jh. die Parlamentsrechte zugestanden hatte, tagte in diesen Räumlichkeiten das Parlament von Bordeaux. Östlich des Platzes steht das alte Stadttor **Porte Cailhau** 7, das im Jahre 1495 zu Ehren von Charles VIII errichtet wurde. Auf drei Etagen wird hier heute die interessante Geschichte der Stadtentwicklung Bordeaux' gezeigt. Und von oben, von den Höhen dieses Triumphbogens, hat man einen herrlichen Blick auf den Lauf der Garonne und auf den 1822 errichteten steinernen **Pont de Pierre** 8 mit seinen 17 Bögen – bis 1965 die einzige Brücke, die über den gut 480 m breiten Fluss führte. Sein Vorgängerbau war eine 1809 von Napoléon errichtete Holzbrücke – technisch war es Anfang des 19. Jh. noch nicht möglich, eine Steinbrücke über die Garonne zu bauen. Weiter südlich endet die **Rue de la Rousselle** 9 mit den alten Gewölben der Wein- und Kornhändler am Cours Victor Hugo. Im Haus Nr. 23–25 wohnte der berühmte Schriftsteller Michel de Montaigne, 1582–85 Bürgermeister der Stadt. In Richtung Fluss bietet sich vom Cours Victor Hugo ein schöner Blick auf das Stadttor **Porte des Salinières** 10 (18. Jh.). In entgegengesetzter Richtung führt der Weg zur **Porte de la Grosse Cloche** 11, dem 41 m hohen Stadttor aus dem 15. Jh. Die beiden mit Schiefer gedeckten mittelalterlichen Türme rahmen die große Glocke *(grosse cloche)* ein, die einst die Weinlese einläutete. Bei Sonnenschein glänzt der goldene Leopard Aquitaniens auf der Turmspitze, abends erstrahlt der Glockenturm im blauen Licht. Durch die Arkaden der Rue St-James gelangt man in das Viertel **St-Eloi** mit der **Eglise St-Eloi** 12 (15. Jh.), in der die Ratsmitglieder ihren Amtseid leisteten. In diesem *quartier* wimmelte es im 12. und 13. Jh. von Fleisch-, Wein- und

In der Altstadt von Bordeaux

Kornhändlern, die zu Wohlstand gelangt waren und sich vor allem in der **Rue Neuve** 13 herrschaftliche Stadthäuser bauten. In dem ältesten noch erhaltenen Haus der Straße, in der **Maison de Jeanne de Lartigue** aus dem 14. Jh., lebte die Ehefrau des Staatstheoretikers Charles de Montesquieu.

Südlich des Cours Victor Hugo beginnt das Viertel **St-Michel.** Am Wochenende herrscht reges Treiben auf dem Kirchplatz: Rund um den Turm (s. u.) sind Flohmarktstände aufgebaut. Über die Besucher wacht die riesige **Basilique St-Michel** 14 (14.–16. Jh.), die mit einer schönen Barockorgel und modernen Glasfenstern von Max Ingrand ausgestattet ist. Der heutige Bau ist eine Rekonstruktion, die Basilika wurde im Krieg schwer beschädigt. Von der Panoramaterrasse des 114 m hohen frei stehenden Glockenturms – **La Flèche** (›Pfeil‹) genannt – hat man einen herrlichen Blick über das Viertel, in dem früher Seeleute und Handwerker lebten. Heute ist es überwiegend von Studenten, Nordafrikanern und Portugiesen bewohnt. Der Campanile (1472–1492) ist der höchste Turm Südwestfrankreichs und der ganze Stolz der Bordelais. Victor Hugo ließ sich von den ›Leichen im Keller‹ des Glockenturms – in der Krypta unter dem Turm waren einst Mumien aufbewahrt worden – zu grauslichen Romanszenen inspirieren. Zum Leidwesen der Touristen sind diese längst bestattet worden.

Einst läutete sie die Weinlese ein: die Glocke der Porte de la Grosse Cloche

Über die Rue Carpenteyre (die ›Straße der Zimmerleute‹) gelangt man zum **Théâtre du Port de la Lune** 15, einer Bühne für modernes Schauspiel, die 1900 in einer Zuckerraffinerie des 19. Jh. eröffnet wurde, und zur romanischen Abteikirche **Ste-Croix** 16. Die Fassade aus dem 13. Jh. ist üppig mit Skulpturen der Romanik geschmückt.

Auf dem **Marché des Capucins** 17 herrscht schon ab 5 Uhr morgens hektischer Betrieb. Hier, in den Markthallen unweit der Place de la Victoire, kaufen auch die Bordelaiser Küchenchefs ihre frischen Waren ein.

Schnurgerade führt die Fußgängerzone **Rue Ste-Catherine** 18 von der Place de la Victoire zurück in Richtung Norden. In der Haupteinkaufsstraße von Bordeaux findet man neben Kaufhäusern und McDonald's auch Boutiquen, Weingeschäfte, Buchhandlungen und Baillardran-Stände, wo es die *canelés,* die berühmten Minikuchen der Stadt, zu kaufen gibt.

Um zum bedeutendsten Museum der Stadt zu kommen, biegt man allerdings recht bald nach links in den Cours Victor Hugo ein: Das **Musée d'Aquitaine** 19 ist der Geschichte Aquitaniens und dem Leben der Menschen in dieser Region gewidmet, von der Vorzeit bis zur Gegenwart. Ein chronologischer Rundgang präsentiert zunächst die prähistorische Abteilung, in der Kunsthandwerke aus der Steinzeit, Metallwerkzeuge aus der Bronzezeit und Grabbeigaben aus der Eisenzeit gezeigt werden. In der gallo-römischen Abteilung sind Grabstelen, Mosaike, Keramiken und Bronzemünzen mit den Köpfen der römischen Kaiser zu sehen. Das Mittelalter ist mit Sarkophagen, romanischen Kirchenkapitellen sowie einer riesigen Rosette aus dem Kloster Grands Carmes vertreten. Zum Thema »Der Einfluss der Religion auf die Kunst« finden die Jakobspilger Erwähnung. Im Obergeschoss wird die Hafen-, Architektur- und Kolonialgeschichte der Stadt ab 1715 dokumentiert. Darüber hinaus widmet man sich regionalen Themen wie Austernzucht und Fischerei, verschiedenen Handwerken, Schafzucht und Weinbau.

Rund um die Kathedrale

1137 wurde die gerade 15-jährige Aliénor von Aquitanien mit dem nur wenig älteren Louis VII, der im selben Jahr König von Frankreich wurde, in der **Cathédrale St-André** 20 vermählt. Die romanische Kirche, die Papst Urban II. im Jahre 1096 geweiht hatte, wurde zwischen dem 13. und 15. Jh. unter engli-

Markt unterhalb von La Flèche

scher Herrschaft zu einem imposanten Sakralbau umgestaltet (124 m lang und 44 m breit). Bevor das Gotteshaus jedoch fertig gestellt werden konnte, war die Zeit des Wohlstands in Bordeaux vorüber – und man brachte den Bau zu einem eher provisorischen Ende. Von der romanischen Ursprungskirche aus dem 11. Jh. existiert nur noch eine Außenmauer des Kirchenschiffs, dem ein überhöhter Chor angefügt wurde. Das gotische Königsportal (Porte Royale) aus dem 13. Jh. zeigt im Türsturz über dem Tor die Auferstehung und im Tympanon darüber das Jüngste Gericht. Noch darüber sind die Statuen von sechs Bischöfen und – dem Portal den Namen gebend – einem unbekannten Königspaar zu sehen. Das Nordportal aus dem 14. Jh. zeigt u. a. das Abendmahl und die Himmelfahrt Christi.

Neben der Kathedrale ragt die 47 m hohe **Tour Pey-Berland** 21 empor, benannt nach dem Erzbischof, der 1441 die Universität von Bordeaux gründete, die heute nach Paris die zweitgrößte des Landes ist. Die 229 Stufen des mit spätgotischen Steinmetzarbeiten reich verzierten, frei stehenden Glockenturmes aus dem 15. Jh. hochzusteigen, lohnt sich wegen der herrlichen Aussicht auf die Stadt.

Im benachbarten **Centre National Jean Moulin** 22 an der gleichnamigen Place Jean Moulin wird die Arbeit der Résistance gegen die deutsche Besatzungsmacht während des Zweiten Weltkrieges und gegen das Pétain-Regime veranschaulicht. Gezeigt werden Flugblätter, Druckmaschinen, Briefe, Fotografien von Konzentrationslagern und Deportierten sowie eine Rekonstruktion der geheimen Zentrale von Jean Moulin, einem der Köpfe der französischen Widerstandsbewegung.

Gegenüber der schmucklos gebliebenen Westfassade der Kathedrale befindet sich der von Erzbischof Ferdinand Maximilien Mériadeck de Rohan im 18. Jh. erbaute Palais Rohan, der seit 1835 als **Hôtel de Ville** 23 dient. Sehenswert sind Ehrenhof und Ehrentreppe des streng klassizistischen Rathauses sowie die mit schönen Täfelungen verzierten Innensäle. In der Nord- und Südgalerie des Rathausgartens ist das **Musée des Beaux-Arts** 24 mit Kunstwerken aus dem 15.–20. Jh. untergebracht. Neben Gemälden von Botticelli, Tizian, Brueghel und Rubens sind auch Werke neuerer Meister wie Delacroix, Matisse, Kokoschka sowie der Bordelaiser Maler André Lhote, Odilon Redon und Albert Marquet zu sehen.

Etwas weiter nördlich, in der Antiquitätenstraße Rue Bouffard, befindet sich in dem schönen Stadtpalais Lalande (Ende 18. Jh.) das **Musée des Arts Décoratifs** 25, das die regionale Wohnkultur vom Mittelalter bis zum 18. Jh. präsentiert. Über die Rue Sernin gelangt man in nordwestlicher Richtung zur **Basilique St-Seurin** 26. Die ursprünglich frühchristliche Kirche ist eine der ältesten der Stadt. Zahlreiche Umbauten haben ihr Aussehen gravierend verändert, erst 1831 erhielt sie ihr heutiges Erscheinungsbild. Die Vorhalle aus dem 11. Jh. ist mit archaischen Kapitellen verziert. Die Krypta aus dem 12. Jh. birgt merowingische Sarkophage aus dem 6. und 7. Jh. Unter der Kirche wurde in einem Altarraum eine Sammlung von Sarkophagen aus dem 3. und 4. Jh. gefunden, die die Ursprünge des Christentums in Bordeaux bezeugen. Sie sind im unterirdischen **Musée Paléochrétien** zu besichtigen.

Die Flaniermeile Triangle d'Or

Drei großzügige Boulevards bilden das Goldene Dreieck im Stadtzentrum von Bordeaux: der Cours Georges Clemenceau, die Allées de Tourny und der Cours de l'Intendance. Sie werden von teuren Geschäften und klassizistischen Häuserfassaden mit schmiedeeisernen Balkons des 18. Jh. gesäumt und von drei repräsentativen Plätzen flankiert. Auf der 1743–70 gestalteten **Place Gambetta** 27 mit der **Porte Dijeaux** rollten während der Revolution die Köpfe. Heute rollt hier in den Cafés und Brasserien allein der Euro; man liest Zeitung oder beobachtet das Treiben im eleganten Geschäftsviertel. Der Einkaufsbummel kann in der **Rue de la Porte Dijeaux** 28 beginnen, in der nach rechts abzweigenden Haupteinkaufsstraße Rue Ste-Catherine (s. o.) ausgiebig fortgesetzt oder in der **Rue St-Rémi** 29, der etwas touristisch angehauchten

Restaurantmeile von Bordeaux, mit einem leckeren Essen beschlossen werden. Die Rue St-Rémi führt zurück zur abendlich illuminierten Place de la Bourse am Ufer der Garonne.

Wer noch weiter shoppen mag, dem sind keine Grenzen gesetzt: Der parallel zur Rue de la Porte Dijeaux verlaufende **Cours de l'Intendance** führt vorbei an schicken Designerboutiquen und Haute Couture-Geschäften. Einen Besuch lohnt das Haus Nr. 57, wo auf dem Türschild **Casa de Goya** 30 vermerkt ist. Der spanische Maler, Lithograph und Radierer Francisco José de Goya y Lucientes (1746–1828) verbrachte hier die letzen vier Jahre seines Lebens im Exil, nachdem seine sozialkritischen Bilder beim spanischen Hof auf heftige Reaktion gestoßen waren. Heute ist in dem Haus ein spanisch-französisches Kulturinstitut eingerichtet, das regelmäßig Ausstellungen spanischer Künstler zeigt. Links führt die Rue Voltaire zum kommerziellen Mittelpunkt des Goldenen Dreiecks, die noble **Place des Grands-Hommes** 31 mit ihrer gläsernen Ladengalerie. Um welche ›großen Männer‹ es sich handelt, ist den vom Platz abzweigenden Straßen zu entnehmen: Montesquieu, Montaigne und Voltaire. Fehlt nur noch François Mauriac, der Literaturnobelpreisträger, der um die Ecke, in der Rue Vital Carles Nr. 1, einige Jahre seiner Kindheit verbrachte. Durch den Hof eines ehemaligen Dominikanerklosters gelangt man zur Place du Chapelet, wo sich die **Eglise Notre-Dame** 32 befindet. Einst Kapelle des Dominikanerordens, wurde die Kirche 1684–1707 im Barockstil neu errichtet. Sie wird wegen der erstklassigen Akustik auch heute noch für Konzerte genutzt. Über dem Eingangsportal ist auf einem Flachrelief Maria dargestellt, die dem hl. Dominikus den Rosenkranz *(chapelet)* übergibt. Die Rue Martignac, wo in einem kleinen Geschäft seit kurzem wieder der begehrte Störkaviar verkauft (»Black Sea«, Haus Nr. 5) und im Restaurant »La Chanterelle« nebenan auch stilvoll serviert wird (Nr. 6), führt zurück zum Cours de l'Intendance, der an der **Place de la Comédie** 33 endet. Der Platz, an dem sich das römische Forum befunden haben soll, wird heute beherrscht vom imposanten **Grand Théâtre** 34, einem der schönsten Theater Frankreichs und Bordeaux' ganzer Stolz. Sieben Jahre dauerte es zum Kummer des Architekten Victor Louis, bis der klassizistische Prachtbau 1780 endlich eingeweiht werden konnte. Neun Musen und die drei Göttinnen Minerva, Juno und Venus thronen hoch oben auf der von zwölf korinthischen Säulen getragenen Balustrade der Hauptfassade. Das Foyer und die prunkvolle doppelläufige Innentreppe inspirierten Charles Garnier 100 Jahre später für die Ausgestaltung der Pariser Oper.

Rund um die Place de la Comédie haben sich viele Weingeschäfte mit einem breiten Sortiment angesiedelt. Das mag an der Nähe zur **Maison du Vin** 35 liegen, die wie ein riesiger Schiffsbug an der Ecke Allées de Tourny/Cours 30 Juillet emporragt. Hier kann man alles über Bordeaux-Weine erfahren, verschiedene Appellationen degustieren und Weinseminare besuchen. Für eine kleine Verschnaufpause bietet sich gegenüber die Traditionsbrasserie »Le Noailles« an. Die prächtige Allées de Tourny, wo sich vor sehr langer Zeit ein Weinberg befand, endet auf der **Place de Tourny** 36. Eine Statue des gleichnamigen Intendanten, der für das klassizistische Stadtbild von Bordeaux verantwortlich ist, ziert diesen Platz. In der Parallelstraße, Cours 30 Juillet, hatte sich Richard Wagner im

Einkaufsbummel in Bordeaux

Wer meint, die Top-Bordeaux-Weine in der Weinmetropole besonders günstig zu bekommen, irrt. Doch ein schönes Souvenir ist es allemal, und man hat die größere Auswahl. Die meisten Weingeschäfte mit einem breiten Sortiment liegen in der Gegend um die Maison du Vin. Zu empfehlen sind hier: La Vinothèque (8, Cours 30 Juillet, Tel. 05 56 77 10 88), Bordeaux Magnum (3, Rue Gobineau, Tel. 05 56 48 00 06) und die Weinhandlung L'Intendant (2, Allées de Tourny, Tel. 05 56 48 01 29). In letzterer ist die Wendeltreppe, die über fünf Stockwerke an den gut sortierten Jahrgängen vorbei führt, besonders sehenswert. Interessant ist auch der Savour Club (72, Quai de Bacalan, Tel. 05 56 39 87 67), ein Versandhaus mit Degustationsstube. Schon bei einer Bestellung pro Jahr wird man kostenlos als Clubmitglied aufgenommen. Weniger bekannte Weine sind im Jack's Wines, im alten Bordeaux (37, Rue de l'Esprit des Lois, Tel. 05 56 44 03 92) zu bekommen.

In den kilometerlangen Fußgängerzonen Rue Ste-Catherine und Rue de la Porte Dijeaux sind Kaufhäuser, Boutiquen und Buchhandlungen angesiedelt. Tiefer in die Tasche greifen muss man auf dem Cours de l'Intendance und rund um den Marché des Grands-Hommes. Hier sind die großen Mode- und Schmuckdesigner zu finden. Die älteste Drogerie befindet sich direkt neben der gläsernen Einkaufsgalerie Grands-Hommes: Die »Droguerie Bejottes« besteht seit 1830 – mit ihren verstaubten Haushaltswaren ein Antagonismus in dieser schicken Hochpreiswelt. Um die Ecke, bei »Jean d'Alos« (Rue Montesquieu), gibt es den feinsten Käse. Die beste Schokolade soll »Saunion« (56, Cours Georges Clemenceau) seit 1893 herstellen. Seit kurzem kann man wieder den begehrten Störkaviar in der Rue Martignac Nr. 5 bei »Black Sea« erstehen. Das größte Buchsortiment der Stadt hat die »Librairie Mollat« an der Ecke Rue de la Porte Dijeaux und der Rue Vital Carles zu bieten. Ausgefallene Kerzen in allen Formen und Farben bietet »Lampe Berger« (55, Cours de l'Intendance, neben der Casa de Goya). Herrliche Kaschmirschals, Seide und Dekorationsstoffe mit exotischen Mustern gibt es bei »Petrusse« (41, Rue des Remparts). »Avec mes Sabots« hat sich auf Produkte der Gegend von Öl und Senf über besondere Marmeladen bis zum Lavendelhonig spezialisiert (5, Pl. du Parlement).

Die schönsten Antiquitätengeschäfte sind in der Rue Bouffard, Rue des Remparts, Rue Notre-Dame sowie in den Antiquitätenzentren »Village Notre-Dame« (Ecke Rue Notre-Dame/Rue Sicard) und »Le Passage St-Michel« bei der Basilika St-Michel zu finden. Ein Erlebnis ist dort auch der Flohmarkt von St-Michel, auf dem sich jeden Samstag und Sonntag ein multikulturelles Publikum einfindet. Wochentags wird hier Gemüse verkauft.

Hôtel des Quatre Sœurs (Nr. 4) einquartiert, um seiner Angebeteten, der Frau eines hiesigen Weinhändlers, nahe zu sein. Dem eifersüchtigen Ehemann gefiel das ganz und gar nicht, und er veranlasste kurzerhand, dass der deutsche Heldensagen-Komponist die Stadt zu verlassen hatte.

Chartrons – das Viertel der Weinhändler

Auf der heutigen **Place des Quinconces** 37 stand bis 1828 – andere Quellen nennen das Jahr 1816 – das mit Kanonen bewehrte Château Trompette. Seit 1902 erinnert hier das symbolträchtige **Monument aux Girondins** an die gemäßigte bürgerliche Gruppierung der Girondisten aus dem Departement Gironde, die sich während der Französischen Revolution gegen den Radikalismus und Zentralismus der Jakobiner wandten und 1792 fast allesamt guillotiniert wurden (s. S. 32). In 43 m Höhe thront auf einer Säule die Statue der Freiheit. Zwei Brunnen mit schnaufenden Bronzepferden und einer Frauengestalt verkörpern den Triumph und die Einheit der Republik, Gespenster das gefallene Königreich. Die Polizei erscheint in Gestalt eines Löwen. Drei Männerstatuen im Wasser symbolisieren Lüge, Ignoranz und Laster. Die konfessionslose Schule, als Voraussetzung zur Trennung von Kirche und Staat, wird durch eine Kindergruppe symbolisiert. Hinter dem monumentalen Denkmal, bis hinab zum Fluss, breitet sich auf einer Fläche von 12 ha die **Esplanade des Quinconces** 38 aus, ein riesiger Platz, der als Jahrmarkt, Zirkusfläche, Trödelmarkt, Messegelände und Parkplatz dient.

Nördlich der Esplanade beginnt das Chartrons-Viertel, das alte *quartier* der Weingrossisten. In dem einstigen Vorort, den im 14. Jh. Kartäusermönche *(chartreux)*, religiöse Flüchtlinge aus dem Périgord, gegründet hatten, konzentrierte sich ab dem 17. Jh. der Weinhandel und im 18. Jh. auch der Kolonialwarenverkehr. Riesige Lagerhallen und Handelskontore mit Abfüllkellern entstanden neben den prächtigen Häusern der protestantischen Kaufleute, die vorwiegend aus England, Deutschland, Skandinavien und Flandern kamen. Die katholische Bevölkerung duldete sie nicht in der Innenstadt, sodass sie vor den Stadttoren hatten siedeln müssen. Der ›Korkadel‹, wie die vorwiegend protestantischen Ausländer aus dem Norden genannt wurden, hatte bald die führende Rolle im ertragreichen Weinhandel inne und bestimmte das Wirtschaftsleben von Bordeaux.

Als die Winzer in der zweiten Hälfte des 20. Jh. anfingen, ihre Weine selbst abzufüllen und zu vertreiben, verkam die Gegend langsam, bis sich die Stadt zu einem Renovierungsprogramm durchrang. Einige imposante Anwesen erscheinen bereits wieder in ihrem alten Glanz, und viele Antiquitätengeschäfte, Weinlokale und Restaurants in den kleinen Gassen sind ebenso angesagt wie die renovierten Wohnungen von Chartrons.

Das **Hôtel Fenwick** 39 an der Place Lainé zwischen Rue Ferrère und Cours Xavier Arnozan zeugt noch von der Pracht der guten alten Zeit. Von der Dachterrasse des 1795 erbauten Stadtpalais hatte man einst einen guten Blick auf die sichelförmige Schleife des Flusses, die dem Hafen seinen Namen gab: **Port de la Luna** (›Hafen des Mondes‹). Heute liegen hier zwischen dem Quai Louis XVIII und dem Quai des Chartrons, dem einst wichtigsten Warenumschlagplatz Frankreichs, nur noch ein paar Kreuzfahrt- und

Restaurantschiffe wie die »Aliénor«, die Fahrten nach Blaye und Cadillac anbietet.

Direkt hinter dem Hôtel Fenwick, in der Rue Ferrère, wurden in den Lagerhallen des **Entrepôt Lainé** im 19. Jh. exotische Gewürze, Kakao und Kaffee – die Hälfte aller im Hafen umgeschlagenen Kolonialwaren – untergebracht. Heute kann man in diesem einzigartigen Stück Industriearchitektur im **Musée d'Art Contemporain** 40 zeitgenössische Kunst aus aller Welt bestaunen. Im Museum ist auch der Sitz des CAPC untergebracht, des Centre d'Arts Plastiques Contemporaines: Bordeaux zählt seit den 60er Jahren des 20. Jh. zu den wichtigsten Zentren zeitgenössischer Kunst Frankreichs. Auf der Dachterrasse des »Café-Restaurant du Musée« kann man sich von so viel Kunst erholen und die gute Küche genießen.

In der **Rue Notre-Dame** 41, die unweit des Museums in Richtung Norden verläuft, haben sich die Antiquitätenhändler niedergelassen. Vorbei an verstaubten Geschäften, in denen sich die alten Schätze und auch Ramsch stapeln, abzweigenden Gassen mit Weinlokalen und Brasserien, der **Eglise St-Louis** und dem idyllischen Marktplatz Chartrons führt sie zur Rue Borie, wo sich das **Musée des Chartrons** 42 befindet. Das 1720 von dem Iren Francis Burke, Königlicher Makler der Stadt Bordeaux, erbaute Handelskontor beherbergt im ehemaligen Weinlager ein liebevoll eingerichtetes Museum der Familie Calvet, das der Abfüllung, Verpackung und Verschiffung des Weines gewidmet ist. Zu sehen sind alte Weinflaschen, Etiketten, Karaffen und Fotografien sowie Modelle von Schiffen, die den Bordeaux-Wein in die ganze Welt transportierten. Sogar bis nach Indien – und wieder zurück ... Durch einen Zufall hatte ein Händler herausgefunden, dass sich die Qualität des Weines auf der Überfahrt dank der Temperatur im Laderaum und der gleichmäßigen Bewegungen des Schiffes verbesserte. So wurden Etiketten mit der Aufschrift »Retours des Indes« zum Gütesiegel und die Flaschen, die eine lange Indienreise hinter sich hatten, im Heimatland teurer verkauft.

Zurück geht es am Ufer der Garonne, entlang der einheitlichen Fassadenfront des Quai des Chartrons, wo nahe des Museumskriegsschiffes »Colbert« sonntags vormittags auf dem **Marché Colbert** 43 ein beliebter Brunch-Treffpunkt ist. Hier werden zu einem Gläschen Graves Austern aus Arcachon oder Marennes geschlürft, Krevetten gepult, Käse, Geflügel und Gemüse für das *souper* eingekauft. Die **Colbert,** der letzte Kreuzer der französischen Kriegsmarine (1960–90), lockt neben an Schiffbau und Marine Interessierten auch Philatelisten in ihren Bauch: An Bord ist ein Sonderpostamt untergebracht.

Hinter dem Quai des Chartrons verbirgt sich die moderne Glasfassade der **Cité Mondiale** 44 – entworfen von dem Bordelaiser Michel Petuaud-Letang, 1992 als »Werkstatt des Weins« eröffnet, hat sich der halbrunde Komplex inzwischen zu einem beliebten Kongresszentrum für Weinhändler entwickelt.

Über den Cours Xavier Arnozan gelangt man zum **Jardin Public** 45, dem vom Intendanten Tourny 1746–56 angelegten Flanierpark mit Teichen und Wiesen, einem botanischen Garten und dem **Musée d'Histoire Naturelle** 46, das eine zoologische Sammlung sowie Fossilien und Mineralien beherbergt. Der ehedem französische Garten verwilderte während der Revolution und wurde 1865 zum englischen Landschaftsgarten umgestaltet.

Einige Straßen weiter südwestlich, in der Rue du Docteur Albert Barraud, endet der Rundgang bei den Überresten des **Palais Gallien** 47, einem Amphitheater, das im 3. Jh. bis zu 15 000 Zuschauern Platz bot.

Blick von oben

Es lohnt sich, die Garonne auf dem Pont de Pierre zu überqueren. Die Stadtverwaltung hegt ehrgeizige Pläne zum Ausbau von Freizeitanlagen für die stets vernachlässigte rechte Uferseite mit ihrer halb toten, verwilderten Industriezone und den Überresten des 1882 erbauten Bahnhofs. Erste Schritte wurden bereits gewagt. Einige Cafés und Restaurants haben sich hier direkt am Fluss mit einem herrlichen Blick auf die gegenüber liegende Place de la Bourse und die schöne Kulisse der Altstadt angesiedelt.

Tagsüber und auch nachts steigt der **Aérolune** 48, ein mit Heißluft getriebener Ballon, unweit des alten Gare d'Orléans gen Himmel, um 13 Passagieren die herrliche Altstadtkulisse auf der anderen Uferseite zu präsentieren und ihnen die Biegung des Flusses zu zeigen, die geformt ist wie eine Mondsichel. Der einst so berühmte Port de la Luna gehört zwar der Vergangenheit an, doch vielleicht werden beim Börsenplatz bald Segeljachten und Ausflugsschiffe vor Anker gehen.

Ausflug nach Pessac

Zwei Sehenswürdigkeiten lohnen einen Ausflug von Bordeaux in den westlichen Vorort Pessac: Weinliebhaber zieht es zum **Château Haut-Brion,** Architekturfans in die **Cité Frugès.** Das Schloss aus dem 17. Jh., von dem noch Teile aus dem 15. Jh. erhalten sind, ist ein berühmtes Weingut. Es exportierte schon im 17. Jh. einen der beliebtesten Weine nach England und brachte anderthalb Jahrhunderte später einen erstklassigen Premier Grand Cru Classé hervor. Heute wachsen die Reben des nach wie vor gehandelten Weines kurioserweise mitten in der Stadt.

Nicht weit davon entfernt gab der Zuckerindustrielle Frugès dem Architekten Le Corbusier 1926 einen gewagten Auftrag: 49 Häuser entstanden zum Schrecken der Bevölkerung nach den eigenwilligen Plänen des Puristen. Inzwischen wurde die Besonderheit dieser Architektur anerkannt und viele der in der Zwischenzeit umgestalteten Bauten wieder dem Original angeglichen.

Ziegenkäsespezialitäten auf dem Marché Colbert

Entre-Deux-Mers

Ca. 280 km, 3 Tage

Sie seien zwischen zwei Meere geraten – das jedenfalls behaupten die Menschen in der Region zwischen Bordeaux und Marmande, und schreiben es stolz auf die Etiketten ihrer Weinflaschen: Entre-Deux-Mers. Die ›Meere‹ sind Dordogne und Garonne, deren Wasser noch 100 km landeinwärts von den marinen Gezeiten gehoben und gesenkt werden. Die Weine, die zwischen den Flüssen auf Ton-Kalk-Böden gedeihen, sind nicht irgendein Erzeugnis, sondern ein Heiligtum. Kaum ein Tag vergeht, ohne dass Madame und Monsieur ein Wörtchen über diesen ganz besonderen Schatz wechseln müssten. Das ist gepflegte Konversation, bei der mit Geschick und Sprachwitz das Wissen des Gesprächspartners abgefragt wird. Gäste müssen sich damit abfinden: Sie mögen noch so weinkundig sein, sie bleiben zwischen den beiden ›Meeren‹ wohl doch nur Zaungast. Spott trifft den, der gleich alle Weine zwischen Dordogne und Garonne in einen Topf wirft. Sie davor zu bewahren, ist ein Anliegen des folgenden Kapitels.

Bordeaux-Weine – Gironde und Médoc eingeschlossen – werden auf insgesamt 115 000 ha Fläche angebaut. Nur ein kleiner Teil davon möchte nicht einer A.O.C. zugerechnet werden, sondern begnügt sich damit, als Land- oder Tafelwein zu niedrigem Preis über die Ladentheke zu gehen. Das Bordelais ist somit das weltweit größte Anbaugebiet für Qualitätsweine. Etwa 12 000 Weingüter sind hier anzutreffen, sie werden 57 A.O.C. zugeordnet. Ein Drittel der Jahresproduktion von annähernd 700 Mio. Flaschen wird exportiert, vor allem nach Großbritannien, Deutschland, Dänemark, in die Beneluxländer und die USA. Das Bordelais stellt die Hälfte des französischen Weinexports.

Ein Land, das nicht vom Tourismus leben muss, darf dem Touristen auch mal die kalte Schulter zeigen. Wohlstand ist unverkennbar, gelegentliches Naserümpfen über die Sommergäste unübersehbar. Manch ein Château öffnet nur ungern die Pforten für die Fremden, die es nicht einmal für nötig halten, in angemessener Kleidung zur Weinprobe zu erscheinen. Wer will den Winzern ihren Stolz verdenken? Schließlich haben sie nicht nur die Kultur eines Getränkes zu höchster Reife geführt, sondern ganz nebenbei auch Weltliteratur hervorgebracht. Man denke an die Weinbauern Montaigne und Montesquieu, deren Châteaux alle Jahre wieder Ziel ›belesener‹ Besucher sind.

Was sich auf diesen Schlössern im Rahmen hält – Trubel und Touristennepp – kommt in St-Emilion zu amüsanter Entfaltung. Die Parkplätze in der Hochsaison überfüllt, die Straßen verstopft, die Gäste der Weinkeller beschwipst ... Was nicht heißt, dass der Ort kein berauschendes Erlebnis wäre. Er ist das Herz einer kontrastreichen Region, in der Bastiden mit Herrschaftssitzen und Abteiruinen mit stillen Weingütern abwechseln. Einem Fehlschluss sei vorgebeugt: Nicht alle Dörfer, die fürstliche Trinkgenüsse hervorbringen, bestechen durch architektonischen Liebreiz. Wie gesagt, zwischen den beiden Meeren gedeihen die Kontraste.

Weinbaugebiete um Libourne

Tipps & Adressen
Libourne S. 292

Über die Garonne-Brücke stadtauswärts, und nun ein letzter Blick auf die im Morgenlicht aufleuchtenden Häuserzeilen: Dieses Bordeaux am linken Flussufer verdankt seinen Pomp den Produkten, die am rechten Ufer gedeihen. Doch nicht mit Wein beginnt die Weinfahrt Richtung Osten, sondern mit Gemüse und Töpferton. An den einen oder anderen köstlichen Geschmack aus der Kindheit erinnerte sich Bernard Lafon, als er in **Sadirac** 1 »Oh! Légumes oubliés« gründete. Nach alter Methode werden dort Gemüse- und Obstsorten angebaut, konserviert und verkauft, die fast schon in Vergessenheit geraten waren. Einer weiteren Libournais-Tradition, der Töpferkunst, die hier im 18. Jh. Höhepunkte feierte, widmet sich die Maison de la Poterie.

Über **Créon** 2, eine Bastide (s. S. 41) aus dem Jahre 1313, gelangt man nach **La Sauve-Majeure** 3 (s. Libourne S. 292). Der Ortsname erinnert an das

Entre-Deux-Mers

lateinische *silva major,* einen ›großen Wald‹, in dem Herzog Guillaume VIII 1079 dem Benediktiner Gérard de Corbie ein Stück Land überließ. An der Stelle einer Eremitenkapelle entstand eine Abtei mit eigener Gerichtsbarkeit und Marktrecht, die nach der Heiligsprechung Gérards im 12. Jh. zum reichsten Stift der Region aufstieg. Die Mönche, zeitweise über 300 an der Zahl, nahmen die Rodung des Waldes in Angriff und schufen damit die Grundlage für den Weinbau. Der Hundertjährige Krieg bereitete dem regen Treiben ein Ende. Einem kurzen Aufleben im 17. Jh. folgte die Auflösung des Klosters während der Revolution. Im Anschluss diente La Sauve eine Weile als Gefängnis, danach setzte der Verfall ein. Durch Konservierungsarbeiten ab 1960 konnten Teile der Kirche gerettet werden. Im Chor (Ende 11. Jh.) sind archaisch anmutende Kapitelle mit Reliefs von Fabeltieren und Szenen aus dem Alten Testament erhalten. Vom Turm (13. Jh.) genießt man einen Rundblick über die Weinberge der Region.

Die dort angebauten Trauben der Rebsorte Sauvignon ergeben einen trockenen, kräftigen Weißwein, der gern zu Fisch serviert wird, den Entre-Deux-Mers. Um eines der besten Produkte dieser Appellation kennen zu lernen, lohnt es, die Fahrt über **Daignac** 4 (aus dem 13./14. Jh. Château de Pressac sowie Ruinen einer Mühle und des Châteaus de Curton) nach Grézillac 5 zum Château Bonnet fortzusetzen. Dem Unkundigen bleibt verborgen, dass er Grenzland betritt: Südlich der Dordogne werden hauptsächlich Weißweine gekeltert, am Nordufer, dem man sich nun nähert, fast nur Rotweine. Dies erklärt sich aus den unterschiedlichen Niederschlagsmengen des Wassers. Wo mehr Regen fällt, muss man sich auf die nicht so hoch gehandelten Weißweine beschränken, da die Rebsorten für rote Weine anfälliger gegen Fäulnis sind.

Einst Station der Jakobspilger: La Sauve-Majeure

Man quert die Dordogne und gelangt nach **Libourne** 6. Der vermeintlich französische Name geht auf den Engländer Roger Leyburn zurück, der den Ort 1270 als Bastide gründete. Libourne ist nicht nur ein sehr frühes Beispiel für diesen Siedlungstyp, sondern zugleich die einzige Bastide des Bordelais, die über ihre mittelalterlichen Grenzen hinaus zu einer Kleinstadt (heute 21000 Ew.) heranwuchs. Der Aufstieg erklärt sich aus Libournes Lage an der Dordogne, denn von hier wurden die Weine der Region verschifft. Von den einstigen Festungsanlagen blieb nur die Tour du Grand-Port (frühes 14. Jh.) erhalten. Außerdem empfiehlt sich ein Blick auf und in das Hôtel de Ville (1429) an der arkadengesäumten Place Abel Surchamp. Dieses Rathaus, das im 20. Jh. neogotisch umgestaltet wurde, beherbergt im zweiten Stock das Musée des Beaux-Arts. Dort sind Werke des in Libourne geborenen Tiermalers René Princeteau (1844–1914) zu sehen, bei dem Toulouse-Lautrec sein Handwerk lernte.

Doch kommen wir auf den Wein zurück, am besten gleich auf Spitzenerzeugnisse. Das Anbaugebiet des Libournais umfasst 12000 ha und produziert jährlich etwa 88 Mio. Flaschen Rotwein, überwiegend aus der Rebsorte Merlot, die früh reift und einen weichen, runden Geschmack zusammen mit einem fruchtigen Aroma entfaltet. Libournais-Weine reicht man zu Kalb- und Schweinefleisch, Geflügel und – was viele überrascht – auch zu Fisch. Ihre Güte ist zum Teil auf die mageren Böden zurückzuführen. Auf karger Krume gedeiht kaum etwas anderes als

Wein, der aber – zumindest als Rotwein – gerade dort besonders hohe Qualität gewinnt. Da Regenwasser in porösem Kalkgestein, auf Sand oder Kies schnell versickert, muss die Pflanze hier besonders tief wurzeln. Alte Rebstöcke entwickeln dabei große Kraft und sind zugleich gegen Fäulnis der Wurzelspitzen geschützt.

Für zwei Winzergemeinden des Libournais, **Fronsac** 7 und **Pomerol** 8, gilt, was eingangs angedeutet wurde: Sie sind nach touristischen Gesichtspunkten weit weniger ergiebig als nach weinkundlichen. Man unterscheidet in dem kleinen Gebiet gleich vier Appellationen, nämlich die auf Lehm und Kalk gedeihenden Canon-Fronsac und Fronsac sowie die auf Sand- und Kiesböden gezogenen Lalande-de-Pomerol und Pomerol. Letztere, zu der auch das viel besuchte Gut **Château Pétrus** gehört, hat den vielleicht besten Ruf und erzielt ungewöhnlich hohe Ladenpreise.

St-Emilion

Tipps & Adressen S. 313f.

9 Der Ort St-Emilion muss sich nicht hinter seinem Wein verstecken. Jedoch scheint seinen Bürgern der Sinn kaum nach etwas anderem zu stehen, als den Besuchern regalweise Flaschen edelster Tropfen in den Weg zu stellen. Allenfalls der Lockruf »Macarons« – gemeint ist feinstes Mandelgebäck – setzt dazu einen Kontrapunkt.

Nach der Zufahrt auf den malerisch über einen Kalkhügel ausgestreckten Ort erweist sich die Parkplatzsuche als erstes preistreibendes ›Vergnügen‹. Es folgt ein Spaziergang durch Gassen und über Treppen, bei dem hinter jeder Kehre fotogene Motive und Souvenirs

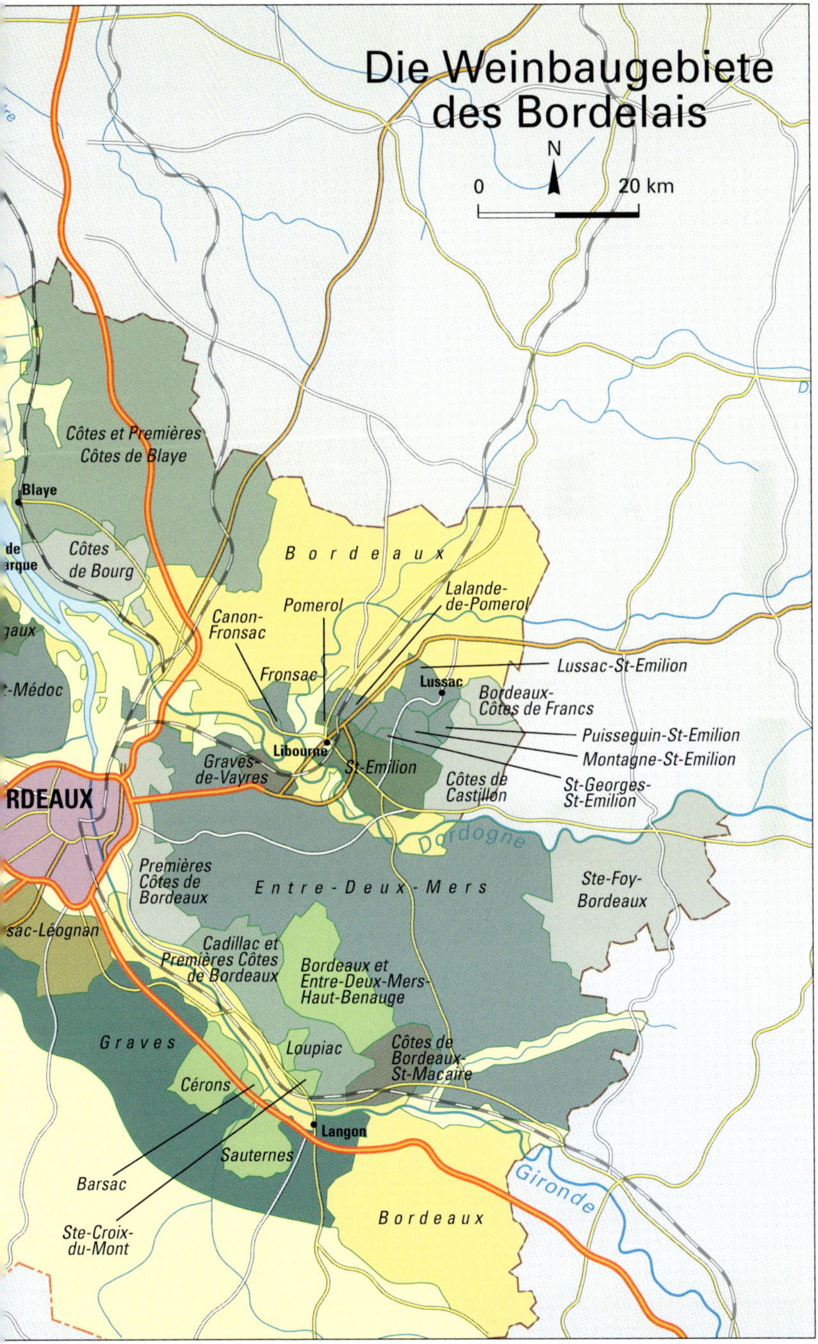
Die Weinbaugebiete des Bordelais
N
0
20 km
Côtes et Premières Côtes de Blaye
Blaye
Côtes de Bourg
Bordeaux
Canon-Fronsac
Pomerol
Lalande-de-Pomerol
Fronsac
Lussac-St-Emilion
Lussac
Bordeaux-Côtes de Francs
Puisseguin-St-Emilion
Montagne-St-Emilion
Libourne
Graves-de-Vayres
St-Emilion
Côtes de Castillon
St-Georges-St-Emilion
RDEAUX
-Médoc
Dordogne
Premières Côtes de Bordeaux
Entre-Deux-Mers
Ste-Foy-Bordeaux
sac-Léognan
Cadillac et Premières Côtes de Bordeaux
Bordeaux et Entre-Deux-Mers-Haut-Benauge
Graves
Loupiac
Côtes de Bordeaux-St-Macaire
Cérons
Langon
Sauternes
Gironde
Barsac
Bordeaux
Ste-Croix-du-Mont

Gehört zum Pflichtprogramm jedes Bordelais-Reisenden: St-Emilion

warten. Nicht überall setzt man den Fuß übrigens auf Kalk; manche Straßen sind mit Granit aus der Bretagne ausgelegt, den einst die Weinschiffe als Ballast in ihrem Bauch mitführten. Solches Granitpflaster entdeckt man etwa bei der **Porte de la Cadène,** dem Kettentor zwischen Ober- und Unterstadt, das ehedem bei Nacht verschlossen wurde. Gleich nebenan steht noch ein Fachwerkhaus aus dem 15. Jh.

Kalkgestein weist oft natürliche Hohlräume auf. Von solchen Kavernen aus haben sich die Bewohner von St-Emilion über Jahrhunderte in den Fels genagt, um Baumaterial zu fördern. Rund 100 km Stollen soll es geben, einige dienen heute als Weinlager, andere möchte man einer kulturellen Nutzung zuführen. In politisch stürmischen Zeiten boten die Höhlen zudem Schutz, so die **Grotte des Girondins,** in der sich Elie Guadet, Führer der Girondisten zur Zeit des Konvents, und andere Girondisten vor radikalen Revolutionären versteckten.

Das Leben im Untergrund hat eine Tradition, die wenigstens ins 8. Jh. zurückreicht. Damals meißelte ein gewisser Aemilianus, einst bretonischer Bäcker, danach Mönch bei Royan, eine Eremitage in den Berg, um dort ein frommes Einsiedlerleben zu führen. Die Klause, die durch eine Quelle mit Wasser versorgt war, befindet sich unter der **Chapelle de la Trinité** aus dem 13. Jh. und kann im Rahmen einer Führung (über das Office de Tourisme) besichtigt werden. Zu sehen sind zwei Felskammern, die als Schlafstätte und Oratorium gedeutet werden, sowie angrenzende Katakomben, die als Beisetzungsstätte dienten. Im Laufe der Zeit wurde daraus ein Massengrab, in das die Toten durch eine Öffnung in der zentralen Kuppel hinabgeworfen wurden.

Die Souterrainführung macht gleich nebenan, ebenfalls Place du Marché, mit dem großartigsten Denkmal St-Emilions vertraut, der **Eglise monolithe.** Nachdem Aemilianus 767 gestorben war, zog sein Grab erste Pilger an. Im 9. Jh. ließen sich hier Benediktiner nieder und begannen mit dem Bau einer Felskirche. Im 12. Jh. hatte die dreischiffige Halle ihre gegenwärtigen Maße von 38 m Länge, 20 m Breite und 11 m Höhe erreicht. Die Wände waren ursprünglich

mit Reliefs überzogen und bemalt, doch wurden die meisten Darstellungen während der Französischen Revolution abgeschliffen. Unter den wenigen erhaltenen fallen zwei Engel auf, von denen der eine, obwohl er wie der andere erhaben gearbeitet ist, im künstlichen Licht wie in den Fels geritzt erscheint. Ein dunkler, von Sarkophagen gesäumter Gang führt zu dem mittlerweile verschlossenen Hauptportal der Felskirche, das ins 14. Jh. datiert. Mit diesem geschmückten, allerdings stark lädierten Portal wie auch mit einem Glockenturm (15. Jh.; Panoramablick) kennzeichneten spätere Generationen das ansonsten verborgene Heiligtum.

Die Führung endet im Office de Tourisme, dessen Räumlichkeiten ihrerseits sehenswert sind, denn es handelt sich um den einstigen Schlaf- und den Speisesaal eines Benediktinerklosters aus dem 14. Jh., von dem auch der Kreuzgang erhalten blieb. Ebenfalls aus dieser Zeit stammt der Chor der angrenzenden **Kollegiatskirche** (Eglise collégiale), deren geräumiges Langhaus ein Werk der Romanik ist.

Was das Etikett verrät

Anlässlich der Weltausstellung im Jahr 1855 in Paris forderte Napoléon III die Weinbauern des Bordelais auf, ihre Produkte nach Qualitätsstufen zu gliedern. Indes entschieden nicht neutrale Juroren, sondern die Weinhändler von Bordeaux über die Klassifizierungen. Kriterium für die Zuordnung zu Premier bis Cinquième Cru war vor allem der erzielbare Verkaufspreis, womit freilich wenig genug über die tatsächliche Güte ausgesagt war. Obwohl das Bordelais nach der Weltausstellung mit dem Reblausbefall (1876) seine größte Katastrophe und anschließend bedeutende Umwälzungen erfuhr, behielten die seinerzeit festgelegten Crus bis heute Gültigkeit. Die einzige Änderung bestand darin, dass 1973 der Mouton-Rothschild zum Premier Cru aufstieg. Zwar sind die ehrwürdigen Häuser ihrer Tradition und Qualität treu geblieben, doch rückten längst andere Châteaux (etwa Palmer) zu gleicher oder höherer Güte auf, sodass die auf dem Etikett ausgewiesenen Crus nur bedingt Maßstab sein können.

Einem weiteren Makel versuchte das INAO (Institut National des Appellations d'Origine) abzuhelfen. Die Juroren von 1855 hatten nur die Rotweine des Médoc, die edelsüßen Weißweine von Sauternes sowie einen Graves berücksichtigt. So wurden denn in den 50er Jahren des 20. Jh. 16 Lagen des Graves zum Cru Classé, 13 Lagen von St-Emilion zum Premier Grand Cru Classé (Spitzenreiter: Château Ausone

und Château Cheval Blanc) und weitere 55 St-Emilion-Lagen zum Grand Cru Classé gewählt. Die ebenfalls hochwertigen Pomerol und Fronsac sind noch nicht in diesen erlauchten Kreis aufgenommen, da sie erst später an Qualität zulegten.

Neben den etwas verwirrenden und nur teilweise aufschlussreichen Angaben zur Cru führt ein Weinetikett aber noch weitere informative Indizien auf, die als Kaufhilfe dienen können. Zum einen sind dies der Name des Châteaus und die A.O.C., der es zugerechnet wird. Die kontrollierte Herkunftsbezeichnung gewährleistet, dass ein Wein den für die Region festgelegten

Anforderungen entspricht. Diese können je nach Weingut über-, aber niemals unterschritten werden. Von Bedeutung ist zudem der Abfüllort: »Mis en bouteille au château« heißt, dass das Getränk auf dem Weingut auf Flaschen gezogen wurde. Dies ist in der Regel ein Vorzug gegenüber Weinen, die regionale Händler nach Durchschnittsmethoden abfüllen (»Mis en bouteille dans la région de production«).

Dem Jahrgang eines Weines kommt zweifellos große Bedeutung zu, zur korrekten Einschätzung bedarf es jedoch intimerer Kenntnisse. Was bei einer A.O.C. als gelungen gefeiert wird, mag bei einer anderen – etwa wegen unterschiedlicher Klimalage im betreffenden Jahr – als eher dürftig gelten. Im Übrigen weichen gute Jahrgänge für Rotweine (hervorragend waren im Bordelais etwa 1985, 1986, 1988–1990, 1994, 1995, 2000) von denen der Weißweine ab. Beratung durch ortsansässige Winzer oder die Lektüre kompetenter önologischer Fachbücher sind deshalb fast unerlässlich.

Falsch ist die Annahme, ältere Weine seien grundsätzlich besser als junge. Viele Rotweine und die meisten Weißweine sind vielmehr nur wenige Jahre lagerfähig. Über diese Eigenschaft entscheidet vor allem die Rebsorte. Cabernet-Sauvignon, die Hauptrebe im Médoc, besitzt wegen ihrer hohen Anteile an Gerbsäure – die vor allem in Kernen und Schale steckt und deshalb nicht in Weißweine gelangt – eine höhere Lagerfähigkeit als etwa Merlot. Sie reift spät und erzeugt eine kräftige Farbe. Neben Médoc sind es die Rotweine des Graves und Libournais, die lange lagern können bzw. sogar sollen. Andere Weine hingegen entfalten gerade jung ihr charakteristisches Bukett.

Die Benediktiner wollten hoch hinaus, als sie für St-Emilion und die Besucher des Heiligengrabes größere Kirchen planten. Doch immer wieder machten kriegerische Auseinandersetzungen die Entwürfe zunichte. Nachdem bereits Mauren und Normannen Verwüstungen angerichtet hatten, wurde der blühende Ort im Hundertjährigen Krieg Zankapfel zwischen Franzosen und Engländern. Nach den Religionskriegen war das Geschäft um den Heiligen dahin, doch setzte nun der Aufschwung des Weinhandels und -anbaus ein.

Aus der Zeit der ersten Blüte sind die Festungsmauern samt Toren und der **Donjon du Roi** erhalten. Der rechteckige Wehrturm ist Überbleibsel eines Schlosses, das möglicherweise von Henri III Plantagenêt im 13. Jh. errichtet wurde. Bis 1720 diente der Turm als Rathaus, heute ist er Tagungsort der Jurade, die vor 800 Jahren gegründet und 1948 neu formiert wurde. Die *jurats* waren einst Gemeinderäte, heute debattiert die ›Bruderschaft‹ nur noch über die Qualität der Weine. In rote Roben gehüllt, eröffnen die Mitglieder der Jurade jeweils am dritten Septemberwochenende die Weinlese und beurteilen im Juni die Tropfen des Vorjahres. Der ersehnte Urteilsspruch erfolgt vom Donjon du Roi aus.

Zu den ausgefallenen Kellereiprodukten St-Emilions zählt der Clos des Cordeliers, ein Schaumwein, der dem **Couvent des Cordeliers** zu Bekanntheit verhalf. Von diesem Franziskanerkloster (14. Jh.) sind u.a. Teile des Kreuzgangs erhalten, der heute als Weinschenke dient. Die Franziskaner wie auch die Dominikaner trafen mit Verspätung in St-Emilion ein, sodass sie sich mit ungeschützten Standorten außerhalb der Festungsmauern begnügen mussten. Wer St-Emilion im

Norden verlässt, entdeckt am Ortsrand zwischen Weinfeldern die **Grandes Murailles,** Überbleibsel des Dominikanerklosters, das im 14. Jh. Opfer des Hundertjährigen Krieges wurde.

Über Castillon zum Schloss von Montaigne

Tipps & Adressen

Castillon-la-Bataille S. 274

Jetzt heißt es aufbrechen zu einem kurzen Streifzug durch die Weinberge nördlich von St-Emilion. Details über Landleben und Weinbau vermittelt in **Montagne** 10 das Ecomusée du Libournais (s. Castillon S. 274). Ein sehr lohnendes Ziel ist **Petit-Palais** 11, auf dessen Friedhof eine romanische Kirche aus dem späten 12. Jh. erhalten blieb. Wen die Ansicht von der Dorfstraße her nicht überzeugt, den entschädigt der Blick auf das reich geschmückte Portal. In den Bogenläufen erscheinen maurisch inspirierte Arabesken.

Castillon-la-Bataille 12 ist ein Provinznest an der Dordogne, das man nicht unbedingt als Etappenziel empfehlen möchte. Der eigentümliche Beiname (*la bataille*, ›die Schlacht‹) erinnert an ein Gemetzel zwischen 6000 Franzosen und 8000 Engländern im Jahre 1453. Den Sieg in dieser letzten Schlacht des Hundertjährigen Krieges errangen die Franzosen, was man auf die Überlegenheit ihrer Artillerie zurückführt. Zwischen Mitte Juli und Mitte August wird jeweils freitags und samstags nachts das Ereignis in historischen Kostümen auf freiem Feld nachgespielt.

Weiter östlich führt ein Abstecher von der Straße nach Ste-Foy-la-Grande (D 936) links ab in das Dorf **Montcaret** 13 (s. Castillon S. 274). Neben der romanischen Kirche befindet sich ein Museum, das bedeutende Funde aus

Rosen und Wein sind eine beliebte Kombination: Krankheiten befallen zuerst die Blume und lassen den Winzern so Zeit, die Reben zu schützen

Der Weise im Turm – Michel Eyquem de Montaigne

Michel wurde am 28. Februar 1533 auf Schloss Montaigne geboren, das sein Urgroßvater mit Erträgen aus dem Weinhandel gekauft hatte. Michels Vater Pierre hatte als Teilnehmer an den Feldzügen des Königs François in Italien humanistisches Gedankengut kennen gelernt, das er seinem Sohn zu vermitteln suchte. Ein deutscher Humanist, der kein Wort Französisch sprach, erteilte dem gerade einmal zweijährigen Jungen den ersten Unterricht in lateinischer Sprache. Das morgendliche Wecken mit Musik, der zwanglose Unterricht und das Eingehen auf die persönlichen Anlagen und Anliegen waren Erziehungsprinzipien. Mit sechs Jahren kam Michel in die Schule, im Alter von 13 Jahren begann er ein Jurastudium (1546–54). Schon im Jahr 1557 wählte ihn die Stadt Bordeaux zum Ratsherrn und Richter, später dann war er zweimal Bürgermeister und trat damit in die Fußstapfen seines Vaters.

Mit seinem wehrhaften Schloss besaß Michel selbst in den bitteren Jahren der Religionskriege ein Refugium, das ihm seine Arbeit sicherte. Der Rückzug in den Turm, die Abkehr von all den machthungrigen Kleingeistern, die das Land in Krisen stürzten, drängte Montaigne zu distanzierter Betrachtung des Menschen. Der Umwelt galt er als ›stoischer Weiser‹. Montaignes Skeptizismus gipfelte in dem Kernsatz: »Was weiß ich?« Seine Gedanken, die nie auf eine Meinung fixiert sind, sondern sich den Dingen stets von zwei Seiten nähern, legte er in »Versuchen« nieder. Diese »Essais«, 1580 erstmals veröffentlicht, stellten eine neue, ganz persönliche Literaturform dar. Sein Motto: »Ich wage es nicht nur, von mir zu sprechen; ich wage es, nur von mir zu sprechen«, schrieb er 1588 anlässlich der vierten, erweiterten Ausgabe des Hauptwerks. Shakespeare und Bacon zählten zu den ersten Lesern dieser neuen, ›offenen‹ Form, in der sich Selbstergründung und eine nachdenkliche Gesellschaftskritik verbinden. In der ihm eigenen Selbstironie sprach Montaigne allerdings lieber von »grotesken Missgeburten und Phantastereien eines Menschen, der von den Wissenschaften nur die oberste Kruste probiert hat«. Montaigne starb am 13. September 1592.

römischer Zeit bewahrt. Erste Bodenmosaike mit Darstellungen diverser Fischarten wurden hier bereits 1827 freigelegt, etwa 100 Jahre später kamen bei systematischen Grabungen Fundamente einer gallo-römischen Villa des 1.–4. Jh. zutage.

Ein paar Kilometer nordwestlich überschaut ein mächtiges Schloss das idyllische Dorf **St-Michel-de-Mon-**

Die Kirche von Castelviel besitzt ein beeindruckendes romanisches Portal im Stil der Saintonge

taigne 14 (s. Castillon S. 274), Heimat des berühmten Literaten Michel Eyquem de Montaigne. Doch nicht der Prachtbau, den man von der Straße aus sieht, war Michels Domizil, vielmehr blieb von seinem Anwesen nach einem Brand im 19. Jh. nur ein Turm auf dem Gelände des heutigen Schlossparks. Im Rund der Turmmauern hat Montaigne inmitten seiner riesigen Büchersammlung gelebt und gearbeitet. Nachdem seine Tochter, die dem Werk des Vaters wenig abzugewinnen vermochte, bereits seinen Bibliotheksbestand verkauft hatte, vernichtete jener Brand drei Jahrhunderte später auch die meisten übrigen Schätze des Schlosses. Aus wenigen Überbleibseln sowie einigen Nachbildungen wurde in St-Michel dennoch ein glaubhaftes Interieur erstellt, das mit den Lebensbedingungen des großen Mannes vertraut macht.

Von der Dordogne zur Garonne

Tipps & Adressen
La Réole S. 306

Zurück in Castillon, quert man die Dordogne und fährt Richtung Süden durch die friedliche Landschaft bei **Pujols** 15. Kurz vor **Blasimon** 16 steht am Flüsschen Gamage die Wassermühle Moulin de Labarthe. Sie wurde im 14. Jh. von Benediktinern erbaut und wegen der bedrohlichen politischen Lage sogar befestigt. Die romanische Abteikirche (12./13. Jh.) der Mönche ist ein Stück weiter südlich rechts der Straße zu sehen. Sie hat die Wirren der Zeit nur als Ruine überstanden.

Das verträumte **Sauveterre-de-Guyenne** 17, eine 1281 von Engländern gegründete Bastide, wechselte im Hundertjährigen Krieg mehrfach den Besitzer. Von der Festungsanlage blieben vier Stadttore erhalten, die man jeweils an den Ausfallstraßen durchfährt. Gleich hinter dem südwestlichen Tor geht es rechts auf die D 230 und nach **Castelviel** 18. Die dortige Kirche (11./12. Jh.) besitzt ein Portal, das in Stil und Themen an die Saintonge erinnert, also z. B. skulptierte Bogenläufe statt Tympana aufweist. Die Kapitelle zeigen u. a. die Enthauptung von Johannes dem Täufer und Verkörperungen der Todsünden.

In **La Réole** 19 ist die Garonne erreicht. Der relativ große Ort bewahrt in seinem Namen die Erinnerung an die *regula,* das Ordensgelübde der Benediktiner, die hier 977 an der Stelle einer gallo-römischen Villa ein Kloster gründeten. Kirche und Konventsgebäude in schöner Lage über dem Flussufer wurden im 18. Jh. klassizistisch umgestaltet und beeindrucken durch imposante Maße. Meisterwerke sind die schmiedeeisernen Tore und Geländer. Das Kloster, während der Französischen Revolution aufgelöst, dient heute kommunalen Zwecken. Von hier kann man auf einem markierten Rundgang (Circuit Pédestre; ca. 20 Min.) in der sehenswerten Altstadt u. a. das Waschhaus Lavoir de la Marmory (13. Jh.) und das ehemalige Hôtel de Ville (12. oder Anfang 13. Jh.) entdecken, das vielleicht älteste Profanbauwerk Frankreichs.

Weinbau, Kunst und Literatur an den Ufern der Garonne

Tipps & Adressen
Langon S. 290

Richtung Bordeaux erstrecken sich am rechten Garonne-Ufer mehrere Weinbaugebiete: Im Osten Côtes de Bordeaux-St-Macaire, Ste-Croix-du-Mont und Loupiac mit edelsüßen Weißen, im Westen einige unter der A.O.C. Premières Côtes de Bordeaux zusammengefasste kleinere Lagen mit fruchtigen, milden Rotweinen und trockenen, zumeist jung getrunkenen Weißweinen. Von Kennern werden sie nicht zu den Spitzenerzeugnissen gerechnet, bieten aber gute Qualität bei erschwinglichem Preis. Einiges von dem, was die Region sonst zu bieten hat, besitzt dagegen Weltrang. Das Dorf **St-Macaire** 20, das u.a. noch Stadttore und die Place du Mercadiou aus dem 14. Jh. bewahrt hat, ist dem zwar nicht einzureihen, doch lohnt ein Besuch der ehemaligen Poststation (16. Jh.), in der heute ein Postmuseum eingerichtet ist. Beachtliche Details der Eglise St-Sauveur sind ein Eichenholzportal sowie in der Apsis Fresken des 14. Jh.

Ein erster bedeutender Meilenstein ist **St-Maixant** 21 (s. Langon S. 290) bzw. sein Weingut Malagar, das seit 1843 der Familie Mauriac gehört. François Mauriac (1885–1970), katholisch geprägter Romancier und Essayist, verbrachte hier jährlich einige geruhsame Wochen. Das Werk des Literaturnobelpreisträgers (1952) behandelt Themen, die sich mit dem Bösen in der modernen Welt auseinander setzen. Häufig stehen dabei frustrierte Frauen des Provinzbürgertums und ihre verbrecherischen Machenschaften im Mittelpunkt. Seit 1985 dokumentiert auf Malagar eine Ausstellung Mauriacs Leben.

In **Verdelais** 22 (s. Langon S. 290) erhielt die »Auberge Décriteau« regelmäßig Besuch eines Zechers, der Mauriac an Bekanntheit, wiewohl nicht an Haupthöhe übertraf: Henri de Toulouse-Lautrec (1864–1901). Der kleinwüchsige Künstler verbrachte die Sommertage seines kurzen Lebens zumeist im Château Malromé (3 km nordöstl. von Verdelais), das seine Mutter Adèle 1883 gekauft hatte. Das Schloss war im 14. Jh. gegründet und später mehrfach umgebaut worden, zuletzt im 19. Jh. von Viollet-le-Duc. Außer dem Sterbezimmer sind Reproduktionen vieler bekannter Gemälde Toulouse-Lautrecs zu besichtigen. Beigesetzt ist der Künstler auf dem Friedhof von Verdelais, am Fuß eines Kalvarienberges, der alljährlich am 15. August und am 8. September Ziel von Wallfahrern ist.

Ste-Croix-du-Mont 23 und **Loupiac** 24 sind, wie erwähnt, Anbaugebiete süßer Weißweine; von diesen gleich mehr. Ste-Croix wirbt zudem mit Austernbänken – nicht mit ›frischen‹, sondern mit urzeitlichen, die wie der Kalk von St-Emilion als Formungen des Tertiärs zurückblieben. Loupiac bietet außer seinem Wein Fundamente einer gallo-römischen Villa. Hier soll der Dichter und Winzer Ausonius (s. S. 165) gelebt haben ... Nicht bekannt ist, ob es sich hierbei vielleicht nur um einen touristisch wirksamen Werbegag handelt.

Cadillac 25 (s. Langon S. 290) – ein Name, der sich in den 50er Jahren des 20. Jh. auf amerikanische Automobile verirrt hat. Angeblich geschah dies zu Ehren eines von hier nach Kanada ausgewanderten Abenteurers, doch die genaue Erklärung bleiben beide Cadillacs, Ort und Pkw-Hersteller, schuldig. Die Bastide an der Garonne wurde 1280 von den Engländern gegründet und besitzt aus dieser Zeit noch die Porte de la Mer und Teile der Stadtmauer. Imposanter ist das Château des Duc d'Epernon, das zwischen 1598 und 1620 im Stil der Renaissance für den Gouverneur von Henri IV errichtet wurde. Als der König im Jahr 1610 ermordet wurde, saß Herzog d'Epernon mit ihm in der Kutsche und überlebte das Attentat. Während der Französischen Revolution fiel das Schloss Plünderern in die Hände, und so sind vom einst prächtigen Interieur nur noch Deckengemälde und acht monumentale Marmorkamine zu sehen. Heute hat hier die Weinbruderschaft Connétablie de Guyenne ihren Sitz.

Man quert die Garonne und gelangt in das Anbaugebiet eines Weines, der einst Scharen von Studenten begeisterte, heute aber wegen seiner Süße leider in Verruf gekommen ist. Schon an der Flasche kann man ihn erkennen, denn der weiße Dessertwein von **Sauternes** 26 wird in klares statt in grünes Glas gefüllt. Man trinkt ihn kühl, nicht eiskalt, etwa zu Gänseleberpastete, Lachs, Obst oder Roquefort. Als Rebsorten dienen neben Sauvignon, dem Standardgewächs für trockene Weißweine der Region, auch Muscadelle und – zur

Zahlreiche Reproduktionen von Gemälden Toulouse-Lautrecs schmücken Malromé

Verbesserung der Lagerfähigkeit – Sémillon. Doch nicht darin steckt das Geheimnis von Sauternes, sondern in einer Laune der Natur. Der Ciron, der durch dieses Weinbaugebiet nach Norden fließt, ist kälter als die Garonne, von ihm steigen schon früh im Herbst die Morgennebel auf. Für die Reben eine Katastrophe. Denn legt sich erst einmal Tau auf die Trauben, ist es um die Ernte bald geschehen, da durch die Erwärmung am Tage ein zerstörerischer Pilz *(Botrytis cinerea)* zum Leben erwacht. Nun haben aber die Winzer von Sauternes entdeckt, dass hier nicht Fäule, sondern Edelfäule entsteht. Das Wasser in der Traube schwindet, der Gehalt an Fruchtzucker und Glycerin steigt. Es bedarf lediglich noch einer sorgsamen Lese und Kelterung, um einen süßen, leicht öligen Spitzenwein zu erhalten.

Die Lese ist ein Schweiß treibendes, langwieriges Unterfangen. Nur ein geschultes Auge erkennt, wann die einzelne Beere den richtigen Fäulnisgrad erreicht hat. Für Maschinenarbeit ist hier kein Platz, vielmehr wird in mehreren Durchgängen über ca. sechs Wochen hinweg jedes Träubchen von Hand gepflückt. Der Ertrag pro Rebstock liegt hier bei einem Glas, andernorts bei einer Flasche. Wer hätte da noch Fragen zum Preis eines guten Sauternes?

Das Dorf, das dem edelsüßen Wein seinen Namen verlieh, hat wenig Charme. Zwei Weinschlösser des kleinen Anbaugebietes sollte man aber beachten: Château d'Yquem (15. Jh., bis ins 18. Jh. erweitert) wegen seines erstrangigen Weines, Château de Malle (17. Jh.) zudem wegen seiner Architektur und seines terrassierten Gartens. Erbaut wurde es für den Stadtrat von Bordeaux, Louis Malle, dessen Bibliothek, Schlafzimmer und Büro nebst einer bedeutenden Sammlung von Schattenrissen aus dem 17. Jh. zu besichtigen sind. Das Château de Malle, 3 km westlich von **Langon** 27 gelegen, produziert übrigens auch einen Graves – und damit ist die nächste Weinbauregion erreicht. Sie umschließt Sauternes, reicht im Westen fast bis Bordeaux und ist insofern herausragend, als ihre auf *gravier* (Kies) gedeihenden Weine sowohl als Rote wie auch als

Richtig Reisen
Tipp

Besuch eines Weinguts

Adressen, Telefonnummern, Öffnungszeiten – Fluktuation beherrscht den Alltag eines Reiseführerautors. Sind solche Daten zu den Weingütern des Bordelais gefragt, rauft man sich bald die Haare. Zwar werden Führungen (in der Regel kostenlos) veranstaltet und gibt es offizielle Zeiten, doch kann nichts davon als verbindlich gelten, zumindest nicht bei den großen Häusern. Ist der Rundgang ausgebucht oder schuftet gerade die gesamte Belegschaft auf dem Feld, so muss der Gast warten, womöglich mehrere Tage. Das Beste ist, den Besuch telefonisch anzukündigen: Degustation im Bordelais ist – im Unterschied zu anderen Weinbaugebieten – ein Akt, den man sich verdienen muss.

Eine aktuelle Liste der Châteaux samt Telefonnummern und Öffnungszeiten geben regelmäßig die Offices de Tourisme heraus. Auf Wunsch nehmen sie auch Reservierungen vor, verlangen dafür aber eine Gebühr. Den gleichen Service bieten die Maisons du vin (MdV), die jeweils die Produkte einer Region betreuen. Hier einige Adressen dieser Häuser (Öffnungszeiten meist Mo–Sa 10–12, 14–18 Uhr) wie auch wichtiger im Text erwähnter Weingüter:

Bordeaux-Weine allgemein
MdV de Bordeaux, 3, Cours du 30 Juillet, 33000 Bordeaux, Tel. 05 56 00 22 88

Entre-Deux-Mers
Syndicat Viticole de l'Entre-Deux-Mers, 4, Rue de l'Abbaye, 33670 La Sauve, Tel. 05 57 34 32 12
MdV, 8, Rue du Canton, 33490 St-Macaire, Tel. 05 56 63 32 14

Graves, Sauternes
MdV, Pl. de l'Eglise, 33720 Barsac, Tel. 05 56 27 15 44
MdV, 61, Cours Foch, 33720 Podensac, Tel. 05 56 27 09 25
MdV, 14, Pl. de la Mairie, 33210 Sauternes, Tel. 05 56 76 69 83
Château Haut-Brion, 33608 Pessac, Tel. 05 56 00 29 30
Château de Malle, 33210 Preignac, Tel. 05 56 62 36 86

Libournais
MdV, Rue du Tertre, 33126 Fronsac, Tel. 05 57 51 80 51
MdV, Pl. Meyrat, 33330 St-Emilion, Tel. 05 57 55 50 55
Syndicat Viticole, 8, Rue Tropchaud, 33500 Pomerol, Tel. 05 57 25 06 88

trockene und edelsüße Weiße hoch geschätzt sind.

Durch das Graves-Gebiet geht es am linken Garonne-Ufer über Autobahn oder Nationalstraße zügig zurück nach Bordeaux. Ein letzter Halt vor der Stadt ist **Labrède** (früher: La Brède) 28 (s. Bordeaux S. 269ff.), das von Wassergräben umgebene Schloss, in dem am 18. Januar 1689 Charles Louis de Secondat,

Médoc
MdV, Pl. La Trémoille, 33460 Margaux, Tel. 05 57 88 70 82
MdV, La Verrerie, 33250 Pauillac, Tel. 05 56 59 03 08
MdV, Pl. de l'Eglise, 33180 St-Estèphe, Tel. 05 56 59 30 59
Syndicat Viticole, Mairie, 33250 St-Julien, Tel. 05 56 59 08 11
Château d'Arsac, 33460 Arsac, Tel. 05 56 58 83 90
Château Beychevelle, 33250 St-Julien, Tel. 05 56 59 20 70
Château Cos d'Estournel, 33180 St-Estèphe, Tel. 05 56 73 15 50
Château Lanessan mit Musée du Cheval, 33460 Cussac-Fort Médoc, Tel. 05 56 58 94 80
Château Palmer, 33460 Cantenac, Tel. 05 57 88 72 72
Château Siran, 33460 Labarde, Tel. 05 57 88 34 04

Wochenlange Voranmeldung für Châteaux Latour (Tel. 05 56 73 19 80), Lafite-Rothschild (Tel. 05 56 73 18 18) und Mouton-Rothschild (Tel. 05 56 73 21 29), 33250 Pauillac.

Bevor Sie ganz unbedarft zur Probe erscheinen: Wie wäre es mit ein wenig Unterricht? Im Sommer veranstalten die großen Maisons du vin entsprechende Kurse (ca. 20 € pro Person für zwei Std., auf Anfrage auch halbe und ganze Tage). Und am ersten Aprilwochenende erleichtern die Schlösser des Médoc den Besuch, indem sie zwei Tage der offenen Tür anbieten.

Baron de la Brède et de Montesquieu, geboren wurde. Labrède ist noch heute im Besitz der Nachkommen von Montesquieu. Im 12.–15. Jh. als Burg erbaut, erfolgte die Umgestaltung zum Feudalsitz vom 16. bis zum 18. Jh. Wohn-, Schlaf- und Arbeitszimmer mit Originalmöbeln sind zu sehen, zudem die Bibliothek mit 7000 Bänden Lesefutter.

Montesquieus Biographie ähnelt so sehr der seines Kollegen Montaigne, als hätte ein Adeliger im Bordelais gar keine andere Wahl als diese gehabt. Der Baron studierte Jura, wurde mit 25 Jahren Stadtrat von Bordeaux, war Vielreisender mit stetem Heimweh und begeisterter Winzer. Die Winter verbrachte er in Paris, wo er vor allem eines entwickelte: Abscheu vor dem Absolutismus, dem Leben und den Intrigen am Hof. Von aufklärerischem Tenor sind die Schriften »Persische Briefe« (1721), »Betrachtungen über die Ursachen der Größe und des Verfalls der Römer« (1734) und das Hauptwerk »L'esprit des lois« (»Vom Geist der Gesetze«, 1748), doch misstrauten ihm die um die »Encyclopédie« gescharten Aufklärer. Diderot brachte die Vorbehalte auf den Punkt: »Am hohen Himmel suchte er das Licht und seufzte nur, als er es fand.« Kurzum: Man sah ihn als einen kritischen Geist, sprach ihm aber die Konsequenz ab. In der Tat war Montesquieus Ideal die konstitutionelle Monarchie nach dem Vorbild Englands, die später die Girondisten, nicht aber die radikalen Revolutionäre beeinflussen sollte.

Als Montesquieu während einer seiner Winterreisen in Paris an einer schweren Grippe erkrankte und ins Koma fiel, ließ sich Papst Benedikt XIV durch seinen Nuntius tagtäglich berichten, ob der kirchenkritische Philosoph endlich gebeichtet habe und in den Schoß der ›Heiligen Kirche‹ zurückgekehrt sei. Am 10. Februar 1755 starb Montesquieu, ohne dem Papst diesen Gefallen zu tun; in seiner Pfarre St-Sulpice wurde er begraben.

Médoc

Ca. 240 km, 1–2 Tage

Es ist kein Fluss, es ist kein Meer – es ist die Gironde, und sie ist einzigartig. Kaum zu fassen, wie Wasser menschliches Gemüt zu zeichnen vermag. Nur wenige Kilometer westlich, in atlantischer Brandung, weckt es Urlaubsgefühle, doch hier am graubraunen Gestade macht es schläfrig. Man kennt das: Frankreich zwischen zwölf und zwei, Mittagsmahl und Mittagsruh', verschlossene Fensterläden und gähnende Öde in den Gassen. An der Gironde scheint Mittagszeit auf immer zu herrschen. In der Bar am Hafen stehen leere weiße Plastikstühle auf der Terrasse, das Glas Rotwein wird nach einer halben Ewigkeit serviert, das Mahl *à la bordelaise* noch ein Stündchen später. Man hat sie ja, die Zeit im Überfluss. Und der wartende Gast lernt, sie auch zu haben. Zur hellen Freude wird, wenn irgendwann einmal ein Auto über den Kirchplatz saust oder der Dorfhund sein Bein an einem rostigen Anker hebt.

Der Médoc lehrt aber nicht nur die Entdeckung der Langsamkeit. Folgt man dem Gironde-Ufer bis zum offenen Meer und knickt dann scharf ab nach Süden, weht gleich Ferienluft. Sand, Wellen, Kiefernwälder säumen die Straße, unterbrochen nur von einer Hand voll Urlaubersiedlungen. So geht es weiter die gesamte Küste hinunter bis Bayonne.

Und noch ein Drittes, Wohlbekanntes ist der Médoc, nämlich Land des Weines. Er gedeiht zwischen Küste und Gironde, im Zentrum der Halbinsel. Hier sind die Châteaux noch das, was man sich unter einem Château vorstellt. Pracht und Noblesse strahlen sie aus. Wen wundert's? Die Reben des Médoc, auf wasserdurchlässigem, Wärme speicherndem Kies gezogen, in warmfeuchtem Klima reifend und durch die Kiefernwälder gegen stürmische Atlantikwinde geschützt, ergeben Weine, die seit dem 19. Jh. hoch gehandelt werden. Die Fachwelt verliert böse Worte über die Preise dieser Erzeugnisse, doch wird noch viel Wasser die Gironde hinunterfließen, bis mit dem Putz von den herrschaftlichen Fassaden der Weinschlösser auch der Snobismus bröckelt.

Um kein Missverständnis aufkommen zu lassen: Dieser Médoc zwischen Tristesse, naserümpfender Vornehmheit und Strandgeplänkel hat etwas, das bezaubert. Die Mischung macht's.

Die Premiers Crus

Tipps & Adressen
Pauillac S. 303

Diese Weinroute beginnt mit einem Château, das kein Weingut ist: Die Burg von **Blanquefort** 1 stammt aus dem 13.–15. Jh. und ist als Spukschloss ›verschrien‹. Der von Unrast geplagte Quälgeist, sagt man, sei der des Schwarzen Prinzen (s. S. 28), dessen sterbliche Überreste allerdings fern von hier im englischen Canterbury ruhen.

Man verlässt Blanquefort, einen hektischen Vorort von Bordeaux, über die D 2, die viel zitierte ›Route des Crus‹, Richtung **Macau** 2 (Kirchturm aus dem 12. Jh.) und wählt dort den Abzweig nach **Arsac** 3. Das einst blühende

ROYAN
Phare de Cordouan
N
0 5 km
Pointe de Grave
Le Verdon-s-Mer
Soulac-s-Mer
Meschers-s-Gironde
Cozés
Gémozac
Talmont-s-Gironde
Seudre
D 730
D 732
D 244
N 215
Gironde
Mortagne-s-Gironde
D 125
St-Fort-s-Gironde
A 10
Grayan-et-l'Hôpital
D 2
Vensac
Valeyrac
Montalivet-les-Bains
D 102
Vendays-Montalivet
St-Christoly-Médoc
Forêt du Flamand
D 101
Lesparre-Médoc
Deyre
Ordonnac
D 204
St-Estephe
D 215
Vertheuil
Cos d'Estournel
Lafite-Rothschild
Mouton-Rothschild
Pauillac
Hourtin-Plage
D 3
D 205
N 137
Hourtin
Lac d'Hourtin-Carcans
Forêt d'Hourtin
Latour
St-Julien-B.
D 101
St-Laurent-Médoc
Beychevelle
D 937
Fort Médoc
Blaye
Gargouilh
Lamarque
Port de Lamarque
Carcans-Plage
Maubuisson
Carcans
Le Montaut
D 207
Forêt de Lacanau
Etang de Cousseau
D 5
Brach
D 105
Margaux
Macau
Lacanau-Océan
Castelnau-de-Médoc
Labarde
D 104
Arsac
Lacanau
Lac de Lacanau
D 6
D 1
D 2
Ste-Hélène
Artigue
Forêt de Porge
Saumos
N 215
Blanquefort
Le Porge-Océan
D 5
D 107
D 107
Le Porge
D 5
Militärisches Sperrgebiet
BORDEAUX
D 3
Canal du Porge
D 213
Lège-Cap-Ferret
D 106
1
2
3
4
5
6
7
8
9
10
11
12
13
14
15
16
17
18
19
20
21
22
23
24

Weingut wurde im späten 19. Jh. durch den Reblausbefall völlig ruiniert und diente zeitweilig sogar als Geflügelfarm. Erst 1986 durch Winzer wieder belebt, bietet das alte Schloss am Ufer eines Teiches heute wieder ein imposantes Bild. In den modernen Anbauten werden von April bis Oktober Kunstausstellungen und mitunter auch Festivitäten organisiert (zur Besichtigung der nun folgenden Châteaux s. S. 202f.).

Vorbei am Château Giscours (1825–45, hervorragender Wein) gelangt man nach **Labarde** 4, wo das Château Siran (17.–19. Jh.) nicht nur Weinliebhaber begeistert. In der ersten Hälfte des 19. Jh. gehörte es dem Grafen Alphonse Toulouse-Lautrec, dessen Hinterlassenschaften man hier besichtigen darf. Bemerkenswert sind außer dem Weinkeller u. a. die Teller- und die Gemäldesammlung. Letztere kreist, man wird kaum etwas anderes erwarten, um das Thema Wein.

Bei **Margaux** 5 denkt wohl manch einer an Hemingway, denn die Enkelin des berühmten Schriftstellers und Vieltrinkers trug den Namen von Ernests Lieblingswein. Heimat dieses Premier Cru ist Château Margaux, ein klassizistischer Bau von 1802 mit Garten, eigener Böttcherei und einer Sammlung alter Weinflaschen. Der geplante Verkauf des Gutes an die amerikanischen US-National-Distillers wurde als Skandal empfunden und durch die französische Regierung unterbunden. Schließlich ging das Château an den Besitzer einer Supermarktkette, dessen Familienname nur durch den Akzent eine französische Note trägt: Mentzélopoulos.

Was aber macht Margaux so besonders? Meine Reverenz gilt in diesem Zusammenhang einem Autor, dessen Name mir partout nicht einfallen will, der aber treffend von den masochistischen Neigungen des Rebstocks sprach. Den Wein vergleicht er mit einer Rose, die aus Not besonders prächtig blüht. Im Médoc pflanzt man beide, Traube und Rose, gern nebeneinander und verleiht damit den grün-in-grünen Weinbergen kräftige Farbkontraste. Früher dienten Rosen als Warnzeichen: Zeigten sich an ihnen Krankheiten, so musste man sich eilig um die weniger anfälligen Reben kümmern.

Ein Kilometer Abstand zur Gironde müsse sein, sagen die Winzer, sonst würden die Rebstöcke übermütig und seien angesichts der Wassermassen nicht mehr bereit, die feinsten Früchte zu tragen. In Margaux stehen sehr alte Weinstöcke, die besonders tief auf besonders schlechtem Boden wurzeln. Jahrgänge, die andernorts noch als genießbar gelten, werden hier als untauglich eingestuft. Das liefert bereits den Schlüssel zur Finanzkrise, die Château Margaux erlebte: Solch alte Rebstöcke stehen auf alten Weingütern, ihr Ertrag ist geringer, wenngleich besser als der junger Pflanzen. Hinzu kommt, dass man nicht per Maschine, sondern von (studentischer oder algerischer) Hand lesen muss, um beste Ergebnisse zu erzielen. Wer von alldem profitieren will, braucht Geduld und finanzielle Reserven, denn hohe Preise verlangen auch nach langer Lagerung.

Port de Lamarque 6 entreißt den Reisenden den Träumen vom Weinbauerntum. Im sehr bürgerlichen 90-Minuten-Takt verkehrt von hier die Fähre nach Blaye (s. S. 123f. und 268f.). Die Aussicht über die Gironde wird getrübt durch den Blick auf das Kernkraftwerk am Nordufer, dessen Bau auch die besorgten Winzer nicht zu stoppen vermochten.

Nördlich des Hafens von Lamarque liegt das inzwischen weitgehend restau-

Viele Besucher des Médoc staunen darüber, wie die Weinlese heute abläuft

rierte **Fort Médoc** 7 (s. Pauillac S. 303), das Vauban 1689–91 als Teil der Verteidigungslinie von Bordeaux errichtete. Jenseits der Porte Royale, an der das Sonnensymbol für König Louis XIV prangt, ist nichts Schmuckvolles mehr zu sehen. Mag diese Zweckarchitektur auch martialisch gestimmte Besucher beeindrucken, so fehlt es ihr doch an Liebreiz. Auch die Soldaten von einst schätzten Fort Médoc nicht; es grassierte das Sumpffieber, und 1916 zogen die letzten Truppen ab. Heute belebt sich die Festung jeweils am zweiten Juliwochenende, wenn das Festival »Jazz Fort Médoc« mal heiße, mal coole Rhythmen aufklingen lässt.

Wir nähern uns zwei angesehenen Weingütern, die neben Winzererzeugnissen auch andere Attraktionen bieten: **Château Lanessan** (A.O.C. Haut-Médoc) südlich von **Beychevelle** 8, 1878 im Stil der Neorenaissance erbaut, zeigt eine Sammlung von Kutschen und Futtertrögen im Musée du Cheval; **Château Beychevelle** (A.O.C. St-Julien) wartet mit Terrassengärten und einer herausragenden Architektur des 18. Jh. auf.

Allein drei der insgesamt fünf Premiers Crus findet man schließlich in der Umgebung des Hafenstädtchens **Pauillac** 9. Die Namen der Châteaux sind auch Laien geläufig: **Latour, Lafite-Rothschild** und **Mouton-Rothschild.** Mouton gehörte einst einem britischen Schafzüchter – daher der Name *mouton* (›Hammel‹) und die gepflegte englische Parkanlage – und ging Anfang der 20er Jahre des 20. Jh. in den Besitz des Barons Philippe de Rothschild über. Fortan wurde gekeltert. Mouton-Rothschild zählte demnach nicht schon 1855 zum Kreis der Spitzenweine (s. S. 194), sondern wurde als bislang einziger Aufsteiger erst 1973 zum Premier Cru gekürt. Pablo Picasso erhielt den Auftrag, das Etikett dieses besonderen Jahrgangs zu gestalten. Baron Rothschild folgte damit

einer Tradition, die er 1945 begonnen hatte. Damals feierte das Haus den Sieg über die Deutschen, indem es seinen Wein mit einem ›V‹ *(victoire)* für ›Sieg‹ etikettieren ließ. Die Flaschenaufkleber, deren Entwürfe seither jährlich wechseln, sind im schlosseigenen Musée du Vin neben weiteren Exponaten zum Thema Wein zu besichtigen (wochenlange Voranmeldung).

Wer nun bis vier gezählt hat (Margaux, Latour, Lafite, Mouton), hält womöglich Ausschau nach dem fünften Premier Cru. Der jedoch – Château Haut-Brion – ist ein Graves (s. S. 195) und gedeiht in städtischer Umgebung, in Pessac am Südrand von Bordeaux. Das Angebot an klangvollen Châteaux des Médoc ist indes noch nicht erschöpft. Weine der A.O.C. **St-Estèphe** 10 produziert Château Cos d'Estournel, ein architektonisch höchst eigenwilliges Schloss an der D 2, das kurz vor dem Abzweig ins Dorf St-Estèphe rechts der Straße liegt. Der Auftraggeber des 1830 errichteten Anwesens importierte einst Pferde aus Arabien, die er im Tausch gegen Wein erhielt. Seine Liebe zum Morgenland ist unverkennbar: Das prunkvolle Château Cos d'Estournel ist teils der

Ungewöhnlich nimmt sich das orientalisch anmutende Château Cos d'Estournel zwischen den Weinreben aus

orientalischen Architektur nachempfunden, teils mit Gebäudeteilen vom Palast des Sultans von Sansibar geschmückt.

Margaux, St-Julien, Pauillac und St-Estèphe – die großen Namen des Médoc rechnen fast ausnahmslos zu einer dieser A.O.C. Von ihrem Ruf und Marktwert profitieren kleinere Güter, die – meist genossenschaftlich – Wein mit der Herkunftsbezeichnung Haut-Médoc (im Süden der Halbinsel) und Médoc (im Norden) produzieren. Auf zusammen rund 8000 ha Fläche erzeugen sie etwa 60 % aller Médoc-Weine.

Allmählich muss sich der Reisende jedoch von den bacchantischen Genüssen verabschieden. Richtung Norden geht es in stürmischere, feuchtere Regionen, wo schnurgerade Kanäle tristes Ackerland durchziehen. Nur wenige Orte laden noch zu einem Zwischenstopp ein, zunächst **Vertheuil** 11, das eine Burgruine aus dem 12. Jh. und eine Kirche aus dem 11. Jh. (umgestaltet im 15. Jh.) besitzt. Neben Resten des romanischen Portalschmucks sind aus gotischer Zeit der Taufstein (im Mittelschiff) sowie Empore und Gestühl (im Chor) sehenswert. In der vergleichsweise großen Ortschaft **Lesparre-Médoc** 12 ist lediglich die 30 m hohe Tour de l'Honneur (14. Jh.), die als Rest des Herzogschlosses erhalten blieb, einen intensiveren Blick wert.

Über **Vensac** 13 (restaurierte Mühle aus dem 18. Jh.; s. Soulac S. 322) und den nicht sonderlich attraktiven Badeort **Le Verdon-sur-Mer** 14 gelangt man schließlich zur Nordspitze der Halbinsel, der **Pointe de Grave** 15 (s. Soulac S. 322). Vom betriebsamen Hafen kann man mit einem Ausflugsboot den Phare de Cordouan (s. S. 120) erreichen oder mit der Autofähre in 30 Minuten nach Royan (s. S. 120) übersetzen.

Die nördliche Côte d'Argent

Tipps & Adressen
Soulac-sur-Mer S. 322, Vendays-Montalivet S. 324, Hourtin S. 282, Carcans S. 273f., Lacanau-Océan S. 289f.

Heiligengrab, Pilgerhafen, Ferienparadies – **Soulac-sur-Mer** 16 hat Geschichte und Zukunft. 70 n. Chr. soll hier jene Veronika gestorben sein, die einst Jesus auf der Via Dolorosa den Schweiß abtupfte. Das von ihr benutzte Tuch gelangte über Rom nach Turin, ihre Gebeine angeblich über Soulac nach Bordeaux (Basilika St-Seurin). Der antike Hafen, der Veronikas erste Ruhestätte gewesen sein soll, versank im 6. Jh. im Meer. Damit waren alle verlässlichen Spuren beseitigt und der Weg offen für fromme Phantasien.

In romanischer Zeit entstand an dem denkwürdigen Ort eine neue Kirche. Diese Eglise Notre-Dame-de-la-Fin-des-Terres war ein beliebtes Ziel englischer Jakobspilger, die den ersten Teil ihrer Wallfahrt nach Santiago mit dem Schiff zurücklegten und in Soulac an Land gingen. Indes machte Flugsand der Kirche zu schaffen. Seit dem 14. Jh. musste sie immer wieder freigeschaufelt werden, im 18. Jh. überließ man das Bauwerk den Wanderdünen. Inzwischen ist es wieder freigelegt und restauriert.

Der feine Sand hatte aber auch eine höchst erfreuliche Kehrseite. Mitte des 19. Jh. entdeckte ein Hotelier namens Lesparre, den man unfein den »Holzklotz« nannte, die ungebändigte Natur als Vorzug des Ortes und gründete hier eines der ersten Seebäder für eine betuchte Klientel aus Bordeaux. Einige erlauchte Villen am Küstenstreifen künden von Soulacs alter Tradition als Ferienort. Die Pendants der Gegenwart – Campingplätze und Urlaubersilos – fielen weniger stilvoll aus, bieten aber Komfort in und für Massen, die sich allerdings an den schier endlosen Stränden schnell verlieren.

Würden sie einander begegnen, die Pilger von einst und die Touristen von heute, sie stünden sich kopfschüttelnd gegenüber. Erstere zogen landeinwärts auf die Bucht von Arcachon zu und besuchten unterwegs **Grayan-et-l'Hôpital** 17 (dort stand einst ein Pilgerkrankenhaus) sowie ein paar Dorfkirchen an der Strecke; letztere haben vor allem Sonne und Meer im Kopf und steuern auf Stichstraßen von den alten Dörfern aus immer wieder die modernen Strandsiedlungen an. Eine Küstenroute für Automobilisten existiert nicht; selbst die gern benutzten asphaltierten Fahrradwege, die hinter den Dünen verlaufen (z. B. von Hourtin über Lacanau-Océan bis Cap Ferret), sind nach Stürmen oft von Flugsand bedeckt und nur schwer passierbar. Gewiss, mit modernster Technik ließe sich auch diese wilde Landschaft bändigen, doch haben löbliche Proteste dergleichen verhindern können.

Die schändliche Einbetonierung, an der so viele Küsten Europas kranken, blieb der Region Aquitaine somit erspart. Nur an wenigen Stellen wurden die Feriensiedlungen bis dicht an den Küstensaum vorgeschoben. Die größten Baumaßnahmen haben mit dem Tourismus herzlich wenig zu tun. Zum einen handelt es sich um den Atlantikwall, dessen Geschützbunker (hierzulande *blockhaus* genannt) lediglich aus Gründen der Sparsamkeit nie beseitigt wurden, zum anderen um den fast schnurgeraden Lattenzaun, mit dem man auf Hunderten von Kilometern den Wandertrieb der Dünen eindämmte. Er hat die Küste begradigt, aber nicht verunstaltet. Was blieb, ist eine (fast) ungezähmte Natur, wie man sie in diesem Ausmaß in Europa sonst nicht findet: über 200 km Sand und Meer unter strahlender Sonne.

In **Montalivet-les-Bains** 18 (s. Vendays-Montalivet S. 324) würden die Jakobspilger wohl nur noch verwirrt verharren, denn hier liegen Euronat und Hélio Marin, die zu Europas größten

Nudistencamps zählen. Breite Strände und feinster Sand machen das Vergnügen für FKK-Anhänger perfekt.

Weiter südlich, bei **Hourtin-Plage** 19, wird die Brandung stärker und bereitet besorgten Eltern oftmals Verdruss. Doch die Natur hat vorgebeugt: Im Hinterland erstreckt sich zwischen **Hourtin** 20 und **Carcans** 21 der 19 km lange **Lac d'Hourtin-Carcans,** Frankreichs größter Binnensee, umgeben von Wald und Heide. Dort können Familien mit Kindern ein geruhsames Badeleben genießen, Kanutouren über die Wasserstraßen unternehmen (s. auch Lac de Lacanau unten) oder zu Fuß das Naturschutzgebiet am **Etang de Cousseau** 22 durchstreifen (Radfahren verboten).

Carcans-Plage 23 und **Lacanau-Océan** 24 sind gesichtslose Badeorte mit traumhaft schönen Stränden, die vor allem bei Surfern Anklang finden. In einigen küstennahen Bereichen können auch Anfänger trainieren, während die Surfweltmeisterschaften im August Indiz dafür sind, dass auch Fortgeschrittene hier ihr Terrain entdecken werden.

Ein weiterer Binnensee, der von Aalen, Hechten und Barschen bevölkerte **Lac de Lacanau,** ist über den Canal de Jonction mit dem Lac d'Hourtin-Carcans verbunden und erweitert den Paddelspaß um 8 km. Am Ostufer des Sees liegt **Lacanau**, wo man rechts Richtung Bassin d'Arcachon und zur nächsten Route abbiegt.

Carcans-Plage ist bei Surfern als einer der besten Spots der Küste bekannt

Gascogne

Die Küste

Ca. 220 km, 3–4 Tage

Vom Ödland zum Wirtschaftsfaktor – die Gascogne hat eine bewegte Geschichte hinter sich. Der Name erinnert an die Vasconen, die Vorfahren der Basken, die eigentlich in den Pyrenäen beheimatet waren, jedoch mehrfach in das unwirtliche Sumpf- und Dünengebiet im Norden der Berge abgedrängt wurden. Den Jakobspilgern galt diese Region als härtester Prüfstein auf ihrer ohnehin beschwerlichen Wallfahrt. Ihren Weg meisterten sie nur, wenn sie landeinwärts dem Dünensaum oder den Wasserläufen folgten. Das Netz romanischer Kirchen ist deshalb in der Gascogne nicht so engmaschig wie im übrigen Südwesten Frankreichs. Hauptanziehungspunkt bleibt die schiere Weite des Landes, ob in den riesigen Kiefernwäldern, die im 19. Jh. der Gascogne die ökonomische Sanierung brachten, oder an den traumhaften Sandstränden, die ihresgleichen in Europa suchen.

Im Bassin d'Arcachon reihen sich die Austernhäfen und -parks aneinander. Mehr als 800 Züchter überwachen hier 1800 ha Austernbänke. Gourmets streiten sich, ob die grünlich-fleischige Auster aus Marennes oder die flache Arcachon-Zucht zu bevorzugen ist. Über der Bucht und im Vogelparadies Le Teich, einem Naturschutzpark von Weltruf, geben Hunderttausende von Wasservögeln den Ton an. Das alte Seebad Arcachon hat sich trotz des sommerlichen Touristenansturms mit seinen phantasievollen Villen aus der Gründerzeit einen besonderen Charme erhalten.

◁ *Leuchtturm von Capbreton*

Eine gerade Linie des schier endlosen Sandstriches der südlichen Côte d'Argent mit schützendem Dünenwall, Kiefernwäldern, Flussläufen und Binnenseen im Hintergrund, zieht sich vom Bassin d'Arcachon bis zur Côte Basque. Unterbrochen wird dieser einheitliche Landstrich der so genannten Silberküste nur von der Dune du Pilat, Europas größter Sandanhäufung. Nur wenige Zufahrtswege führen durch den dichten Pinienwald, der im 19. Jh. angepflanzt wurde, um die Wanderschaft der Dünen zu unterbinden (s. S. 18), zum Meer. Weite Strecken des feinen Sandstrandes blieben so völlig unberührt.

Dieser Küstenstreifen ist ein Ferienparadies für Surfer, Sonnenanbeter, Kanu- und Kajakfahrer, Vogelfreunde, Camper und Radfahrer, denen sich hinter den Dünen in den schattigen Kiefernwäldern ein riesiges ausgebautes Pistennetz bietet. Die relativ dünn gesäten Ferienzentren am Wasser haben ein einheitliches Gesicht. Die Ästhetik wurde der Zweckmäßigkeit untergeordnet, doch strenge Naturschutzgesetze verhinderten die Betonphantasien der Spekulanten. Stattdessen entstanden Campingplätze, Ferienhäuser und Sportanlagen in den Wäldern sowie an den Seen, unpersönliche flache Appartement- und Hotelbauten an den einheitlichen Uferpromenaden.

Eine Ausnahme bilden Hossegor, im 19 Jh. Künstlerkolonie mit herrschaftlichen Villen, und die Halbinsel Cap Ferret, wo sich neben den eleganten Sommerhäusern kleine Fischerdörfer wie Le Canon oder L'Herbe mit den malerischen Holzhütten der Austernzüchter erhalten haben.

Bassin d'Arcachon und die Dune du Pilat

Tipps & Adressen

Arcachon S. 262ff., Andernos-les-Bains S. 260, Lège-Cap-Ferret S. 290f.

Lohnend ist ein Ausflug rund um das Bassin bis zum Cap Ferret, wo sich Austernhäfen und Badeorte aneinander reihen. In der 150 km² großen Bucht von Arcachon, die heute zu den wichtigsten Austernzuchtgebieten Frankreichs zählt, entstanden 1860 die ersten Austernbänke, nachdem die natürlichen Bestände rar geworden waren. Mehr als 800 *ostréiculteurs* (Austernzüchter) wachen vier Jahre lang über die Entwicklung der an halbrunden Ziegeln angesiedelten Austernbrut, bis die hier kultivierten flachen *(huîtres plates ou gravettes)* und die hohlen Austern *(huîtres creuses)* – beide weniger fleischig und nicht grün wie die Marennes-Zucht – reif sind für den Verzehr (s. S. 116f.).

Luxuriöse Sommerhäuser, duftende Kiefernwälder und weite Strände zeichnen die 25 km lange und bis zu 4 km breite Halbinsel **Lège-Cap-Ferret** 1 aus. Auf dem Weg von der Südspitze mit dem berühmten Badeort **Cap Ferret,** dessen Leuchtturm gut 50 m in die Höhe ragt, entlang der Landzunge in Richtung Norden, passiert man kleine Fischerdörfer wie **Le Canon** und **L'Herbe,** wo die Zeit stehen geblieben zu sein scheint. Eng schmiegen sich hier die bunten Holzhütten der Austernzüchter aneinander und lassen nur einen schmalen, mit Blumen bewachsenen Durchgang zum Strand und zu den Austernhäfen frei. Immer wieder gibt es großartige Ausblicke über das mit Segelbooten, Motorjachten, Vogelschwär-

men und Austernparks bedeckte Bassin d'Arcachon auf Europas höchste Düne am gegenüber liegenden Ufer: die Dune du Pilat (s. S. 218).

In **Andernos-les-Bains** 2, am nördlichen Ende der Bucht von Arcachon gelegen, kurten schon die Römer. Der Nachwelt blieben lediglich die Überreste einer Basilika aus dem 4. Jh. Nebenan steht die romanische Kirche St-Eloi aus dem 12. Jh. wie eine Filmkulisse vor der Bucht und bezeugt den lebendigen Urlaubsort als eine ehemalige Station der Jakobspilger. Im Austernhafen *(Port Ostréicole)* treffen sich des Abends die Badetouristen, um bei Sonnenuntergang in den kleinen Restaurants Austern und andere Meeresfrüchte zu genießen.

Die Mündung des Flusses Eyre bildet weiter südlich in **Le Teich** 3 (s. Arcachon S. 262ff.) ein Delta aus Süß- und Salzwasser. Diese Mischung – sie ist bei den Vögeln sehr beliebt – hat es in sich:

Der Aufstieg auf die Dune du Pilat wird mit einem grandiosen Fernblick belohnt

Mehr als 250 Vogelarten wurden bereits gezählt. Hier wurde der 120 ha große Parc Ornithologique angelegt, ein wichtiger Nist- und Rastplatz. Auf dem Rundgang durch das Vogelschutzgebiet können in den vier Zonen des Geländes u. a. Reiher, Flamingos, Wildgänse, Pelikane, Kormorane, Störche und verschiedene Entenarten beobachtet werden. Unweit des Parks liegt die Serre aux Papillons, ein Glashaus mit tropischen Schmetterlingen.

Im nahe gelegenen **Port de Larros** 4 (s. Arcachon S. 262ff.), einem kleinen Austernhafen bei Gujan-Mestras, dem Zentrum der Arcachon-Austernzucht, stehen die Holzhütten der Fischer aneinander gereiht, dazwischen einfache Restaurants und Verkaufsstände, wo die Delikatesse probiert werden kann. In dem kleinen Museum Maison de l'Huître wird die Austernzucht ausführlich erklärt.

Die jüngeren Gäste kommen in den kurz vor Arcachon bei **La Hume** 5 gelegenen Freizeitparks auf ihre Kosten. Hier kann man sich nicht nur auf Wasserrutschen vergnügen, sondern auch einen Miniaturhafen bestaunen und den Tierpark besuchen.

Als 1825 ein Herr namens François Legallais die erste Badeanstalt am Südrand des Bassin d'Arcachon errichtete, begann **Arcachons** 6 Karriere als Badeort. Die geschäftstüchtigen Bankiersbrüder Péreire erkannten Mitte des 19. Jh. die Zeichen der Zeit, sorgten für eine durchgehende Bahnverbindung von Bordeaux nach Arcachon – hierzu nutzten sie die bereits seit 1841 bestehende Strecke bis La Teste – und kauften das Gelände, auf dem kurze Zeit später die Ville d'Hiver errichtet wurde.

Nachdem Napoléon III 1863 seinen Urlaub im Château Deganne, dem heutigen Strandcasino, verbracht hatte, erblühte das ehemalige Fischernest zum Modebad. Die Hautevolee machte sich auf den Weg, um in Arcachon Hof zu halten, der Badekultur zu frönen und sich durch das gesunde Klima von Lungenkrankheiten heilen zu lassen. In der so genannten Winterstadt entstanden landeinwärts in erhöhter Lage prächtige Belle-Époque-Villen im Grünen mit klangvollen Namen wie »Villa Alexandre Dumas«, »Villa Trocadéro«, »Villa Faust«, »Villa Shakespeare« usw. Sie machen heute den besonderen Charme des Ferienortes aus – trotz des Touristenrummels im Sommer – und sind bei einem geführten Stadtrundgang zu besichtigen.

Ein bewegtes Leben spielt sich in der Hochsaison an der mit Cafés und Restaurants gesäumten Strandpromenade der Ville d'Eté ab. Von den Piers der ›Sommerstadt‹ starten Ausflugsboote zu den Austernbänken und zur Ile aux Oiseaux, einer nur von Vögeln bewohnten Insel im Bassin d'Arcachon, zum Vogelschutzgebiet Banc d'Arguin und zur Halbinsel Cap Ferret. Im Westen des Ortes, wo sich die schönsten Strände aneinander reihen, findet sich in der Eglise Notre-Dame aus dem 19. Jh. die den Seefahrern gewidmete und mit zahlreichen Votivbildern geschmückte Chapelle des Marins. Im östlichen Stadtviertel L'Aiguillon sind die Holzhütten der Austernfischer am Port de Pêche zu sehen. Dort ist auch ein moderner Jachthafen mit einem Centre Nautique entstanden, wo Tauch- und Segelkurse angeboten sowie Jachten und Meereskajaks vermietet werden.

Unbedingt einen Ausflug wert ist die südlich von Arcachon gelegene **Dune du Pilat** 7 – was übrigens 1 Mio. Besucher jährlich finden ... 114 m hoch haben Wind und Wellen die Sandmassen der mehr als 2 km langen Wanderdüne bei Pyla-sur-Mer am Ausgang der Arcachon-Bucht getürmt. Hat man den überfüllten Parkplatz (hohe Gebühr) erst hinter sich gelassen und den Aufstieg geschafft, bietet sich von hoch oben besonders bei Sonnenuntergang ein unvergesslicher Blick über das tiefblaue Meer und die goldgelben Sandmassen der südlichen Côte d'Argent. Für Drachen- und Gleitschirmflieger gibt die Düne darüber hinaus ein gutes Trainingsgebiet ab. Sie ist kostenlos übrigens auch über die Campingplätze zu erreichen; zur Treppe muss man dann am Waldsaum entlang laufen.

Die Etangs bei Biscarrosse und die südliche Côte d'Argent

Tipps & Adressen

Biscarrosse S. 267f., Mimizan S. 294f., Hossegor S. 281f., Capbreton S. 273, Léon S. 291f.

Um den Ferienort **Biscarrosse** 8 haben sich hinter dem Ozean und dem befestigten Dünenwall Wasserläufe zu Seen angesammelt, die durch Kanäle miteinander verbunden sind und schließlich bei Mimizan-Plage den Weg ins Meer finden. Die Süßwasserseen sind ideale Wassersportreviere für Familien. An den Uferzonen liegen Campingplätze, Ferienhäuser, Sportanlagen, einige Hotels und Restaurants. Sowohl im Umkreis der Häfen Port-Maguide und Navarrosse am 5600 ha großen Etang de Cazaux et de Sanguinet als auch am Etang de Biscarrosse et de Parentis, wo seit 1955 von mehreren Bohrplattformen Erdöl gefördert wird, sowie am kleinen Etang d'Aureilhan werden alle nur erdenklichen Wassersportarten angeboten: vom Strandsegeln über Wasserski bis zum Kanufahren. Im gesamten Erholungsgebiet um die Seen gibt es außerdem Reitställe, Wander- und Fahrradwege, Golfplätze und Möglichkeiten zum Fallschirmspringen. Reizvoll ist eine Paddeltour vom Dünensee bei Mimizan zum Meer.

Fast 200 km zieht sich der weiß schimmernde Sandstrand entlang der naturbelassenen Côte d'Argent zwischen Arcachon und Capbreton. Nur ein paar moderne Feriensiedlungen mit großem Sport- und Unterhaltungsprogramm schmiegen sich an die breiten Dünenstreifen. Dahinter laden riesige Pinienwälder zu ausgedehnten Fahrradtouren ein. **Biscarrosse-Plage** 9 (s. Biscarrosse S. 267f.) bietet 15 km Strand, ein Casino, Diskotheken und Wassersportmöglichkeiten aller Art. Der unpersönliche Ort ist besonders beliebt bei Campern und Surfern. In Biscarrosse-Ville stellt das Musée Historique de l'Hydraviation die Geschichte der Wasserflugzeuge dar.

Mimizan 10 wurde im 18. Jh. fast vollständig von Dünen bedeckt und unter Napoléon III wieder aufgebaut. Übrig geblieben von dem alten Ort, der schon zu gallo-römischer Zeit existierte, ist nur der Glockenturm einer Benediktinerabtei aus dem 12. Jh. Badeurlauber können zwischen dem ruhigen Etang d'Aureilhan und der Brandung des Atlantik bei **Mimizan-Plage** 11 (s. Mimizan S. 294f.) wählen. Schwimmer können die Brandung an der Plage-Nord getrost den Surfern überlassen, für sie ist die ruhigere Plage-Sud besser geeignet. Eine Attraktion in Mimizan ist die Langlaufpiste auf Piniennadeln. Die einheitlich-zweckmäßige Ferienarchitektur an den bis zu 100 m breiten, von Wäldern gesäumten Stränden setzt sich auch in **Contis-Plage** 12, **St-Girons-Plage** 13 und **Vieux-Boucau-les-Bains** 14 fort. Diese Orte sind ganz auf Aktiv- und Familienurlauber eingestellt, die das breite Freizeitangebot, die vielen Campingplätze, weite Strände und üppige Natur schätzen.

Bei **Huchet** 15, nördlich von **Moliets-Plage** 16, führt eine Kahnfahrt mit kundigen *bateliers* (s. Hossegor S. 281f.) auf dem 8 km langen Courant d'Huchet

Strandwächter bei Capbreton

durch üppige Vegetation vom **Etang de Léon** 17 (s. Léon S. 291f.) zum Meer.

Im Surfparadies **Hossegor** 18 geht alles ein wenig mondäner zu. Am Lac d'Hossegor, einem Salzwassersee, hatten sich in den 20er und 30er Jahren des 20. Jh. Künstler und Schriftsteller angesiedelt. Heute residiert hier der Geldadel in den alten Villen entlang der Seestraße, versteckt in den parkähnlichen Anlagen. Von der Düne Super-Hossegor hat man einen weiten Blick über das aufgewühlte Meer und hin zu den Pyrenäen.

Nur eine Brücke trennt Hossegor vom Fischerei- und Jachthafen in **Capbreton** 19. In dem großen Touristenort wird die Uferpromenade von Beton beherrscht, nur im Stadtkern des einstigen Hafens der Walfischer sind noch einige Häuser aus dem 15. Jh. erhalten. Das **Ecomusée de la Pêche et de la Mer** ist der lokalen Fischereigeschichte und der Meeresfauna gewidmet.

Die Landes

Ca. 280 km, 3 Tage

Der Name *landes* – der keltische Begriff bedeutet ›Heidelandschaft‹ – hat heute eigentlich keine Berechtigung mehr. Wo sich einst weite von Heide, Brandheide und Ginster bedeckte Sandflächen erstreckten, die sich bei Regen in einen gewaltigen Sumpf verwandelten, steht heute ein riesiger Kiefernwald. Im 19. Jh. begann man zwischen dem Bassin d'Arcachon und Mont-de-Marsan Seepinien anzupflanzen – mit einer Gesamtfläche von 1 Mio. ha ist daraus heute Europas größter Wald überhaupt geworden. Zuvor waren die Landes über Jahrhunderte das Sorgenkind Frankreichs gewesen. In den unendlichen Heide- und weiten Sumpfgebieten hauste die Bevölkerung in ärmlichen Hütten. Die kümmerlichen Äcker wurden häufig vom Flugsand der nahen Dünen verschüttet. Die Schäfer konnten sich nur auf *tchanques* (›Stelzen‹) durch das sumpfige Gelände bewegen. Dank der Initiative der Ingenieure Jules Chambrelent und Nicolas Brémontier und mit Unterstützung von Napoléon III wurden Mitte des 19. Jh. die Dünen, die das Hinterland zu versanden drohten, mit Hilfe bepflanzter Lattenzäune und Aufforstungen von Seekiefern, Kork- und Steineichen befestigt (s. auch S. 18f.).

Zusätzlich legte man das Sumpfgebiet trocken, indem man die Eisensteinschicht durchstieß, welche verhindert hatte, dass Wasser eindringen konnte, und so den Boden unfruchtbar gemacht hatte. Aus einer Wüste wurde eine Waldlandschaft – von den Gascognern *pinhada* genannt. 1857 erließ Napoléon III ein Gesetz, das die Gemeinden verpflichtete, auch weiterhin Bäume zu pflanzen.

Die Region erfuhr in der Folgezeit vor allem durch die Harzgewinnung und später mit ihren Papier- und Zellulosefabriken einen immensen wirtschaftlichen Aufschwung. Doch ab Mitte der 50er Jahre des 20. Jh. wurde die Harzproduktion angesichts zunehmender synthetischer Terpentinherstellung unrentabel. Gut ein Viertel des Riesenwaldes wurde 1967 zum ›Parc Naturel Régional des Landes de Gascogne‹ erklärt und kann heute per Fahrrad, zu Pferd oder mit dem Kanu auf der Eyre erkundet werden. Ökomuseen erinnern an die Geschichte dieser besonderen Landschaft und ihrer Wirtschaftszweige.

Der Südteil des Departements Landes bietet ein ganz anderes Bild. Südlich des Flusses Adour breiten sich die grünen Hügel des fruchtbaren Schwemmlandes aus. Hier liegt Frankreichs führender Rheumakurort Dax, dessen Heilquellen schon die Römer nutzten.

Thermalbad Dax

Tipps & Adressen S. 278f.

1 Einer Legende zufolge soll der Hund eines römischen Legionärs die heilende Wirkung der Quellen von Dax entdeckt haben. Das Herrchen wollte den treuen, von Rheumaanfällen geplagten Freund von seinen Leiden erlösen und in der Adour ertränken. Doch statt zu sterben, sprang der Vierbeiner geheilt aus den Fluten. Als die Römer die Geschichte hörten, kamen sie in Scharen herbeigeströmt und tauften das kleine Dorf Aquae Tarbellicae. Auch Julia, die Tochter von Kaiser Augustus, ließ ihr Rheumaleiden hier behandeln. Noch heute zählt Dax zu den bekanntesten Thermalbädern Frankreichs und lebt fast ausschließlich von seinen Kurgästen mit Rheuma- und Venenleiden. Den mineralhaltigen Algen aus dem Schlick des Adour, vermengt mit dem schwefelsäure- und radonhaltigen Thermalwasser ist die heilende Wirkung zu verdanken.

Die bedeutendste Sehenswürdigkeit der Stadt ist die von den Kurenden geschätzte **Fontaine chaude,** die 64 °C heiße Quelle der Néhé an der Esplanade du Général de Gaulle. Täglich strömen 2400 m^3 kalzium- und sulfatreiches Wasser aus der von Arkaden ummauerten Heilquelle.

Inland der Gascogne

Südlich des Brunnens befindet sich im Hôtel d'Agès, einem Stadtpalais aus dem 17. Jh., das **Musée de Borda,** benannt nach dem 1733 in Dax geborenen Geodäten und Mathematiker Jean-Charles de Borda (1733–99). Zu sehen ist eine archäologische Sammlung, bildende Kunst des 18./19. Jh. sowie eine Ausstellung über lokale Traditionen und Navigation.

Gegenüber vom Museum wurde ein **gallo-römischer Tempel** aus dem 2. Jh. n. Chr. freigelegt. Hinter dem Rathaus, das sich auf dem Gelände des ehemaligen Bischofspalastes befindet, steht die klassizistische **Cathédrale Notre-Dame** (17. Jh.). Von dem eingestürzten Vorgängerbau aus dem 13. Jh. ist nur das gotische Portal des linken Querhauses mit einer Darstellung von Jesus und den zwölf Aposteln erhalten geblieben. Im Parc Théodore Denis befindet sich die im 19. Jh. erbaute **Arena** von Dax. Während der sommerlichen Feria de Dax, dem festlichen Ereignis des Jahres schlechthin, ist sie Austragungsort der Stierkämpfe und der für diese Region traditionellen *courses landaises.* Bei den unblutigen Schaukämpfen mit der *vache landaise* geht es darum, die Kuh zu provozieren, ihr elegant auszuweichen und gewagte Sprünge dicht über ihren Hörnern zu vollführen. Der besondere Kitzel an den Kämpfen mit ›erfahrenen‹ Rindern, Tieren, die schon mehrfach in der Arena standen, ist, dass sie in jedem Kampf dazulernen und immer gefährlicher für den Matador werden.

Das Adour-Ufer und der **Bois de Boulogne** laden zu ausgedehnten Spaziergängen ein. Auf dem Fluss können Bootsausflüge unternommen werden.

Zwischen den modernen Kureinrichtungen der Nachbarthermale **St-Paul-lès-Dax** auf der rechten Adour-Seite steht eine romanische Kirche aus dem 11. Jh. Sie ist nach Vincent de Paul (1581–1660) benannt, der sich um die seelsorgerische und medizinisch-soziale

Mit einer historischen Bahn unterwegs zum Ecomusée de Marquèze

Betreuung der Landbevölkerung kümmerte, eine Frauenvereinigung zur Betreuung armer Kranker, aus der später die Vinzentinerinnen hervorgingen, und den Orden der Lazaristen gründete. Der katholische Theologe gilt als Begründer der neuzeitlichen Caritas. Die Flachreliefs der Apsis von St-Paul-lès-Dax – es handelt sich um wenige Originale, ansonsten um Kopien – zeigen u. a. Darstellungen von Fabelwesen, die Dreifaltigkeit, das Abendmahl und die Kreuzigung.

Der Naturpark der Landes

Tipps & Adressen

Moustey S. 296f., Villandraut S. 324, Bazas S. 265

Durch eintönige Pinienlandschaft geht es von Dax nach Norden gen **Solférino** 2, ein nach den Plänen von Napoléon III 1863 angelegtes Musterdorf zur Besiedelung der Landes. Er ließ Bauernhöfe, Handwerksstätten, Kirche, Schule und Krankenstation errichten und verpflichtete die Bevölkerung, sich 75 Arbeitstage pro Jahr der Viehwirtschaft und dem Anbau von Getreide und Gemüse zu widmen. Im Gegenzug bekamen sie Land und ein eigenes Haus. Doch das Siedlungsprojekt scheiterte. Zu einsam war die Gegend, zu hart waren die Lebensbedingungen.

Schnurgerade führt die Waldstraße in westlicher Richtung nach **Sabres** 3 (s. Moustey S. 296f.). Nicht die Renaissancekirche ist die Attraktion des Ortes, sondern der historische Zug, der einst Holz beförderte und heute Touristen in das **Ecomusée de Marquèze** 4 bringt. Im ältesten Freilichtmuseum Frankreichs wird dem Besucher auf dem weitläufigen Gelände ein typisches Bauerndorf aus dem 19. Jh. präsentiert. Im Rahmen der allgemeinen Abwanderung aus der Region war auch Marquèze ohne Bevölkerung zurückgeblieben. Der Parc Naturel Régional des Landes kaufte das Dorf, restaurierte die Häuser, kaufte z. T. noch welche aus der Umgebung hinzu, die abgetragen und in Marquèze wieder aufgebaut wurden, und eröffnete 1968 das Ecomusée, das den Alltag der Region im 18./19. Jh., alte Handwerks- und Landwirtschaftstraditionen veranschaulicht.

Auf dem so genannten *airial,* einer Lichtung im Kiefernwald, bepflanzt mit Obstbäumen, Gemüse, Heilpflanzen und Blumen, steht das Herrenhaus des Pflügers aus dem Jahre 1824, in dem mehrere Generationen unter einem Dach wohnten. Es ist umgeben von den Häusern der Bediensteten und Pächter, von Scheunen, Schweine-, Schafs- und Hühnerställen, Bienenstöcken, sowie einer Feuerstelle, wo Brot gebacken wurde. Im Dokumentationszentrum wird das Leben der Bauern und Schäfer anhand von Bildern und Modellen dargestellt. Die mit Schafspelzen bekleideten Schäfer auf ihren Stelzen gehörten zum volkstümlichen Bild der Landes-Landschaft. Sie waren so sehr viel beweglicher und sichteten Raubtiere erheblich schneller. Die Schafherden trugen wesentlich dazu bei, das Heideland urbar zu machen: Ihr Mist war ein überaus guter natürlicher und preiswerter Dünger für die Felder. Abseits des Wohnviertels, über einen Waldweg zu erreichen, stehen das Haus des Müllers aus dem Jahre 1834 und eine Wassermühle.

Über **Pissos** 5, wo in der Maison des Artisans Kunsthandwerk verkauft wird und eine Ausstellung regionaler Erzeugnisse zu sehen ist, gelangt man nach **Moustey** 6. Im Ortskern befinden sich benachbart zwei fast identische Kirchen, erbaut aus dem eisenhaltigen

Stein dieser Gegend – dem *garluche*. Während in der Eglise St-Martin Predigten gehalten werden, beherbergt die Kirche Notre-Dame ein weiteres Ecomusée de la Grande Lande: Das Musée du Patrimoine Religieux et des Croyances Populaires veranschaulicht die religiösen Rituale und volkstümlichen Sitten der Landaiser Bevölkerung. An der Außenfassade ist eine zugemauerte Tür sichtbar, die *porte des Cagots* – ein gesonderter Kircheneingang für die so genannte *race maudite*, die ›Verfluchten‹. Die Cagots, Menschen, die von den anderen als degeneriert betrachtet wurden, durften lediglich untereinander heiraten und wurden fast völlig von der Gemeinschaft ausgeschlossen. Neben der Eglise Notre-Dame war im Mittelalter ein Krankenhaus für die Jakobspilger eingerichtet, die in diesem kleinen Ort Station machten.

Die Eglise St-Vincent im Ortskern von **Belhade** 7 mit einem Glockenturm aus dem 11. Jh. und einem Portal aus dem 12. Jh., umrahmt von Kapitellen mit Darstellungen von Odysseus, ist typisch für den Landes-Stil. Etwas außerhalb liegt das mittelalterliche Château de Belhalde.

In östlicher Richtung verlässt man nun den Parc Régional des Landes de Gascogne und begibt sich in den südöstlichen Teil des Departements Gironde. Im Tal des Flusses Ciron, umgeben von den Wäldern der Landes, liegt **Villandraut** 8. Es ist die Geburtsstadt von Bertrand de Goth (1264–1314), der am 5. Juni 1305 zum Papst Clément V gesalbt und der erste ›Avignon-Papst‹ wurde. Noch im Jahr seiner Ernennung ließ sich Clément hier, in der Nähe seines Geburtshauses, ein mächtiges Château erbauen. In den von einem Schutzwall und Gräben umgebenen Ruinen der gotischen Burg findet jedes Jahr im Sommer ein Festival mit Theateraufführungen, Konzerten und Ausstellungen zeitgenössischer Künstler statt.

Im gut 5 km entfernten **Uzeste** 9 wurde der Papst, der der Vernichtung des Templerordens (1311/12) unter König Philippe IV (Philipp dem Schönen) zustimmte, in der gotischen Kirche Ste-Marie unter einem weißen Marmordenkmal begraben. Die Liegefigur des Papstes von 1314 gilt als Meisterwerk.

Knapp 10 km nordwestlich von Uzeste liegt das **Château de Roquetaillade** 10. Ein Neffe von Papst Clément V, Kardinal Gaillard de la Mothe, ließ die imposante, annähernd viereckige Burg mit vier Rundtürmen in den Ecken 1306 errichten. Den Eingang flankieren zwei weitere Rundtürme. Der viereckige Donjon im Zentrum des Innenhofs ist das Überbleibsel einer älteren Burg (13. Jh.). Die Anlage wurde im 19. Jh. von Viollet-le-Duc restauriert.

Bazas 11 ist berühmt für seine Rinder, die so genannte Bazadais-Zucht. Bei der Fête des Bœufs Gras, dem ›Fest der fetten Rinder‹, präsentieren die Züchter im Februar ihre Prachtexemplare. Das schon von Römern besiedelte Städtchen liegt auf einem Felsen über der Beuve. Eine Augenweide ist die Cathédrale St-Jean aus dem 13. Jh. mit reichem Figurenschmuck – u. a. Darstellungen des Jüngsten Gerichts und aus dem Leben Johannes des Täufers – an ihrem Portal. Der Legende nach wurde in diesem Dom der ehemaligen Bischofsstadt eine Reliquie mit dem Blutstropfen von Johannes dem Täufer aufbewahrt. Nach den starken Zerstörungen der gotischen Kirche während der Religionskriege – lediglich der untere spätgotische Teil der Fassade blieb erhalten – wurde das obere Geschoss im 16./17. Jh. restauriert. Die Giebelfassade

Richtig Reisen Tipp

Fahrradtouren durch die Landes

Die Landschaft der Landes ist ein Paradies für Fahrradfahrer. Der Parc Naturel Régional des Landes de Gascogne bietet ein ausgezeichnetes Radfahrnetz im Landesinneren. Zahlreiche *pistes cyclables* führen durch die duftenden Kiefernwälder des Nationalparks, entlang der Leyre, vorbei an Kirchen und durch alte Dörfer. Von Mios nach Bazas verläuft eine 60 km lange Strecke auf einer alten Eisenbahnlinie. Informationen: Association cyclotouriste Miossaise, Tel. 05 56 26 69 12. Eine 330 km lange Tour (ca. 10 Tage) durchquert den gesamten Park bis zum Bassin d'Arcachon. Das Centre du Graoux in Belin-Béliet nördlich von Moustey, Tel. 05 57 71 99 29, bietet organisierte oder individuell zu unternehmende Touren zwischen 30 und 102 km Länge an. In Sabres kann man Fahrräder an der Elf-Tankstelle, Tel. 05 58 07 50 27, ausleihen sowie Informationen über Routen zwischen 22 und 85 km erhalten. Kleinere Ausflüge zwischen 10 und 25 km Länge können in der Seenlandschaft von Hostens unternommen werden. Informationen sowie Fahrradverleih bei der Domaine départemental de Sports et de Loisirs d'Hostens, Tel. 05 56 88 55 65.

Eine weitere Möglichkeit bietet die ca. 60 km lange Küstenroute von Mimizan bis zum Etang de Soustons entlang der Côte landaise. Die reizvolle, z. T. hügelige Strecke verläuft hinter Dünen, vorbei an Badeorten und Seen, auf alten Eisenbahnschienen und durch Kiefernwälder voller Farne und Ginster.

In den örtlichen Touristenbüros erhält man Kartenmaterial mit Routenvorschlägen und Informationen über das ständig wachsende Wegenetz.

ist eine barocke Schöpfung. Der weite Kirchplatz wird von Arkadengängen und Häusern aus dem 16. und 17. Jh. gesäumt. Neben der Kathedrale befindet sich der ehemalige Bischofssitz des 14. Jh. mit einem terrassenförmig angelegten Garten oberhalb der gotischen Stadtmauer. Aus dieser Höhe hat man einen herrlichen Blick über das Tal der Beuve.

Über die D 9 Richtung Süden gelangt man zum **Château Cazeneuve** 12 (s. Villandraut S. 324), königlicher Wohnsitz von Henri IV und seiner Gemahlin Marguerite de Valois. Henri IV ließ die mittelalterliche Festung in ein Prunk- und Lustschloss umbauen. Zuvor hatte Königin Marguerite unter Hausarrest in diesen Mauern auf die Annullierung ihrer Ehe warten müssen, da sie ihrem Gemahl keinen Thronfolger schenken konnte. Das reich ausgestattete Schloss, das später in die Hände der Könige Louis XIII und Louis XIV überging, befindet sich auch heute noch im Besitz der königlichen Nachfahren.

Die D 9 führt zurück in den Naturpark der Landes, nach **Luxey** 13 (s.

Moustey S. 296f.), wo sich das dritte **Ecomusée de la Grande Lande** befindet. In einer ehemaligen Werkstatt für Harzerzeugnisse, die von 1859 bis 1954 erfolgreich produzierte, wird die Harzgewinnung und -verarbeitung erläutert. Erst nach 20–30 Jahren wurden die Kiefern durch einen Schnitt in die Rinde angezapft. Das Harz tropfte in einen am Stamm befestigten Tontopf und wurde anschließend in der Fabrik destilliert. So entstanden sowohl Terpentinöl als auch Kolophonium, die u. a. zu Lacken, Klebstoffen, Lippenstift und Kaugummi verarbeitet wurden – allesamt Produkte, die heute aus Kunstharz erzeugt werden.

Mont-de-Marsan und Umgebung

Tipps & Adressen
Mont-de-Marsan S. 295f.

Milde Winter und heiße Sommer lassen Palmen und Magnolien in **Mont-de-Marsan** 14, der Hauptstadt des Departements Landes, gedeihen. In der ›Stadt der drei Flüsse‹ treffen sich Douze und Midou, die sich mitten im Zentrum zur Midouze vereinigen und später im Adour münden. Vom Pont de Commerce hat man einen herrlichen Blick auf den rauschenden ›Zusammenfluss‹ und einige schöne alte Häuser. Sehenswert in der etwas verschlafenen Verwaltungsstadt ist das Musée Despiau-Wlérick in einem Donjon aus dem 14. Jh. Das moderne Skulpturenmuseum zeigt mehr als 600 Werke von etwa 100 internationalen Künstlern und ist den einheimischen Bildhauern Charles Despiau (1874–1946) und Robert Wlérick (1882– 1944) gewidmet. Von Wlérick stammt übrigens das Reiterstandbild von Marschall Foch am Pariser Trocadéro.

Südlich des Adour breiten sich die kleinen grünen Hügelgebiete der Chalosse und des Tursan aus – eine Hochburg der Geflügelzucht. Überall bieten Bauernhöfe ihre hausgemachte *foie gras* an. Auf dem fruchtbaren Boden gedeihen neben Getreide und Gemüse auch Rot-, Weiß- und Roséweine der Qualitätsstufe VDQS. Das touristische Zentrum dieser Region ist die alte Stadt **St-Sever** 15 (s. Mont-de-Marsan S. 295f.). Sie liegt mit ihrer romanischen Benediktinerabtei auf einem Hügel 100 m über dem Tal des Adour. Die Abbaye de St-Sever wurde im 10. Jh. gegründet, mehrfach wieder aufgebaut und zuletzt im 19. Jh. restauriert. Sie wurde beim Grab des hl. Severus errichtet, eines Missionars, der im 5. Jh. von Vandalen getötet wurde. In der reich verzierten Abtei sind trotz der Zerstörungen durch die Hugenotten im Jahre 1569 zahlreiche bedeutende romanische Kapitelle erhalten, die u.a. das Bankett des Herodes und den Tanz der Salomé darstellen. Der Couvent des Jacobins aus dem 13. Jh. mit dem schönen Innenhof wurde ebenso wie die Kirche und der Kreuzgang im 17. Jh. restauriert. Im Kloster ist heute ein Museum mit archäologischen Funden und Dokumentationen zur Jakobspilgerschaft untergebracht. Um die Place du Tour du Sol sind noch Arkadenhäuser aus dem 18. Jh. erhalten, außerdem gibt es in der Stadt die obligatorische Arena für die *courses landaises*.

Über den noblen Kurort **Eugénie-les-Bains** 16, benannt nach der Gattin von Napoléon III, die hier die Heilquellen aufsuchte, gelangt man nach **Samadet** 17 (s. Mont-de-Marsan S. 295f.), wo seit 1731 eine königliche Steingutmanufaktur existierte. Bis 1840 wurden hier wertvolle Fayencen mit Blumen-, Tier- und chinesischen Motiven hergestellt, die heute in einem Künstleratelier wieder produziert werden. An der Straße nach Hagetmau liegt das Musée de la Faïencerie de Samadet mit einer Ausstellung der berühmten Samadet-Sammlung, einem Nachbau der Werkstätten sowie Trachten und Möbelstücken der Region aus dem 18. Jh.

In **Hagetmau** 18, dem landwirtschaftlichen Zentrum für Getreide und Schweinefleisch der Chalosse, zeugt noch die Krypta St-Girons von einer Abtei, die Karl der Große im Jahre 778 gegründet hatte und die während der Religionskriege zerstört wurde.

Herrliche Ausblicke auf das grüne Adour-Tal bis hin zu den weiten Pinienwäldern der Landes bieten sich vom Platz des Bürgermeisteramtes in **Mugron** 19. Von seinem Hafen an der Adour wurden die Weine der Region im 17. und 18. Jh. bis nach Holland verschifft.

Vorbei an Mais- und Spargelfeldern, Obstplantagen und Fermes Auberges-Geflügelfarmen mit Restaurantbetrieb, wo die hausgemachten Pasteten, Entenbrüste und der Salat nach Landaiser Art mit gebratenen Enteninnereien frisch auf den Tisch kommen – geht es nach **Montfort-en-Chalosse** 20 (s. Mont-de-Marsan S. 295f.). Im Musée de la Chalosse werden das ländliche Leben und die Traditionen der hiesigen Bevölkerung in einem Herrenhaus aus dem 19. Jh. veranschaulicht.

Auch Kajakfahrer kommen im Departement Landes auf ihre Kosten: Die Leyre ist ein beliebtes Revier für Aktivurlauber

Baskenland und Béarn

Bayonne

Tipps & Adressen S. 264f.; 4–5 Std.

■ Bayonne ist das Tor zum Baskenland, Heimat des einzigen nicht-indogermanischen Volkes Europas. Ihre Traditionen und ihre Sprache verbindet die Bevölkerung auf französischer und spanischer Seite. Euskara ist die älteste Sprache Europas. Sie gehört nicht zur indogermanischen Sprachfamilie, ist älter als Lateinisch und Griechisch, doch ist ihr Ursprung unbekannt. Bayonne, die Hauptstadt des französischen Teils, war einst eine römische Garnisonssiedlung mit dem Namen Lapurdum, bevor die baskischen Vorfahren in den Westpyrenäen das Vasconische Königreich gründeten. Baiona (baskisch *Ibaï on*, ›Vereinigung zweier Flüsse‹) wurde die Stadt am Zusammenfluss von Adour und dem spanischen Grenzfluss Nive ab dem 12. Jh. genannt, als sie durch die Heirat der Herzogin Aliénor d'Aquitaine mit Henri Plantagenêt (s. S. 26f.) 1154 englisch wurde. 300 Jahre lang blühte die zollfreie Ausfuhr von Wein und Wolle nach England. Nachdem Bayonne 1451 an die Franzosen gefallen war, ging mit dem englischen ein großer Absatzmarkt verloren. 1569, als der Fluss Adour kanalisiert und eine direkte Fahrrinne zum Meer eröffnet wurde, kam der zwischenzeitlich versandete Hafen zu neuer Blüte. 1784 zum Freihafen erklärt, verdreifachte sich der Handel mit den Antillen, Spanien und Holland. Inzwischen hatte sich die Piraterie zu einer bedeutenden Einnahmequelle der Stadt entwickelt, von der sowohl Bürger als auch die Krone profitierten. Mit der englischen Seeblockade während der napoleonischen Zeit endete der Wohlstand. Die Französische Revolution bescherte den Basken zusätzlichen Verdruss: 1789 verloren sie ihre Privilegien und ihre Autonomie. Seitdem bilden die drei Baskenprovinzen (Labourd, Basse-Navarre und Soule) zusammen mit Béarn das Departement Pyrénées-Atlantiques.

Bayonne ist übrigens berühmt für seine Schokolade, die hier seit dem 17. Jh. hergestellt wird, für den luftgetrockneten Bayonner Schinken, die Stierkämpfe, die schon im 12. Jh. in der Stadt ausgetragen wurden, und das Bajonett, das ortsansässige Waffenschmiede um 1600 erfanden. Seit 1703 gehörte es zur Standardausrüstung der französischen Infanterie.

Der Adour und sein Zufluss Nive teilen Bayonne in drei Stadtteile: Grand Bayonne am westlichen Nive-Ufer, Petit Bayonne am östlichen Nive-Ufer und St-Esprit auf der Nordseite des Adour.

Grand Bayonne

Grand Bayonne wurde auf einem Hügel am linken Nive-Ufer erbaut. Wuchtige Stadtmauern umgeben einen großen Teil des Viertels, ausgehend von der Zugbrücke Porte d'Espagne entlang der Rue Tour-de-Sault und dem Boulevard du Rempart. Erbaut wurden sie im 17. Jh. von Vauban, dem Festungsbaumeister von Louis XIV. Vom ehemaligen Lapurdum sind am Fuße des mittelalterlichen **Château Vieux** 1 noch einige römische Restmauern sowie restaurierte Türme zu sehen. Die Burg, in der Persönlichkeiten wie König Alfonse de

◁ *Hendaye-Plage*

Bayonne

Navarre, Louis XI und François I logierten, dient heute als Kaserne und ist nicht zu besichtigen.

Wem nach so viel altem Gemäuer nach frischem Grün zumute ist: Die Wallanlagen umgibt ein Grüngürtel mit Wiesen und Parks. Einen Besuch lohnt auch der kunstvoll im japanischen Stil angelegte **Jardin Botanique** 2, der auf einer Eckbastion entstand und über die Stadtmauer hinausragt.

Im Herzen der Altstadt steht die **Cathédrale Ste-Marie** 3, die vom 13. bis zum 16. Jh. auf den Fundamenten eines römischen Tempels im Stil der nordfranzösischen Gotik errichtet und im 19. Jh. restauriert wurde. Eine Besonderheit ist der bronzene Türklopfer aus dem 13. Jh. am Nordportal, der so genannte Asylring. Erreichte ein Verbrecher den Ring, bevor seine Verfolger ihn stellen konnten, wurde ihm der Schutz der Kirche gewährt. Prunkstücke der Kathedrale sind die bunten Renaissancefenster in den Kapellen des linken Seitenschiffs sowie der rechts angrenzende Kreuzgang (Eingang in der Rue Montaut) aus dem 14. Jh.

Nahe der Kathedrale ist unter einem modernen Bankgebäude ein mittelalterliches Kellergewölbe zu besichtigen, wie es noch viele in der Stadt gibt. Als Grand Bayonne im 13. Jh. durch einen Brand stark zerstört wurde, beschloss man, die Häuser auf festen Steinkellern wieder aufzubauen.

Richtig Reisen
Thema

Das Autonomieverständnis französischer und spanischer Basken

Euskara, die baskische Sprache, wie auch das baskische Volk geben Forschern bis heute Rätsel auf. Woher sie stammen, mit welchen Völkergruppen sie verwandt sind – niemand weiß es genau. Ihr Name Euskaldunak taucht erstmals im 1. Jh. bei den Römern auf. Damals lebten sie nur in Navarra. Gegen Ende der Antike gewannen sie die spanischen Provinzen Álava, Guipúzcoa und Vizcaya dazu. Erst als die Westgoten 580 über die Vasconen siegten, wechselte ein Teil der Basken auf die französische Seite der westlichen Pyrenäen, in das spätere Herzogtum Gascogne, ›la Vasconie‹.

Mauren, Franken, nach Land gierende Herrscher der angrenzenden Königreiche – keiner konnte den Basken ihre Sonderstellung nehmen. Sie blieben ein Volk, auch über die spanisch-französische Grenze hinweg – mit und gerade wegen all ihrer Urtümlichkeiten. Sie hielten ihr Erbfolgerecht in Ehren: Nur das älteste Kind erbt – egal ob Tochter oder Sohn. Die Architektur, bestimmt von einer asymmetrischen Bauweise, blieb erhalten. Ihre alten Instrumente wie die gerade Schnabelflöte *txistu* oder das Saiteninstrument *soinua* und ihre Musik wurden gepflegt und gehegt. Und sie bewahrten ihre Sprache, die so einmalig (und schwer?) ist, dass selbst der Teufel – so heißt es – nach sieben Jahren Lernens aufgab und sich von einer Brücke in Bidarray stürzte. Die baskische Sprache ist die einzige lebende vorindogermanische Sprache in Westeuropa. Ihr Ursprung ist bislang nicht geklärt, eine Verwandtschaft mit afrikanischen oder kaukasischen Sprachen nicht erwiesen.

Erst die Französische Revolution nahm den Basken in Frankreich 1789 einen Großteil ihrer Sonderrechte, den *coutumes,* und vereinte die drei baskischen Provinzen Labourd, Soule und Basse-Navarre gemeinsam mit Béarn zum Departement Pyrénées-Atlantiques. Nachdem auch die Basken in Spanien in den Bürgerkriegen des 19. Jh. fast alle Sonderrechte verloren hatten, gründete sich 1895 in Bilbao eine baskische nationalistische Partei, um alle sieben Provinzen im Staat Euskadi zu vereinen, mit grünem und weißem Kreuz auf einer roten Fahne als Nationalflagge. 1936 endlich gestand

Über den Pilori Gulhamin und die Rue Orbe mit schönen alten Fachwerkhäusern und Geschäften gelangt man in die **Rue Port-Neuf** 4, eine Fußgängerzone mit Arkadengängen, die früher als Bootsstege dienten, als viele der Straßenzüge noch Kanäle waren. Ab 1610 wurden die Wasserwege trockengelegt. Ein verführerischer Schokoladenduft weht durch die Rue Port-Neuf. Folgt man der Nase, landet man bei »Daranatz« (Nr. 15), »Mauriac« (Nr. 23), man ihnen in Spanien die Autonomie zu – bis 1937 Frankisten ihre Regierung in Guernica vernichteten. Das Franco-Regime verfolgte und unterdrückte die baskische Kultur. Als Antwort gründete sich 1959 der bewaffnete Widerstand im Untergrund, die Euzkadi ta Azkatasuna (›Baskenland und Freiheit‹), abgekürzt: ETA. Auch wenn die spanischen Basken 1979, vier Jahre nach Francos Tod, die Autonomie erhielten, gingen die Terrorakte der ETA mit kurzen Unterbrechungen bis heute weiter.

In Frankreich, wo etwa ein Achtel der Basken lebt (insgesamt gibt es ca. 2,8 Mio.), scheint man mit der Zugehörigkeit zum französischen Staat zufriedener zu sein als die spanischen Brüder mit ihrer Situation, auch wenn es viele französische Basken ärgert, dass sie mit dem Béarn in einem Departement zusammengefasst sind. Zwar boten französische Basken ETA-Mitgliedern Unterschlupf auf der Flucht vor der spanischen Polizei und unterstützten sie finanziell, doch konnten sie verhindern, dass sich die Terrorakte der ETA auch auf die französische Seite ausdehnten. Es mag daran liegen, dass die baskische Kultur jenseits der spanischen Grenze nie radikal unterdrückt, sondern weitestgehend respektiert wurde. Das sieht man beispielsweise an den Straßenschildern, die in Französisch und Baskisch beschrieben sind, oder an den Schulen, wo auch Baskisch gelehrt wird.

Barrére (Nr. 47) oder »Cazenave« (Nr. 19), wo die beste heiße Schokolade von Bayonne serviert wird. Kunstvoll ist in diesen Chocolaterien die berühmte Bayonner Schokolade aufgetürmt, die seit dem 17. Jh. in der Stadt hergestellt wird – nach dem Rezept von aus Spanien geflüchteten Juden. Fast ebenso dekorativ hängen in den Nachbargeschäften und in den Läden der umliegenden Einkaufsstraßen Exemplare des seit dem 16. Jh. bekannten luftgetrockneten Bayonner Schinkens, der zuvor in einer Mischung aus Salz, Knoblauch, Essig und Piment eingelegt wurde. Bayonne schmückt sich hier mit fremden Federn: Ursprünglich stammt dieser Schinken aus Salies-de-Béarn, wurde aber in Bayonne verschifft. Ein kurzer Abstecher in die Rue de Salies Nr. 6 tut wunden Füßen und einem hungrigen Magen gut: Dort ist stilecht in einem Stadtpalais aus dem 15. Jh. ein Salon de thé namens »Pralus« untergebracht.

Von der belebten **Place de la Liberté** 5 mit dem klassizistischen Stadttheater und dem Hôtel de Ville kann man sehr schön am Nive-Ufer an den schmalen, hohen Häuserfassaden aus dem 18. Jh. mit schmiedeeisernen Balkonen und bunt gestrichenen Holzläden entlangschlendern. Der Pont Marengo schlägt die Brücke ins Viertel Petit Bayonne.

Petit Bayonne und St-Esprit

Petit Bayonne wurde ab 1125 auf Eichenpfählen gebaut und durch Brücken mit Grand Bayonne verbunden. Auch hier gab es damals zahlreiche Kanäle, durch die Lastkähne mit ihren Waren bis an die Arkaden fuhren. Die einstigen Wasserwege sind heute zugeschüttet und längst Straßen gewichen.

Jahrzehntelang war Petit Bayonne Asyl für Mitglieder der Untergrundorganisation ETA (*Euzkadi ta Azkatasuna* = ›Baskenland und Freiheit‹) auf der Flucht vor der spanischen Polizei. Die baski-

Massige Stadtmauern umgeben einen Teil des Viertels Grand Bayonne

schen Freiheitskämpfer aus Spanien wurden hier zwar aufgenommen und unterstützt, stießen bei ihren französischen Brüdern jedoch nicht auf den gleichen Radikalismus wie in ihrem Heimatland (s. S. 232f.). Doch nationalbewusst ist man auch hier, pflegt die baskische Sprache und die alten Traditionen. Das **Musée Basque** 6 bringt dem Besucher die baskische Geschichte und Überlieferungen näher, seitdem es 2001 nach umfangreichen Renovierungsarbeiten wieder eröffnet wurde. Eine der wichtigsten baskischen Traditionen, der Nationalsport Pelota, kann von den Holzgalerien der **Trinquet** 7 in der Rue des Tonneliers studiert werden. Hier soll schon Henri IV das *jeu de paume* – wie das Spiel ursprünglich hieß – gespielt haben, bei dem der Ball mit einer Kelle, mit einem Lederhandschuh oder mit der bloßen Hand so fest gegen den *frontón* (eine Steinmauer) geschlagen wird, dass der Gegner ihn beim Zurückprallen möglichst nicht erreichen kann (s. S. 244).

Das Pendant zum Château Vieux auf der linken Nive-Seite ist das Château Neuf 8 in Petit Bayonne (ebenfalls nicht zu besichtigen). Es wurde im 15. Jh. nach Ende des Hundertjährigen Krieges erbaut, als Bayonne unter französische Herrschaft kam, um die aufsässige, englandfreundliche Bevölkerung unter Kontrolle zu halten. Hinter dem düsteren Schloss lädt der **Parc de Mousserolles** zu einem Spaziergang im Grünen ein.

Das **Musée Bonnat** 9 wurde nach seinem Stifter, dem Maler Léon Bonnat (1833–1922), benannt, der seiner Heimatstadt eine der kostbarsten Kunstsammlungen Frankreichs hinterließ. Für die Gemälde, Zeichnungen und Skulpturen wurde im 19. Jh. eine Stadtvilla gebaut, um den Werken berühmter Künstler aus dem 14.–20. Jh. wie beispielsweise El Greco, Rubens, Murillo, Goya, Ingres und Degas einen angemessenen Rahmen bieten zu können.

Über den Pont St-Esprit gelangt man auf die nördliche Adour-Seite und in das gleichnamige Viertel. St-Esprit bestand im Mittelalter nur aus einer kleinen Kirche und einem Hospital für die Jakobspilger. Später wuchs um die **Eglise St-Esprit** 10 aus dem 15. Jh. das gleichnamige Viertel, das zum Ghetto der aus Spanien und Portugal vertriebenen Juden wurde. Im 17. Jh. errichtete Vauban hier eine mächtige **Zitadelle** 11, wo heute im Sommer das traditionelle Stadtfest veranstaltet wird.

Côte Basque

Ca. 30 km, 2 Tage

Sie ist zwar nur 30 km lang, doch gesegnet mit wilder Schönheit: Die Côte Basque mit ihren steilen Klippen und zerklüfteten Felsen, die der mächtigen Brandung trotzen, bildet bis hinunter zur spanischen Grenze einen reizvollen Gegensatz zu den endlosen Sandstreifen ihrer nördlichen Nachbarin, der Côte d'Argent.

Bis Mitte des 17. Jh. lebten die baskischen Küstenbewohner vom Walfang, dann zogen sich die Riesensäuger immer weiter zurück und zwangen die Fischer, ihnen bis nach Grönland und ins nördliche Eismeer zu folgen. Im 19. Jh. stellten sich die Seeleute auf Sardinen-, Sardellen- und Thunfischfang um. Zur gleichen Zeit wurden die kleinen Fischerorte an der Côte Basque als reizvolle Badeorte entdeckt – allen voran Biarritz. Im 19. Jh. erwählte Eugénie de Montijo das ehemalige Fischerdorf zu ihrer Sommerresidenz und ließ sich von ihrem kaiserlichen Gatten Napoléon III den prächtigen Palast Villa Eugénie direkt am Meer errichten. Könige, Großfürsten und Geldadel folgten, und aus dem kleinen Badeort wurde ein exklusives Seebad mit internationalem Ruf. Ab Mitte des 19. Jh. war Biarritz die Kulisse für Spielchen englischer Lords, des russischen Hochadels, deutscher Barone und spanischer Aristokraten sowie für Künstler, Hollywoodstars, Politiker und Emporkömmlinge. Unzählige Prunkvillen entstanden, die kaiserliche Sommerresidenz wurde 1884 zum »Hôtel du Palais Biarritz« mit einem Spielcasino umfunktioniert, 1888 entstand in dem baskischen Nobelort einer der ersten Golfplätze auf dem europäischen Kontinent. In den *années folles,* den verrückten 20er und 30er Jahren des 20. Jh., feierte man hier rauschende Feste und tanzte Charleston bis in die Morgenstunden. Die großen Zeiten sind zwar längst vorüber, doch vieles erinnert noch an den alten Glanz.

In dem einstigen Piratennest und Fischerort St-Jean-de-Luz ging es zwar nie so nobel zu wie in Biarritz, aber auch hier blieb der Badetourismus nicht fern. Wer die Beschaulichkeit dem Hauch von einstigem Prunk vorzieht, der ist in dem reizvollen Hafenstädtchen sicher eher richtig.

Biarritz

Tipps & Adressen S. 265ff.

1 In Biarritz, dem einst mondänsten Seebad an der französischen Atlantikküste, ist man stets an die Pracht vergangener Tage erinnert. Das **Hôtel du Palais** (s. S. 265), 1903 abgebrannt und wieder aufgebaut, ist heute noch eines der schönsten Hotels der Welt. Sowohl im Stadtzentrum als auch entlang der Avenue de l'Impératrice hinter dem Palast-Hotel sind noch schöne Villen aus dem 19. und beginnenden 20. Jh. zu sehen. Am Ende der Avenue liegt am nördlichen Stadtrand die **Pointe St-Martin** mit einem 44 m hohen Leuchtturm (1834), von dessen Aussichtsplattform man einen herrlichen Blick auf die Stadt und in nördlicher Richtung auf die Plage de la Chambre d'amour hat, um die sich eine tragische Legende rankt: Hier soll das Liebespaar Oura und Hédéra bei einem heimlichen Treffen

eng umschlungen in der Meeresgrotte entschlummert, von der Flut überrascht worden und ertrunken sein.

Unterhalb des Leuchtturms führen in den Felsen gehauene Treppen hinab zur Plage Miramar. An der Uferpromenade des Nachbarstrandes **Grande Plage** – früher auch *Plage des Fous* genannt, weil alle für verrückt erklärt wurden, die in dieser Brandung baden gingen –, flanierte um die Wende vom 19. zum 20 Jh. am Nachmittag die prominente Gesellschaft. Heute haben die Surfer den Platz der Aristokraten eingenommen. Der zentrale Sandstrand von Biarritz gilt als einer der besten Surfspots der Welt. Die Strandpromenade mit modernen ›architektonischen Scheußlichkeiten‹, eleganten Residenzen und der Kuppel der russisch-orthodoxen Kirche **St-Alexandre-Newsky** im Hintergrund führt vorbei am **Casino Municipal,** einem verblassten Art-déco-Gebäude von 1929, und der **Eglise Ste-Eugénie** (Ende 19., An-

Biarritz hat nichts an Attraktivität verloren

fang 20. Jh.). Am Fuß der Kirche führen steile Felstreppen hinab zum malerischen **Port des Pêcheurs** mit seinen trendy Fischbistros. Über eine kleine Brücke gelangt man zum wellenumtosten Jungfrauenfelsen, dem **Rocher de la Vierge,** mit einer Statue der Muttergottes. Von hier bietet sich ein einmaliger Panoramablick auf die Meeresfront von Biarritz und auf die felsige Côte Basque bis nach Spanien. Gegenüber, an der Esplanade de la Vierge, liegt das **Musée de la Mer** mit 24 Aquarien, einem Seehund- und Haifischbecken und einer Ausstellung zur Geschichte des Walfischfangs. In der gut geschützten Bucht des **Vieux-Port,** des alten Fischereihafens, landeten die Walfischfänger ihre Beute an. Diese wurde an den Strand gezogen, dort ausgenommen und zerteilt. Heute kommt man zum Baden her und um die »Weißen Bären« zu beobachten, einen Club, dessen Mitglieder sich verpflichtet haben, jeden Tag des Jahres im Meer zu schwimmen. Auf einer Anhöhe zur Linken erhebt sich die bizarre **Villa Belza** (1880), in der früher ausschweifende Feste gefeiert wurden. Dahinter erstrecken sich in Richtung Süden die Côte des Basques, die Plages Milady und Marbella sowie der Szenetreff, die Plage d'Ilbarritz.

Im belebten Zentrum von Biarritz, um die Place Clemenceau, findet man elegante Geschäftsstraßen, Cafés und alte Häuserfassaden. Rund um die Markthallen, zwischen der Avenue Victor Hugo und der Rue Gambetta, sind Antiquitätengeschäfte, Gourmetläden und viele Restaurants angesiedelt.

Von St-Jean-de-Luz nach Hendaye

Tipps & Adressen

St-Jean-de-Luz S. 315f., Hendaye S. 280f.

Das malerische Hafenstädtchen **St-Jean-de-Luz** 2 mit seinen fürs Baskenland typischen rot-weißen Fachwerkhäusern, den engen Altstadtgassen und den schönen Wohnhäusern aus dem 17. Jh. ist das Schmuckstück der Côte Basque. Ebenso wie Biarritz war der

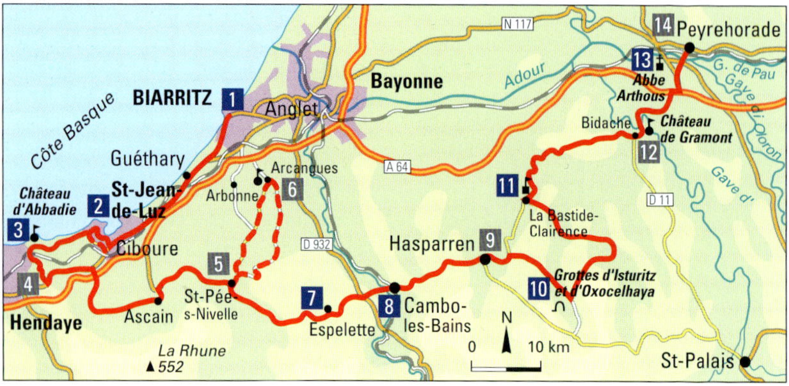

Baskische Küste und baskisches Mittelgebirge

kleine Fischerort schon seit dem 11. Jh. auf Walfang spezialisiert, später auf Kabeljau bei Neufundland, und seit Beginn des 20. Jh. haben sich die Fischer auf Sardellen-, Sardinen- und Thunfischfang umgestellt. Über Jahrhunderte war St-Jean-de-Luz von Engländern und Holländern als Piratennest gefürchtet. Bekannt wurde der Ort durch die Hochzeit von König Louis XIV mit der spanischen Infantin Maria-Theresia am 9. Juni 1660. Diese Verbindung war die Voraussetzung für die Aussöhnung der Kriegskontrahenten Spanien und Frankreich im Pyrenäenfrieden (s. S. 31). In der Maison Louis XIV, dem frühbarocken Haus einer Reederfamilie an der Place Louis XIV mit ihren Straßencafés, einem Musikpavillon, einer Reiterstatue des Sonnenkönigs und dem Rathaus aus dem 17. Jh., wartete der Sonnenkönig auf die Ankunft seiner Braut. In der Hochzeitskirche St-Jean-Baptiste wurde die Tür, durch die das königliche Paar das Gotteshaus nach der Zeremonie verließ, zugemauert, damit niemand diese Schwelle nach dem Sonnenkönig je wieder betreten konnte. Das schlichte Bauwerk aus dem 15. Jh., dessen Innenraum mit einer reichen barocken Ausstattung überrascht, besitzt noch die typisch baskischen Galerien aus Eichenholz, die den Männern vorbehalten sind. Das Schiffsmodell an der Decke ist ein Geschenk der Kaiserin Eugénie: Sie geriet in der Bucht von St-Jean in Seenot und konnte gerettet werden.

Der Kirche gegenüber verläuft die Fußgängerzone Rue Gambetta, die Haupteinkaufsstraße des Ortes. Das älteste Haus der Stadt befindet sich in der Rue de la République Nr. 17: Die alte Gendarmerie aus dem 16. Jh. blieb als einziges Haus von dem im Jahre 1558 von Spaniern gelegten Feuer verschont. Diese Straße führt zur Grande Plage und zur Uferpromenade Jacques Thibaud. Rechts, am Ende der geschützten Bucht von St-Jean-de-Luz, liegen Casino und Thalassozentrum Hélian, etwas weiter der Aussichtspunkt Pointe Ste-Barbe. Links führt die Strandpromenade zurück ins Viertel der wohlhabenden Reeder, die sich im 17. und 18. Jh. um die Rue Mazarin und den Quai de l'Infante am

Typisch für das Baskenland sind die Galerien in den Kirchen, reserviert für die Männer, wie hier in St-Jean-de-Luz

Fischereihafen elegante Häuser errichteten. Eine Sturmflut vernichtete 1749 zwei Drittel der prachtvollen Bebauung.

Im malerischen Hafen in der Mündung der Nivelle liegen heute die bunten Thunfisch- und Sardinenkutter vor Anker. Am gegenüberliegenden Ufer des Flusses reihen sich die baskischen Häuser von Ciboure. Neben der Eglise St-Vincent aus dem 16. Jh. steht am Quai Ravel ein Haus aus dem 17. Jh. im flämischen Stil, in dem der Komponist Maurice Ravel 1875 geboren wurde.

Der Hafenkai dieser selbständigen Gemeinde, die bis zur Französischen Revolution zu St-Jean-de-Luz gehörte, führt bis zum Fort de Socoa, das 1627 zum Schutz gegen die Spanier errichtet wurde. An dem mächtigen Schutzwall in der Einfahrt zur Bucht von St-Jean-de-Luz brechen sich gewaltige Wellen. Im Festungsturm ist heute eine Segel-, Surf- und Tauchschule untergebracht.

Von Socoa führt die **Corniche Basque,** eine Küstenstraße mit atemberaubenden Panoramablicken, nach Hendaye, dem letzten Küstenort vor der spanischen Grenze. Einziges Bauwerk an dieser Straße ist das 1870 nach Plänen des Architekten Viollet-le-Duc im neogotischen Stil errichtete **Château d'Antoine Abbadie** 3 (s. Hendaye S. 280f.). Auftraggeber war der Äthiopienforscher, Physiker und Astronom Antoine d'Abbadie d'Arrast (1810–97), ein leidenschaftlicher Verfechter der baskischen Sprache und Kultur. Die Innenausstattung des mit einem Observatorium und einer reichen Bibliothek ausgestatteten Märchenschlosses, das der Gelehrte der Akademie der Wissenschaften vermachte, hat einen stark orientalischen Einfluss. In dem 50 ha großen Park des herrschaftlichen Anwesens an der Steilküste befindet sich heute ein Vogelreservat.

Die Uferpromenade von **Hendaye** 4 ist gesäumt von nüchternen Appartementhäusern. Nur wenige Villen aus dem 19. Jh. mit ihren blühenden Gärten sind übrig geblieben. Reizvoll ist hier vor allem der herrliche Strand, wo Baden ausnahmsweise ungefährlich ist und sich Sonnenanbeter, Surfer und andere Wassersportler tummeln. Wanderer zieht es von hier aus in das Pyrenäenvorland. Mittelpunkt des Boulevard de la Plage ist das Casino im maurischen Stil mit Einkaufszentrum und Cafés. Ein ideales Wassersportrevier ist bei Flut die Bucht am Jachthafen Chingoudy. In der Rue des Pêcheurs, im Haus Bakhar-Etchea (›das Haus der Einsamen‹), starb 1923 der Schriftsteller Pierre Loti (s. S. 114).

In der Vergangenheit machte Hendaye mehrfach von sich reden, weil hier bedeutende historische Zusammenkünfte stattfanden. Auf der Ile aux Faisans, einem schmalen Streifen Land im Grenzfluss Bidassoa – halbjährig abwechselnd von Spanien und Frankreich verwaltet – kamen spanische und französische Könige zusammen, um Verhandlungen zu führen, Friedensverträge zu schließen: 1463 trafen sich Louis XI und Henri IV auf der Fasaneninsel. François I, den die Spanier festgesetzt hatten, wurde hier 1526 gegen seine beiden Söhne ausgetauscht. 1659 wurde in dem damaligen ›Niemandsland‹ der Pyrenäenfrieden, der den spanisch-französischen Krieg beendete, abgeschlossen. Ein Jahr später handelte man hier den Ehevertrag zwischen Louis XIV und Maria-Theresia, Tochter Philipps IV. von Spanien, aus. Und auch der Bahnhof Hendayes erlangte Berühmtheit: Hier trafen sich 1940 Hitler und Franco, um zu klären, ob Spanien in den Zweiten Weltkrieg eintreten würde, doch der spanische General lehnte ab.

Richtig Reisen *Tipp*

Surfen am Atlantik

Ihren ersten Surfer bzw. Wellenreiter sah die baskische Küste 1957, als der Drehbuchautor Peter Viertel, späterer Ehemann von Deborah Kerr, zu Dreharbeiten für den Film »Die Sonne geht auf« nach Biarritz kam und ein Surfbrett im Gepäck hatte. Die Grande Plage eignete sich prächtig für die aus Hawaii importierte Sportart, und der sportliche Viertel fand schnell begeisterte Nachahmer.

1959 wurde der erste französische Surfclub gegründet. Heute gilt Biarritz als das europäische Mekka des Surfens und die Grande Plage nach wie vor als optimaler Surfspot, wo die mit schwarzen Gummianzügen bekleideten Surfenthusiasten selbst im Winter mit ihren Brettern durch die ›perfekten‹ Wellen gleiten. Beinahe ebenso gut eignet sich die Brandung vor den Stränden Senix, Lafitenia und Erromardie zwischen St-Jean-de-Luz und Biarritz. Ein Surftreff ist auch der dort gelegene kleine Ort Guéthary. Neben der Côte Basque sind die nördlicheren Strände der Landes beliebt. Fortgeschrittene zieht es dort besonders nach Hossegor und Capbreton.

Alljährlich zwischen Juli und September ist Biarritz Schauplatz großer Surfwettbewerbe wie dem »Biarritz Surffestival« im Juli, wenn ein Hauch von Hawaii mit viel Musik und Showsurfen über den Küstenabschnitt weht. Am »Quicksilver Surf Master« in der ersten Septemberwoche nehmen die weltbesten Surfer teil. Nichtprofis,

die noch ein bisschen Training brauchen, seien folgende Schulen in Biarritz empfohlen: »Biarritz Surf Training«, 4, Impasse Hélène Boucher, Tel. 05 59 23 15 31; »Ecole de Surf Plums«, 5, Pl. Clemenceau, Tel. 05 59 24 08 04; »Ecole de Surf Quicksilver Jeff Hakman Surf School«, Casino Municipal-Grande Plage, Tel. 05 59 22 03 12.

Pays Basque, das Hinterland

Ca. 250 km, 2 Tage

Hinter der Küste von Biarritz und St-Jean-de-Luz beginnt das baskische Hügelland mit seinen satten grünen Wiesen und zahlreichen Wildbächen und geht schließlich über in die Gebirgsketten der Pyrenäen, die ins spanische Grenzland führen. Auf französischer Seite haben die Pyrenäen eher Mittelgebirgscharakter, doch vereinzelt ragen auch hohe, oft nadelförmig zugespitzte Gipfel empor, besonders im Haute Soule, der östlichsten der drei Baskenprovinzen an der Grenze zu Béarn, wo das Gebirge von tiefen, waldreichen Schluchten durchzogen ist. Über die Passstraßen pilgerten die Jakobsbrüder nach Santiago de Compostela. Zahlreiche romanische Kirchen in den kleinen Dörfern zeugen davon.

Die herausgeputzten Baskendörfer der Provinzen Labourd und Basse-Navarre haben häufig Bilderbuchcharakter: In Rot-weiß strahlen die typischen Fachwerkhäuser aus dem 17. und 18. Jh., die immer nach Osten orientiert sind und unter dem Sims das Hakenkreuz, das alte baskische Sonnenzeichen, tragen. Für die Basken ist die *etxe* oder *etche*, wie man ihr Haus nennt, heilig. Die Fassaden werden mit Blumen geschmückt und an die Balkone die roten Pfefferschoten zum Trocknen gehängt. Den Mittelpunkt des Dorfes bilden das Rathaus, die Kirche mit den Holzgalerien, wo die Männer Platz nehmen und auf ihre Frauen unten im Kirchenschiff blicken können, sowie der *frontón,* die obligatorische Pelotawand. Selbst im kleinsten Dorf wird der baskische Nationalsport Pelota ausgeübt.

Den beschwerlichsten Teil des Jakobswegs stellte das Pays Basque für die Pilger dar

Tradition wird groß geschrieben im Baskenland. Zahlreiche Feste mit Folkloretänzen und Kraftspielen, die Wettläufe der ›Schmuggler‹ und das Pimentfestival gedenken der alten Sitten und Gebräuche des wohl ältesten Volkes Europas. Am beliebtesten ist zweifellos die *forces basques,* ein Kräftemessen der Männer in acht unterschiedlichen Disziplinen wie Tauziehen, Laufen mit Gewichten, Zersägen von Baumstämmen und Sacklaufen. Euskara, die baskische Sprache mit präindogermanischem Ursprung, ist überall lebendig.

Baskisches Mittelgebirge

Tipps & Adressen
Cambo-les-Bains S. 272f., Hasparren S. 279f., Peyrehorade S. 303f.

Von Hendaye (s. S. 240) gelangt man über die N 10 und die D 4 in das typische Baskendorf **Ascain** (s. S. 245ff.) mit Ausflugsmöglichkeiten zum Berg **La Rhune** (s. S. 246). Über die D 918 ist nach wenigen Kilometern **St-Pée-sur-Nivelle** 5 (s. Cambo-les-Bains S. 272f.) erreicht. Lediglich Ruinen erinnern noch an das ›Hexenschloss‹ Château des Sorcières, das 1793 durch einen Brand stark zerstört wurde. Seinen wenig schmeichelhaften Namen erhielt es, weil sich hier im Jahr 1609 ein Ratsmitglied aus Bordeaux aufhielt, der zahlreiche Frauen und Männer der Hexerei anklagte und auf den Scheiterhaufen brachte. Die Kirche des Ortes aus dem 17. Jh. gilt als eine der schönsten des Baskenlandes.

Wer Zeit und Lust hat, wer eine wunderschöne Aussicht auf Pyrenäen und Küste genießen und seinem Magen Gutes gönnen möchte, der sollte einen Schlenker in den Norden tun (D 755) und in **Arcangues** 6 (s. Cambo-les-Bains S. 272f.) Station machen. Auf dem hiesigen Friedhof liegt der bekannte Opernsänger Luis Mariano begraben. Skurrilerweise hat man von hier den wirklich herrlichen Blick auf die Pyrenäen. Und die Schmeicheleinheiten für den Magen gibt's in der »Auberge de Chapelet«, wo raffinierte baskische Küche auf den Tisch kommt.

Über die parallel zur D 755 verlaufende D 3 geht es zurück nach St-Pée-sur-Nivelle. Bereits in Richtung Espelette (an der D 918) liegt der **Lac de St-Pée,** ein künstlicher, mit Spielplätzen, Wiesen und Pizzerien gesäumter See. Hier werden Tret- und Ruderboote vermietet sowie Rafting und Canyoning angeboten.

Espelette 7 (s. Cambo-les-Bains S. 272f.) ist die Heimat der roten Pfefferschoten. Im Herbst sind die weißen Häuserfassaden mit den roten *piments,* Basisgewürz der baskischen Küche, geschmückt, die hier auf Schnüre gereiht zum Trocknen hängen. Der malerische

Piments, *zum Trocknen aufgehängt*

Pelota

Die Pelota ist das baskische Freizeitvergnügen schlechthin. Es ähnelt dem Squashspiel und gilt als das schnellste Ballspiel der Welt. Der Ball – hart, aber elastisch – ist etwas größer als ein Tennisball, er wird von zwei Mannschaften mit zwei bis zehn Spielern gegen eine Wand *(frontón)* gespielt. Der Gegner muss den Ball, nachdem er einmal aufgeschlagen ist, auffangen und wieder zurückschlagen.

Es gibt gut 25 Pelota-Varianten: mit bloßen Händen, Holzracket *(pala)* oder bananenförmigen Fangwurfschlägern *(chistera)* gespielt; an einer, über zwei oder drei Wände; draußen oder in der Halle. Gewertet wird, wie beim Tennis, nach Spielen und Sätzen oder nach Punkten in einer gewissen Zeitspanne. Fehler sind: Verfehlen der Wand, mehrmalige Bodenkontakte, Berühren der Wand unterhalb der Aufschlaglinie oder Fangen in der Luft.

Nicht nur im Baskenland spielt man Pelota, auch *Frontón* oder *Jai-alai* genannt: Im benachbarten Béarn, im lateinamerikanischen Raum, in Kanada und auch auf den Philippinen. Es gibt lokale und nationale Meisterschaften, Pelota-Cups, Pelota-Weltmeisterschaften, und natürlich Vereine und Regionalligen. Dreimal war der baskische Nationalsport bereits bei den Olympischen Spielen vertreten, zuletzt 1992 in Barcelona – allerdings nur als Demonstrationswettbewerb, nicht als Disziplin. Im Baskischen Museum in Bayonne kann man alles zur Geschichte des Pelota-Spiels erfahren (z. Zt. geschl.).

So viel zum Thema »Pelota als Sport«. Das Spiel Pelota ist ein anderes – und geht weit über das bloße Feld hinaus. Sonntag ist Pelota-Tag. Selbst das kleinste baskische Dorf hat im Zentrum, nahe der Kirche, einen *frontón* (die steinerne Pelota-Wand). Dies ist nicht nur ein Sportplatz, sondern der sonntägliche Treffpunkt der Gemeinde. An Orten, in denen Tradition nicht nur bewahrt, sondern auch gelebt wird, ist jedes Dorfmitglied, vom Pfarrer bis zum Bürgermeister, um das Spielfeld versammelt. Eine Kapelle spielt auf, die Gemeinde singt mit. Dann wird gespielt: Auf dem Feld die Mannschaft, auf den Sitzen die Anfeuerer. Der Ball saust extrem schnell auf dem Feld hin und her, auf den Sitzen fliegen die Köpfe von einer Seite zur anderen. Der Ball knallt laut auf, die Menge grölt. In der Pause gibt es Wein – auch für die Spieler. Dazu Musik von der Kapelle und den so genannten Improvisatoren, zwei Sängern, die abwechselnd und in Konkurrenz zueinander singen. Dann geht das Spiel weiter. Wer gewinnt, ist – für heute – ein Held. Anschließend gehen Spieler und Zuschauer nicht etwa nach Hause – zu einer guten Pelota gehört der Tanz, der so lange dauert, bis es Zeit zum Essen ist.

Kurt Tucholsky beschreibt in »Ein Pyrenäenbuch« (1927) die Atmosphäre eines Pelota-Spiels. Darin gibt er allen den Rat: »Eine Pelote – ? Hin.«

Vorgebirgsort lebt von den feurigen Gewürzschoten, die in Familienarbeit gepflückt, getrocknet und gemahlen werden. Am letzten Sonntag im Oktober findet ein großes Piment-Erntedankfest statt.

Der nahe gelegene Kurort **Cambo-les-Bains** 8 an der Nive ist schon seit dem 17. Jh. für seine schwefel- und eisenhaltigen Heilquellen sowie das günstige Klima bei Lungenkrankheiten bekannt. Napoléon III, Kaiserin Eugénie, König Edouard VII und Marie-Anne de Neubourg, die Witwe des spanischen Königs, zählten zu den berühmten Kurgästen. Zeitweilig lebte hier auch der Schriftsteller Edmond Rostand (1868–1918), Schöpfer des »Cyrano de Bergerac«. Seine stattliche Villa Arnaga aus dem Jahre 1903 im neobaskischen Stil und die weitläufige französische Gartenanlage mit Springbrunnen und Pavillon können besichtigt werden.

Die D 10 führt zur Agrarstadt **Hasparren** 9, wo das Haus des Lyrikers und Essayisten Francis Jammes (1868–1938) von außen zu besichtigen ist, und weiter zu den **Grotten von Isturitz und Oxocelhaya** 10 (s. Hasparren S. 279f.). In den bis zu 25 m hohen Tropfsteinhöhlen schmücken mehr als 40 000 Jahre alte Gravuren die Wände. Ein kleines Museum zeigt die Funde der Altsteinzeit, vor allem Werkzeuge und auch Knochen. **La Bastide-Clairence** 11, weiter nördlich an der D 123, ist ein malerisches Baskendorf mit den typischen rot-weißen Fachwerkhäusern, verwinkelten Gassen und einer Bastide aus dem 14. Jh.

Weiter geht es über die D 936 nach **Bidache** 12, wo die Ruine des Châteaus des Ducs de Gramont (s. Peyrehorade S. 303f.) aus dem 16. Jh. am Ortseingang thront. Im Schlosspark zeigen Raubvögel im Sommer ihre beeindruckenden Flugkünste.

Kurz vor Peyrehorade liegt die **Abbaye d'Arthous** 13 (s. Peyrehorade S. 303f.) aus dem Jahre 1160, eine Pilgerstätte auf dem Weg nach Santiago de Compostela. Bemerkenswert sind der Skulpturenschmuck der romanischen Kapitelle und die beiden Mosaike aus dem 4. Jh. im Kreuzgang. Im Konventsgebäude ist ein archäologisches Museum untergebracht. Eine Brücke führt über die Gaves Réunis vom Pays Basque in den südlichsten Zipfel des Departements Landes: Der Pyrenäenort **Peyrehorade** 14 liegt am Zusammenfluss von Gave de Pau und Gave d'Oloron. Ab hier sind die wilden Flüsse mit Sportbooten befahrbar. Mit Segelbooten und Kanus ist eine Tour auf den Gaves reizvoll; der Zusammenfluss der beiden Gebirgsbäche geht wenig später in den Adour über.

Von hier aus besteht die Möglichkeit, in Richtung Süden nach St-Palais (s. S. 249) zu fahren und die Route im Béarn (s. S. 250ff.) anzuschließen oder an die Küste zurückzukehren.

Auf Passstraßen entlang der spanischen Grenze

Tipps & Adressen
Sare S. 321f., St-Etienne-de-Baïgorry S. 314f., St-Jean-Pied-de-Port S. 317f., St-Palais S. 318

Hinter St-Jean-de-Luz führt die D 918 zu den malerischen Pyrenäendörfern entlang der spanischen Grenze. Im Tal der Nivelle liegt das herausgeputzte Baskendorf **Ascain** 1 (s. Sare S. 321f.) mit seinen typischen Häusern, dem Pelota-Frontón und einer mittelalterlichen Kirche mit romanischem Portal. Hier wurde Pierre Loti (s. S. 114) zu seinem »Roman Ramuntcho«, der Geschichte eines Pelota-Spielers, inspiriert, die er im Hôtel de la Rhune schrieb.

La Rhune, so heißt auch der heilige Berg der Basken, ein 900 m hoher Gipfel an der Grenze. Victor Hugo hat ihn bestiegen, Pierre Loti und Napoléon III ebenfalls, um nur ein paar zu nennen. Von **Col de St-Ignace** 2 (an der D 4 kurz vor Sare; s. dort S. 321f.) führt eine Zahnradbahn hinauf, vorbei an Pottoks, den kleinen halbwilden Pyrenäenpferden, die hier schon seit dem Paläolithikum weiden. Zu Fuß ist man in eineinhalb Stunden oben. Vom Gipfel, der die Grenze zwischen Frankreich und Spanien bildet, bietet sich ein Panoramablick über das Meer, auf die Pyrenäen und das hügelige Baskenland.

Sare 3 galt lange als das Mekka der Schmuggler, denn die 18 km lange Grenze mit Spanien war nur schwer kontrollierbar. Zahlreiche Schmugglergeschichten machen hier denn auch heute noch die Runde. Der alljährliche Schmuggler-Crosslauf am vorletzten Sonntag im August erinnert an diese

Zeit. 18 Dörfer aus dem Grenzgebiet schicken ihre besten Jogger zu einem 7 km langen Wettlauf durch die Berge – mit 8 kg Gepäck auf dem Rücken kein leichtes Unterfangen.

Berühmt sind die **Grottes Préhistoriques** 4, vorzeitliche Höhlen, die 6 km südöstlich von Sare liegen (über die D 306 zu erreichen) und schon vor 45 000 Jahren bewohnt waren.

Aïnhoa 5, im 12. Jh. von Prämonstratensern als Herbergsplatz für die Jakobspilger errichtet, gilt mit seinen typischen rot-weißen bzw. rot-grünen Fachwerkhäusern aus dem 17. und 18. Jh. als eines der schönsten Dörfer des französischen Baskenlandes. Typisch baskisch ist auch die mittelalterliche Kirche mit den vergoldeten Holzarbeiten des Chors, einer Holzdecke und den Holzgalerien, reserviert für die männliche Bevölkerung.

Die Dorfkirche von **Itxassou** 6 mit ihrem prächtigen Barockaltar war einst Ziel der Jakobspilger. Jedes Jahr im Juni wird hier ein Kirschenfest gefeiert. Über eine kleine Straße gelangt man zum **Pas de Roland** 7, der in einer Schlucht am Flussbett der Nive liegt. Der Legende nach soll der sagenumwobene Held Roland, Markgraf von Karl dem Großen, auf der Flucht vor den Sarazenen hier entlanggeritten sein. Die Hufe seines Pferdes sollen den Felsen durchlöchert haben, sodass besagte ›Rolandsbresche‹ entstand.

Über die D 918 geht es weiter nach **Bidarray** 8 (s. Cambo-les-Bains S. 272f.), wo sich der Teufel aus Verzweiflung vom Pont d'Enfer (›Höllenbrücke‹) in die Nive gestürzt haben soll, weil er die Sprache der Basken nicht verstand (s. S. 232). Heute ist der Ort als Raftingrevier und als Station auf dem berühmten Wanderweg GR 10 bekannt, der von Hendaye quer über die Pyrenäen führt.

St-Etienne-de-Baïgorry 9 ist das Tor zur Vallée des Aldudes. Der Wildbach Nive des Aldudes, der sich nach starken Regenfällen manchmal rot färbt, gab dem Tal seinen Namen. Namengebend war er auch für das Dorf, denn ›rotes Wasser‹ bedeutet im Baskischen *baïgorri.* St-Etienne besteht aus einer Straße mit schmucken roten Steinhäu-

Auf Passstraßen
entlang der spanischen Grenze

sern, einer mittelalterlichen Kirche und dem Château d'Etchauz (16. Jh.). Hinter dem Ort wird das Tal enger und führt über die D 948 durch waldreiche Schluchten vorbei an Forellenzuchtbecken nach **Aldudes** 10, einem winzigen Dorf kurz vor der spanischen Grenze, wo Pierre Oteiza köstlichen Schinken anbietet.

Zurück in St-Etienne-de-Baïgorry, führt die D 15 durch die Weinberge von Irouléguy, dem einzigen baskischen Weinanbaugebiet, nach **St-Jean-Pied-de-Port** 11. Die ehemalige Hauptstadt Nieder-Navarras am Fuße des Roncesvalles-Passes, wo im Jahr 778 die von Roland befehligte Nachhut Karls des Großen von den Basken vernichtend geschlagen wurde und Roland sein Leben ließ, war im Mittelalter das letzte Etappenziel der Jakobspilger vor der Pyrenäenüberquerung. Bis zum ausgehenden Mittelalter war die Stadt heiß umkämpft: Kelten, Römer, Sarazenen, Spanier und Franzosen wollten den strategischen Übergang nach Spanien beherrschen.

Von der einstigen Bedeutung des Ortes zeugen noch die reichen Baudenkmäler. Das Ufer der Nive säumen Häuser aus dem 16. und 17. Jh. Teile der Brücke, die über den Fluss führt, sollen noch aus der Römerzeit stammen. Die gotische Kirche Notre-Dame mit ihren Pfeilern aus Sandstein ist in die alte Befestigungsmauer integriert. Von der Porte St-Jacques im Nordosten, durch die die Pilger die Stadt betraten, gelangt man hinauf zu der von Vauban im 17. Jh. errichteten Zitadelle. Die Rue de l'Eglise führt zur Porte de Navarre, wo ein ehemaliges Hospital zu sehen ist. Die Rue d'Espagne, die Geschäftsstraße, endet am gleichnamigen Stadttor, durch das die Wallfahrer den Ort wieder verließen.

Folgt man den Schildern ›Chemin de St-Jacques‹, gelangt man auf die kleine Straße D 428, die über grüne Hügel, auf

Am Ufer der Nive

denen Schafe weiden, hinauf bis nach **Urkulu** 12 (1419 m) an der spanischen Grenze führt. Diese schöne Landschaft lockt mit einer weiten Aussicht über die Berge, die schon die Pilger auf dem Jakobsweg genossen. Zurück auf der D 301 nach St-Jean-Pied-de-Port führen von hier aus die Panoramastraßen D 18 und später D 19 durch die Berge zum Skiort **Les Chalets d'Iraty** 13 (1300 m), von wo aus sich herrliche Wanderungen in die Forêt d'Iraty unternehmen lassen. **Larrau** 14 ist ein beliebter Ort zum Übernachten für Bergsteiger, die es zum nahen Pic d'Orhy (2017 m) zieht.

Über die D 26/D 113 gelangt man zu den **Gorges de Kakouetta** 15 (s. St-Jean-Pied-de-Port S. 317f.). Ein ca. zweistündiger Marsch führt durch eine nach der Eiszeit entstandene Canyonlandschaft mit gigantischen Kalksteinfelsen, tosenden Wasserfällen und einer üppigen Vegetation.

Nun geht es in Richtung Norden nach **Tardets-Sorholus** 16, einem traditionellen Städtchen mit alten Arkadenhäusern. Im August finden hier die Pastorales des 15. Jh. statt. In **Trois-Ville** 17, noch ein wenig weiter nördlich, hat sich der Kapitän der Musketiere, Monsieur de Tréville, 1662 Château Eliçabea erbaut.

In **Mauléon-Licharre** 18, der Hauptstadt der baskischen Provinz Soule im Saison-Tal, protzt eine Burgfestung aus dem 14. Jh. mit gewaltigen Türmen. An eine nicht minder bewegte Zeit erinnert das Renaissanceschloss Hôtel Mayté des Bischofs von Oloron. Arnold I. (1598–1623) bekämpfte die protestantische Bewegung erbittert. Heiterere Gedanken, Gedanken an Sommer und Sonnenschein, wecken zwei kleine Betriebe am Marktplatz, die die als Strandschuhe beliebten *espadrilles* fertigen. Kaum jemand weiß, dass diese Leinen-

Der béret basque: *trotz des Namens keine baskische Erfindung*

schuhe mit Bastsohle, für deren Produktion Mauléon-Licharre bis weit in die 70er Jahre des 20 Jh. bekannt war, zunächst für Minenarbeiter in Nordfrankreich, Belgien und England bestimmt waren.

Nun geht es weiter zum Schlusspunkt dieser Etappe, nach **St-Palais** 19. Der einstige Sitz der Navarra-Könige mit einer Schlossinsel in der Bidouze ist heute das Zentrum der *forces basques.* Alljährlich findet hier im August ein Festival dieses baskischen Kraftsportes statt, der sich an die Schwerstarbeit der Bauern und Holzfäller anlehnt: Wettlauf mit einem 100-kg-Sack auf den Schultern, Stroh heben, Holz hacken, Seil ziehen etc. Im Rathaus präsentiert ein Museum eine Ausstellung über die Pilgerwege nach Santiago de Compostela.

Von hier aus kann man die Route ab Sauveterre-de-Béarn anschließen (s. S. 250ff.).

Béarn

Ca. 100 km, 2 Tage

Obwohl die Basken den *béret basque* für sich als Identifikationsform in Anspruch nehmen, ist er vermutlich eine Erfindung der Béarnesen. Auch heute noch wird ein Großteil der Baskenmützen in Oloron-Ste-Marie gefertigt – und das schon seit 1800. Dagegen ist die weltberühmte *sauce béarnaise,* die köstliche Spezialität des Béarn, wahrscheinlich eine Pariser Kreation ...

Sicher ist, dass zwei königliche Persönlichkeiten hier ihre Wurzeln haben: Die Béarnaiser Hauptstadt Pau ist die Heimat von Henri IV und von Jean-Baptiste Bernadotte, dem späteren schwedischen König Karl XIV.

Bis 1589, als Henri IV den französischen Thron bestieg, hatte das Herrschaftsgebiet der mächtigen Grafen von Béarn weitestgehend seine Unabhängigkeit vom französischen Königshaus bewahren können und 1472 noch den zusätzlichen Titel »Königreich von Navarra« erhalten. Unter Jeanne d'Albret, der zum Protestantismus übergetretenen Mutter von Henri IV, hatte sich die Vizegrafschaft Béarn zur Hochburg des Calvinismus entwickelt. Es war die einzige Region Frankreichs, wo der Protestantismus zur Staatsreligion erhoben wurde. Auch nach den Religionskriegen und dem Widerruf des Edikts von Nantes sorgte Henri IV, der aus taktischen Gründen inzwischen zum Katholizismus konvertiert war (s. S. 29f.), dafür, dass die Protestanten des Béarn weiterhin ihren Glauben ausüben konnten. Unter Louis XIII wurde die Region endgültig dem Katholizismus einverleibt und nach der Revolution von 1789 zusammen mit dem Baskenland in das Departement Pyrénées-Atlantiques eingegliedert.

Drei berühmte Weine stammen übrigens aus dem Béarn: der schwere Jurançon, der bei Pau angebaut wird und mit den Sauternes-Sorten konkurrieren kann, der leichte fruchtige Rosé du Béarn von Bellocq und der rote Madiran aus der nordöstlichen Region.

Vor den Toren des Parc National des Pyrénées

Tipps & Adressen

Salies-de-Béarn S. 320f., Orthez S. 301, Oloron-Ste-Marie S. 300f.

Sauveterre-de-Béarn **1** (s. Salies-de-Béarn S. 320f.) liegt malerisch über dem Gave d'Oloron mit Blick auf die Pyrenäen. Im Mittelalter führte der Vieux Pont de la Légende über den wilden Fluss. Der Legende nach wurde von dieser Brücke im Jahre 1170 Sancie, die Witwe von Gaston V de Béarn, König von Navarra, an Händen und Füßen gefesselt in die Strömung geworfen, da man vermutete, dass sie ihr Kind getötet habe. Als die Fluten sie lebend ans Ufer spülten, war die Bevölkerung von ihrer Unschuld überzeugt. Von der Brücke – zunächst gab es hier eine hölzerne, später eine Steinbrücke – ist nur noch ein Rest mit einem Turm aus dem 12. Jh. erhalten. Anstelle des einstigen Jakobshospitals, das hier, nahe des Eingangstors zur Unterstadt, Pilger aufnahm und pflegte, wurde das »Hôtel du Vieux Pont« errichtet. Oberhalb der Uferpromenade sind die Ruinen des Châteaus

Richtig Reisen
Tipp

Weinroute durch das Anbaugebiet des Jurançon

»Séduction du vert galant« wird der Jurançon genannt – ein Synonym für die Sinnesfreuden und gute Lebensart von Henri IV, *le bon roi* (›der gute König‹) oder auch *le vert galant* genannt. »Er liebte die Jagd, den guten Wein, eben den von Jurançon, und die Frauen«, schrieb Kurt Tucholsky in »Ein Pyrenäenbuch«. Durch ihn, den späteren französischen König, soll dieser Wein 1553 berühmt geworden sein, als sein Großvater die Lippen des Neugeborenen mit ein paar Tropfen Jurançon benetzte und mit Knoblauch einrieb. »Es ist ihm sehr gut bekommen«, bemerkte Tucholsky dazu.

Dieser Jurançon, der Henri seine Lebensfreude, Kraft und Tatendrang verliehen haben soll, wird ca. 10 km südwestlich von Pau, am linken Ufer des Gave de Pau, auf einem 40 km langen hügeligen Landstrich kultiviert. In den terrassenförmig ansteigenden Parzellen wachsen auf einer Fläche von ca. 800 ha die Petit-Manseng-Reben mit kleinen, dickschaligen Beeren, aus denen starke, honigsüße, bernsteinfarbene Weine entstehen, die ein hohes Alter erreichen, doch auch als junge Weine schon ein fruchtiges Bukett entwickeln.

Die Trauben werden bis in den November hinein am Stock belassen und sind dann wie beim Eiswein oft durch Kälte geschrumpft und ihr Saft sehr konzentriert. Mitte November wird der neue Traubensaft auf dem St. Martins-Fest vor dem Château in Pau getestet. Dazu isst man Kastanien. Den lieblichen Jurançon (A.O.C.), der nach 15–25 Jahren wie ein Likör schmeckt, serviert man bei 10–12 °C als Apéritif, zu Gänseleber und als Dessertwein.

Immer beliebter wird der Jurançon sec (ebenfalls A.O.C.), der aus den Gros-Manseng-Reben und der dritten Lokalrebe, Courbu, erzeugt wird. Der würzige und vollmundige Weißwein, kräftig in Säure und Alkohol, wird jung getrunken und bei 8–10 °C zu Meeresfrüchten und Fischgerichten gereicht.

Durch die 300 m hohen Weinberge führt eine Route zu ca. 50 Weingütern, die zu besichtigen sind und wo die beiden Weißweine auch verkauft werden.

Eine Karte der Route des Vins du Jurançon ist beim Office de Tourisme, Pl. Royale, 64000 Pau, Tel. 05 59 27 27 08, Fax 05 59 27 03 21, oder bei der Commanderie du Jurançon, 64360 La Commande, Tel./Fax 05 59 82 70 30, erhältlich.

Besonders sehenswert ist die Domaine du Cinquau in Artiguelouve, die seit dem 16. Jh. im Besitz der Familie Saubot ist (Tel. 05 59 83 10 41, Fax 05 59 83 12 93).

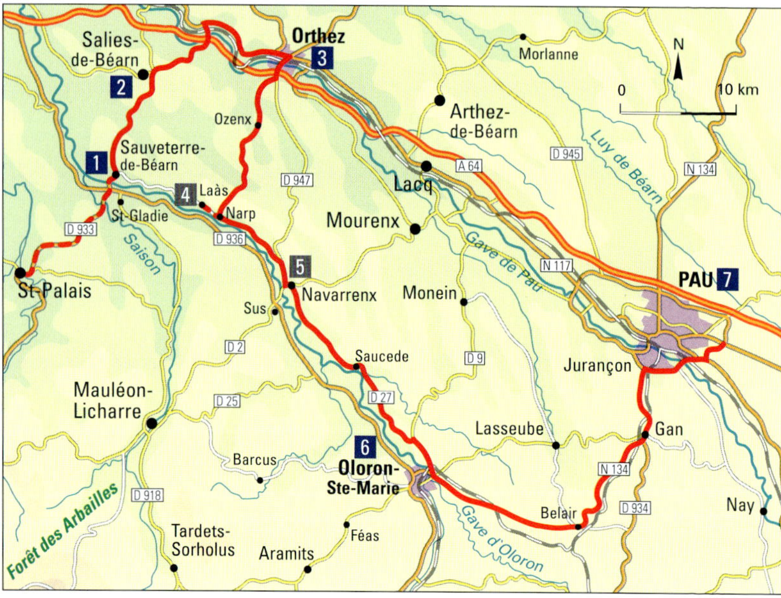

Béarn

Vicomtal zu sehen. Gaston VII de Moncade ließ es als Teil einer Befestigungsanlage errichten. Die Tour Monréal schützte den südlichen Festungswall der Stadt. Von der Promenade gelangt man hinauf zur Eglise St-André, ein weiteres Zeugnis der Jakobspilgerschaft. Die romanische Kirche mit z.T. bereits gotischen Anklängen besitzt ein sehr schönes Tympanon am Portal mit einem segnenden Christus, umringt von den vier Evangelisten, eine Neuschöpfung des 19. Jh. nach alten Vorlagen. Seitlich ist eine kleine Pforte, die so genannte Porte des Cagots, zu sehen. Durch den separaten Eingang kamen die Unberührbaren, die von der Gemeinschaft ausgeschlossenen *cagots* (s. auch S. 224), in die Kirche.

Die wilde Strömung der Gave d'Oloron ist ein Paradies für Kanuten, die im Sommer scharenweise in Sauveterre einfallen.

Gut 10 km weiter nördlich liegt **Salies-de-Béarn** 2 – wie der Name schon sagt, gibt in diesem Städtchen das Salz den Ton an. Die Salinen außerhalb der Stadt wurden schon im 4. Jh. v. Chr. abgebaut. Die stark salzhaltigen Quellen im Ortszentrum werden außer für den Kurbetrieb, der hier bis 1936 boomte, nach wie vor zur Salzgewinnung genutzt. Mitten durch die restaurierte Altstadt fließt die Saleys. Die Häuser an ihrem Ufer stehen zum Teil noch auf Pfählen.

Orthez 3 war von 1194–1450 (andere Quellen sprechen von 1464) Hauptstadt der Vizegrafschaft Béarn und gleichzeitig eine wichtige Pilgerstation auf dem Weg nach Santiago de Compostela. Über den Pont Vieux, im 13. Jh. von Gaston VII de Moncade erbaut,

Diente der Verteidigung der Stadt: der mit einem Turm versehene Pont Vieux

überquerten die Jakobspilger den Gave de Pau. Das erste Haus in der Rue du Pont Vieux (Nr. 20) war im 12. Jh. das Hospice St-Loup, wo die Wallfahrer Unterkunft und Versorgung fanden. Heute nennt es sich »Auberge de St-Loup« und ist ein bekanntes Restaurant. Die alte Brücke diente der Verteidigung der Stadt, die den Anschluss des Béarn an Frankreich verweigerte.

Über die Rue Moncade gelangt man bergaufwärts zur Tour Moncade, dem im 13. Jh. von Gaston VII begonnenen und im 14. Jh. von Gaston Fébus ausgebauten Turm des ehemaligen Château, wo letzterer, ein berühmter Ritter (Gaston III, 1331–91), prunkvoll Hof hielt. Von der Turmspitze hat man einen herrlichen Blick über Stadt, Fluss und Pyrenäen.

In der Rue Bourg-Vieux, der engen Altstadtstraße von Orthez, befindet sich die Maison Jeanne d'Albret. Dieser Renaissancebau wurde im 16. Jh. für die Königin von Navarra und Mutter des zukünftigen König Henri IV errichtet und beherbergt heute das Musée du Protestantisme Béarnais zur Geschichte des Calvinismus im Béarn.

Ca. 15 km südlich von Orthez erfüllten sich Madeleine und Louis Serbat im **Château Laàs** 4 (s. Orthez S. 301) den Traum ihres Lebens. Das aus dem Norden Frankreichs stammende Ehepaar trug seine Kunst- und Möbelsammlung nach dem Zweiten Weltkrieg in diesem Herrenhaus aus dem 17. Jh. zusammen und lebte in holzvertäfelten Salons, ausgestattet im Louis-XVI-Stil, zwischen Ölgemälden flämischer Meister und Wandteppichen der nordischen Schule. Nach ihrem Tode wurde das Schloss mit dem wertvollen Interieur zum Museum. Im Nebengebäude wird im Musée du Maïs die Geschichte der Maiskultur in Frankreich dargestellt, die sich im 17. Jh. zu einem wichtigen Landwirtschaftszweig des Béarn entwickelte.

Entlang der Gave d'Oloron geht es nach **Navarrenx** 5 (s. Salies-de-Béarn S. 320f.), dem Raftingzentrum der Gegend und einem Hauptort der Lachsfischerei. Dank der Befestigungsanlage aus dem 16. Jh. konnte sich der Ort während der Religionskriege erfolgreich gegen die Katholiken verteidigen.

Am Zusammenfluss von Gave d'Aspe und Gave d'Ossau, die hier in der Gave d'Oloron münden, liegt **Oloron-Ste-Marie** 6. Im Mittelalter waren die beiden Orte Oloron und Ste-Marie bedeutende Etappen für die Jakobspilger vor dem Pyrenäenübergang Col du Somport. Es war wichtig, vor dem nächsten Teilstück, dem Pass, noch einmal Kräfte zu sammeln: Der Col du Somport war schwerer zu meistern als der Übergang Roncesvalles bei St-Jean-Pied-de-Port. Erst im 19. Jh. wurden die beiden Ortschaften zusammengelegt. Sehenswert ist das romanische Portal der ehemaligen Kathedrale Ste-Marie (12./13. Jh.) mit Darstellungen u. a. der Kreuzabnahme, der Apokalypse und der Hochzeit von Kanaan, die nach Béarn verlegt wurde.

Auf dem Altstadthügel Ste-Croix, im ehemaligen Schlossviertel zwischen den beiden Flüssen, erhebt sich die gleichnamige Eglise Ste-Croix mit wehrhaftem Charakter aus dem Jahre 1080 und einer spanisch-maurischen Kuppel (13. Jh.). Vom Kirchplatz hat man einen schönen Blick auf die grauen Schieferdächer der Stadt und das nahe Gebirge, wo der Parc National des Pyrénées mit seiner herrlichen Berglandschaft beginnt und Angel-, Wander- und Naturfreunde ihr Glück finden.

In Oloron-Ste-Marie ist übrigens die letzte Fabrik zu finden, die noch den *béret basque,* die Baskenmütze herstellt.

Pau

Tipps & Adressen S. 302f.

7 Nach Orthez wurde Pau im Jahre 1450 (bzw. 1464; s. auch S. 252) zur Hauptstadt der Vizegrafschaft Béarn und ist heute Hauptstadt des Departement Pyrénées-Atlantiques. Außerdem ist es die Geburtsstadt zweier Königskinder. Der eine, Jean-Baptiste Bernadotte (1763– 1844), begründete 1818 als Karl XIV. die heutige Linie der schwedischen Könige; der andere, Henri IV (1553–1610), wurde 1589 König von Frankreich. Der ruhmreiche ›Vert Galant‹, ein Lebenskünstler, Sohn von Antoine de Bourbon und Jeanne d'Albret (s. S. 250), erblickte im **Château de Pau** das Licht der Welt. Hier steht noch das holzgeschnitzte Wochenbett, in dem Henris Mutter in der Sprache des Béarn sang, um die guten Eigenschaften des Kindes zu fördern. Das imposante Schloss wurde im 14. Jh. als einfache Wehrburg errichtet und im 16. Jh. unter Marguerite d'Angoulême (s. S. 150), Mutter von Jeanne d'Albret, im Renaissancestil umgestaltet. Nach den Zerstörungen der Revolution ließ Napoléon III es renovieren. Heute beherbergt es die prachtvollen Wohngemächer vieler gekrönter Häupter. Zahlreiche Statuen und Gemälde zeigen immer wieder Henri IV, den Genussmenschen, der das Leben, den Wein und die Frauen liebte. Die Machtzentrale späterer Zeiten, das **Parlament** von Pau (18. Jh.), liegt benachbart zum Schloss neben der Maison de Sully aus dem 17. Jh. Im ehemaligen Parlamentsgebäude ist heute der Conseil Général des Pyrénées-Atlantiques untergebracht.

Vom Schloss führt der **Boulevard des Pyrénées,** eine 1,8 km lange Promenade oberhalb der Gave de Pau, vorbei an Cafés, Restaurants und herrschaftlichen Häusern mit herrlichen Ausblicken auf die nahen Pyrenäen. Hier spazierte im 19. Jh. die europäische Aristokratie umher, nachdem der schottische Arzt Alexander Taylor das gesunde Winterklima Paus in einem Buch proklamiert hatte. Engländer bauten 1856 den ersten Golfplatz auf europäischem Festland. Ende des Jahrhunderts löste Biarritz Pau als Winterkurort ab.

Der Boulevard führt vorbei an der **Place Royale** mit Repräsentationsbauten aus dem 19. Jh. Eine Seilbahn, der **Sentier du Roi,** führt von hier durch die terrassenförmig angelegten Gärten hinab zum Bahnhof. Am Ende des Boulevards liegen das Casino und ein neu errichtetes Konferenzzentrum im **Parc Beaumont.**

Nördlich des Parks liegt das **Musée des Beaux-Arts.** Es zeigt Gemälde der flämischen, holländischen, italienischen, französischen, spanischen und englischen Schule des 15.–19. Jh. sowie eine bedeutende Skulpturensammlung aus dem 20. Jh.

Hinter dem Boulevard, zwischen Schloss und Place Royale, breitet sich das Altstadtviertel mit Restaurants, Antiquitätengeschäften und alten Fachwerk- und Patrizierhäusern aus. Die **Place Reine Maguerite** war bis zum 16. Jh. Stadttor und Marktplatz, später befand sich hier die Guillotine. Über die Rue Fournets gelangt man in die Rue du Hédas, wo sich ein mittelalterlicher Brunnen befindet, der städtische Waschplatz. Hier stehen noch Häuser aus dem 17. Jh. Ganz in der Nähe, in der Rue Tran, ist im Geburtshaus von Jean-Baptiste Bernadotte das **Musée Bernadotte** untergebracht, mit persönlichen Gegenständen, Gemälden und Dokumenten des Begründers der heutigen schwedischen Dynastie.

Information

Unterkunft

Restaurant

Sehenswert

Museen

Aktivitäten

Einkauf

Feste

Nachtleben

Unterhaltung

Verkehr

Tipps & Adressen

Inhalt

Reiseinformationen von A bis Z

Tipps & Adressen von Ort zu Ort

Preiskategorien Hotels
sehr preiswert: bis 40 €
günstig: bis 60 €
moderat: bis 100 €
teuer: bis 250 €
sehr teuer: über 250 €
(2 Pers/Doppelzimmer ohne Frühstück)

Preiskategorien Restaurants
Sofern sie nicht als ›teuer‹ (Menü über 25 €) ausgewiesen sind, bieten die erwähnten Restaurants Menüs ab ca. 15 €.

Zurechtfinden/Orientierung
Bei Städten sind Touristeninformation, Sehenswürdigkeiten, Bahnhöfe in den Stadtplänen im Reiseteil eingetragen.

Verwendete Abkürzungen
OT = Office de Tourisme
SI = Syndicat d'Initiative

Andernos-les-Bains

Lage: D10
PLZ 33510

OT, 42, esplanade du Broustic, Tel. 05 56 82 02 95, Fax 05 56 82 14 29, ot.andernos@free.fr.

****La Côte d'Argent,** 180, bd. de la République, Tel. 05 56 03 98 58, Fax 05 56 03 98 68. 10 Zimmer, sehr preiswert bis günstig.
*****Camping de Fontaine-Vieille,** 4, bd. du Col. Wurtz, Tel. 05 56 82 01 67, Fax 05 56 82 09 81. 840 Plätze, 1. April–30. Sept. Anlage in der Nähe des Bassins.
*****Camping Pleine Forêt,** av. de Bordeaux, Tel. 05 56 82 17 18, Fax 05 56 26 01 65. 300 Plätze. Am Rand des Waldes, in Meeresnähe.

Chez Huguette, Port Ostréicole, am Ende des Kais, Tel. 05 56 82 11 07. Meeresfrüchte.

Maison Louis David, 14, av. Pasteur. April–Aug., Informationen beim OT. Wechselnde Gemälde- und Skulpturenausstellungen.

Bootsvermietung: Andernautic, 26, av. des Champs, Tel. 05 56 82 01 37.

Jazz en Liberté und **Austernfest** Ende Juli.

Angoulême

Lage: G7
PLZ 16000

OT, 7 bis, rue du Chat, pl. des Halles, Tel. 05 45 95 16 84, Fax 05 45 95 91 76, angoulemetourisme@wanadoo.fr.

***Mercure,** 1, pl. des Halles, Tel. 05 45 95 47 95, Fax 05 45 92 02 70.
89 Zimmer, moderat.
Modernes Komforthotel (Hôtel de France), Restaurant (teuer, Sa und So mittags geschlossen), Garten, Garage.
Palais, 4, pl. Francis Louvel, Tel. 05 45 92 54 11, Fax 05 45 92 01 83.
46 Zimmer, günstig.
Einfache Zimmer in historischem Gebäude, zentral in der Altstadt. Garage.
Pyrénées, 80, rue St-Roch, Tel. 05 45 95 20 45, Fax 05 45 92 16 95.
19 Zimmer, sehr preiswert.
Zentral, Garage.
Auberge de Jeunesse, Ile de Bourgines, Tel. 05 45 92 45 80, Fax 05 45 95 90 71.
Sehr preiswert.
Jugendherberge auf einer Insel.
***Camping Municipal de Bourgines,** Ile de Bourgines, Tel. 05 45 92 83 22, Fax 05 45 95 91 76.
160 Plätze, 1. April–30. Sept.
Schattiger Platz an der Charente.

La Cité, 28, rue St-Roch, Tel. 05 45 92 42 69.
Feinschmeckerlokal, regionale Küche.
Le Palma, 4, rampe d'Aguesseau, Tel. 05 45 95 22 89.
Spanische Spezialitäten.
La Ruelle, 6, rue des Trois Notre-Dames, Tel. 05 45 95 25 19.
Regionales und Vegetarisches. Teuer.
La Tour des Valois, 7, rue Massillon, Tel. 05 45 95 23 64.
Gute regionale Küche.

Centre National de la Bande Dessinée et de l'Image, 121, rue de Bordeaux. Di–Fr 10–18, Sa–So 14–18, Juli/Aug. bis 19 Uhr.
Comicmuseum, Präsenzbibliothek mit 10 000 Bänden.
Fonds Régional d'Art Contemporain (FRAC), 15, rue de la Cloche Verte.
Di–Sa 10.30–12, 14–19 Uhr.
Zeitgenössische Kunst.
Musée Archéologique, 44, rue de Montmoreau.
Mi–Mo 14–17 Uhr.
Vor- und frühgeschichtliche sowie gallo-römische Funde, mittelalterliche Emailarbeiten aus dem Limousin.
Museé des Beaux-Arts, 1, rue Friedland.
Mo–Fr 12–18, Sa, So 14–18 Uhr.
Städtisches Kunstmuseum mit Gemälden (16.–20. Jh.) sowie Funden aus vor- und frühgeschichtlicher Zeit.
Atelier-Musée du Papier du Nil, 134, rue de Bordeaux. Di–So 14–18 Uhr.
Geschichte der Papierindustrie.
Musée de la Résistance et de la Déportation, 34, rue de Genève.
Mo–Fr 14–18 Uhr, Juli/Aug. auch Sa.
Ausstellung zur Widerstandsbewegung im ehemaligen Haus von Calvin.
Außerhalb: **Chocolaterie Letuffe,** 16730 Trois-Palis (westl. an der D 72).
Mo–Fr 9–17, Sa/So 14–18 Uhr, 15. Sept.–15. Juni mittags geschlossen.
Manuelle Pralinenherstellung.
Maison des Gabariers, 16120 St-Simon.
1. Mai–31. Okt. Mi–Mo 10–12, 14–18 Uhr.
Ausstellung zum Bootsbau an der Charente.
Moulin de Fleurac, 16470 St-Michel, 5 km. westl. von Angoulême an der D 699).
1. April–31. Okt. Mo–Fr tgl. 10–12, 14–19, Sa/So 11–12, 15–19 Uhr, 1. Nov.–31. März Mo–Fr 14–18, Sa, So 15–18 Uhr.
Papiermühle.
Moulin du Verger, 16400 Puymoyen (6 km. südl. von Angoulême an der D 104).
Mo–Fr 9–12, 14–18 Uhr.
Papiermühle.

Bootsausflüge auf der Charente zum Moulin de Fleurac, weiter zu einer Destillerie und einer Küferei (zu buchen über das OT). Verschiedene Ausflüge an Bord der »L'Angoumois« ab Port de l'Houmeau, Tel. 05 45 95 16 84. **Golf:** Club de l'Hirondelle, Champ Fleuri, chemin de l'Hirondelle, Tel. 05 45 61 16 94, 18 Loch. **Kanufahren** auf der Charente, SCA Angoulême, Kontakt: Auberge de Jeunesse, Tel. 05 45 94 68 91, April–Sept. **Klettern** in der Vallée des Eaux Claires bei Puymoyen, Kontakt in Angoulême: Club Alpin Français, 174, rue St-Roch, Tel. 05 45 95 52 41.

Einkaufsmeilen sind die Rue Marengo und Rue St-Martial. Angoulêmer Pralinen in der **Chocolaterie Letuffe,** 10, pl. Francis Louvel. Handgefertigtes Porzellan im **Atelier Roux Majoliques,** 198, rue de Montmoreau. Überdachter **Markt:** pl. des Halles, tgl. vormittags, außerdem dort Nov.–März So Gänsemarkt. Märkte im Freien: pl. Victor Hugo Di–So vormittags; pl. du Champ de Mars jeden 2. und 15. des Monats, dort auch **Flohmarkt** (Marché aux puces) Okt.–Mai jeden 3. So des Monats 8–18 Uhr.

Internationales Comicfestival am letzten Januarwochenende. **Musik der Dritten Welt,** Festival im Mai. **Oldtimerfestival** Mitte Sept. **Piano en Valois** (kreatives Klavierfestival) Mitte Okt. **Gastronomades** (regionales Feinschmeckerfestival) letztes Novemberwochenende.

Nef, rue Louis Pergaud, Tel. 05 45 25 97 00. Rock und Jazz.

Kinos: CGR, 30, rue St-Roch; Salle Némo, 60, av. de Cognac. **Théâtre,** av. des Maréchaux, Tel. 05 45 38 61 62. **Théâtre de Poche Marengo,** espace Marengo, Tel. 05 45 69 32 10. Marionettentheater.

Bus: Gare Routière Cartrans, pl. du Champ de Mars, Tel. 05 45 65 25 25. **Bahn:** Gare SNCF, pl. de la Gare, Tel. 08 36 35 35 35. Verbindungen nach Bordeaux, Nantes und La Rochelle. **Flug:** Aéroport d'Angoulême, 16430 Champniers (nördl. von Angoulême), Tel. 05 45 69 88 09. Flüge über Clermont-Ferrand u. a. nach München, Düsseldorf, Marseille, Mulhouse, Nizza, Straßburg, Toulon, Amsterdam, Genf.

Arcachon

Lage: D10
PLZ 33120

OT, espl. Georges Pompidou, Tel. 05 57 52 97 97, Fax 05 57 52 97 77, www.arcachon.com.

******Arc Hotel sur Mer,** 89, bd. de la Plage, Tel. 05 56 83 06 85, Fax 05 56 83 53 72. 30 Zimmer, moderat bis teuer. Unschlagbarer Meeres- und Hafenblick, Pool, Restaurant.
*****Sémiramis,** 4, allée Rebsomen, Tel. 05 56 83 25 87, Fax 05 57 52 22 41. 20 Zimmer, teuer, 1. März–10. Jan. Belle-Époque-Villa, Pool.
****Beau Rivage,** 16, bd. de l'Océan, 33115 Pyla-sur-Mer, Tel. 05 56 54 01 82, Fax 05 56 83 43 24.

16 Zimmer, sehr preiswert bis moderat, 15. März–15. Nov.
****Dauphin,** 7, av. Gounod,
Tel. 05 56 83 02 89, Fax 05 56 54 84 90.
43 Zimmer, sehr preiswert bis moderat. Villa aus der Zeit um 1900, in Bahnhofsnähe, Restaurant.
*****Camping Petit Nice,**
rte. de Biscarosse, 33115 Pyla-sur-Mer,
Tel. 05 56 22 74 03, Fax 05 56 22 14 31.
225 Plätze, 28. März–31. Okt.
An der Düne von Pyla. Schatten.

Chez Pierre,
1, bd. Veyrier Montagnères,
Tel. 05 56 22 52 94.
Fischgerichte an der Uferpromenade in der Nähe des Casinos. Teuer.
Chez Yvette, 59, bd. du Général Leclerc, Tel. 05 56 83 05 11.
Köstlichkeiten aus Bassin und Meer.
Grand Bleu,
30, bd. de la Plage, Tel. 05 56 54 92 92.
Paella und Bouillabaisse am Fischereihafen.
Côte du Sud, 4, av. du Figuier, 33115 Pyla-sur-Mer, Tel. 05 56 83 25 00.
Meeresfrüchte, direkt am Meer.

Musée-Aquarium,
2, rue Jolyet.
Tgl. 10–12.30, 14–19, 1. Juni–31. Aug. 9.30–12.30, 14–20 Uhr.
Musée de la Maquette Marine,
19, bd. du Général Leclerc.
April–Okt. Mi–Mo 14–18, Juli/Aug. tgl. 10–12.30, 15–19 Uhr.
160 Schiffsmodelle, 150 m langes Diorama des Hafens.
Außerhalb: **Maison de l'Huître,**
33470 Port de Larros.
1. März–30. Sept. tgl. 10–12, 14.30–18.30 Uhr.
Austernzucht.
Parc Ornithologique du Teich,
33470 Le Teich.
Tgl. 10–12.30, 14.30–18 Uhr, Okt.–März So geschl.
5 km langer Wanderpfad durch das Vogelschutzgebiet. Am Eingang zum Reservat **Serre aux Papillons** mit tropischen Schmetterlingen (tgl. 13–18, Juni–Aug. 10–19 Uhr).

Aquacity, La Hume.
9. Juni–12. Sept. tgl. 10–19 Uhr.
Ferienpark mit Wasserspielen. **Bootsausflüge:** Abfahrt von Jetée Thiers und Jetée d´Eyrac zur Vogelinsel, nach Cap Ferret, zu den Austernparks, zur Sandbank Arguin, Tel. 05 56 54 83 09 oder Tel. 05 56 54 60 32. **Drachenfliegen:** Ecole Pyla Parapente, 1, rue Aurélien Daisson, 33470 Gujan-Mestras, Tel. 05 56 22 15 02. **Fahrradverleih:** Locabeach, 326, bd. de la Plage, Tel. 05 56 83 39 64. **Golf:** Club d´Arcachon, 35, bd. d´Arcachon, 33260 La Teste-de-Buch, Tel. 05 56 54 44 00, 18 Loch. Golf de Gujan-Mestras, rte. de Sanguinet, 33470 Gujan-Mestras, Tel. 05 57 52 73 73, 18 und 9 Loch.
Reiten: Etrier d´Arcachon, av. Pierre Frondaie, Tel. 05 56 83 21 79.
Wassersport: Centre Nautique du Port d´Arcachon, quai de Goslar, Tel. 05 56 22 36 83. Segeln, Bootsverleih, Surfen, Tauchen etc.

Geschäfte und Boutiquen parallel zur Uferpromenade: bd. Gounouilhou, bd. de la Plage und av. Gambetta.

Mitte Aug. **Fête de la Mer** (Straßenfest mit Feuerwerk und Schlemmerständen).

Casino de la Plage (Spielcasino im ehemaligen Château Deganne) mit Diskothek Le Scotch, 163, bd. de la Plage.

Weitere **Discos:** L'Escorida, 177, bd. de la Plage. Prive de l'Hermitage, 71, bd. de l'Océan, 33115 Pyla-sur-Mer.

Bus: 47, bd. Général Leclerc, Tel. 05 57 72 45 00. Regionalbusse.
Bahn: Gare SNCF, bd. Général Leclerc, Tel. 08 36 35 35 35. Züge nach Bordeaux. Mit dem TGV im Juli/Aug. tgl., im April/ Mai an Wochenenden ab Paris (4 Std.).

Bayonne

Lage: C14
PLZ 64100

OT, pl. des Basques, Tel. 05 59 46 01 46, Fax 05 59 59 37 55, www.bayonne-tourisme.com.

*****Grand Hôtel,** 21, rue Thiers, Tel. 05 59 59 62 00, Fax 05 59 59 62 01. 54 Zimmer, moderat. Geschmackvolle Zimmer in einstigem Nonnenkloster. Restaurant (preiswerte Mittagsmenüs, breite Cocktailauswahl).
***Paris Madrid,** pl. de la Gare, Tel. 05 59 55 13 98, Fax 05 59 55 07 22. 5. Jan.–20. Dez. 22 Zimmer, sehr preiswert. Einfach, zentral gelegen.
******Camping Airotel Chéneraie,** chemin Cazenave, Tel. 05 59 55 01 31, Fax 05 59 55 11 17. 257 Plätze, 1. April–1. Okt. Am Fluss. Pool, Tennis.

El Asador, pl. Montaut, Tel. 05 59 59 08 57. Feines Lokal mit Fischspezialitäten.
Cheval Blanc, 68, rue Bourgneuf, Tel. 05 59 59 01 33. Baskische Küche (ein Michelin-Stern): Jambon Ibaïona (luftgetrockneter Schinken), Hasenterrine, gegrillter Adour-Lachs und viele Meerestiere. Teuer.
Pavé, 8, rue des Gouverneurs, Tel. 05 59 59 51 74. Mi abends und So abends geschl. Speisesaal in altem Kellergewölbe.

Cathédrale Ste-Marie, rue Notre-Dame. Mo–Sa 10–11.45, 15–17.45, So 15.30–17.45 Uhr.
Jardin Botanique, allée Taride, hinter dem Château Vieux. 15. April–15. Okt. tgl. 9–12, 14–18 Uhr.

Musée Basque, 1, rue Marengo. Mai–Okt. Di–So 10–18.30, Nov. –April Di–So 10–12.30, 14–18 Uhr. Baskische Traditionen und Geschichte in einem Haus aus dem 17. Jh.
Musée Bonnat, 5, rue Lafitte. Mi–Mo 10–12.30, 14–18 Uhr. Kunst des 14.–19. Jh., Werke von El Greco, Rubens, Rembrandt, Goya, Ingres.

Trinquet, 8, rue des Tonneliers. Pelota-Stadion. Spiele jeden Do von Okt. bis Juni.
Trinquet Moderne, 60, av. Dubrocq. Das moderne Stadion der Stadt, Sitz der Fédération Française de Pelote Basque.
Bootstour auf dem Adour: Bâteau Le Bayonne, allées Boufflers, Tel. 05 59 47 77 17.

Bayonne-Schokolade in mehreren Geschäften in der rue Port-Neuf. Im Atelier du Chocolat, 2, rue des Carmes, Verkauf wahrer Kunstwerke aus Schokolade. Morgens kann dem Herstellungsprozess beigewohnt werden. Die Destillerie Izarra, 9, quai Bergeret, St-Esprit, produziert den grünen und gelben **Kräuterlikör Izarra. Bayonne-Schinken** bei Pierre Ibaïalde, 41, rue des Cordeliers. In der **Kunstwerkstatt Fabrique des Makilas,** Ecke rue des Faures/rue de la Vieille Boucherie, werden seit 1928 Makilas, die Wanderstöcke und Degen des baskischen Edelmanns aus Mispelholz, gefertigt. **Markt:** Les Halles, quai Roquebert, Lebensmittel, Di–Sa vormittags. **Antiquitäten** an der place de l'Arsenal, Fr vormittags.

Foire aux Jambons, Schinkenmesse im Hallenviertel, April. **Journées du Chocolat** in der Altstadt, Ende Mai. **Jazzfestival** mit internationalen Bands, Porte de Mousserolles, Juli. **Fêtes de Bayonne,** traditionelles Stadtfest bei der Zitadelle im Aug. **Corridas, Stierkämpfe** Mitte Juli–Anfang Sept. in den Arènes Municipales, av. des Fleurs.

Théâtre de Bayonne, pl. de la Liberté, Tel. 05 59 59 07 27.

Bus: STAB, pl. du Général de Gaulle, vor dem Hôtel de Ville, Tel. 05 59 52 59 52.
Bahn: Gare SNCF, pl. de la République, St-Esprit, Tel. 05 59 46 81 35 oder 08 36 35 35 35. Verbindungen nach Bordeaux, Dax, Hendaye, Pau, St-Jean-Pied-de-Port.
Flug: Aéroport de Parme, Flughafen für Biarritz-Anglet-Bayonne, Tel. 05 59 43 83 83.

Bazas

Lage: F11
PLZ 33430

OT, 1, pl. de la Cathédrale, Tel. 05 56 25 25 84, Fax 05 56 65 06 66, www.ville-bazas.fr.

*****Domaine de Fompeyre,** Lisière du Sauternais, D 932, Tel. 05 56 25 98 00, Fax 05 56 25 16 25. 50 Zimmer, moderat bis teuer. Luxusvilla. Hervorragende Küche (teuer). Pool, Tennis.
****Relais Bazalais,** Rocade de Bazas, Tel. 05 56 25 25 59, Fax 05 56 25 08 52. 18 Zimmer, sehr preiswert. Restaurant.
*****Camping Grand Pré,** Castagnolle, Tel. 05 56 65 13 17, Fax 05 56 25 90 52. 18 Plätze, 1. April–31. Okt. Pool.

Remparts, 49, pl. de la Cathédrale, Tel. 05 56 25 95 24. Entrecôte vom Bazas-Rind.

Fête des Bœufs Gras. Rinderfest im Februar.

Biarritz

Lage: C14
PLZ 64200

OT, 1, square d'Ixelles, Tel. 05 59 22 37 10, Fax 05 59 24 97 80, www.biarritz.tm.fr.

******Palais,** 1, av. de l'Impératrice, Tel. 05 59 41 64 00, Fax 05 59 41 67 99. 156 Zimmer, sehr teuer. Ehemaliger Palast Kaiserin Eugénies. Teils historisches Mobiliar, hervorragende Küche (teuer).
*****Château Clair de Lune,** rte. d'Arbonne, 4 km südl. von Biarritz an der D 256, Tel. 05 59 41 53 20, Fax 05 59 41 53 29. 17 Zimmer, moderat bis teuer. Hübsches Garni-Hotel mit eigenem Park.
*****Villa L'Arche,** Chemin Camboénéa, 64210 Bidart (7 km südl.), Tel. 05 59 51 65 95, Fax 05 59 51 65 99.

8 Zimmer, moderat, 15. Feb.–15. Nov. Geschmackvoll eingerichtet und traumhaft an der Felsküste gelegen.
****Maïtagaria,** 34, av. Carnot, Tel. 05 59 24 26 65, Fax 05 59 24 27 37. 17 Zimmer, günstig. Kleines Garni-Hotel, familiär.
Chope, 11, av. Pasteur, Tel. 05 59 23 11 63. 5 Zimmer, sehr preiswert.
*****Camping Biarritz,** 28, rte. d'Harcet, Tel. 05 59 23 00 12, Fax 05 59 43 74 67. 196 Plätze, 1. Mai–25. Sept. Strandnähe, Pool.

Bistrot des Halles, 1, rue du Centre, Tel. 05 59 24 21 22. Erinnert an ein altes Pariser Bistro; Hausmannskost und frischer Fisch.
Café de la Grande Plage, 1, av. Edouard-VII, Tel. 05 59 22 77 77. Brasserie an der Strandpromenade im Stil der 30er Jahre des 20. Jh. Teuer.
Campagne et Gourmandise, 52, av. Alan Seeger, Tel. 05 59 41 10 11. Von einem Meisterkoch geleitete Küche. Teuer.
Corsaire, Port des Pêcheurs, Tel. 05 59 24 63 72. Einfaches In-Bistro mit hervorragenden Fischgerichten.
Rivière d'Or, 5, av. Maréchal Foch, Tel. 05 59 22 09 59. Chinesische Küche, gut und günstig.
Vivier des Halles, 8, rue du Centre, Tel. 05 59 24 58 57. Köstliche Fischgerichte bei den Hallen.

Asiatica, Musée d'Art Oriental, 1, rue Guy Petit. Mo–Fr 10–19, So 14–19 Uhr. Asiatische Kunst.
Musée du Chocolat, 14–16, av. Beau Rivage. Mo–Sa 10–12, 14–19 Uhr, außerhalb der Saison bis 18 Uhr. Schokoladenskulpturen des berühmten Chocolatiers Henriet.
Musée Historique de Biarritz, rue Broquedis. Di–Sa 10–12, 14.30–18.30 Uhr. Museum zur Stadtgeschichte.
Musée de la Mer, espl. du Rocher de la Vierge. Tgl. 9.30–12.30, 14–18, 14. Juli–15. Aug. tgl. 9.30–24 Uhr. Meeresaquarium mit Robbenbecken und Sammlungen zur Geschichte des Walfangs.

Golf: Golf du Phare, 2, av. Edith Cavell, Tel. 05 59 03 71 80. 18 Loch. Einer der ältesten Golfplätze Frankreichs (von 1888). Bei der Association Golfs Côte Basque/Sud-Landes gibt es einen Golfpass für die Clubs der Umgebung, Tel. 05 58 41 68 30. Bei Bidart (7 km südl.) Centre d'Entraînement d'Ilbarritz, av. de la Reine Nathalie, Tel. 05 59 43 81 30. Trainingscenter. **Pelota:** Euskal Jai, **Parc des Sports d'Aguiléra,** Tel. 05 59 23 91 09. **Reiten:** Club Hippique de Biarritz, allée Dorziat, Tel. 05 59 23 52 33. **Surfen:** Biarritz Surf Training, 4, impasse Hélène Boucher, Tel. 05 59 23 15 31. Ecole de Surf Plums, 5, pl. Clemenceau, Tel. 05 59 24 08 04. **Thalasso:** Thalassa Biarritz, 13, rue Louison Bobet, Tel. 05 59 24 20 80. Les Thermes Marins, 80, rue de Madrid, Tel. 05 59 23 01 22.

Bakara, 23, rue Mazagran. **Antiquitäten.** Henriet, 1, pl. Clemenceau. Die beste Schokolade der Stadt und **baskische Süßigkeiten.** Mille et un Fromages, 8, av. Victor Hugo. **1001 Käsesorten.** Perraudin, 9, av. de Verdun. **Baskische**

Delikatessen. Tgl. **Markt** in den Hallen.

Festival der klassischen Musik, Ende April/Anfang Mai. Internationales **Folklorefestival** im Juli. **Surffestival** im Juli, mit Musik. Biarritz Cup, **Golfturnier,** seit 1889 jährl. im Juli am Golf du Phare. **Longboard Classic Mémorial Arnaud de Rosnay,** Ende Juli, für Surfbretter mit einer Länge von mehr als 2,74 m. **Quicksilver Surf Master**, erste Sept.-Woche an der Grande Plage, mit den besten Surfern der Welt. Lateinamerikanisches **Filmfestival,** letzte Sept.-Woche.

Casino Municipal, 1, av. Edouard-VII. Mit Nightclub.

Bus: Bei der Gare SNCF. **Bahn:** Gare SNCF La Négresse, allée du Moura, 3 km vom Zentrum, Tel. 05 59 50 83 07. Verbindungen nach Bayonne, St-Jean-de-Luz, Hendaye, Bordeaux und Toulouse. TGV nach Paris 5 Std. **Flug:** Aéroport de Parme, Tel. 05 59 43 83 83.

Biscarrosse

Lage: D11
PLZ 40600

OT, 55, pl. de la Fontaine, La Plage, Tel. 05 58 78 20 96, Fax 05 58 78 23 65, www.biscarrosse.com.

*****Forestière,** 1300, av. du Pyla, Tel. 05 58 78 24 14, Fax 05 58 78 26 40. 34 Zimmer, sehr preiswert bis teuer, 1. April–30. Sept. Zwischen Dünen und Wald. Pool, Restaurant (teuer).
****Caravelle,** Lac Nord Ispe, 5314, rte. des Lacs, Tel. 05 58 09 82 67, Fax 05 58 09 82 18. 11 Zimmer, günstig, 1. Feb.–30. Nov. Idyllisch am See gelegenes Haus mit Restaurant.
******Camping de la Rive,** Lac de Sanguinet, Tel. 05 58 78 12 33, Fax 05 58 78 12 92. 640 Plätze, 1. April–30. Okt. Am See Sanguinet. Pool.

Restaumer, 228, av. de la Plage, Tel. 05 58 78 20 26. Gute Fischgerichte.

Musée Historique de l'Hydraviation, 332, av. Louis Bréguet, Le Bourg. Juli/Aug. 10–19, sonst 14–18 Uhr. Museum zur Geschichte des Wasserflugzeugs.
Musée des Traditions et de l'Histoire de Biscarrosse, av. Louis Bréguet, Le Bourg. 16. Mai–30. Sept. tgl. 10–12, 15–19, sonst 10–12, 14–18 Uhr. Heimatmuseum.
Außerhalb: **Musée du Pétrole,** rte. du Lac, 40160 Parentis-en-Born. 1. Juli–31. Aug. tgl., Öffnungszeiten beim OT zu erfragen. Museum zur Ölförderung.

Fahrradverleih: Cycles Evasion, 543, bd. d'Arcachon, La Plage, Tel. 05 58 78 33 63. **Golf:** Golf de Biscarrosse, rte. d'Ispe, Tel. 05 58 09 84 93. 18 Loch. **Reiten:** Centre Equestre,

1802, av. de Laoudie, Le Bourg, Tel. 05 58 78 13 64. **Wassersport:** Blue Hawaii Surf Shop, 321, bd. d'Arcachon, La Plage, Tel. 05 58 78 28 11. Verleih von Surfbrettern. Maison du Surf, 31, av. du Grand Vivier, La Plage, Tel. 05 58 78 37 79. Surfschule. Centre Nautique, Biscarrosse-Olympique, Port de Navarosse, Tel. 05 58 78 10 51. Segelschule, Vermietung von Katamaranen und Kanus. Bouissou, Port Maguide, Lac Nord, Tel. 05 58 09 87 39, Motor- und Tretbootverleih. Charlet Nautique, Port Maguide, Lac Nord, Tel. 05 58 09 85 85, Wasserski. **Kanu- und Kajakverleih:** Canoë Découvert, Tel. 06 80 63 17 38. **Fallschirmspringen:** Handiskiclub, Port Maguide, Lac Nord, Tel. 05 56 36 21 02. **Minigolf:** Idrac, 724, av. de la Plage, La Plage, Tel. 05 58 78 22 62. **Tennis:** Tennis Club de Biscarrosse-Plage, 1359, rte. du Pyla, La Plage, Tel. 05 58 78 20 67.

Casino, bd. des Sables.

Blaye

Lage: E9
PLZ 33390

OT (und Syndicat viticole), allées Marine, Tel. 05 57 42 12 09, Fax 05 57 42 91 94, www.blaye.net.

****Citadelle,** pl. d'Armes, Tel. 05 57 42 17 10, Fax 05 57 42 10 34. 21 Zimmer, moderat.
Schlafen in den Festungsmauern, herrliche Aussicht. Im Restaurant Fischspezialitäten (teuer). Terrasse, Pool.

****Camping Municipal,** La Citadelle, Tel. 05 57 42 00 20.
1. Mai–30. Sept., 50 Plätze, sehr günstig, einfach.

Petit Port, 2, cours du Port, Tel. 05 57 42 12 52.
Brasserie mit guten Fischgerichten.
Troque-Sel, 1, pl. Jeantet, 33710 Bourg-sur-Gironde, Tel. 05 57 68 30 67.
Hier vollführt Gilles Pinard, der sich in der Region einen Namen gemacht hat, seine Kochkunst.

Musée d'Histoire et d'Art du Pays Blayais, pl. Marie-Caroline, in der Zitadelle. Tgl. 14–19 Uhr.
Kunsthistorisches Museum.
Außerhalb: **Pair-non-Pair,** Prignac-et-Marcamps (an der D 669, 6 km östl. von Bourg). 15. Juni–15. Sept. tgl. 9.30–18.30, sonst 9.30–12 und 14–17.30 Uhr.
Prähistorische Höhle mit 30 000 Jahre alten Felszeichnungen.

Maison des Vins, 11, cours Vauban, Tel. 05 57 42 91 19. Weine der Côtes de Blaye. **Maison du Vin,** 1, pl. de l'Eperon, 33710 Bourg-sur-Gironde, Tel. 05 57 68 46 47. Weine der Côtes de Bourg. **Pâtisserie Brégier,** 15, cours de la République. *Praslines* von Blaye.

Jumping International. Springturnier in der Zitadelle, Juli.

Fähre: Bacs Gironde, Autofähre vom Port de Blaye nach Lamarque/Médoc (30 Min.), im Sommer alle 90 Min. zwischen 8 und 20 Uhr, im Winter 4 x tgl., Tel. 05 57 42 04 49. Preis für Pkw ca. 15 €.

Bordeaux

Lage: E9/10
PLZ 33000

OT, 12, cours 30 Juillet, Tel. 05 56 00 66 00, Fax 05 56 00 66 01, www.bordeaux-tourisme.com; auch vertreten an Bahnhof und Flughafen.

******Burdigala,**
115, rue Georges Bonnac, Tel. 05 56 90 16 16, Fax 05 56 93 15 06.
83 Zimmer, teuer.
Komfortables Traditionshotel im modernen Geschäftsviertel Mériadeck. Restaurant (teuer), Garage.

*****Claret Libertel,**
18, parvis des Chartrons, Tel. 05 56 01 79 79, Fax 05 56 01 79 00.
97 Zimmer, moderat bis teuer.
Modernes Komforthotel in der Cité Mondiale.

****Continental,**
10, rue Montesquieu, Tel. 05 56 52 66 00, Fax 05 56 52 77 97.
49 Zimmer, moderat bis teuer.
Charmantes, kleines Hotel beim Marché des Grands-Hommes.

***Lion d'Or,**
38, pl. Meunier, Tel. 05 56 91 71 62, Fax 05 56 92 31 91.
25 Zimmer.
Sehr einfach, aber günstig.

Auberge de Jeunesse, 22, cours Barbey, Tel. 05 56 91 59 51.
Sehr preiswert.
500 m vom Bahnhof entfernt.

Baud & Millet, 19, rue Huguerie, Tel. 05 56 79 05 77.
200 Käsesorten und ein großes Weinsortiment (950 Flaschen).

Bistro du Sommelier, 163, rue Georges Bonnac, Tel. 05 56 96 71 78.
Hervorragendes Weinlokal mit guten Fleischgerichten. Spezialitäten: Entenbrust und Ochsenrippe. Teuer.

Brasserie du Passage,
14/15, pl. Canteloup, Tel. 05 56 91 20 30.
Essen und trinken zwischen Antiquitäten. Regionale Spezialitäten zu günstigen Preisen und eine gute Weinauswahl in der Passage St-Michel.

Café du Musée,
7, rue Ferrère, Tel. 05 56 44 70 60.
Restaurant auf der Dachterrasse des Musée d'Art Contemporain.

Chanterelle,
6, rue Martignac, Tel. 05 56 51 20 56.
Kleines Fischrestaurant. Spezialität: Kaviar.

Chez Dupont,
45, rue Notre-Dame, Tel. 05 56 81 49 59.
Schöne Brasserie mit regionalen Gerichten im alten Chartrons-Viertel.

Chez Greg,
30/31, quai de la Monnaie, Tel. 05 56 31 30 30.
Szenelokal mit kühlem Ambiente. Austern, Entenbrust, Spaghetti und Sushi.

Estaquade,
quai de Queyries, Tel. 05 57 54 02 50.
Exzellentes Fischrestaurant auf der rechten Uferseite mit Blick auf die Altstadt. Teuer.

Mably,
12, rue Mably, Tel. 05 56 44 30 10.
Mit dem besten Neunauge *(lamproie)* der Stadt. Teuer.

Noailles,
12, allées de Tourny, Tel. 05 56 81 94 45.
Traditionsbrasserie, in der schon Mauriac speiste.

Trois Arcades,
10, pl. du Parlement, Tel. 05 56 81 21 68.
Die Küche wird mittags von Studenten und Büroangestellten geschätzt.

Yako, 34, rue la Faurie de Monbadon, Tel. 05 56 81 72 39.
Japanische Spezialitäten.

Casa de Goya, 57, cours de l'Intendance.
Mo–Fr 13.30–17.30 Uhr.
Goyas Exilhaus.
Croiseur Colbert, quai des Chartrons, Höhe Cours de la Martinique.
Jan.–März, Okt.–Dez. Mo–Fr 13–18, Sa/So 10–18 Uhr, April, Mai, Sept. Mo–Fr 10–18, Sa/So bis 19 Uhr, Juni–Aug. tgl. 10–20 Uhr.
Museums-Kriegsschiff.
Flèche St-Michel, pl. Canteloup.
15. Juni–15. Sept. 15–19 Uhr.
Frei stehender Turm der Basilique St-Michel. Schöne Aussicht.
Grand Théâtre, pl. de la Comédie.
Opernhaus, Prachtbau aus dem 18 Jh. Besichtigungstermine beim OT zu erfragen.
Hôtel de Ville, pl. Rohan.
Führungen Mi 14.30 Uhr.
Ehemaliger Palast aus dem 18. Jh., heute Rathaus.
Maison du Vin, 1, cours du 30 Juillet.
Mo–Fr 9–18 Uhr.
Bizarrer Bau mit Innendekor aus der Zeit um 1900, in dem zum Thema Bordeauxweine informiert wird.
Tour Pey-Berland, pl. Pey-Berland.
1. Juni–30. Sept. tgl. 10–18.30, 1. Okt.–31. Mai Di–So 10–12.30, 14–17.30 Uhr.
Turm der Cathédrale St-André, schöne Aussicht.

Centre Jean Moulin, pl. Jean Moulin.
Di–Fr 11–18, Sa, So 14–18 Uhr.
Arbeit der Résistance.
Conservatoire de la Plaisance, bd. Alfred Daney.
Mi–Fr 13–19, Sa, So 10–19 Uhr.
Weltweit größtes Spezialmuseum für Sportschifffahrt.
Musée d'Art Contemporain, 7, rue Ferrère.
Di–So 11–18 Uhr (Mi bis 20 Uhr).
Wechselausstellungen zeitgenössischer Kunst. Café-Restaurant auf dem Dach.
Musée d'Aquitaine, 20, cours Pasteur.
Di–So 11–18 Uhr.
Geschichte Aquitaniens.
Musée des Arts Décoratifs, 39, rue Bouffard.
Mi–Mo 14–18 Uhr.
Museum für regionale Wohnkultur.
Musée des Beaux-Arts, 20, cours d'Albret.
Mi–Mo 11–18 Uhr.
Meisterwerke des 15.–20. Jh.
Musée des Chartrons, 41, rue Borie.
Mo–Fr 14–18 Uhr.
Geschichte des Weinhandels.
Musée des Douanes, 1, pl. de la Bourse.
Di–So 10–18 Uhr.
Zollwesen von der Antike bis zur Gegenwart.
Musée Goupil, 20, cours Pasteur.
Besichtigung n. V. unter Tel. 05 56 01 69 40.
Reproduktionstechniken im 19. Jh.
Musée d'Histoire Naturelle, 5, pl. Bardineau.
Mi–Fr, Mo 11–18, Sa, So 14–18 Uhr.
Zoologische und mineralogische Sammlung.
Porte Cailhau, pl. du Palais.
15. Juni–15. Sept. 15–19 Uhr.
Entwicklung von Alt-Bordeaux, Panoramablick.
Site Paléochrétien de St-Seurin, pl. des Martyrs de la Résistance.
15. Juni–15. Sept. 15–19 Uhr.
Sarkophage aus dem 3. und 4. Jh.
Vinorama, 12, cours du Médoc.
Juni–Sept. Di–Sa 10.30–12.30, 14.30–18.30, So 14–18.30, Okt.–Mai Di–Fr 14–18.30, Sa 10.30–12.30, 14.30–18.30 Uhr.
Wachsfigurenkabinett zur Geschichte des Weines.
Außerhalb: **Château de Labrède,** in Labrède.

Juli–Sept. Mi–Mo 14–18, April–Juni Sa,So 14–18, Okt./Nov. Sa, So 14–17 Uhr; im Mai Schlosskonzerte. Schloss von Montesquieu.

Aérolune, quai de Queyries, Tel. 05 56 40 20 22. In einem **Heißluftballon** die Stadt bei Tag oder Nacht von oben betrachten. **Fahrradverleih** am Bahnhof St-Jean, Tel. 05 56 92 50 50. **Golf:** Bordeaux-Lac, av. de Pernon, Tel. 05 56 50 92 72; dort auch **Tennis.** Cameyrac, 33450 St-Sulpice et Cameyrac, Tel. 05 56 72 96 79. Bordelais, rue de Kater, Tel. 05 56 28 56 04. Dreitägige **Wein-Lehrgänge:** Ecole du Vin, Conseil Interprofessionnel du Vin de Bordeaux, 1, cours du 30 Juillet, Tel. 05 56 00 22 88. Führung durch einen Weinkeller mit Probe bietet Caves Passavant, 44, allées de Tourny, Tel. 05 56 44 82 22. **Schiffsausflüge, Hafenrundfahrten:** Tourisme Fluvial, Embarcadère des Quinconces, quai Louis XVIII, Tel. 05 56 52 88 88. Tgl. Hafenrundfahrten und **Ausflüge** auf der Garonne mit der »Ville de Bordeaux«, Tel. 05 56 52 88 88. Mit dem Restaurantschiff »Aliénor« nach Blaye oder Cadillac, Tel. 05 56 51 27 90. Die »Burdigala« legt vom Quai des Chartrons ab, Tel. 05 56 86 64 59.

(s. auch Tipp S. 182): **Märkte:** Marché des Capucins, pl. des Capucins, Di–So vormittags Lebensmittelmarkt, auf dem die Bordelaiser Küchenchefs einkaufen. Obst und Gemüse Mo–Sa Marché des Chartrons, pl. du Marché Chartrons. Do vormittags **Biomarkt,** pl. de l'Eglise St-Pierre. Im Viertel St-Michel, pl. Canteloup, Sa und So **Flohmarkt,** übrige Tage Gemüsemarkt. Di, Fr Trödelmarkt nebenan auf der Place Meynard. Auf dem Lebensmittelmarkt Marché Colbert, beim Kreuzer Colbert, trifft man sich So Vormittag zum Brunch: Austern, Krevetten, Käse, Wein. **Einkaufszentrum:** Im modernen Mériadeck-Viertel, rue Claude Bonnier.

Karneval im März/April. Mai Musical, **Musikfestspiele** im Mai in den Schlössern der Umgebung (Programm beim OT). Vinexpo, Parc des Expositions, Bordeaux-Lac, größte **Weinmesse,** alle zwei Jahre im Juni. Fête du Vin et de la Brocante, rue Notre-Dame, im Okt. Straßenfest mit Weinproben. **SIGMA,** Festival mit Theater, Tanz, Film, Musik, Designneuheiten u. a. im November.

Am Quai de Paludate spielt sich das Nachtleben von Bordeaux in Nachbarschaft des Rotlichtmilieus ab. Zum **Tanzen** empfiehlt sich das Sénéchal (Nr. 57). Im Port de la Lune (Nr. 59) kann man **Jazzgrößen** lauschen und Fischgerichte essen. Le Zoo (Nr. 48/49) ist eine **Riesendisco** mit Lasershow und Latinoklängen, Di–Sa. **Bains Bleus,** 14, rue du Commerce. Nachtclub im Haziendastil, Di–So ab 24 Uhr.
Caesar, 170, cours du Médoc. Nightclub und Cabaret im Moulin-Rouge-Stil, Mi–So ab 22.30 Uhr. Langsam tut sich auch etwas auf der rechten Flussseite: Do **Tangoabend** im Café du Port, 01/02 quai Deschamps.

Fémina, 8, rue de Grassi, Tel. 05 56 52 45 19.
Schönes altes Theater mit klassischen Konzerten, Theater und Varieté.
Grand Théâtre, pl. de la Comédie, Tel. 05 56 48 30 30.
Opern, Ballett, Theater und Konzerte des Orchestre National Bordeaux Aquitaine.

Onyx, 11, rue Philippart,
Tel. 05 56 44 26 12.
Kleines Theater, wo noch das *borde-luche* gesprochen wird.
Palais des Sports, pl. de la Ferme Richemont, Tel. 05 56 79 39 61.
Sinfoniekonzerte.
Théâtre & Rock School Barbey,
18, cours Barbey, Tel. 05 56 33 66 00.
Schule für elektronische Musik mit Aufführungssaal.
Théâtre du Port de la Lune, square Jean Vauthier, Tel. 05 56 91 98 00.
Moderne Schauspielkunst.

Bahn: Gare St-Jean, rue Charles Domercq, Tel. 05 56 91 42 42 (dort auch Fahrradvermietung, nur an Zugreisende). Reservierung, Tel. 08 36 35 35 35. TGV nach Paris 3 Std.
Bus: Gare Routière, allées de Chartres, Tel. 05 57 57 88 88. Regionalbusse für das Département Gironde und an die Küste. Für 1–6 Tage ermäßigte Carte Bordeaux Découverte; Verkauf: Bahnhof, allées de Tourny und Place Gambetta.
Flug: Aéroport Internat. de Bordeaux, 33700 Mérignac, Tel. 05 56 34 84 84.
Fluginformationen:
Tel. 05 56 34 50 50. Shuttleverbindung ins Zentrum ca. 30 Min. (Grand Théâtre, pl. Gambetta, quai Richelieu, Bahnhof).

Cambo-les-Bains

Lage: C14
PLZ 64250

OT, parc St-Joseph,
Tel. 05 59 29 70 25,
Fax 05 59 29 90 77,
cambotourisme@aol.com.

****Auberge chez Tante Ursule,** Quartier Bas-Cambo, Tel. 05 59 29 78 23, Fax 05 59 29 28 57.
17 Zimmer, sehr preiswert bis günstig, 15. März–15. Feb.
Rustikales Haus mit Restaurant.
****Arocena, Bourg,**
64310 St-Pée-sur-Nivelle,
Tel. 05 59 54 10 21, Fax 05 59 54 50 72.
39 Zimmer, sehr preiswert bis günstig, 1. Feb.–31. Dez.
Ansprechendes Haus im Zentrum.
****Euzkadi,** 64250 Espelette,
Tel. 05 59 93 91 88, Fax 05 59 93 90 19.
32 Zimmer, günstig, 20. Dez.–2. Nov.
Baskisches Haus zentral in Espelette.
Garten, Schwimmbad, regionale Küche.
*****Camping Bixta Eder,**
rte. d'Espagne,
Tel. 05 59 29 94 23, Fax 05 59 29 23 70.
90 Plätze, 15. April–15. Okt. Pool.
***Camping Armora,**
Amotz, 64310 St-Pée-sur-Nivelle,
Tel./Fax 05 59 54 12 60.
70 Plätze, 25. Juni–10. Aug. Schöne Lage.

Auberge de Chapelet, 64200 Arcangues, Tel. 05 59 23 54 63.
Hervorragende baskische Küche.

Villa Arnaga, rte. de Bayonne.
April–Sept. tgl. 10–12.30, 14.30–19 Uhr, Okt.–Allerheiligen tgl. 14.30–18.30 Uhr.
Herrschaftliche Villa des Dichters Edmond Rostand.
Cerise, 64250 Itxassou,
Tel. 05 59 29 76 34.
Kirschenfarm, n. V. zu besichtigen.

Bootsverleih, Rafting: Cocktail Adventures am Lac de St-Pée, 64310 St-Pée-sur Nivelle, Tel. 05 59 54 18 69. Tret- und Ruderboote, Kanus. Ur Bizia, 64780 Bidarray, Tel. 05 59 37 72 37. Evasion Eaux Vives, 64250 Itxassou, Tel. 05 59 29 31 69.
Canyoning: Aunamendi, 64780 Bidar-

ray, Tel. 05 59 37 71 34. **Golf:** Rustique Epherra, Souraïde bei 64250 Espelette, Tel. 05 59 93 84 06. 9 Loch. Golf d'Arcangues, 64200 Arcangues, Tel. 05 59 43 10 56. 18 Loch. **Reiten:** Ichtaklok, 64250 Espelette, Tel. 05 59 93 82 13. Le Muletier, 64250 Itxassou, Tel. 05 59 29 78 00.

Fête du Piment, Fest der roten Pfefferschoten in 64250 Espelette am letzten So im Okt. **Force Basque** in 64310 St-Pée-sur-Nivelle im Juli. **Festival de Folklore International** in 64240 La Bastide-Clairence, Aug.

Capbreton

Lage: C 13
PLZ 40130

OT, av. Georges Pompidou, Tel. 05 58 72 12 11, Fax 05 58 41 00 29.

*****Océan,** 85, av. Georges Pompidou, Tel. 05 58 72 10 22, Fax 05 58 72 08 43. 27 Zimmer, moderat, 1. April–12. Okt. An der Einfahrt zum Jachthafen.
****Aliénor,** rue de Madrid, Tel. 05 58 41 00 18, Fax 05 58 72 08 43. 20 Zimmer, günstig, 15. Juni–15. Sept. Ansprechend, ruhig, hinter der Promenade.
****Lou Chaque-dit,** 69, av. Georges Pompidou, Tel. 05 58 72 06 77. 27 Zimmer, sehr preiswert, 1. April–30. Sept.
Hübsches Familienhotel am Hafen.
*****Camping La Civelle,** av. des Biches, Tel. 05 58 72 15 11,Fax 05 58 72 31 22. 600 Plätze, 1. Juni–30. Sept.
Pool, Tennisplätze.

Pêcherie Ducamp, 4, rue du Port d'Albret, Tel. 05 58 72 11 33.
Frischer Fisch und Meeresfrüchte in Kantinenatmosphäre.
Poseidon, rue des Pêcheurs, Tel. 05 58 72 21 08.
Meeresfrüchte-Buffet.
Bord à Bord, av. Notre-Dame, Rive Droite, Tel. 05 58 43 58 34.
Terrasse mit Blick auf den Jachthafen.

Ecomusée de la Mer, über dem Casino Municipal, pl. du Front de Mer.
Juli/Aug. tgl. 9.30–12, 14–18.30 Uhr, April–Juni und Sept. tgl. 14–18, Okt.–März So 14–18 Uhr.
Geschichte der Fischerei, Meeresfauna.

Fahrradverleih: Locavélo, Pont Bonamour, rue du C. l'Herminier, Tel. 05 58 72 48 68. **Reiten:** L'Appaloosa, Parc du Gaillou, Tel. 05 58 41 80 30. **Wassersport:** Capbreton Surf Club, Tel. 05 58 72 33 80. Surfen. Club de Plongée, am Hafen, Tel. 05 58 72 00 01. Tauchschule.

Casino Municipal, an der Promenade.

Carcans-Maubuisson

Lage: D9
PLZ 33121

OT, 127, av. de Maubuisson, Tel. 05 56 03 34 94, Fax 05 56 03 43 76, www.carcans-maubuisson.com.

***Océan,** av. de la Plage, Carcans-Océan, Tel. 05 56 03 31 13, Fax 05 56 03 48 90.

14 Zimmer, sehr preiswert bis günstig, 1. April–30. Sept.
100 m vom Strand, Restaurant.
****Camping Mimosas,**
173, rte. de la Barrade, Carcans,
Tel. 05 56 03 39 05, Fax 05 56 03 37 25.
100 Plätze, 1. April– 30. Sept.
Schattiger Platz. Pool.
***Camping Municipal,**
Carcans-Océan, Tel./Fax 05 56 03 41 44.
350 Plätze, 1. April–30. Sept.
Einfacher Platz mit Pool, Strandnähe.

Chez Philomène, bd. du Lac, Maubuisson, Tel. 05 56 03 45 75. Afrikanische und karibische Spezialitäten, Blick auf den See.

Fahrradvermietung:
Vélo»K«tion, 2, av. de la Plage, Carcans-Océan, Tel. 06 60 76 47 92.
Reiten: Ferme Equestre Les Crastes, au Bord de l'Etang, Tel. 05 56 03 38 69.
Wassersport: Au Petit Mousse, 81, bd. du Lac, Maubuisson, Tel./Fax 05 56 03 31 91. Vermietung von Booten, diverse Sportangebote. UCPA, Base de Bombannes, Maubuisson, Tel. 05 56 03 38 00. Segelschule, Surfen.

Markt Do vormittags Carcans-Ville, Mi Maubuisson, Mo Carcans-Océan.

Fähre: Nach Royan ab Le Verdon, Tel. 05 56 09 60 84.

Castillon-la-Bataille

Lage: F9
PLZ 33350

OT,
5, allées de la République,
Tel. 05 57 40 27 58, Fax 05 57 40 11 04.

****Bonne Auberge,**
6, rue du 8-Mai-1945,
Tel. 05 57 40 11 56, Fax 05 57 40 21 66.
10 Zimmer, sehr preiswert bis günstig.
Einfaches Hotel.
****Camping Municipal La Pelouse,**
La Pelouse, Tel. 05 57 40 04 22.
38 Plätze, Pool, Mitte Mai–Mitte Sept.

Außerhalb: **Ecomusée du Libournais,** 33570 Montagne.
März–Nov. tgl. 10–12, 14–18 Uhr.
Gallo-römische Villa,
24230 Montcaret.
April–Juni und Sept. 9.30–12.30, 14–18,
Juli/Aug. tgl. 9.30–13, 14–18.30,
Okt.–März 10–12.30, 14–16.30 Uhr.
Montaigne-Schloss,
24230 St-Michel-de-Montaigne.
Jan–Mitte Mai Mi–So 10–12, 14–17.30, Mitte Mai–Juni und Sept./Okt. Mi–So 10–12, 14–18.30, Juli/Aug. tgl 10–18.30 Uhr.

Im Juli/Aug. **Schlacht von Castillon** in der Ebene von Coly nachgespielt (Infos: Tel. 05 57 40 14 53).

Challans

Lage: B3
PLZ 85300

OT, pl. de l'Europe,
Tel. 02 51 93 19 75,
Fax 02 51 49 76 04, ot.challans@free.fr.

*****Château de la Vérie,**
rte. de St-Gilles-Croix-de-Vie,
Tel. 02 51 35 33 44, Fax 02 51 35 14 84.
23 Zimmer, moderat bis teuer.
Schloss aus dem 16.–18. Jh. mit Restaurant des Meisterkochs Jean-François Delanné (teuer). Garten, Garage, Pool, Tennis.

Fer à Cheval, 1 bis, rue de Bois-de-Chêne, Tel. 02 51 68 17 96.
11 Zimmer. Einfach, aber preiswert.

Im **Château de la Vérie,** s. o.

Ecomusée Le Daviaud, bei 85550 La Barre-de-Monts.
Mai–Sept. Mo–Sa 10–19, So 14–19, Feb.–April, Okt. Di–Sa 14–18 Uhr.

Geführte Touren und Fahrten im gemieteten Kanu über die Kanäle des Marais (z. B. über R.I.S., Le Perrier, Tel. 06 86 06 01 32).

Mi, Fr, Sa vormittags **Markt.**

Foire des Quatre Jeudis, an vier Donnerstagen im Juli, Aug. Entenmarkt in traditionellen Trachten.

Chauvigny

Lage: H4
PLZ 86300

OT, 5, rue St-Pierre, Tel. 05 49 46 39 01, www.chauvigny.cg86.fr.

****Lion d'Or, 8,** rue du Marché, Tel. 05 49 46 30 28, Fax 05 49 47 74 28.
26 Zimmer, günstig, 25. Dez.–1. Jan. geschl.
Logis-de-France-Hotel. Restaurant, Parkplatz.
*****Camping Municipal,** rue de la Fontaine, Tel. 05 49 46 31 94, Fax 05 49 46 40 60.
103 Plätze. Schattiger Platz.

Einfache Restaurants, meist mit Terrasse, in der Oberstadt.

Château Baronnial mit Adlerwarte. Flugvorführungen 13.–31. März Sa–Fr 15.30, So und feiertags 15 und 16.30, April–Sept. tgl. 15, 16.15 und 17.30, Juni–Aug. zusätzlich 11 Uhr, Okt.–11. Nov. tgl. 15 und 16.15 Uhr.
Château de Touffou in Bonnes.
1. Mai–15. Juni Sa/So 14–18.30, 16. Juni–15. Sept. tgl. 10–12, 14–18.30, 16.–30. Sept. Sa/So 14–18 Uhr.

Musée des Traditions populaires et Archéologie, pl. du Donjon.
15. Juni–31. Aug. tgl. 10–12.30, 14.30–18.30 (So nur nachmittags), 1. April–14. Juni und 1. Sept.–31. Okt. tgl. 14–18 Uhr.

Clisson

Lage: D2
PLZ 44190

OT, 6, pl. du Minage, Tel. 02 40 54 02 95, Fax 02 40 54 07 77, www.clisson.com.

****La Gare,** 23, rue Ferdinand Albert, Tel. 02 40 36 16 55, Fax 02 40 54 40 85.
35 Zimmer, sehr preiswert bis günstig. Nähe alte Markthallen, mit Restaurant.
*****Camping Le Moulin,** rte. de Nantes, Tel. 02 40 54 44 48, Fax 02 40 54 07 77.
47 Plätze, 1. April–31. Okt.
Preiswerter Platz, wenig Komfort.

Bonne Auberge, 1, rue Olivier de Clisson, Tel. 02 40 54 01 90.
Romantisches Ambiente. Spezialität: Hummer- und Fischgerichte. Teuer.

Château d'Olivier de Clisson. Mi–Mo 9.30–12, 14–18 Uhr.
Schlossruine aus dem 13./14. Jh.
Domaine de la Garenne-Lemot. April–Sept. tgl. 10–12.30, 14–19 Uhr.
Wechselausstellungen zeitgenössischer Kunst und ein **Sommerfestival** für Alte Musik im Juli (Infos: Tel. 02 40 99 11 27).
Außerhalb: **Château de Tiffauges,** 85130 Tiffauges (ca. 17 km südöstl. an der D 753).
April–Juni und Sept. Mo–Fr 10–12.30, 14–18, Sa/So 14–19, Juli/Aug. tgl. 11–19 Uhr.
Stammsitz des Gilles de Rais, Ritterspiele.

Musée du Vignoble Nantais, 44330 Le Pallet (ca. 7 km nordwestl. an der N 149).
Mai–Sept. Di–So 10.30–13, 14.30–19, Okt.–April 14.30–18 Uhr.
Weinbaumuseum und audiovisuelle Show über Pierre Abélard, den französischen Theologen und Philosophen.

Cognac

Lage: F7
PLZ 16100

OT, 16, rue du 14-Juillet, Tel. 05 45 82 10 71, Fax 05 45 82 34 47, www.tourisme-cognac.com.

******Château de l'Yeuse,** 65, rue de Bellevue, 16100 Châteaubernard, Tel. 05 45 36 82 60, Fax 05 45 35 06 32.
24 Zimmer, moderat bis teuer.
Schlosshotel an der Charente. Restaurant (teuer), Terrasse, Pool.
*****François Ier,** 3, pl. François Ier, Tel. 05 45 32 07 18, Fax 05 45 35 33 89.
28 Zimmer, günstig.
Sehr zentral gelegen. Garage.
Logis, 17610 Dompierre-sur-Charente, Tel. 05 46 91 02 05.
Herrschaftshaus in den Weinbergen an der Charente, zwischen Cognac und Saintes. Tennis, Angeln.
Logis de Louzignac, 2, rue des Verdiers, 17800 Brives-sur-Charente, Tel. 05 46 95 45 72, Fax 05 46 96 16 09.
12 km von Cognac, auf der linken Flussseite, gegenüber von Le Logis. Weingut aus dem 18. Jh. Garten, Pool.
*****Camping Municipal,** Communes, Tel. 05 45 32 13 32, Fax 05 45 36 55 29.
170 Plätze, 15. Mai–15. Okt.
Schattiger Platz an der Charente, 1 km vom Zentrum. Pool, Angeln, Fahrradverleih.

Coq d'Or, 33, pl. François Ier, Tel. 05 45 82 02 56.
Zentral und gut.
Cellier, 4/6 rue du 14-Juillet, Tel. 05 45 82 25 46.
Nette Atmosphäre, gute Weine, ausgefallene Speisen.

Ancien Château, Otard, 127, bd. Denfert-Rochereau, Tel. 05 45 36 88 86.
April–Okt. tgl. 10–18, Nov.–Dez. Mo–Fr 11, 14.30, 15.45 und 17 Uhr (bzw. Fr 16 Uhr).
Camus, 29, rue Marguerite de Navarre, Tel. 05 45 32 28 28.
Mai–Okt. Mo–Fr 10–12, 14.30–16.30 Uhr.
Eigene Böttcherei.
Hennessy, quai R. Hennessy, Tel. 05 45 35 72 68.
Juni–Sept. tgl. 10–18, März–Mai und Okt.–Dez. tgl. 10–17 Uhr.
Martell, pl. Edouard Martell, Tel. 05 45 36 33 33.
Juni–Sept. Mo–Fr 9.30–17, Sa/So 11–17, Okt., März–Mai Mo–Do 9.30, 11, 14.30,

15.45 und 17, Fr 9.30 und 11 Uhr.
Im Haus des Gründers sind drei Räume originalgetreu restauriert.
Rémy-Martin, Domaine de Merpins, rte. de Pons, Tel. 05 45 35 76 66.
April–Okt. Mo–Sa durchgehend, 15. Juni–15. Sept. auch So nachmittags.
Besichtigung der Keller, Weinberge und größten Böttcherei Europas mit einer Minibahn.

Musée Municipal, im Hôtel Dupuy d'Angeac (19. Jh.), bd. Denfert-Rochereau.
Juni–Sept. Mi–Mo 10–12, 14–18, Okt.–Mai Mi–Mo 14–17.30 Uhr.
Stadtgeschichte, Archäologie, Ethnologie, Cognac, Kunst ab 16. Jh.

Golf du Cognac, 16100 St-Brice, Tel. 05 45 32 18 17.
18 Loch. **Kanufahrten** auf der Charente: Tel. 05 45 82 46 24. **Bootsausflug** nach St-Brice an Bord der »Manilu«, Tel. 05 45 82 79 71. Im Sommer tgl., ansonsten nur an Wochenenden. **Theater,** pl. R. Schuman, Tel. 05 45 82 17 24.

Cognac: Maison de la Grande Champagne, 1, rue Pierre Viala, 16130 Segonzac; Cognacs kleiner Erzeuger. Maison de Cognac, 39, rue d'Angoulême, Tel. 05 45 82 05 77. Cognathèque, 10, pl. Jean Monnet, Tel. 05 45 82 43 31.
Librairie le Texte libre, 17, rue Henri Fichon, wertvolle alte Bücher.
Überdachter **Markt** an der Place d'Armes jeden Vormittag.

Festival des Kriminalfilms März/April.
Bluesfestival Juli/Aug. Traditioneller **Knoblauchmarkt** im Aug. Erster Fr. und Sa. im Sept. Coup de chauffe, **Fest der Straßenkünstler. Salon de la Littérature Européenne** im Nov.

Bahn: Gare SNCF, 12, pl. de la Gare, Tel. 05 45 36 29 00.

Coulon

Lage: E5
PLZ 79510

OT, pl. de l'Eglise, Tel. 05 49 35 99 29, Fax 05 49 35 84 31, www.ville-coulon.fr.

Central,
4, rue d'Autremont,
Tel. 05 49 35 90 20, Fax 05 49 35 81 07.
Günstig.
Zimmer mit Blick auf die Kirche, hervorragendes Restaurant.
*****Camping Venise Verte,**
rue des Bords de Sèvre, La Sotterie, Tel. 05 49 35 90 36, Fax 05 49 35 84 69.
140 Plätze, 1. Apr.–30. Juni.
Pool, Kanu, Fahrradvermietung.
****Camping Municipal La Niquière,**
rte. de Benet, Tel. 05 49 35 81 19.
40 Plätze, 1. Apr.–15. Okt.
Einfacher, schattiger Platz.

Auberge de l'Ecluse,
rte. d'Irleau, La Sotterie,
Tel. 05 49 35 90 42.
Spezialitäten der Region (Aal, Frosch) bei Kerzenlicht, relativ preiswert.
Passerelle,
86, quai Louis Tardy, Tel. 05 49 35 80 03.
Terrasse an der Sèvre.

Maison des Marais Mouillés, pl. de la Coutume.
Feb.–Juni und Sept.–Nov. Di–So 10–12 und 14–19, Juli/Aug. tgl. 10–20 Uhr.

Fahrrad mieten: Camping La Venise Verte (s. o.). La Libellule, pl. de l'Eglise, Tel. 05 49 35 83 42. **Boote mieten:** Aux Volets Bleus, rte. de la Sotterie, Tel. 05 49 35 93 66. Embarcadère Thibaudeau, 54, quai Louis Tardy, Tel. 05 49 35 91 71. Boot mit Führer 1–2 Pers. ab 20 € (45 Min.), Kanu für 1 Tag 50 €. **Minibahn Pibalou,** 6, rue de l'Eglise, Tel. 05 49 35 02 29.

Markt Fr und So morgens auf dem Kirchplatz.

Dax

Lage: D13
PLZ 40100

OT, pl. Thiers, Tel. 05 58 56 86 86, Fax 05 58 56 86 80, www.ville-de-dax.fr.

*****Splendid,** 2, cours de Verdun, Tel. 05 58 56 70 70, Fax 05 58 74 76 33. 161 Zimmer, moderat bis teuer, 1. März–29. Nov. Art-déco-Hotel mit Kurangebot und Restaurant (teuer).
****Jean le Bon,** 12/14, rue Jean le Bon, Tel. 05 58 74 90 68, Fax 05 58 90 03 04. 23 Zimmer, sehr preiswert. Familienhotel, sehr gutes Restaurant.
*****Camping Bascat,** rue de Jouaudin, Tel. 05 58 56 16 68, Fax 05 58 56 20 56. 129 Plätze, 15. März–31. Okt.

Au Fin Gourmet, 3, rue des Pénitents, Tel. 05 58 74 04 26. Typisches aus der Region: Entenbrust und Garbure (Suppe mit Entenfleisch, Kartoffeln und Bohnen).

Bois de Boulogne, allées des Baignots, Tel. 05 58 74 23 32. Landaiser Spezialitäten.

Musée de Borda, 27, rue Cazade. Mo, Mi–Sa 14–18 Uhr. Archäologische Sammlung der Region.

Parc du Sarrat, rue du Sel Gemme. Führungen durch den **Botanischen Garten** mit seinen exotischen Pflanzen, Di, Do, Sa 15.30 Uhr, Anmeldung: OT.

Bootsausflüge: Croisadour, quai du 28ème Bataillon de Chasseurs, Tel. 05 58 74 87 07. Halbtagesausflüge auf dem Adour. **Golf:** Bois de Boulogne, Tel. 05 58 74 60 68. Golfübungsplatz. **Kanu- und Kajakverleih:** Lac de Christus, 40990 St-Paul-lès-Dax, Tel. 05 58 91 88 60. **Reiten:** Club Hippique, Bois de Boulogne, Tel. 05 58 74 09 14.

Feria de Dax Mitte Aug. Sechs Tage und Nächte Folklore, *bandas* (Straßenmusiker), *courses landaises* und *corridas* in der Arena des Parks Théodore Denis. Mitte Sept. Salsarhythmen beim **Toros y Salsa Festival.**

Casino de Dax, 6, av. Milliès Lacroix. Roulette und Black Jack.
César Palace Casino, Lac de Christus, 40990 St-Paul-lès-Dax.
Havanna Café, 19, rue Georges Chaulet. Lateinamerikanische Bar mit Salsaklängen und Konzerten.

Bus: Gare routière RDTL, 11, av. de la Gare, Tel. 05 58 56 80 80.

U. a. nach Mont-de-Marsan, Bayonne und an die Küste.
Bahn: Gare SNCF, av. de la Gare, Tel. 05 58 58 76 69 und 08 36 35 35 35. U. a. nach Arcachon, Bayonne, Bordeaux.

Fontenay-le-Comte

Lage: E4
PLZ 85200

OT, Tour de l'Octroi, Tel. 02 51 69 44 99, Fax 02 51 50 00 90.

****Fontarabie,** 57, rue de la République, Tel. 02 51 69 17 24, Fax 02 51 51 02 73. 31 Zimmer, sehr preiswert bis günstig, 15. Jan.–24. Dez.
Geschmackvolles, neu gestaltetes Hotel hinter alter Fasade, im Stadtzentrum, empfehlenswertes Restaurant.
****Auberge de la Fôret,** Les Essarts, 85200 Mervent, Tel. 02 51 00 21 09.
7 Zimmer, günstig, 1. Apr.–1. Okt. Idyllisch im Wald gelegen, Restaurant.
******Camping Joletière,** 85200 Mervent, Tel. 02 51 00 26 87, Fax 02 51 00 27 55.
73 Plätze, Ostern bis Allerheiligen. Platz am See. Pool, Fahrradvermietung.
****Camping Municipal Pilorge,** rte. de l'Orbie, Tel. 02 51 69 24 27.
15 Plätze, 15. Juni–15. Sept.

Aux Chouans Gourmets, 6, rue des Halles, Tel. 02 51 69 55 92.
Rustikales Ambiente am Flussufer, regionale Küche.
Nautique, 2, rte. du Lac, Mervent (an der D 99), Tel. 02 51 00 20 30.
Mit herrlichem Blick auf die Mère isst man vorzüglich Fisch und Ente. Teuer.

Château de Terre-Neuve, rue Nicolas Rapin.
Mai–Sept. tgl. 9–12, 14–19 Uhr.
Schloss aus dem 16. Jh.

Musée Vendéen, pl. du 137e R.I.
15. Juni–15. Sept. Di–Fr 10–12, 14–18, Sa/So 14–18, sonst Mi–So 14–18 Uhr.
Heimatmuseum.

Der Wald von Mervent (5 km nördl.) ist ein beliebtes Ausflugsgebiet; **Wandern, Fischen, Segeln, Schwimmen, Kanu- und Tretbootfahren. Reiten:** La Gerrelière, 24, rue de la Forêt, St-Maurice-des-Noues, Tel. 02 51 00 81 55.

Rue des Loges.

Hasparren

Lage: C14
PLZ 64240

OT, 2, pl. St-Jean, Tel. 05 59 29 62 02, Fax 05 59 29 13 80, hasparren.tourisme@wanadoo.fr.

*****Relais des Tilleuls,** rue Hermingeguy, Tel. 05 59 29 62 20, Fax 05 59 29 13 58.
15 Zimmer, günstig.
Charmantes Hotel mit hervorragendem Restaurant.
Auxotea, 64240 Ayherre, Tel./Fax 05 59 29 64 07.
Günstig.

Ansprechendes Hotel-Restaurant bei den Grotten von Isturitz. Di. geschl.
Maison Marchand,
64240 La Bastide-Clairence,
Tel. 05 59 29 18 27, Fax 05 59 29 14 97.
Sehr preiswert.
Hübsches *Chambre d'hôtes.*
***Camping de l'Ursuya,**
Quartier Zelaï, Tel./Fax 05 59 29 67 57.
67 Plätze, 1. Juli–1. Sept.

Grottes d'Isturitz et Oxocelhaya, St-Martin-d'Arberoue.
Mitte März–Mai tgl. 14–17, Juni, Sept. 10–12, 14–17, Juli/Aug. 10–12, 13–18 Uhr.
Tropfsteinhöhlen.

Hatzen Bidea, pl. du Fronton.
Im Sommer tgl. 10–12, 14–18 Uhr.
Museum zur Vor- und Frühgeschichte.

Ospital, 47, rue Docteur Lissar.
Köstlicher Ibaïona-Schinken.

Hendaye

Lage: B14
PLZ 64700

OT, 12, rue des Aubépines,
Tel. 05 59 20 00 34,
Fax 05 59 20 79 17, www.hendaye.com.

****Ibaïa,** 76, av. des Mimosas,
Tel. 05 59 48 88 88,
Fax 05 59 48 88 89.
61 Zimmer, teuer.
Geschmackvoll-modernes Hotel am Jachthafen. Pool, Restaurant.
Paris, rond-point de la Plage,
Tel. 05 59 20 05 06, Fax 05 59 48 02 82.
37 Zimmer, günstig, 1. Mai–30. Sept.
Hübsches Haus in Strandnähe.
Valencia, 29, bd. de la Mer,
Tel. 05 59 20 01 62, Fax 05 59 20 17 92.
20 Zimmer, günstig, 1. Feb.–30. Nov.
Ansprechendes Hotel am Strand, in der Nähe des Casinos.
***Camping Eskualduna,** rte. de la Corniche, Tel./Fax 05 59 20 04 64.
285 Plätze, 15. Juni–30. Sept.
In sehr schöner Lage nahe des Strandes. Mit Disco.

Battela, 5, rue d'Irun,
Tel. 05 59 20 15 70.
Fischspezialitäten.
Chez Antoinette, pl. Pellot,
Tel. 05 59 20 08 47.
Lammspezialitäten.
Parc á Huîtres, 4, rue des Orangers,
Port de la Floride, Tel. 05 59 20 32 38.
Austernimbiss.

Château d'Antoine Abbadie, rte. de la Corniche,
Tel. 05 59 20 37 20.
Juni–Mitte Sept. Mo–Sa 10–14, 15–17.30, So 14–18, Feb.–Mai, Mitte Sept.–Mitte Dez. Mo–Fr 10–12, 15–16 Uhr.
Neogotisches Schloss aus dem 19. Jh., in dem Antoine d'Abbadie lebte.
Château Urtubie, an der N 10 bei 64122 Urrugne.
Mitte März–Mitte Nov. tgl. 14–19 Uhr.
Seit dem 14. Jh. im Familienbesitz.
Hier kann man nach der Besichtigung dinieren und übernachten.
Parc Florénia, an der N 10 südl. von 64122 Urrugne.
28. März–7. Nov. tgl. 10–19 Uhr.
18 ha großer botanischer Garten.

Boots- und Angelausflüge: Bateau Arguia, Port de Plaisance, Tel. 05 58 43 94 81. **Kajak:** Kalapo Kayak, Tel. 05 59 37 77 47. **Segeln:** Centre Nautique, Baie de Txingudy, Tel. 05 59 48 06 07. **Surfen:** Fluide Système, 4, rue des Orangers, Tel. 05 59 20 67 47. **Tauchen:** Club de

Plongeé Urpean, Maison de la Mer, Port de Pêche, Tel. 05 59 20 55 55.

Am 13. Juli **Calamares-Tag.** Leckeres Essen, Folkloredarbietungen. **Fête Basque** mit Stierkampf im Juli/Aug. **Chorfestival** im Okt.

Les Herbiers

Lage: D3
PLZ 85500

OT, 10, rue Nationale, Tel. 02 51 92 92 92, Fax 02 51 92 93 70.

*****Château du Boisniard,** 85500 Chambretaud, Tel. 02 51 67 50 01, Fax 02 51 67 53 81. 10 Zimmer, teuer.
Schloss aus dem 18. Jh., 1980 restauriert. Großer Park, Tennis.
****Centre,** 6, rue de l'Eglise, Tel. 02 51 67 01 75, Fax 02 51 66 82 24. 9 Zimmer, günstig.
Kleines Haus im Zentrum. Restaurant.

Cotriade, 18, rue de Saumur, Tel. 02 51 91 01 64.
Regionale Spezialitäten im Hôtel Relais.
Außerhalb: **Auberge de la Bruyère,** 18, rue du Dr. Barbanneau, 85700 Pouzauges (ca. 15 km südöstl.), Tel. 02 51 91 93 46.
Empfehlenswerte Vendée-Küche im gleichnamigen Hotel, Panoramablick.
Halle Renaissance und Relais de Poste XVIII, beide im Park von Puy du Fou. Musik- und Tanzdarbietungen der Renaissance und des 18. Jh. Vorbestellung unerlässlich (Tel. 02 51 64 11 11).

Chemin de fer de la Vendée. Juni–Sept. am Wochenende. Dampfzug von Mortagne nach Les Herbiers mit Zwischenstopp in Les Epesses (dort Musée de l'histoire des Chemins de fer de la Vendée, Mitte Juni–Mitte Sept. tgl. außer Mo 9–12, 14–19 Uhr).
Außerhalb: **Mont des Alouettes,** bei Les Herbiers, an der N 160. Juli/Aug. Fr–So ab 15, Sept.–Juni Sa ab 15 Uhr. Windmühlen.
Moulin des Justices, bei St-Michel-Mont-Mercure, an der D 755, Tel. 02 51 57 79 09.
Mühlenbesichtigung n. V.
Moulins du Terrier-Marteau, bei 85700 Pouzauges, Tel. 02 51 57 52 83.
Führungen durch die Mühlen n. V.
Puy du Fou, 30, rue Georges Clemenceau, 85590 Les Epesses, mit: Cinéscénie, **Historienschauspiel** zur Geschichte der Vendée, Mai–Sept. Fr und Sa abends, genaue Termine und Reservierungen unter Tel. 02 51 64 11 11; Grand Parcours, Mai Sa, So und feiertags, 1. Juni–12. Sept. tgl. 10–19 Uhr, **Kulturhistorischer Freizeitpark;** Château et Ecomusée de la Vendée, 1. Mai–30. Sept. Di–So 10–19, 1. Okt.–30. April Di–So 10–12, 14–18 Uhr.

Hossegor

Lage: C13
PLZ 40150

OT, pl. des Halles, Tel. 05 58 41 79 00, Fax 05 58 41 79 09, www.ville-soorts-hossegor.fr.

****Hostellerie de la Forêt,** rte. des Lacs, Tel. 05 58 43 88 23, Fax 05 58 43 80 01. 15 Zimmer, günstig.
Ehemaliges Kloster von 1830, umgeben von einem Park. Restaurant.

***Camping du Lac,
Lac d'Hossegor,
Tel. 05 58 43 53 14, Fax 05 58 43 55 83.
250 Plätze, 1. Apr.–30. Sept.
Im Wald gelegen.

Bistro de Marcel,
94, pl. des Landais,
Tel. 05 58 41 76 54.
Fisch, Ente und Gänseleberpastete direkt am Ozean.
Green, 333, av. du Tour du Lac,
Tel. 05 58 43 70 13.
Traditionelle Landais-Küche im Haus am See.
Huîtrières du Lac,
1187, av. du Touring-Club,
Tel. 05 58 43 51 48.
Frische Austern, Meeresfrüchte.

Fahrradverleih: Sunrise Location Vélo, Résidence le Point d'Or, Hossegor-Plage, Tel. 05 58 43 53 96.
Golf: Club d'Hossegor, av. du Golf,
Tel. 05 58 43 56 99. 18 Loch. **Wassersport:** Hossegor Surf Club,
Tel. 05 58 43 80 52. Surfen. Yacht Club Landais, Tel. 05 58 43 96 48. Segeln.

24 Heures de Surf Casting: Nat. **Angelwettbewerb** im Mai. Championnat du Monde de Surf: **Surfweltmeisterschaft** im Aug. Festival Européen des Cerfs-Volants: Im Okt./Nov. nehmen **Drachensteiger** den Strand in Beschlag.

Casino Le Sporting
(aus den 30er Jahren des 20. Jh.), 119, av. Maurice Martin.

Hourtin

Lage: D8
PLZ 33990

OT, Maison de la Station,
Tel. 05 56 09 19 00,
Fax 05 56 09 22 33,
www.hourtin-medoc.com.

****Dauphin,**
17, pl. de l'Eglise,
Tel. 05 56 09 11 15, Fax 05 56 09 24 37.
20 Zimmer, sehr preiswert bis günstig.
Kleines Hotel mit Restaurant und Pool.
*****Camping Airotel Côte d'Argent,**
Hourtin-Plage,
Tel. 05 56 09 10 25, Fax 05 56 09 24 96.
750 Plätze, 15. Mai–15. Sept.
Am Meer. Mit Pool.
****Camping Rotonde,**
chemin de Becassine,
Tel. 05 56 09 10 60, Fax 05 56 73 81 37.
300 Plätze. 1. Apr.–30. Sept.
Mit Pool.
***Au Bon Coin,** rte. de Pauillac,
Tel. 05 56 09 10 82, Fax 05 56 73 81 41.
100 Plätze. Mit Pool.

Markt Do vormittags, Juli/Aug. auch Di, Do, Sa in Hourtin, Mo, Mi, Fr in Hourtin-Plage.

Ile d'Aix

Lage: D6
PLZ 17123

Mairie,
rue Gourgaud,
Tel. 05 46 84 66 09, www.iledaix.fr.

****Napoléon,**
rue Gourgaud,
Tel. 05 46 84 66 02, Fax 05 46 84 69 70.
14 Zimmer, günstig, 1. Nov.–14. März geschl.
Einziges Hotel der Insel. Restaurant (So abends und Mo außerhalb der Saison geschl.). Einfach.

***Camping Fort La Rade,**
Tel. 05 46 84 28 28, Fax 05 46 84 00 44.
76 Plätze, 4. April–1. Sept.

Paillottes, nördl. von Le Bourg, Tel. 05 46 84 66 24.
Maritime Spezialitäten.

Musée Africain,
30, rue Napoléon.
Do–Di 10–12 und 14–17.30 Uhr.
Exponate aus Ägypten.
Musée Napoléon, 30, rue Napoléon.
April–Okt. Mi–Mo 10–12 und 14–17.30 Uhr, Nov.–März So und feiertags.
Ausstellung zu Napoléon Bonaparte.

Fahrradverleih: Cycl'Aix,
an der Schiffsanlegestelle,
Tel. 05 46 84 69 75.

Fähre: Überfahrt ab Pointe de la Fumée bei Fouras ganzjährig,
Dauer 25 Min. Tel. 05 46 41 76 24.
Im Sommer auch Ausflüge ab Ile d'Oléron, Ile de Ré und La Rochelle.

Ile de Noirmoutier

(85330 Noirmoutier-en-l'Ile,
85630 Barbâtre,
85680 La Guérinière)
Lage: B2/3

OT, rte. du Pont, Barbâtre,
Tel. 02 51 39 80 71,
Fax 02 51 39 53 16, www.ile-noirmoutier.com; **OT,** quai Jean Bart, Noirmoutier-en-l'Ile, Tel. 02 51 39 12 42.

***Punta Lara,** chemin de la Noure, La Guérinière,
Tel. 02 51 39 11 58, Fax 02 51 39 69 12.
64 Zimmer, teuer,
1. April–15. Okt.
Ferienanlage am Meer, Pool, Tennis. Restaurant.
***Fleur de Sel,**
rue des Saulniers, Noirmoutier-en-l'Ile,
Tel. 02 51 39 09 07, Fax 02 51 39 09 76.
35 Zimmer, moderat bis teuer,
16. März–2. Nov.
Zimmer teils zum Garten oder mit Terrasse. Beheizter Pool, erlesenes Restaurant (Fischspezialitäten, teuer), Sauna, Tennis, Fahrradvermietung.
***Général d'Elbée,**
pl. d'Armes, Noirmoutier-en-l'Ile,
Tel. 02 51 39 10 29, Fax 02 51 39 08 23.
29 Zimmer, teuer, 1. April–1. Okt.
Haus aus dem 18. Jh. im Ortskern.
Garten, Pool.
Château du Pélavé,
9, allée de Chaillot, Bois de la Chaise,
Tel. 02 51 39 01 94, Fax 02 51 39 70 42.
19 Zimmer, günstig bis moderat.
Schlosshotel, Park, gutes Restaurant, Parkplatz.
Capucines,
38, av. de la Victoire, Bois de la Chaise,
Tel. 02 51 39 06 82, Fax 02 51 39 33 10.
21 Zimmer, günstig bis moderat,
15. Feb.–12. Nov.
Logis de France, Familienhotel, ruhig, 800 m zum Strand, Pool, lokale Küche (teuer), Parkplatz.
St-Pierre, 87, rte. de l'Herbaudière,
Noirmoutier-en-l'Ile,
Tel. 02 51 39 03 62, Fax 02 51 39 55 41.
20 Zimmer, günstig.
Pool. Auf dem Gelände steht eine Mühle.
***Camping Municipal Midi,**
Barbâtre,
Tel. 02 51 39 63 74, Fax 02 51 39 88 12.
750 Plätze, 1. April–30. Sept.
An feinsandiger Bucht. Tennis, Pools, Wassersport.
*Camping Oasis de la Clère,**
47, allée de la Clère, Bois de la Chaise,
Tel./Fax 02 51 39 21 44.
30 Plätze, 1. April–30. Sept.

Klein, einfach, preiswert.
Unter Bäumen am Strand.

Anse Rouge, Bois de la Chaise, Tel. 02 51 39 05 63.
Meeresfrüchte, regionale Spezialitäten, Terrasse, preiswerte Menüs.
Bistrot des Iles, Pointe de la Fosse, Barbâtre, Tel. 02 51 39 68 95.
Am Strand, Terrasse, Meeresfrüchte. Teuer.
Cantine Berthe, 1, rue du Père Crêpier, Le Vieil, Tel. 02 51 35 83 96.
Uriges Haus, dörfliche Atmosphäre, kreative Küche.
Grand Four, 1, rue de la Cure, Noirmoutier-en-l'Ile, Tel. 02 51 39 61 97.
Beliebtes Haus beim Schloss, Meeresfrüchte.

Sealand l'Aquarium, Noirmoutier-en-l'Ile.
Tgl. 10–12. 14–19 Uhr, Mitte Nov.-Anfang Feb. geschl.
Geschützt von einem Glaspanzer, unterwandert man 25 Wasserlandschaften der Welt.

Musée du Château, pl. d'Armes, Noirmoutier-en-l'Ile.
6. Feb.–15. Nov. Mi–Mo 10–12.30, 14–18, im Sommer tgl. 10–19 Uhr.
Heimatgeschichte, Seefahrt, englisches Porzellan des 18./19. Jh., Geologie.
Musée de la Construction Navale, rue de l'Ecluse, Noirmoutier-en-l'Ile.
3. April–7. Nov. Di–So 10–12.30, 14.30–18, im Sommer tgl. 10–19 Uhr.
In altem Salzlagerhaus Aufrisse von Schiffen, Werkzeuge zum Bootsbau, Rümpfe, Schiffsfriedhof.
Musée du Fromage et Chèvrerie, 163, rte. de l'Herbaudière, tgl. 9–12.45, 14.30–19 Uhr.
Ziegen-Aufzucht, Produktion und Verkauf von Ziegenkäse und Mohairwolle.
Musée des Traditions de l'Ile, pl. de l'Eglise, La Guérinière.
Juli–Aug. tgl. 10–19, April–Juni und 1.–15. Okt. 14.30–17.30 Uhr.
Handwerk und Leben der Insulaner.

Bootsausflüge: Überfahrt zur Ile du Pilier, Mr. & Mme. Couteleau, Le Blanc Moutier, Tel. 02 51 39 09 62. Tagesausflug auf dem Segelschiff »O'Abandonado« von 1916: Tel. 02 51 39 89 57 (ca. 40 € pro Person mit Mittagessen). **Fahrradverleih:** Cycl'Her, 1, rue du Centre, Barbâtre, Tel. 02 51 35 80 61. Charier Cycles, av. Joseph-Pineau, Noirmoutier-en-l'Ile, Tel. 02 51 39 01 25 23, auch **Scooter.** Besuch der Marais Salants mit Besichtigung der Arbeit und Salzverkauf: Michel Gallois, 46, rue Pierre-Monnier, Noirmoutier-en-l'Ile, Tel. 02 51 39 52 72. **Wasserfreizeitspaß** Océanile, L'Epine. Mitte Juni–Mitte Sept. 10–19 Uhr. Im Sommer einstündige **Fahrten mit der Pferdekutsche:** Tel. 02 51 39 99 60. **Reiten:** Centre Equestre, rue du Puits Namer, l'Herbaudière, Tel. 02 51 39 59 38 (ca.15 €/Std.). **Segelschulen, Wassersport, Bootsvermietung:** Multivoile, Bois de la Chaise, Tel. 06 08 72 88 66; Hissez Haut, cale de l'Océan, Barbâtre, Tel. 02 51 39 80 19. **Tauchen** zu den Wracks der Region: Euro Plongée, l'Herbaudière, Tel. 02 51 39 09 00. Sechs **Wanderwege** (Zeichen: Storch mit Rucksack) zwischen 5 und 14 km, Faltblatt dazu beim OT.

L'Ile aux parfums, 6, rue Piet les Arcades, Noirmoutier-en-l'Ile; die Welt der Düfte. **Aquatique,** 2, pl. de la République, Noirmoutier-en-l'Ile; Bademoden. **Leroux,** 39, rue du Port, L'Herbaudière; Butterplätzchen. **L'Ile Gourmande,** 116, rte. de l'Herbaudière, Noirmoutier-en-l'Ile; lukullische Spezialitäten der Insel und der Vendée. **Markt** in Noirmoutier-en-l'Ile Di und Fr (April–Sept.), pl. de la République, 23. Juni–8. Sept. auch So; L'Herbaudière Mo (Juni–Sept.), L'Epine und Barbâtre Mi, La Guérinière Mitte Juni–Mitte Sept. Do und So.

Im Sommer Segelregatten, darunter **Les Régates du Bois de la Chaise,** und **Festival Les Arts de la Mer** (traditionelle und klassische Musik, Ausstellungen von Insel-Künstlern).

Diskotheken (Juli/Aug. tgl., sonst nur Feiertage und Wochenende): La Calorge, rte. de Noirmoutier, L'Epine, Livemusik, Abende mit Kostümierung etc. Boîte à Sel, rue des Saulniers, Noirmoutier-en-l'Ile, Themenabende etc. **Kinos:** Le Mimosa, 73, av. Joseph-Pineau, rte. du Bois de la Chaise, und Le Gois, 18, rte. du Gois, Barbâtre.

Fähre: April–Sept. ein- bis zweimal tgl. Schnellboote zur Ile d'Yeu ab Pointe de la Fosse (V.I.I.V., Tel. 02 51 39 00 00; Tickets dort oder im OT). Nach Pornic Juli/Aug. Mo, Di, Fr 9.45 Uhr ab Bois de la Chaise, Juli–Sept. ab Noirmoutier (Infos M. Couteleau, Tel. 02 51 39 09 62).

Ile d'Oléron

(17190 Boyardville und St-Georges-d'Oléron, 17310 St-Pierre-d'Oléron und La Cotinière, 17370 St-Trojan-les-Bains und Le Grand-Village, 17480 Le Château-d'Oléron, 17550 Dolus-d'Oléron, 17650 St-Denis-d'Oléron)

Lage: C/D6

Maison du Tourisme, rte. du Viaduc, Tel. 05 46 85 65 23, Fax 05 46 85 68 96; **OT,** pl. Gambetta, St-Pierre, Tel. 05 46 47 11 39, Fax 05 46 47 10 41; **OT,** pl. de la République, Château, Tel. 05 46 47 60 51, Fax 05 46 47 73 65, www.ot-chateau-oleron.fr.

******Grand Large,**
Baie de la Remigeasse, Dolus,
Tel. 05 46 75 37 89, Fax 05 46 75 49 15.
22 Zimmer, teuer bis sehr teuer,
1. Mai–30. Sept.
In den Dünen am Strand von Remigeasse gelegen. Meeresfrüchte und Fischgerichte im Restaurant (teuer). Pool, Tennis.

*****Ecailler,**
65, rue du Port, La Cotinière,
Tel. 05 46 47 10 31, Fax 05 46 47 10 23.
8 Zimmer, günstig bis moderat,
29. Jan.–15. Nov.
Kleines Hotel (Logis de France, Hôtel de Charme) im malerischen Fischereihafen, mit Restaurant.

****Forêt,**
16, bd. Pierre Wiehn, St-Trojan,
Tel. 05 46 76 00 15, Fax 05 46 76 14 67.
43 Zimmer, günstig bis moderat,
1. April–31. Okt.
Am Meer gelegenes Hotel (Logis de France), Pool, Restaurant.

****Des Bains,**
1, rue des Quais, Port de Boyardville, St-Georges,
Tel. 05 46 47 01 02, Fax 05 46 47 16 90.
11 Zimmer, sehr preiswert,
24. Mai–23. Sept.
Einfaches Haus am Hafen.

*****Camping Pierrière,**
18, rte. de St-Georges, St-Pierre,
Tel. 05 46 47 08 29, Fax 05 46 75 12 82.
140 Plätze, 7. Mai–26. Sept.
Schöne Anlage im Grünen nahe der Inselhauptstadt. Schatten, Pool.

****Camping Océan,**
Plage de Chaucre, St-Georges,
Tel. 05 46 76 52 54, Fax 05 46 76 88 36.
83 Plätze, 2. April–30. Sept.
100 m vom Strand von Chaucre,
ideal für Surfer.

Auberge de la Campagne, Domaine du Fief Norteau, St-Pierre-d'Oléron, Tel. 05 46 47 25 42.
Kreative Gourmetküche auf dem Lande. Teuer.
Criée,
Le Port, St-Trojan, Tel. 05 46 76 04 96.
Frischer Fisch und Austern am Hafen.
Pertuis, Plage de Gatseau,
St-Trojan, Tel. 05 46 76 02 46.
Feinschmecker-Restaurant mit schönem Ausblick aufs Meer.
Relais de Salines,
Port de Salines, Le Grand-Village-Plage,
Tel. 05 46 75 82 42.
Meeresfrüchte in ehemaliger Hütte der Austernfischer.

Parc des Myocastors, Dolus.
25. Mai.–5. Sept. tgl. 10.30–19.30 Uhr.
Sumpfbiberzucht.
Parc aux Oiseaux et Animalier, Maisonneuve, rte. de la Cotinière, St-Pierre.
Tgl. 9.30–19 Uhr.
240 Vogelarten sowie Lamas, Esel und Ziegen etc.
Parc Ornithologique du Maraisaux,
bei Les Grissotières, Dolus.
Juli/Aug. tgl. 10–20, 10–13, 14–19 Uhr.
10 ha großes Vogelschutzgebiet.

Ecomusée Le Village des Pêcheurs, Port des Salines.
Kleines Musterdorf mit alten Kuttern, Austernhütten, Restaurants, Ausstellungen zu Salzgewinnung und Austernzucht.
Musée Aliénor-d'Aquitaine,
23, rue Pierre Loti, St-Pierre.
15. Juni–15. Sept. Mo–So 10–12, 14–18 Uhr.
Heimatmuseum mit Erinnerungsstücken an den Schriftsteller Pierre Loti.

Bootsausflüge: Terres Marines, rue William Bertrand, Bourcefranc-le-Chapus, Tel. 05 46 85 27 42. Zu den Austernbänken und Salzfeldern im Bassin de Marennes-Oléron. Inter-Iles, rte. de la Plage, Boyardville, Tel. 05 46 47 01 45. Zum Fort Boyard, den Inseln Aix und Ré und nach La Rochelle. Croisières Océanes, Tel. 05 46 47 95 53. Von St-Denis nach La Rochelle. **Fischen:** Les Pêcheurs du Bout du Monde, St-Denis, Tel. 05 46 75 99 62. **Golf:** Golf d'Oléron, St-Pierre, Tel. 05 46 47 11 59. 9 Loch. **Reiten:** Ecole d'Equitation, St-Trojan-les-Bains, Tel. 05 46 76 05 23.
Segeln/Surfen/Tauchen:
Boyard Voile, Plage Boyardville,
Tel. 06 09 10 65 23. Diabolo Fun,
Plage des Huîtres, St-Denis,
Tel. 05 46 47 98 97.

Ile de Ré

17410 St-Martin-de-Ré,
17580 Le Bois-Plage-de-Ré,
17590 Ars und St-Clément-des-Baleins,
17630 La Flotte, 17670 La Couarde-sur-Mer, 17740 Ste-Marie-de-Ré

Lage: C/D5

OT, av Victor Bouthillier, St-Martin, Tel. 05 46 09 20 06, Fax 05 46 09 06 16, ot.st.martin@wanadoo.fr; **OT,** quai Sénac, La Flotte, Tel. 05 46 09 60 38, Fax 05 46 09 64 88; **OT,** pl. Carnot, Ars, Tel. 05 46 29 46 09, Fax 05 46 29 68 30.

******Richelieu,** 44, av. de la Plage, La Flotte, Tel. 05 46 09 60 70, Fax 05 46 09 50 59. 44 Zimmer, moderat bis sehr teuer, Jan. geschl.
Bestes Haus auf der Insel, Einrichtung im Stil von Louis XVI. Mit Thalassotherapie. Sehr gutes Restaurant (teuer).
****Océan,** 172, rue de St-Martin, Le Bois-Plage, Tel. 05 46 09 23 07, Fax 05 46 09 05 40. 24 Zimmer, moderat.
Typisches Inselhaus im Ortskern (Logis de France). Garten, Restaurant (teuer).
***Hippocampe,** 16, rue du Château des Mauléons, La Flotte, Tel. 05 46 09 60 68, Fax 05 46 09 68 84. 14 Zimmer, sehr preiswert bis günstig. Im Ortskern, Nähe Strand. Garten.
*****Camping Océan,** rte. d'Ars, La Couarde-sur-Mer, Tel. 05 46 29 87 70, Fax 05 46 29 92 13. 338 Plätze, 1. April–30. Sept.
Direkt am Meer.
*****Camping Grenettes,** rte. du Bois-Plage, Ste-Marie, Tel. 05 46 30 22 47, Fax 05 46 30 24 64. 200 Plätze, 1. März–30. Nov.
Schattiger Platz mit Pool in 7 ha großem Park. 200 m zum Strand.

Auberge de la Chauvetière, 1, rue de la Beurelière, Ste-Marie, Tel. 05 46 30 21 56.
Traditionelle Küche im Zentrum von Ste-Marie mit Entenbrust und Gänseleberpastete.
Bistrot de Bernard, am Hafen von Ars, Tel. 05 46 29 40 26.
Meeresfrüchte, kreativ zubereitet. Teuer.
Chasse Marée, pl. de la Liberté, Les Portes, Tel. 05 46 29 52 03.
Sehr gute maritime Küche, Terrasse.
Chat Botté, 20, rue de la Mairie, St-Clément-des-Baleines, Tel. 05 46 29 42 09.
Günstige Fischgerichte, mit Garten.
La Salicorne, 16, rue de l'Olivette, La Couarde-sur-Mer, Tel. 05 46 29 82 37.
Gemütliches Gourmetrestaurant.

Arche de Noë, St-Clément. April–Okt. tgl. 14–18, 1. Juni–31. Aug. 10.30–19.30 Uhr.
Freizeitpark mit exotischen Tieren und einem Ozeanmuseum.

Ecomusée du Marais Salant, rte. de la Passe, Loix. 15. Febr.–11. Nov. tgl. 10–12.30, 14.30–19 Uhr.
Freilichtmuseum zur Salzgewinnung.
Hôpital, rue de l'Hôpital, La Couarde. Besichtigung n. V., Tel. 05 46 09 20 01. Apotheke mit Interieur aus dem 18. Jh. im Krankenhaus der Insel.
Musée Naval et Ernest-Cognacq, av. Victor Bouthillier, St-Martin. 15. Juni–15. Sept. 10–19, 16. Sept.–14. Juni Mi–So 10–12, 14–17 Uhr.
Geschichte der Seefahrt, Heimatkunde.

Fahrradverleih: Cycland, 15/17, rue du Marché, La Flotte, Tel. 05 46 09 65 27. **Golf:** Trousse Chemise, Les Portes, Tel. 05 46 29 69 37. 9 Loch. **Reiten:** Le Haras des Evières, Le Bois-Plage, Tel. 05 46 09 10 48. **Segeln:** Ecole de Voile de Gros Jonc, plage de Gros Jonc, Le Bois-Plage, Tel. 05 46 30 28 44. **Surfen:** Ecole de Voile la Cabane Verte, plage de Gros Jonc, Le Bois-Plage, Tel. 05 46 09 94 73. **Thalasso:** Thalacap, pointe de Grignon, Ars, Tel. 05 46 29 98 98. Les Bains d'Aphrodite, 44, av. de la Plage, La Flotte, Tel. 05 46 09 54 31.

Inter-Iles, Tel. 05 46 09 87 27. Nach La Rochelle, zum Fort Boyard, zur Ile d'Aix und Ile d'Oléron.

Ile d'Yeu

Lage: A3
PLZ 85350

OT,
pl. du Marché, Port-Joinville, Tel. 02 51 58 32 58, Fax 02 51 59 24 89, office.tourisme.yeu@wanadoo.fr.

*****Atlantic,**
quai Carnot, Port-Joinville, Tel. 02 51 58 38 80, Fax 02 51 58 35 92. 16 Zimmer, günstig bis moderat. Blick auf den Hafen.
****Escale,** 14, rue de la Croix du Port, Port-Joinville, Tel. 02 51 58 50 28, Fax 02 51 59 33 55. 28 Zimmer, sehr preiswert bis günstig. Garten.
Camping Municipal,
Pointe Gilberge, Tel. 02 51 58 34 20. Sehr einfacher Platz, aber schöne Lage unter Pinien an der Plage de Ker Chalon.

Aquilon, quai de la Mairie, Port-Joinville, Tel. 02 51 58 74 04. Traditionelle Küche.
Ossouellé, 9, rue Georgette, Port-Joinville, Tel. 02 51 58 58 17. Lokale Küche, Terrasse.

Grand Phare,
im Sommer 9–11.45, 14–17 Uhr.
Vieux Château, kommentierte Führungen durch OT im Sommer.

Musée de la Pêche,
quai de la Chapelle, Di–Sa 10–12.30, 16–19 Uhr. Museum zur Fischerei.

Fahrradverleih: Nähe Fähranleger (auch **Scooter und Auto**): Loc'n Sun, 11, quai Carnot, Tel. 02 51 58 36 08. La Roue libre (auch Scooter), 4, rue Calypso, Tel. 02 51 59 20 70. Vélo Prom'nade, 15, quai de la Mairie, Tel. 02 51 58 43 22. **Reiten:** Centre Equestre Les Violettes, chemin des Violettes, Les Sapins, Tel. 02 51 58 74 00. **Segeln:** CNID, baie de la Pipe, Tel. 02 51 58 31 50. **Tauchen:** Sub'évasion, Port de la Meule, Tel. 02 51 58 59 59.

Markt tgl. vormittags in Port-Joinville, in der Saison auch in St-Saveur; auf dem Markt Bonbons aus Butter und Pflaumen.

Disco La Marine, quai de la Chapelle, Port-Joinville. **Kino,** rue du Petit Chiron, Port-Joinville.

Fähre: Pkw-Fähre, 75 Min., Compagnie Yeu Continent, 3, av. de l'Estacade, Fromentine, Tel. 02 51 49 59 69.
Zug: Gare de L'Ile d'Yeu, Tel. 02 51 58 36 66. Gare de Fromentine, Tel. 02 51 49 59 69; im Winter 1–2, im Sommer bis zu 6 Abfahrten tgl.
Schnellboot: (ohne Fahrzeugbeförderung), 45 Min., Compagnie Yeu Continent (s. o.); V.I.I.V., 11, quai Carnot, am Hafen. 9, rue l'Estacade, Fromentine. April–Sept., beste Verbindung ab Fromentine (schon im April 2–3 Abfahrten tgl.). Hin und zurück ab Fromentine ca. 27 € (Fahrräder mieten ca. 15 €). Für Fahrzeug je nach Länge ca. 250–350 € (Wohnmobil Sondertarif). In der Hauptsaison 1 Monat im Voraus reservieren.
Flug: mit Hubschrauber der Oya-Hélicoptères von La Barre-de-Monts (Tel. 02 51 49 01 01) nach Port-Joinville (quai de la Chapelle, Tel. 02 51 59 22 22). 10 Min., eine Strecke ca. 70 €. Aérodrome, Le Grand Phare, Tel. 02 51 58 38 22, für Flüge mit kleinen Maschinen ab Nantes (Aéro-Entreprise, Tel. 02 40 84 95 30), einfache Strecke ca. 170 €.

Jarnac

Lage: F7
PLZ 16200

OT, pl. du Château,
Tel. 05 45 81 09 30,
Fax 05 45 36 52 45.

****Camping Municipal Ile Madame,**
Tel. 05 45 81 18 54, Fax 05 45 81 24 98.
200 Plätze, 1. Apr.–30. Okt.
Schattig. Pool, Tennis. Angelmöglichkeit.

Château, pl. du Château,
Tel. 05 45 81 07 17.

Courvoisier, 2, pl. du Château.
1. Okt.–31. Mai tgl. 9.30–11,
14–17, 1. Juni–30. Sept.
tgl. 9.30–17 Uhr.
Cognac-Keller, Ausstellung zu Napoléon.
Donation François Mitterrand,
10, quai de l'Orangerie.
April–Juni, Sept. Mi–Mo 14–18,
Juli/Aug. tgl. 10–12, 14–19 Uhr.
Von Mitterrand zusammengestellte Einrichtungsgegenstände und Geschenke an den Staatsmann.

Bootsausflug an Bord der »Chabot«, Tel. 05 45 81 09 30.
Mai–Okt. tgl.

A. E. Dor, 4 bis, rue Jacques Moreau. Besonders wertvolle Cognacs, u. a. von 1894.
Trouvailles du puits, 45, Grand' Rue.
Antiquitäten.

Lacanau

Lage: D9
PLZ 33680

OT, pl. de l'Europe, Lacanau-Océan, Tel. 05 56 03 21 01,
Fax 05 56 03 11 89, www.lacanau.com.

****Oyat, Front de Mer,**
Lacanau-Océan,
Tel. 05 56 03 11 11, Fax 05 56 03 12 29.
30 Zimmer, günstig bis moderat,
April–Okt.
Am Strand. Restaurant (Meeresfrüchte), Parkplatz.
******Camping Airotel de l'Océan,**
Lacanau-Océan,
Tel. 05 56 03 24 45, Fax 05 57 70 01 87.
550 Plätze, 25. Apr.–27. Sept.
Im Wald, 600 m vom Strand. Restaurant, Pool, Tennis, Disco.
****Ermitage, Le Moutchic,**
Tel. 05 56 03 00 24.
70 Plätze, 1. Juli–31. Aug.
100 m vom Lac de Lacanau.

Araucaria, Lac du Moutchic,
Tel. 05 56 26 22 67.
Lokale Fischgerichte.
Canne à Sucre, 11, rue Marian,
Lacanau-Océan, Tel. 05 56 03 21 25.
Karibische Küche.

Fahrradverleih: Locacycle, av. de l'Europe, Lacanau-Océan, Tel. 05 56 26 30 99. **Golf:** Golf de l'Ardilouse, Lacanau-Océan, Tel. 05 56 03 92 98. 18 Loch. **Reiten:** Village Cheval, rte. du Baganais, Lacanau-Océan, Tel. 05 56 03 91 00. **Segeln, Windsurfen:** Voile Lacanau Guyenne, Grande Escoure, Tel. 05 56 03 05 11. **Surfen:** Surf City, bd. de la Plage, Lacanau-Océan, Tel. 05 56 03 12 56; Verleih. Lacanau Surf Club, Maison de la Glisse, Tel. 05 56 26 38 84; Unterricht.

Di vormittags **Markt** in Lacanau, Mi in Lacanau-Océan.

2. Aprilwochenende **Segelfest Coupe de France de Voile Olympique. Fête de la Mer** Mitte Aug. Ab Mitte Aug. **Internationale Surf- und Wasserskimeisterschaften.**

Pergola, av. Princeteau. Disco (22–5 Uhr).

Bus: Societé Nouvelle des Cars Ouest Aquitaine, Tel. 05 56 70 12 13. Nach Bordeaux (St-Jean).

Langon

Lage: F10
PLZ 33210

OT, 11, allées Jean Jaurès, Tel. 05 56 63 68 00, Fax 05 56 63 68 09, office-du-tourisme-langon@wanadoo.fr.

*****Château de la Tour,** 12 km nordwestl. an der D 10, Béguey, 33410 Cadillac, Tel. 05 56 76 92 00, Fax 05 56 62 11 59. 32 Zimmer, moderat.
Komfortables Haus. Pool, Tennisplatz, Restaurant.
****Horus,**
2, rue des Bruyères, Tel. 05 56 62 36 37, Fax 05 56 63 09 99. 34 Zimmer, sehr preiswert bis günstig. Einfaches Hotel mit Restaurant.

Saprien,
rue Principale, 33210 Sauternes, Tel. 05 56 76 60 87.
Regionale Spezialitäten in dörflicher Atmosphäre. Teuer.

Château de Malle,
3 km westl. von Langon. Juli/Aug. 10–19, April–Juni, Sept./Okt. 14–18 Uhr.
Schloss aus dem 17. Jh. mit Garten. Weingut.
Außerhalb: **Château des Ducs d'Epernon,** 33410 Cadillac. Juli/Aug. tgl. 9.30–13, 14–19, April–Juni und Sept. Di–So 9.30–12.30, 14–18, Okt.–März Di–So 10–12, 14–17.30 Uhr.
Château Malromé, Verdelais.
Juli/Aug. tgl. 10–12, 14–18.30, 1. April–14. Juni und 16. Sept.–30. Nov. Do–Sa 15–17, So 14–18 Uhr.
Schloss von Toulouse-Lautrec.
Malagar, 33490 St-Maixant.
Okt.–Mai Mi–Fr 14–17, Sa, So 10–12.30, 14–18, Juni–Sept. Mi–So 10–12.30, 14–18 Uhr.
Weingut, Museum zum Schriftsteller François Mauriac.

Reiten: Centre Hippique La Gourmette, chemin de la Merlaire, Tel. 05 56 63 01 53.

Lège-Cap-Ferret

Lage: D10
PLZ 33950

OT, 1, av. du Général de Gaulle, Claouey, Tel. 05 56 03 94 49, Fax 05 57 70 31 70, www.lege-capferret.com.

****Des Pins,**
23, rue des Fauvettes, Tel. 05 56 60 60 11, Fax 05 56 60 67 41. 14 Zimmer, günstig bis moderat, 31. März–11. Nov.
Liebevoll eingerichtetes Hotel mit Charme. Restaurant.
******Camping Airotel les Viviers,**
1, av. Léon Lesca, Claouey, Tel. 05 56 60 70 04, Fax 05 56 60 76 14.

980 Plätze, 1. Mai–30. Sept.
Am Bassin mit Privatstrand.
***Camping Municipal Les Sables d'Or,** 6, av. de Bordeaux, Tel. 05 56 60 62 73, Fax 05 56 60 32 32. 230 Plätze, 15. Mai–30. Sept. Sehr einfache Anlage.

Escale, 2, av. de l'Océan, Tel. 05 56 60 68 17. Meeresfrüchte. Mit herrlichem Bassin-Panorama.
Pinasse Café, 2 bis, av. de l'Océan, Tel. 05 56 03 77 87. Muscheln, Fisch und Calamares. Neben dem Escale.

Bootsverleih: Centre Marin, 37, av. de l'Atlantique, Tel. 05 56 60 63 56. **Fahrradverleih:** Veloc, av. du Général de Gaulle, Tel. 05 56 60 70 86. **Reiten:** Forainex Parc, rte. du Cap Ferret, Le Four, Tel. 05 56 60 72 99. **Wassersport:** Surf Center, 22, allée des Goélands, Tel. 05 56 60 61 05. Surfschule und Verleih. Club Nautique, pl. Eric Tabarly, Claouey, Tel. 05 56 60 73 15. Segelkurse und Vermietung.

Fête de l'Huître, Austernfest mit vielen Schlemmerständen Mitte Juli. **Les Musicales,** Fest der Meeresfrüchte mit Open-Air-Konzerten im Juli/Aug.

Le Petit Train, Bélisaire-La Pointe, Tel. 05 56 60 60 20. Ein Touristenzug verbindet Cap Ferret mit den Stränden.
Fähre: Nach Arcachon ab Jetée Bélisaire, Tel. 05 56 54 60 32. 30 Min. (Fahrräder zugelassen).

Léon

Lage: C13
PLZ 40550

OT, pl. Jean-Baptiste Courtiau, Tel. 05 58 48 76 03, Fax 05 58 48 70 38, ot.leon@wanadoo.fr.

****Lac,** Lac de Léon, Tel. 05 58 48 73 11. 12 Zimmer, günstig, 1. April–1. Okt. Hübsches Hotel mit Restaurant, idyllisch am See gelegen.
******Camping Lou Puntaou,** Lac de Léon, Tel. 05 58 48 74 30, Fax 05 58 48 70 42. 720 Plätze, 15. Apr.–30. Sept. Jeglicher Komfort.

Centre, Grand' Rue, Tel. 05 58 48 74 09. Nette Pizzeria im Zentrum. Teuer.
Relais de la Poste, 40140 Magesq (10 km östl. von Soustons), Tel. 05 58 47 70 25. Traditionslokal, regionale Küche. Teuer.

Fahrradverleih: Locacycles, 19, Grand' Rue, 40480 Vieux-Boucau-les-Bains, Tel. 05 58 48 04 79. **Golf:** Golf de Moliets, rue Mathieu Desbieys, Tel. 05 58 48 54 65.18 und 9 Loch. **Kahnfahrt:** Bei Huchet kann man den Courant d'Huchet und seine fast exotisch wirkenden Ufer auf einem Kahn erkunden. Tel. 05 58 49 21 89. **Reiten:** Vacances Equitation, rte. de Contis, 40170 St-Julien-en-Born (bei Contis-Plage), Tel. 05 58 42 46 06. **Wassersport:** Maa Surf School, 40660 Moliets, Tel. 05 58 48 55 69. Lac de Léon, Tel. 05 58 48 75 38. Kanu, Tret- und Ruderboot. Ecole Française de Voile, Lac de Léon, Tel. 05 58 48 78 80. Segeln. Atlantis Loisirs, an der

D 340 bei 40170 Contis-Plage, Tel. 06 08 35 16 82. Kanutour auf dem Courant de Contis.

Libourne

Lage: F9
PLZ 33500

OT, 40, pl. Abel Surchamp, Tel. 05 57 51 15 04, Fax 05 57 25 00 58, www.libourne-tourisme.com.

******Château Camiac,*** rte. de Branne, 20 km südl. in 33670 Créon, Tel. 05 56 23 20 85, Fax 05 56 23 38 84. 27 Zimmer und Suiten, moderat bis sehr teuer.
Schlosshotel mit Park. Restaurant (teuer).
****Duc de Libourne,** 9, rue des Treilles, Tel. 05 57 74 04 47, Fax 05 57 25 08 19. 11 Zimmer, sehr preiswert bis günstig. Klein und einfach. Garage.
****Camping Bel-Air,** Lorient-Sadirac, 33670 Créon, Tel. 05 56 23 01 90, Fax 05 56 23 08 38. 100 Plätze. Mit Pool.

Démons de Bacchus, 40, rue Fonneuve, Tel. 05 57 25 01 00.
Regionale Spezialitäten und innovative Küche, hausgemachtes Brot.
Vinci, 23, allées Robert Boulin, Tel. 05 57 51 88 13.
Italienische und lokale Spezialitäten, preiswertes Mittagsmenü.
Bord d'Eau, 4, Poinsonnet, 33126 Fronsac, Tel. 05 57 51 99 91. Am Ufer der Dordogne, raffinierte Küche.

Centre Culturel du Carmel, 45, allées Robert Boulin. Juni–Okt. Mo–Sa 10–12, 14–18, So 10–12, 15–19, Nov.–Mai Di–So 10–12, 14–18 Uhr.
Wechselnde Ausstellungen.
Médiathèque Municipale Condorcet, pl. des Récollets, Tel. 05 57 55 33 50. Ausstellungen und Veranstaltungen.

Musée des Beaux-Arts et d'Archéologie, 42, pl. Abel Surchamp. Mo–Fr 10–12, 14–17 Uhr.
Außerhalb: **Abtei,** 33670 La Sauve-Majeure. Juni–Sept. tgl. 10–18.30, übrige Jahreszeit 10–13, 14.30–17.30, So bis 18 Uhr.

Markt, pl. Abel Surchamp, Di, Fr und So vormittags; Trödelmarkt 2. Sa des Monats.
Pâtisserie Lopez, 18, rue Gambetta. Spezialität Nusskuchen.

L'Exotique, 5, quai de l'Isle. An Wochenenden Livemusik und Karaoke, sonst Café, Billard etc.
Rhythm and Bouff, 69, rue Gambetta. Bar, Bodega, Tapas, Musik, bis 2 Uhr nachts geöffnet.
Kino: Le Rex, 94, rue Etienne Sabatié.

Bus: Gare Routière, 62, av. Galliéni, Tel. 05 57 51 19 28. Libus (Stadt), 45, allées Robert Boulin, Tel. 05 57 51 00 24.
Bahn: Gare SNCF, pl. des Martyrs de la Résistance, Tel. 08 36 35 35 35.

Lusignan

Lage: G4/5
PLZ 86600

OT, pl. du Bail, Tel. 05 49 43 61 21, Fax 05 49 43 75 64, www.ot-lusignan.fr.

****Camping Municipal de Vauchiron,** rue Charles Clerc, Tel. 05 49 43 30 08, Fax 05 49 43 61 19. 100 Plätze, 15. Apr.–15. Okt. Einfacher Platz am Flussufer. Angeln.

Außerhalb: **Tumuli und Museum** in Bougon. Feb.–Juni und Sept.–Dez. Do–Di 10–18, Mi 14–18, Juli/Aug. Mo, Di, Do, Fr 10–19, Mi 14–18, Sa, So 10–20 Uhr.
Gerberei von Yves Carbonnier in Lavausseau. Juli–Sept. Mi und Fr 14.30–16 Uhr.

Maillezais

Lage: E5
PLZ 85420

OT, rue du Docteur Daroux, Tel. 02 51 87 23 01, Fax 02 51 87 29 10.

****St-Nicolas,** 24, rue du Docteur Daroux, Tel. 02 51 00 74 45, Fax 02 51 87 29 10. 16 Zimmer, günstig, 15. Feb.–15. Nov. Einige Zimmermit Kamin. Garten, Garage.
*****Camping Autises Municipal,** rte. de Maille, Tel. 02 51 00 70 79. 38 Plätze, 1. April–30. Sept.

La Grange aux Roseaux, Le Grand Port, Tel. 02 51 00 77 54. Regionale Spezialitäten.

Abbaye St-Pierre, Juli/Aug. tgl. 10–19, Sept.–Juni Mo–Sa 9.30–18, So 10–19 Uhr.

Außerhalb: **Maison du Petit Poitou,** Chaillé-les-Marais.
15. März–31. Mai und 16. Sept.–11. Nov. 10–18 Uhr, So vormittags geschl., 1. Juni–15. Sept. 10–19 Uhr.
Exponate und Filme zum Marais.

Boote mieten: Aria Loisirs, Tel. 02 51 87 14 00. **Fahrrad:** Hôtel La Bosselle, rte. de la Garnauderie, 85420 Damvix, Tel. 02 51 87 13 11. **Pferdewagen und Pferde:** Centre Equestre du Sud-Vendée, Damvix, Tel. 02 51 87 13 89.

Lokale Schnäpse aus der Distillerie de la Venise Verte, 27, rue de l'Eglise, Tel. 02 51 00 72 02. **Honig:** Mahé, 9, rue de la Trigale.

Marennes

Lage: D6
PLZ 17320

OT, pl. Chasseloup-Laubat, Tel. 05 46 85 04 36, Fax 05 46 85 14 20.

Commerce, 61, rue de la République, Tel. 05 46 85 00 09, Fax 05 46 85 44 91. Sehr preiswert.
Einfaches Familienhotel mit Restaurant.

Im Austernhafen von Marennes sowie an der Kanalstraße von La Tremblade, die zur Grève führt, reihen sich einfache **Fischrestaurants** sowie **Austern- und Muschelstände.**

Château de la Gataudière, nördl. des Zentrums. März–Nov. tgl. 10–12, 14–18 Uhr, 1. Okt–30. Nov. und 10. März–1. Juni Mo geschl.

Barockschloss, 1749 für den Entdecker des Kautschuks erbaut.

Musée Maritime, 17390 La Tremblade. April–Juni, Sept. Mo–Sa 15–18, Juli/Aug. Mi–So 15–19 Uhr. Museum zur Austernzucht.

Vom kleinen Hafen an der Kanalroute La Cayenne–Marennes werden **Bootsexkursionen in die Austernparks** unternommen. Tel. 05 46 85 20 85. Bei L'Embellie, La Gève–La Tremblade, Tel. 05 46 85 78 02 und Tel. 06 09 27 72 62, **Bootsausflüge zur Ile Madame,** Ile d'Aix, Ile d'Oléron und zum Fort Boyard.

Melle

Lage: F5
PLZ 79500

OT, 3, rue Emilien Travers, Tel. 05 49 29 15 10, Fax 05 49 29 19 83, tourisme.pays.mellois@wanadoo.fr.

****Glycines,** 5, pl. René Groussard, Tel. 05 49 27 01 11, Fax 05 49 27 93 45. 8 Zimmer, sehr preiswert bis günstig.
***Camping Municipal,** La Fontaine de Villiers, Tel. 05 49 29 18 04, Fax 05 49 27 01 51. 25 Plätze, Ostern–30. Sept. Schattiger, sehr einfacher, kleiner Platz.

Mines d'Argent des Rois francs, Juni–Sept. 10–12, 14.30–19.30, Okt.–15. Nov. und März–Mai Sa, So und feiertags 14.30–18.30 Uhr.
Außerhalb: **Maison du Baudet du Poitou,** 17470 Dampierre-sur-Boutonne. 1. Feb.–15. Dez. tgl. 10–12, 14–18, April, Mai und Sept. bis 19, Juli/Aug. 10–19 Uhr. Zucht des Baudet-Esels.
Maison du Protestantisme poitevin, Beaussais und La Couarde. April–Juni und Sept.–11. Nov. Sa, So und feiertags 14–18, Juli/Aug. Di–So 14.30–19 Uhr. Geschichte des Protestantismus. Lehrpfad zwischen beiden Kirchen.

Fromagerie des Gors, rte. de la Roche. Ziegenkäse.

Festival klassischer Musik im Mai.

Mimizan

Lage: C/D11
PLZ 40200

OT, 38, av. Maurice Martin, Tel. 05 58 09 11 20, Fax 05 58 09 40 31, www.mimizan-tourism.com.

*****Au Bon Coin du Lac,** 34, av. du Lac, Tel. 05 58 09 01 55, Fax 05 58 09 40 84. 8 Zimmer, moderat. Im Restaurant (teuer) zaubert Meisterkoch Jean-Pierre Caule.
***La Plage du Nord,** 76, rue de la Poste, Tel. 05 58 09 06 53. 10 Zimmer, sehr preiswert bis günstig, 1. Juni–30. Sept. Einfaches Haus am Surfstrand.
******Camping Club Marina,** Plage Sud, Tel. 05 58 09 12 66, Fax 05 58 09 16 40. 580 Plätze, 16. Mai–15. Sept.

Jeglicher Komfort. Tennis, Fitness-center, Pool, Disco.
****Camping du Lac,** Mimizan-Lac (D 87), Tel. 05 58 09 01 21.
483 Plätze am See, 1. April–10. Okt.

Atlantique, 38, av. de la Côte d'Argent, Tel. 05 58 09 09 42.
Regionale Küche im gemütlichen Hotel-Restaurant in Strandnähe.

Musée de Mimizan, rue de l'Abbaye, Mimizan-Bourg.
15. Juni–15. Sept. Mo–Sa 10.30–19 Uhr, sonst n. V. (Tel. 05 58 09 00 61).
Volkstümliche Ausstellung.

Golf: Golf de Woolsack, av. Woolsack, Tel. 05 58 09 47 51.
Übungsplatz, 3 Loch, Trainingsstunden.
Langlaufpiste auf Piniennadeln, eine Attraktion in Mimizan. Information Tel. 05 58 09 19 01. **Reiten:** Centre Equestre de la Marina, Tel. 05 58 09 34 25.
Wassersport: Maeva Surf Club, Tel. 05 58 09 17 74. Surfen. Base Nautique, Mimizan-Lac, Tel. 05 58 82 41 82. Segeln, Kanu und Kajak. **Courant d'Huchet:** *bateliers* zu buchen: Tel. 05 58 49 21 89.

1. Mai **Meeresfest.**

Casino, Mimizan-Plage.

Mont-de-Marsan

Lage: E12
PLZ 40000

OT,
6, pl. du Général Leclerc,
Tel. 05 58 05 87 37, Fax 05 58 05 87 36, www.mont-de-marsan.org.

*****Renaissance,**
225, rte. de Villeneuve,
Tel. 05 58 51 51 51, Fax 05 58 75 29 07.
30 Zimmer, günstig bis moderat.
Komfort-Neubau mit Dichterbüsten, 2 km vom Zentrum entfernt. Restaurant, Pool.
Midou, pl. Porte-Campet,
Tel. 05 58 75 24 26.
6 Zimmer, sehr preiswert.
Zentral, einfach und günstig.
****Camping Municipal,** rte. de Villeneuve (D 1), Tel. 05 58 75 04 73.
91 Plätze.

Cidrerie, 7, rue du 4-Septembre, Tel. 05 58 46 07 08.
Fleisch und Fisch vom Grill.
Ferme de Coumassotte,
3 km vom Zentrum auf dem Weg nach Dax (RN 124), Tel. 05 58 75 28 98.
Geflügelfarm mit Restaurant. Serviert wird Hausgemachtes vom Bauernhof.
Ferme Marquine,
zwischen Hagetmau und Mugron (D 18), südwestl. von Mont-de-Marsan,
Tel. 05 58 97 74 23.
Hervorragende Entengerichte aus eigener Produktion, *foie gras* und Landaiser Garbure-Suppe (deftige Gemüsesuppe mit Entenfleisch).
Près d'Eugénie, 40320 Eugénie-les-Bains,
Tel. 05 58 05 06 07.
Unter Leitung des 3-Sterne-Kochs Michel Guérard. Teuer.

Musée Despiau-Wlérick,
6, pl. Marguerite de Navarre.
Mi–Mo 10–12, 14–18 Uhr.
Skulpturenmuseum mit mehr als 600 Plastiken.
Außerhalb: **Musée de la Chalosse,** Domaine de Carcher, 40380 Montfort-en-Chalosse.
1. März–30. Nov. tgl. 14–19 Uhr.
Heimatmuseum.

Musée de la Course Landaise,
40090 Bascons.
2. Mai–15. Okt. tgl. 14.30–18.30 Uhr.
Musée des Jacobins,
Couvent des Jacobins, 40500 St-Sever.
1. Juli–31. Sept. tgl. 14.30–18.30 Uhr, sonst n. V. Tel. 05 58 76 01 38.
Ausstellung zu den Jakobspilgern.
Musée de la Faïencerie,
rte. de Hagetmau, 40320 Samadet.
Mai–Sept. tgl. 10–12.30, 13.30–18, sonst 14–18 Uhr außer Di.
Fayencensammlung der königlichen Steingutmanufaktur.

Annick de Sansonetti, rue de l'Eglise, Samadet, Tel. 05 58 79 13 54.
Steingut nach alten Mustern.

Fêtes de la Madeleine Mitte Juli. **Courses Landaises,** Corridas, spanische und französische Folklore in den Arènes du Plumaccon.

Mouilleron-en-Pareds

Lage: E4
PLZ 85390

OT, pl. du Maréchal de Lattre de Tassigny, Tel. 02 51 00 32 32.

Cheval Blanc, 24, rue National, Tel. 02 51 00 34 15, Fax 02 51 00 37 93.
6 Zimmer, sehr preiswert.
Klein, sehr einfach, mit Restaurant.

Musée National des Deux Victoires et Maison natale de Jean-de-Lattre-de-Tassigny,
rue du Maréchal de Lattre de Tassigny.
15. April–15. Okt. Mi–Mo 9.30–12, 14–18, sonst 10–12, 14–17 Uhr.

Moustey

Lage: D11
PLZ 40410

SI, Mairie, Tel. 05 58 07 70 00, Fax 05 58 07 73 08.

****Auberge des Pins,** rte. de la Piscine, 40630 Sabres, Tel. 05 58 07 50 47, Fax 05 58 07 56 74.
25 Zimmer, günstig bis moderat.
Landaiser Fachwerk-Anwesen in der Nähe des alten Bahnhofs.
*****Camping L'Arriu,** rte. de Sore, 40410 Pissos, Tel./Fax 05 58 73 60 20.
33 Plätze, 1. Juli–31. Aug.

Haut Landais, Moustey, Tel. 05 58 07 77 85.
Spezialität des Wirtes aus Amsterdam: *les demoiselles,* gebratene Entenrippe.
Café de Pissos,
40410 Pissos, Tel. 05 58 08 90 16.
Gute Landaiser Küche auf der idyllischen Terrasse unter uralten Platanen.
Chêne Pascal Euloge,
40410 Belhade, Tel. 05 58 07 72 01.
Gemütliches Restaurant mit Fischspezialitäten.

Ecomusée de la Grande Lande, drei Museen, für die es einen gemeinsamen Eintrittspass gibt:
Ecomusée de Marquèze.
27. März–1. Nov. tgl. Freilichtmuseum zum Landaiser Landleben des 19. Jh. Historischer Zug ab Bahnhof Sabres. Abfahrtszeiten (meist alle 40 Min.) unter Tel. 05 58 08 31 31.
Musée du Patrimoine Religieux et des Croyances Populaires,
Moustey.
Juli/Aug. tgl. 10–12, 14–19, April–Juni und Sept. Sa/So 14–18 Uhr.
Volksreligion.

Ecomusée de Luxey. Erläuterungen zur Harzproduktion in ehemaliger Werkstatt. Juli/Aug. tgl. 10–12, 14–19, Juni, Sept. tgl. 10–12, 14–18, April, Mai, Okt. Mo–Sa 14–18, So 10–12, 14–18 Uhr.
Maison des Artisans, rte. de Sore, 40410 Pissos. Ausstellung und Verkauf von kunsthandwerklichen Arbeiten.

Kanu, Kajak und Fahrrad: Centre du Graoux, 33830 Belin-Béliet, Tel. 05 57 71 99 29. **Touren und Themenwanderungen** durch den Landes-Nationalpark. Auskünfte über Aktivitäten wie z. B. **Reiten** durch die Pinhada oder mit dem **Kajak** auf der Leyre ab Commensacq: Parc Naturel Régional des Landes de Gascogne, Belin-Béliet, Tel. 05 56 71 99 99.

Nantes

Lage: C2
PLZ 44000

OT,
7, rue de Valmy,
Tel. 02 40 20 60 00, Fax 02 40 89 11 99,
www.nantes-tourisme.com;
weitere Büros: pl. du Commerce/Palais de la Bourse (Mo–Sa), Château des Ducs de Bretagne (So).

********Abbaye de Villeneuve,**
rte. de La Roche-sur-Yon,
44840 Les Sorinières,
Tel. 02 40 04 40 25, Fax 02 40 31 28 45.
20 Zimmer, moderat bis teuer.
Zisterzienserabtei aus dem 13. Jh., Pool, Garten, hervorragendes Restaurant (teuer).
*****France,** 24, rue Crébillon,
Tel. 02 40 73 57 91, Fax 02 40 69 75 75.
74 Zimmer, moderat,
25.–31. Dez. geschl.
Bau aus der Zeit um 1900, in den 20er Jahren Treffpunkt der Surrealisten.
*****L'Hôtel,** 6, rue Henri-IV,
Tel. 02 40 29 30 31, Fax 02 40 29 00 95.
31 Zimmer, moderat.
Neben der Kathedrale, nicht weit vom Bahnhof. Garage.
*****Pérouse,**
3, allée Duquesne,
Tel. 02 40 89 75 00, Fax 02 40 89 76 00.
47 Zimmer, moderat.
Zentral, moderne Designereinrichtung.
Domaine des Forges,
La Provostière, 44440 Riaillé,
Tel. 02 40 97 85 78, Fax 02 40 97 85 78.
5 Zimmer, moderat.
Wohnen im Schloss, Pool, Reiten, Bootsverleih.
****Amiral,** 26 bis, rue Scribe,
Tel. 02 40 69 20 21, Fax 02 40 73 98 13.
49 Zimmer, günstig.
Freundlich, nett eingerichtet, Nähe Place Graslin. Beste Restaurants in der Umgebung.
***Rénova,** 11, rue Beauregard,
Tel. 02 40 47 57 03, Fax 02 51 82 06 39.
24 Zimmer, sehr preiswert.
Sehr einfach, aber zentral und günstig.
***Richebourg,** 16, rue de Richebourg,
Tel. 02 40 74 08 32, Fax 02 51 12 43 38.
15 Zimmer, sehr preiswert.
Auberge de Jeunesse,
2, pl. de la Manu, Tel. 02 40 29 29 20,
Fax 02 51 12 48 42.
21 Zimmer, sehr preiswert,
25. Juni–10. Sept.
In ehemaliger Tabakmanufaktur (mit Tram zu erreichen, Halt: Manufaktur).
******Camping Le Petit Port,**
21, bd. du Petit-Port,
Tel. 02 40 74 47 94, Fax 02 40 74 23 06.
Parkähnliches Gelände, stadtnah, idyllisch an Zufluss der Erdre.

Caméléon, 8, rue du Marais,
Tel. 02 40 47 38 39.

Themen-Restaurant: alle zwei Monate neue Speisekarte, neue Dekoration, neue Musik, sehr preiswerte Menüs. Mo, Di, Mi und So abends geschl.
Cigale, 4, pl. Graslin,
Tel. 02 51 84 94 94.
Jugendstil, Nantaiser Küche, angenehme Terrasse.
Civelle, quai Marcel Boissard, an der Loire im Stadtteil Trentemoult,
Tel. 02 40 75 46 60.
Sehr gutes Essen zu gemäßigten Preisen. Sa mittags und So geschl.
Galion, 23, rue Kervégan,
Tel. 02 40 47 68 83.
Nantaiser Küche.
Ile Mystérieuse,
13, rue Kervégan, Tel. 02 40 47 42 83.
Crêperie, gemütliches Ambiente. So mittags und Mo geschl.
Vache Nantaise, 11, rue du Bon-Secours, Tel. 02 40 89 59 69.
Gerichte vom offenen Grill. Sa mittags geschl.
Außerhalb: **Manoir de la Châtaigneraie,** 156, rte. de Carquefou, 44240 Sucé-sur-Erdre, 18 km von Nantes, Tel. 02 40 77 90 95.
Schloss von 1860, Sterne-Köche Joseph und Jean-Louis Delphin, teures Essen in prachtvoller Atmosphäre. Terrasse mit Park an der Erdre, Hubschrauberlandeplatz. Teuer.
Villa Mon Rêve,
506, bd. de la Loire, außerhalb (über D 751) in 44115 Basse-Goulaine,
Tel. 02 40 03 55 50.
Meisterkoch Gérard Ryngel. Teuer.

Planétarium,
8, rue des Acadiens.
Einstündige Vorstellung Mo–Fr 10.30, 14.15 und 15.45, So 15 und 16.30 Uhr.

Château des Ducs de Bretagne mit **Musée d'Art Populaire Régional** (regionale Volkskunst) und **Musée des Salorges** (Kolonial-, Handels- und Industriegeschichte),
4, pl. Marc Elder. Mi–Mo 10–18, Führungen 15 Uhr, Juli/Aug. auch Di.
Musée des Beaux-Arts,
10, rue Georges Clemenceau.
So–Mi 10–18, Fr bis 20 Uhr.
Gemälde ab 13. Jh., darunter ein Kandinsky-Saal.
Musée Dobrée,
18, rue Voltaire.
Di–Fr 9.45–17.30, Sa/So 14.30–17.30 Uhr.
Kunstsammlung des Reeders Thomas Dobrée; mit **Musée d'Archéologie Régionale** (ägyptische Sammlung, Funde der Frühzeit) und **Manoir de la Touche** (15. Jh.; Exponate zum Vendée-Aufstand).
Musée d'Histoire Naturelle,
12, rue Voltaire (in der ehemaligen Münze von 1812).
Mi–Mo 10–18 Uhr.
Prähistorische und zoologische Abteilung, Mineralien.
Musée de l'Imprimerie,
24, quai de la Fosse.
Sept.–Feb. Di–Sa 10–12, 14–18,
März–Juli Mo–Fr 10–12, 14–18 Uhr.
Geschichte des Buchdrucks, moderne Mediathek.
Musée Jules Verne, 3, rue de l'Hermitage, im Viertel Chantenay.
Mo, Mi–Sa 10–12, 14–18, So 14–18 Uhr.
Musée Naval Maillé-Brézé,
quai de la Fosse.
Okt.–Mai Mi, Sa, So 14–17 Uhr, übrige Monate tgl. 14–18 Uhr.
Ehemaliger Zerstörer, zum Schiffsmuseum umgebaut.
Musée de la Poste,
2 bis, rue du Pdt. E. Hérriot.
Mo–Fr 8.30–18.45, Sa 8.30–12.30 Uhr.
Geschichte des Postwesens.
Musée de la Poupée et des Jouets Anciens,

39, bd. St-Aignan.
Mitte April–Mitte Sept. Mo–Sa 14.30–17.30 Uhr, übrige Monate Mi–Sa. Puppen und Spielzeuge von 1830–1930.

Märkte: Talensac (rue de Talensac) und der kleinere Bouffay (pl. du Bouffay) Di–So vormittags; pl. de la Petite Hollande (Obst, Gemüse etc.) und Marché aux Puces (pl. Viarme, Flohmarkt) Sa vormittags; Fischmarkt Sa auf der Ile Gloriette. So vor den Kirchen kleine Stände mit Austern (im Winter) bzw. Muscheln und Sardinen (im Sommer). Belebte Einkaufszonen mit erlesenen Geschäften: **Passage Pommeraye** und **Rue Crébillon.** Docks Antiques, 5, bd. Léon Bureau, Antiquitäten aus den Kolonien. **Chocolaterie Georges Gautier,** rue de la Fosse. Geschäft aus der Zeit um 1900.

Flussfahrten: Bateaux Nantais, Tel. 02 40 14 51 14, auf Sèvre (ab Parc de la Sèvre, Vertou) und Erdre (ab Gare Fluviale, pl. Waldeck Rousseau; mit Mittag- oder Abendessen ab ca. 50 €). Ruban Vert, mit kleinen Motorbooten auf Erdre (Tel. 02 51 81 04 24) und Sèvre (Tel. 02 40 34 67 13). **Golf:** de l'Epagnay, bei Profis beliebter 18-Loch-Platz. **Kanu, Kajak:** Bivouak, Ile de Versailles, Tel. 02 40 74 18 77. **Reiten:** A. R. de Tourisme Equestre et d'Equitation de loisirs, 3, rue Bossuet, Tel. 05 40 48 12 27; Auskünfte , Adressen.
Kommentierte **Stadtrundfahrten** mit Kutsche oder Petit Train, nur April–Sept./Okt. Besser: thematische **Stadtführungen** des OT.

La folle journée am ersten Februarwochenende (s. auch S. 55), Auftritte renommierter Musiker in den diversen Sälen der Cité des Congrès, jeweils einem Komponisten gewidmet. **Karneval** im März/April. **Printemps des Arts** (Musik, Gesang, Tanz der Barockzeit) Mai/Juni. **Festival des Trois Continents** im Nov./Dez., Filme aus Afrika, Asien, Amerika.

Pickwick's, 3, rue Rameau, Tel. 02 40 73 25 07.
Für junge Leute, bis 2, Mi und Sa bis 4 Uhr geöffnet.
Moderne Musik verschiedenster Richtungen im **Olympic,** pl. Jean Macé, Tel. 02 40 43 20 43, und **Pannonica,** 9, rue Basse Porte, Tel. 02 40 48 74 74.

Konzerte, Ausstellungen u. a. im Fnac Nantes, pl. du Commerce, Tel. 02 51 72 47 24 (Mo–Sa 10–20 Uhr, dort auch Kartenverkauf für sonstige Veranstaltungen). **Musikveranstaltungen** (einschließl. Folle Journée) in der Cité des Congrès, 5, rue de Valmy, Tel. 02 51 88 20 00. **Theater:** Studio, 5, rue du Ballet, Tel. 02 40 29 07 61. Du Sphinx, 9, rue Monteil, Tel. 02 40 89 19 09. De Poche, 5, rue Lekain, Tel. 02 40 47 34 44. Monatliche Ereignisse (Theater, Musik, Tanz, Kino) in der Broschüre »Le Mois Nantais«.

Bus: Gare Routière, allée Baco, Tel. 02 40 47 62 70, Überlandbusse. Außerdem Stadtbusse und Straßenbahnen der Semitan, Tel. 08 01 44 44 44.
Bahn: SNCF, 27, bd. de Stalingrad, Auskunft: Tel. 08 36 35 35 35. Etwa stdl. mit TGV nach Paris-Montparnasse (2 Std.).
Flug: Aéroport Nantes-Atlantique, Château Bougon, 44340 Bouguenais, Tel. 02 40 84 80 00. 10 km südwestl. (Busse etwa stdl. ab Bahnhof und pl. du Commerce). Je ca. 30 nationale und internationale Verbindungen (u. a. München und Düsseldorf).

Niort

Lage: E5
PLZ 79000

OT, pl. de la Poste, Tel. 05 49 24 18 79, Fax 05 49 24 98 90, www.ot-niort-paysniortaispoitevin.fr.

***St-Jean,** 21, av. St-Jean d'Angély, Tel. 05 49 79 20 76. 11 Zimmer, sehr preiswert, 26. Dez.–3. Jan. geschl. Zentral. Sehr einfach. Garage.
*****Camping Municipal de Noron,** 21, bd. Salvador Allende, Tel./Fax 05 49 79 05 06. 170 Plätze, 1. April–30. Sept. Schattiger Platz am Fluss. Angeln, Fahrradverleih.

Belle Etoile, 115, quai Métayer, Tel. 05 49 73 31 29. Regionale Küche verfeinert, hervorragende Weine, Terrasse, teuer.
Auberge de la Roussille, westl. der Stadt in St-Liguaire, Tel. 05 49 06 98 38. Küche des Marais Poitevin, viele Desserts. Terrasse (mit Grill) am Flussufer.

Logis de l'Hercule, 16, rue Cloche-Percé. Stadtgeschichte, Exponate zur Engelwurz, Führungen über OT.
Musée Bernard d'Agesci (28, av. de Limoges; Malerei, Plastik, Musikinstrumente) und **Musée du Donjon** (rue du Guesclin; Archäologie, Gerberei, Schmuck, Möbel). Beide Mi–Mo 9–12, 14–17, Anfang Mai–Mitte Sept. bis 18 Uhr.

Golf: Club Niortais, Tel. 05 49 09 01 41, 18 Loch.
Reiten: Relais Equestre Equinoxe, Ferme de la grande Moucherie, St-Liguaire, Tel. 05 49 79 45 67.

Markt Di–So vormittags.
Angélique de Niort, M. Thonnard, av. de Sevreau, Produkte aus Engelwurz.

Scène Nationale de Niort, Sept.–Juni Theater, Tanz, Jazz, klassische Musik, Chanson etc.

Notre-Dame-de-Monts

Lage: B3
PLZ 85690

OT, pl. de la Mairie, Tel. 02 51 58 84 97, Fax 02 51 58 15 56, www.mairie-notre-dame-de-monts.fr.

*****La Plage,** 145, av. de la Mer, Tel. 02 51 58 83 09, Fax 02 51 58 97 12. 49 Zimmer, moderat, 1. April–30. Sept. Komfortables Hotel (Logis de France) direkt am Strand gelegen. Restaurant, Tennis.
****Camping Municipal l'Orgatte,** av. Abbé Thibaud, Tel. 02 51 58 84 31. 360 Plätze, 1. April–30. Sept. Zwischen Wald und Strand. Tennis.

Wassersport: Centre de Char à Voile, bd. des Dunes, Tel. 02 51 58 05 66. Vermietung von Surfbrettern, Segelbooten, Strandseglern, Kanus, Kajaks.

Oloron-Ste-Marie

Lage: E15
PLZ 64400

OT, pl. de la Résistance, Tel. 05 59 39 98 00, Fax 05 59 39 43 97, oloron-ste-marie@fnotsi.net.

***Chez Germaine,** Geüs d'Oloron (an der D 936, 11 km von Oloron), Tel. 05 59 88 00 65, Fax 05 59 88 00 49. 14 Zimmer, sehr preiswert, 16.–31. Okt. geschl. Einfache Unterkunft, wo viele Lachsfischer absteigen
*****Camping Gîtes du Stade,** chemin de la Gravette, Tel. 05 59 39 11 26, Fax 05 59 36 12 01. 170 Plätze.

Darroze, 4, pl. Georges Clemenceau, Tel. 05 59 39 00 99. Ausgezeichnete Küche.

Canyoning: Jérome Recart, chemin Baccarau, Tel. 05 59 39 35 36. **Fischen:** Lafargue Guillaume, 8, rue Palassou, Tel. 05 59 36 08 38. **Rafting, Hydro Speed, Kajak:** Le Centre Nautique de Six d'Oloron, Tel. 05 59 39 61 00. **Reiten:** Centre Equestre de Goès, Tel. 05 59 36 01 52. Geführte Trekkingtouren (auch mehrtägig) sowie **Angelausflüge** in die nahe gelegenen Berge: Bivouac, 34, rue Georges Clemenceau, 64320 Bizanos (südwestl. von Pau), Tel./Fax 05 59 27 01 59.

Festival de Jazz, 1. Juliwochenende. Festival International Folklorique des Pyrénées, 1. Augustwoche. **La Garburade,** Anfang Sept.: Wer kocht die beste traditionelle Béarn-Suppe? **Fête des Bergers,** 64570 Aramits (ca. 15 km südwestl. von Oloron-Ste-Marie), Mitte Sept. Schäfer führen die Künste ihrer Hunde vor.

Orthez

Lage: D/E14
PLZ 64300

OT, rue Bourg-Vieux, Tel. 05 59 69 02 75, Fax 05 59 69 12 00.

****Reine Jeanne,** 44, rue Bourg-Vieux, Tel. 05 59 67 00 76, Fax 05 59 69 09 63. 19 Zimmer, günstig. Charmantes Altstadthotel mit hervorragendem Restaurant.
****Camping de la Source,** bd. de Gaulle, Tel. 05 59 67 04 81, Fax 05 59 36 12 01. 28 Plätze, 1. April–30. Sept.

Auberge de St-Loup, 20, rue du Pont Vieux, Tel. 05 59 69 15 40. Traditionelle Küche im ehemaligen Jakobspilger-Hospiz.

Château Laàs, 64390 Laàs (ca. 15 km südl. an der D 27). 1. April–31. Okt. Mi–So 10–19 Uhr. Schloss aus dem 17. Jh. mit einem 12 ha großen Park, Kunst- und Mobiliarsammlung. Im Nebengebäude Museum zum Maisanbau (Musée du Maïs).
Maison Chrestia, 7, av. F. Jammes. Mo–Fr 8.45–12.45, Juli/Aug. auch 14–18 Uhr. Haus des Dichters Francis Jammes.
Tour Moncade. April–Okt. tgl. 10–12, 14–18, Juli/Aug. bis 19 Uhr.

Musée du Protestantisme Béarnais, rue Bourg-Vieux. Mo–Sa 10–12, 14–18 Uhr. Calvinismus im Béarn.

Pau

Lage: E14
PLZ 64000

OT,
pl. Royale,
Tel. 05 59 27 27 08, Fax 05 59 27 03 21, www.ville-pau.fr.

*****Continental,**
2, rue du Maréchal Foch,
Tel. 05 59 27 69 31, Fax 05 59 27 99 84.
76 Zimmer, moderat.
Hotelklassiker. Restaurant.
*****Gramont,** 3, pl. Gramont,
Tel. 05 59 27 84 04, Fax 05 59 27 62 23.
36 Zimmer, günstig bis moderat.
Charmantes Hotel beim Schloss.
Restaurant.
***Albret,** 11, rue Jeanne d'Albret,
Tel./Fax 05 59 27 81 58.
12 Zimmer, sehr preiswert.
Einfaches Hotel beim Schloss; Zimmer mit Blümchentapeten.
****Camping Municipal La Plaine,**
Plaine des Sports, bd. Salié,
Tel. 05 59 02 30 49. 76 Plätze,
15. Mai–15. Sept. Pool.

Aragon, bd. des Pyrénées,
Tel. 05 59 27 12 43.
Gegrillter Lachs mit Sauce Béarnaise; herrlicher Blick auf die Pyrenäen.
Black Bear, bd. d'Aragon,
Tel. 05 59 27 52 67.
Hier treffen sich die Rugbyspieler.
Castel du Pont d'Oly,
Jurançon (N 134), Tel. 05 59 06 13 40.
Béarnaiser Küche im Weingebiet Jurançon.
Gousse d'Ail, 12, rue du Hédas,
Tel. 05 59 27 31 55.
Traditionshaus in der Altstadt: Ente, *poulet au pot* (im Tontopf gegartes Huhn), Fisch und Lamm.
West Side, 5, pl. Reine Marguerite,
Tel. 05 59 82 90 78.
Grillfleisch und mexikanische Spezialitäten auf dem ehemaligen Marktplatz.

Château. Tgl. Führungen (1 Std.) 9.30–11.45, 14–17 Uhr.
Schloss der Herrscher von Béarn. Im 3. Stock Musée Béarnais (u. a. Möbel, Trachten, Käsereigeräte).
Haras National, av. du Général Leclerc, Gelos (südwestl. von Pau).
Pferdegestüt, existiert seit 1808 im Schloss von Gelos.

Musée des Beaux-Arts,
rue Mathieu Lalanne.
Mi–So 10–12, 14–18 Uhr.
Gemäldesammlung des 15.–19. Jh.
Musée Bernadotte, rue Tran.
Di–So 10–12, 14–18 Uhr.
Geburtshaus des Schwedenkönigs Karl XIV.
Musée de la Confiture,
48, rue du Maréchal Joffre.
Di–Sa 10–12, 15–19 Uhr.
Geschichte der Konfitüre.
Außerhalb: **Musée de Béret,**
22 km südöstl. in Nay.
1. April–31. Okt. Di–So 10–12, 14–18 Uhr.
Geschichte der Baskenmütze.

Antiquitätengeschäfte zwischen Schloss und pl. Royale.
Markt: Jeden Sa Morgen, Place de la République, regionale Produkte.
Antiquitätenmarkt Sa, So und Mo morgens, pl. du Foirail.

Karneval am Fastnachtsdienstag. **Grand Prix d'Automobile,** seit 1930 im Stadtzentrum ausgetragenes Autorennen, Ende Mai, Anfang Juni. **Festival de l'Eté**, tgl. Veranstaltungen vom 14. Juli–20. Aug.: Folklore, Musikkonzerte, Pelota-Spiele etc.

Casino, parc Beaumont.

Bus: pl. Clemenceau,
Tel. 05 59 27 45 98.
Verbindungen nach Oloron-Ste-Marie, Lourdes und Biarritz.
Bahn: Gare SNCF,
av. Gaston Lacoste,
Tel. 08 36 35 35 35.
TGV nach Paris (5 Std.), außerdem nach Bordeaux, Bayonne, Dax.
Flug: Pau-Pyrénées, Tel. 05 59 33 33 00. Flüge nach Paris, Nantes, Lyon, Clermont-Ferrand.

Pauillac

Lage: E8
PLZ 33250

OT (und Maison du Vin),
La Verrerie,
Tel. 05 56 59 03 08, Fax 05 56 59 23 38, www.pauillac-medoc.com.

******Château Cordeillan-Bages,**
Tel. 05 56 59 24 24, Fax 05 56 59 01 89.
25 Zimmer, teuer, 1. Feb.–30. Nov.
Mit hervorragendem Restaurant (teuer); im Haus Ecole de Bordeaux: Weinproben, Führungen durch Weinberge, Begegnungen mit Winzern.
****France et d'Angleterre,**
3, quai Albert-de-Pichon,
Tel. 05 56 59 01 20, Fax 05 56 59 02 31.
29 Zimmer, günstig bis moderat,
10. Jan.–20. Dez.
Einfaches Hotel mit Restaurant.
******Camping Municipal Les Gabarreys,** rte. de la Rivière,
Tel. 05 56 59 10 03, Fax 05 56 73 30 68.
59 Plätze, 2. April–10. Okt.
Wenig Komfort.

Musée privé du vin dans l'art, Château Mouton-Rothschild. Besuch nach (wochenlanger) Voranmeldung unter Tel. 05 56 73 21 29. Kunstobjekte zum Thema Wein.
Petit Musée d'Automates,
3, rue A. Briand,
Juli/Aug. tgl. 10.30–19, Mai, Juni, Sept. tgl. 10.30–12.30, 14.30–19 Uhr, sonst Do–Sa 10.30–12.30, 14.30–19 Uhr.

Außerhalb: **Fort Médoc,**
33460 Cussac.
Mai–Okt. tgl. 9–20, sonst 10–17.30 Uhr.

Fahrradvermietung (15 €/Tag) über OT. **Fischen:** Moulin du Gouat, Forellen, 33180 Vertheuil (an der D 204), Tel. 05 56 41 98 07. Vermietung von Fischerhäuschen an der Gironde (4 Std. 45 €) über OT.

Peyrehorade

Lage: D13
PLZ 40300

OT,
147, quai du Sablot,
Tel. 05 58 73 00 52, Fax 05 58 73 16 53, ot.peyrehorade@wanadoo.fr.

*****Central,**
pl. Aristide Briand,
Tel. 05 58 73 03 22, Fax 05 58 73 17 15.
17 Zimmer, sehr preiswert bis günstig, April–Sept.
Kleines, zweckmäßig eingerichtetes Stadthotel. Restaurant.
***Camping Gaves,** rte. d'Hastingues,
Tel. 05 58 73 60 20, Fax 05 58 73 60 20
33 Plätze, 1. Juli–31. Aug. Sehr einfach.

Au bon Coin,
rue du Château,

Tel. 05 58 73 00 45.
Einfaches Gasthaus mit regionaler Küche.

Abbaye d'Arthous,
Tgl. Mi–Mo 9–12, 14–18 Uhr.
Romanische Abtei mit archäologischem Museum.
Château des Ducs de Gramont,
64520 Bidache.
Mitte April–Ende Sept. tgl. 14.30–18.30 Uhr, Raubvogelspektakel in den Burgruinen tgl. 15.30, Mitte Juni–Aug. zusätzlich 17 Uhr.

Musikfestival in der Abtei von Arthous,
Mitte Juni–Mitte Juli.

Poitiers

Lage: G14
PLZ 86000

OT,
9, rue des Grandes Ecoles,
Tel. 05 49 41 21 24, Fax 05 49 88 65 84,
www.mairie-poitiers.fr.

*****Château du Clos de la Ribaudière,**
8 km nördl. in 86360 Chasseneuil-du-Poitou,
Tel. 05 49 52 86 66, Fax 05 49 52 86 32.
41 Zimmer, moderat bis teuer.
Haus aus dem 19. Jh. in einem Park am Clain. Restaurant.
*** **Grand Hôtel,** 28, rue Carnot,
Tel. 05 49 60 90 60, Fax 05 49 62 81 89.
47 Zimmer, moderat.
Zentrale Lage, alle Zimmer sind behindertengerecht. Garage.
Manoir de Beauvoir,
635, rte. de Beauvoir,
5 km südöstl. in 86550 Mignaloux,
Tel. 05 49 55 47 47, Fax 05 49 55 31 95.
Moderat bis teuer.
Kolonialstil des 19. Jh. Appartements und Zimmer (studio) mit Küche. 18-Loch-Golfplatz, Schwimmbad.
Château de la Guillonnière,
ca. 25 km südöstl. in 86410 Dienné,
Tel. 05 49 42 05 46, Fax 05 49 42 48 34.
Günstig bis moderat.
Schloss aus dem 16.–19. Jh. (1839 von George Sand besucht), Park.
****La Halte,** 103, bd. du Grand Cerf,
Tel. 05 49 37 83 83, Fax 05 49 37 25 04.
9 Zimmer, sehr preiswert.
Bahnhofsnähe. Garten.
Petite Villette, 14, bd. Abbé-Frémont,
Tel. 05 49 41 41 33, Fax 05 49 50 09 77.
12 Zimmer, sehr preiswert,
1.–16. Jan. geschl. Wenig Komfort.
Central, 35, pl. du Maréchal Leclerc,
Tel. 05 49 01 79 79, Fax 05 49 60 27 56.
20 Zimmer, sehr preiswert bis günstig.
Am Rathausplatz.
****Camping Municipal du Porteau,**
rue du Porteau, Tel. 05 49 41 44 88,
Fax 05 49 46 41 91.
36 Plätze. Einfacher Platz.

Magenta, 10, rue Magenta,
Tel. 05 49 88 07 64.
Besonders große Pizzen, günstige Menüs.
Maxime, 4, rue St-Nicolas,
Tel. 05 49 41 09 55.
Gerichte des Poitou von Meisterkoch Christian Rougier. Teuer.
Poitevin, 76, rue Carnot,
Tel. 05 49 88 35 04.
Regionale Küche, rustikal, mittlere bis obere Preislage.
St-Hilaire, 65, rue Renaudot,
Tel. 05 49 41 15 45.
In ehemaligem Weinkeller einer Abtei aus dem 12. Jh., mittelalterliche Küche (tagelang geköchelte Ragouts mit seltenen Kräutern etc.). Teuer.

Trois Piliers, 37, rue Carnot, Tel. 05 49 55 07 03.
Berühmter Chefkoch Jean-Yves Massonnet. Teuer.
Thurga, 44, rue de la Cathédrale, Tel. 05 49 39 06 85.
Authentische indische Küche (Nord und Süd), auch zum Mitnehmen, gute Thalis (südindische Reistafel).

Baptistère St-Jean. 1. April–1. Nov. tgl. 10.30–12.30, 15–18 Uhr, Juli/Aug. je eine halbe Stunde früher geöffnet. 2. Nov.–31. März Mi–Mo 14.30–16.30 Uhr.
Antike und frühchristliche Fundstücke.
Espace Mendès-France, 1, pl. de la Cathédrale.
Di–Fr 9.30–18.30, Sa–Mo 14–18.30 Uhr.
Planetarium und Ausstellungen zur Evolution des Menschen.
Palais de Justice, pl. Alphonse Lepetit.
Mo–Fr 7.30–18 Uhr, Juli/Aug. auch an Wochenenden.
Futuroscope s. S. 142.

Musée Ste-Croix. Di–Fr 10–12, 13–17, Sa und So 10–12, 14–18 Uhr.
Archäologie, Volkskunde, französische Kunst ab dem 18. Jh.

Markt vor Notre-Dame, tgl. in den Hallen, außerdem an Vormittagen: Do alte Bücher, Fr Antiquitäten, Sa Blumen.

Musikalischer Frühling im April.

Allgemein um die pl. Notre-Dame, z. B. **Gil Bar.** Do Gespräche mit Philosophen, Literaten etc.
Irish Corner, 16, rue Carnot (kleine Gerichte, Bier).
Pilori, rue de la Chaîne, Haus aus dem 16. Jh., heute Café und Disco.
Pince Oreille, rue des Quatre Roues, Disco.
Kinos: Castille, Théâtre am Rathaus.
Veranstaltungskalender im Monatsblatt »Affiche«.

Bahn: Gare SNCF, bd. de Pont-Achard, Tel. 08 36 35 35 35.
In 1 Std. 30 Min. mit TGV nach Paris, 1 Std. 45 Min. nach Bordeaux.
Flug: Poitiers-Biard, 86580 Biard, Tel. 05 49 58 27 96. Je zweimal tgl nach Lyon und Toulouse.

Pornic

Lage: B2
PLZ 44210

OT, pl. de la Gare, Tel. 02 40 82 04 40, Fax 02 40 82 90 12.

*****Alliance Thalasso,** plage de la Source, Tel. 02 40 82 21 21, Fax 02 40 82 80 89.
90 Zimmer, teuer.
Mit Zugang zum Strand.
****Beau Soleil,** 70, quai Leray, Tel. 02 40 82 34 58, Fax 02 40 82 43 00.
18 Zimmer, günstig bis moderat.
Zentrale Lage, am Wasser.
******Camping Patisseau,** 29, rue du Patisseau, Tel. 02 40 82 10 39, Fax 02 40 82 22 81.
227 Plätze, 1. April–16. Sept.
Teurer, aber komfortabler Platz. Restaurant, Pool.
****Camping Madrague,** chemin de la Madrague, Tel. 02 40 82 06 73, Fax 02 51 74 11 93.
226 Plätze.

Jardin de l'Olivier, 23, rue de Sables, Tel. 02 40 82 55 08. Salate und Crêpes.
Zagaya,
20, bd. de l'Océan, Tel. 02 40 82 18 18. Traditionelle Küche.

Wandern: Von Préfailles 25 km langer Abschnitt des Grande Randonnée Pays de Retz.

Markthallen (16./17. Jh.) in der Oberstadt, pl. des Halles, Do und So vormittags.

Oldtimertreff (Autos) im April, Oldtimertreff (Motorräder) Ende Juni. Um den 14. Juli **Fête de la Mer,** Feuerwerke über dem Meer, Lampionumzüge für Kinder. Anfang Sept. Fest der **Folkloremusik.**

Casino,
quai Leray, Tel. 02 40 82 26 87. Um 1900 erbaut, mit Restaurant, Café.
Diskothek Le Viking,
plage du Porteau, Ste-Marie-sur-Mer, Tel. 02 40 82 02 85.

La Réole

Lage: F10
PLZ 33190

OT,
pl. de la Libération,
Tel. 05 56 61 13 55, Fax 05 06 71 25 40.

L'Abbaye,
42, rue Armand Caduc,
Tel. 05 56 61 02 64, Fax 05 56 71 24 40. Günstig. Garten, Parkplatz.

Aux Fontaines, 8, rue Verdun, Tel. 05 56 61 15 25.
Colvert, 54, rue Armand Caduc, Tel. 05 56 61 18 41.

Musées de La Réole,
19, av. Gabriel Chaigne (N 113).
15. Juni–15. Sept. tgl. 10–18,
16. Sept.–30. Nov. und 1. April–14. Juni Mi–Sa 14–18, So 10–18, übrige Jahreszeit Mi und Sa 14–18, So 13–18 Uhr. Automobil-, Zug- und Militärmuseum auf dem Gelände einer ehemaligen Tabakfabrik.

La Roche-sur-Yon

Lage: C4
PLZ 85000

OT,
rue Georges Clemenceau,
Tel. 02 51 36 00 85, Fax 02 51 47 46 57, www.ot.roche.sur.yon.fr.

*****Logis de la Couperie,**
Le Bourg-sous-La Roche,
Tel. 02 51 37 21 19, Fax 02 51 47 71 08. 7 Zimmer, günstig bis moderat. Traditionelles Landhotel im Vorort mit Park und See.
*****Mercure La Fayette,**
117, bd. Aristide Briand,
Tel. 02 51 46 28 00, Fax 02 51 46 28 98. 67 Zimmer, moderat.
Komforthotel. Pool, Garten, Garage, Restaurant (Spezialitäten der Vendée).
****La Vendée,** 4, rue Malesherbes, Tel. 02 51 37 28 67, Fax 02 51 46 27 08. 32 Zimmer, sehr preiswert bis günstig. Kleines Hotel beim Marktplatz. Garage.

Brasserie Le Clemenceau,
40, rue Georges Clemenceau,
Tel. 02 51 37 10 20.
Regionale Küche in ansprechendem Ambiente.

Chabotterie,
85260 St-Sulpice-le-Verdon
(ca. 20 km nördl.), Tel. 02 51 42 47 47.
1-Sterne-Restaurant neben dem gleichnamigen Herrschaftssitz (s. u.). Spezialität: P'tits Ventres (Gerichte im Tontopf). Vorbestellung notwendig. Teuer.

Haras, rue Général Galliéni.
Juli/Aug. Mo–Sa stdl. Führungen 10–12, 14–17, Juni und Sept. Mo–Sa 15 Uhr.
Bekanntes Gestüt.

Musée Municipal,
rue Jean Jaurès.
Mi–Mo 14–18 Uhr.
Archäologische Sammlung, Regionalgeschichte, akademische Malerei (19. Jh.).
Außerhalb: **Logis de la Chabotterie,**
85260 St-Sulpice-le-Verdon
(ca. 20 km nördl.).
Mo–Sa 9.30–18.30, So, feiertags und Juli–Aug. Mo–So 10–19 Uhr.
Museum zur Geschichte des Vendée-Krieges.

Golf de la Domangère in Nesmy (südl. von La Roche, über D 746, D 85 zu erreichen; Loch Nr. 7 längstes in Frankreich).

Rochefort

Lage: D6
PLZ 17300

OT, av. Sadi-Carnot,
Tel. 05 46 99 08 60,
Fax 05 46 99 52 64,
www.tourisme.fr/rochefort.

*****Corderie Royale,**
rue Audebert,
Tel. 05 46 99 35 35, Fax 05 46 99 78 72.
50 Zimmer, moderat bis teuer, Feb. geschl.
Gebäude aus dem 17. Jh. mit exquisiter Küche (teuer) und Blick auf die königliche Seilerei. Innenhof, Garten, Pool.
****Paris,** 27–29, av. La Fayette,
Tel. 05 46 99 33 11, Fax 05 46 99 77 34.
38 Zimmer, günstig.
Zentrale Lage, Restaurant.
Palais, 30, rue Chanzy,
Tel. 05 46 99 08 71.
Sehr preiswert.
Einfache Familienpension, wenige Minuten nördl. der zentralen Place Colbert.

Marie Galante, 15, rue Lesson,
Tel. 05 46 87 46 24.
Günstige Fischgerichte.
Flore, 1, quai Bellot, Bassin de Plaisance, Tel. 05 46 87 21 06.
Charente-Spezialitäten hinter dem Jachthafen.

Conservatoire du Bégonia,
1, rue Charles Plumier.
Führungen Di–Sa stdl. 14–17 Uhr.
Treibhaus mit mehr als 800 Begoniensorten.
Corderie Royale,
Centre International de la Mer.
April–Sept. tgl. 9–19 Uhr, Okt.–März 10–18 Uhr.
Königliche Seilmacherei. Museum, gute Buchhandlung, Trockendocks.
Maison de Pierre Loti,
141, rue Pierre Loti, Tel. 05 46 99 16 88.
1. Juli–15. Sept. tgl. Führungen (alle 30 Min.) ab 10 Uhr, sonst tgl. außer Di und So Besuche 10.30, 11.30, 14, 15, 16 Uhr (Voranmeldung erforderlich, da nur kleine Gruppen).
Extravagantes Privathaus des Schriftstellers Pierre Loti.
Außerhalb: **Réserve Naturelle du Marais d'Yves.** Führungen 27. Juni–4. Sept. 15–19, 27. Juni–Okt. So 14–18 Uhr.

Vogelschutzgebiet in Yves, nördl. von Rochefort (Infos Tel. 05 46 82 12 44).

Musée d'Art et d'Histoire, 63, av. du Général de Gaulle. Juli/Aug. tgl. 13.30–19, sonst Di–Sa 13.30–17.30 Uhr. Gemälde seit der Renaissance, Ethnologie (Afrika, Ozeanien).
Musée de la Marine, 1, pl. de la Galissonnière. 1. April–15. Sept. tgl. 10–18.30, Feb., März und 16. Sept.–15. Dez. Di–So 10–12, 14–18 Uhr. Schiffsmodelle, Gallionsfiguren und Navigationsinstrumente.
Musée des Métiers de Mercure, 12, rue Lesson. Juli/Aug. tgl. 10–20, sonst 10–12, 14–19 Uhr. Historische Geschäfte, Kneipen, Handwerksbetriebe in einem altem Lagergebäude.

Einkaufsstraße ist die **Av. Charles de Gaulle,** wo Di, Do und Sa auch Wochenmarkt stattfindet.

Mitte Juli **Résonances** (Straßenmusiktage).

Théâtre de la Coupe d'Or (18. Jh.), 101, rue de la République. Tanz, Musik etc.

Gare SNCF, pl. Françoise Dorléac, Tel. 08 36 67 68 69, Reservierung Tel. 08 36 35 35 35. Verbindungen nach La Rochelle und Bordeaux.

La Rochefoucauld

Lage: G7
PLZ 16110

OT, 1, rue des Tanneurs, Tel. 05 45 63 07 45, Fax 05 45 63 08 54.

Château de la Rochefoucauld, Tel. 05 45 62 07 42. Teuer. 2 Gästezimmer im Schloss des Ortes.
****Camping Les Flots,** Les Flots, Tel. 06 81 28 28 45, Fax 05 45 62 14 55. 45 Plätze, 15. Mai–15. Sept. Einfacher Platz. Angeln.

Apothicairerie, Mo–Sa 9.30–12.30, 14.30–18 Uhr.
Château, 1. April–30. Nov. tgl. 10–19 Uhr.
Couvent des Carmes, Juni–Sept. Mo, Mi–Sa 10–12, 15–18, Di, So 15–18 Uhr. Ehemaliges Karmeliterkloster.
Außerhalb: **Abbaye St-Sauveur,** 86250 Charroux. Juni–Aug. tgl. 9.30–19, April/Mai, Sept./Okt. tgl. 9.30–12.30, 14–18, Nov.–März tgl. 9.30–12, 14–17 Uhr. Kirchenschatz zu besichtigen.

Fahrradverleih: M. Quichaud, 13 bis, rte. de Limoges, Tel. 05 45 62 36 54.

Chocolaterie d'Antan, 2, rue des Gaillaudes. Mit Crêperie und Salon de Thé.

La Rochelle

Lage: D5
PLZ 17000

OT, pl. de la Petite Sirène, Le Gabut, Tel. 05 46 41 14 68, Fax 05 46 41 99 85, tourisme.la.rochelle@wanadoo.fr.

*****St-Jean d'Acre,** 4, pl. de la Chaîne,

Tel. 05 46 41 73 33, Fax 05 46 41 10 01.
60 Zimmer, moderat.
Sehr zentral am Hafen, einige Zimmer mit Meerblick. Preisgekröntes Restaurant (teuer).
François I, 15, rue Bazoges,
Tel. 05 46 41 28 46, Fax 05 46 41 35 01.
Günstig.
Stilvolle Zimmer in ehemaligem Patrizierpalais mitten in der Altstadt. Garage.
****Paix,** 14, rue Gargoulleau,
Tel. 05 46 41 33 44, Fax 05 46 50 51 28.
19 Zimmer, sehr preiswert bis günstig.
Familienhotel in Marktplatznähe.
Auberge de Jeunesse,
av. des Minimes, Tel. 05 46 44 43 11,
Fax 05 46 45 41 48.
Sehr preiswert. Mit 234 Betten eine der größten Jugendherbergen Frankreichs; am Jachthafen.

Bistro de L'Entracte,
22, rue St-Jean-du-Pérot,
Tel. 05 46 50 62 60.
Designerambiente; Meeresfrüchte.
Café du Nord,
19, quai du Gabut, Tel. 05 46 41 19 39.
Schicker Seglertreff im Gabut-Viertel.
Überwiegend Hausmannskost.
Café de la Paix,
54, rue Chaudrier, Tel. 05 46 41 39 79.
Brasserie im schönsten Belle-Époque-Dekor, in der Georges Simenon ein und aus ging.
Cave de la Guignette,
8, rue St-Nicolas, Tel. 05 46 41 05 75.
Weinhandlung, die an den Fässern im Freien Wein, Käse und Brot anbietet.
Chez Fred,
30–32, rue St-Nicolas,
Tel. 05 46 41 65 76.
Typisches Fischrestaurant im alten Fischerviertel.
Le Soleil Brille pour tout le Monde,
13, rue des Cloutiers,
Tel. 05 46 41 11 42.
Kleines vegetarisches Restaurant bei den Markthallen.
Teatro Bettini,
1/3, rue Thiers, Tel. 05 46 41 07 03.
Ofenfrische Pizzen in wunderschönem Ambiente eines Theaters der Jahrhundertwende 19./20. Jh. Nähe Marktplatz. Nebenan betreibt derselbe Besitzer die Brasserie Accademia.

Aquarium, Port des Minimes.
Juli/Aug. tgl. 9–23, April–Juni, Sept. 9–20, Okt.–März 10–20 Uhr.
Meerwasserbecken mit Tier- und Pflanzenarten der verschiedenen Ozeane.
Château de Buzay,
10, rue du Château, La Jarne
(an der D 939, 3 km östl.).
Juli–Sept. tgl. 14.30–17.30 Uhr.
Schloss eines Kolonialhändlers (18. Jh.)
Maison Henri II,
11 bis, rue des Augustins.
Renaissancehaus, archäologische Sammlung, Ausstellung zur Regionalgeschichte. Besichtigung n. V. über OT.
Hôtel de Ville, pl. de l'Hôtel de Ville.
Okt.–Mai Sa/So Führungen um 15, Juni und Sept. tgl. um 15, Juli/Aug. tgl. um 15 und 16 Uhr.
Renaissance-Rathaus.
Tour de la Chaîne, Port Vieux.
16. Sept.–14. Mai Di–So 10–12.30, 14–17.30, 15. Mai–30. Juni und 1.–15. Sept. tgl. 10–13, 14–18, Juli/Aug. 10–19 Uhr.
Dauerausstellung im Kettenturm mit den Themen: La Rochelle, Macht am Atlantik, Hochburg der Hugenotten.
Tour de la Lanterne,
espl. St-Jean d'Acre.
Öffnungszeiten wie Tour de la Chaîne.
Aussichtsplattform.
Tour St-Nicolas, Le Gabut.
Öffnungszeiten wie Tour de la Chaîne.
Festungsturm mit einer Ausstellung über die Entwicklung des Hafens.

Musée des Automates, rue de la Désirée, La Ville-en-Bois.
1. Juni–31. Aug. 9.30–19, Feb.–Mai, Sept./Okt. 10–12, 14–18, Nov.–Jan. 14–18 Uhr.
Robotermuseum mit mehr als 300 historischen Figuren, die sich durch Wasserkraft, Druckluft oder Strom bewegen.
Musée des Beaux-Arts, 28, rue Gargoulleau.
Mi–Mo 14–17 Uhr.
Französische Kunst vom 17.–20. Jh.
Musée du Flacon à Parfum, 33, rue du Temple.
Di–Sa 10–12, 14–19, Mo 14.30–19 Uhr.
Sammlung von mehr als 10 000 Parfümfläschchen.
Musée Grévin, 38, cours des Dames.
Tgl. 9–19, Juni–Sept. 9–23 Uhr.
Wachsfigurenkabinett.
Musée d'Histoire Naturelle, im Jardin des Plantes, 28, rue Albert Ier.
Di–Fr 10–12.30, 13.30–17.30, Sa, So 14–18 Uhr.
Zoologische, mineralogische und botanische Ausstellung sowie Kunst aus Afrika und Ozeanien.
Musée Maritime Neptunéa, Bassin des Chalutiers.
Okt.–März tgl. 14–18.30, April–Juni und Sept. tgl. 10–18.30, Juli/Aug. 10–19 Uhr, 12. Nov.–5. Feb. geschl.
Schifffahrtsmuseum. Café und Boutique (Bücher, nautische Geräte).
Musée des Modèles Réduits, rue de la Désirée, La Ville-en-Bois.
1. Juni–31. Aug. 9.30–19, Feb.–Mai, Sept./Okt. 10–12, 14–18, Nov.–Jan. 14–18 Uhr.
Miniaturmodelle von Autos, Eisenbahnen, Schiffen und Flugzeugen.
Musée du Nouveau Monde, 10, rue Fleuriau.
Mo und Mi–Sa 10.30–12.30, 13.30–18, So 15–18 Uhr.
Ausstellung zum Kolonialhandel im Stadtpalais eines Reeders.
Musée d'Orbigny-Bernon, 2, rue St-Côme.
Mo, Mi–Sa 10–12, 14–18, So 14–18 Uhr.
Stadtgeschichte, Keramiksammlung.
Musée Protestant, 2, rue St-Michel.
1. Juli–15. Sept. Mo–Sa 14.30–18 Uhr, sonst n. V.

Golf: Golf de la Prée, Marsilly, Niel-sur-Mer, Tel. 05 46 01 24 42. 18 Loch. **Ronde de Nuit,** nächtliche Stadtbesichtigung in historischen Kostümen. Mitte Juli–Mitte Sept. Do, Dauer: 2 Std. Reserv. im OT. Mit dem **gelben Stadtfahrrad** 2 Std. kostenlos durch La Rochelle (s. S. 107) .
Thalasso: Ibis Thalassothérapie, La Falaise, 17340 Châtelaillon-Plage (7 km südl., mit 4 km langem Sandstrand), Tel. 05 46 56 35 35, Fax 05 46 56 33 44.

Markt: Lebensmittel vormittags an der Place du Marché, in den Markthallen Mi und Sa vormittags. Fisch im Hafen von La Pallice, So frühmorgens. **Flohmarkt,** rue St-Nicolas, Mitte Juni–Mitte Sept. Do und Sa, sonst nur Sa.
Blue Marine, 20, cours des Dames, Tel. 05 46 41 09 14.
Maritime Bekleidung.
Comtesse du Barry, 12, rue Thiers, Tel. 05 46 41 59 81.
Delikatessen wie *foie gras* und Weine der Region.
J. M. Floirat Caviste, 2 bis, rue Thiers, Tel. 05 46 41 09 07.
Wein, Pineau und Cognac.
Honêl, 22, rue St-Sauveur, Tel. 05 46 41 74 99.
Delikatessen wie Algenkaviar, Algensenf, Pineau-Konfitüre und Angélique-Likör.

Semaine de la Voile, internationale Segelregatta zu Pfingsten.
Francofolies, einwöchiges Musikfestival, meist französische Rock- und Popgruppen, in Theatern und Open Air, Beginn um den 14. Juli.
Reserv. unter: Tel. 05 46 50 55 77.
Grand Pavois, Frankreichs bekannteste Bootsmesse (Sept.).
Internationales Filmfestival im Kulturzentrum Coursive, Juni.
Information und Kartenverkauf
Tel. 05 46 51 54 00.

Casino, allées du Mail.
Roulette, einarmige Banditen und Tanz im **Nachtclub** Le Gin Fizz.

Coursive, 4, rue St-Jean-du-Pérot, Tel. 05 46 51 54 00.
Theateraufführungen, Ballett, Konzerte.

Bus: Gare Routière, pl. de Verdun.
Stadtverbindungen und Busse zur Ile de Ré. Auskunft Tel. 05 46 34 02 22.
Bahn: Gare SNCF, pl. Pierre Semard.
Auskunft unter Tel. 05 46 41 15 98 oder 08 36 35 35 35.
TGV nach Paris (3 Std.), Bordeaux und Nantes.
Fähre: Die Personenfähren Bus de Mer und Passeur (Elektroboot) pendeln zwischen Vieux Port und Port des Minimes ab Cours des Dames. Von hier aus auch regelmäßige Schiffsverbindungen zu den Inseln Ré, Aix und Oléron sowie Fort Boyard. Inter-Iles, 14 bis, cours des Dames, Tel. 05 46 50 51 88. Croisières Océan, cours des Dames,
Tel. 05 46 50 68 44.
Flug: Aéroport La Rochelle-Laleu, Auskunft Tel. 05 46 42 30 26. Flüge nach Paris-Orly und in andere französische Städte.

Royan

Lage: D7
PLZ 17200

OT,
Rond-Point de la Poste,
Tel. 05 46 05 04 71, Fax 05 46 06 67 76,
www.ot-royan.fr.

*****Résidence de Rohan,**
Plage de Nauzan,
17640 Vaux-sur-Mer,
Tel. 05 46 39 00 75, Fax 05 46 38 29 99.
41 Zimmer, moderat bis teuer,
10. Nov.–24. März geschl.
Charmantes Relais du Silence am Meer zwischen Royan und St-Palais. Tennis, Pool.
****Chaumière,** 61, av. de Paris,
Tel. 05 46 39 01 01, Fax 05 46 38 20 54.
23 Zimmer, günstig, 16. Dez.–6. Jan. geschl.
Charmantes Haus am Meer, im westlichen Stadtteil Pontaillac.
***Farandole,** 62, bd. Garnier,
Tel. 05 46 05 11 72, Fax 05 46 05 87 90.
7 Zimmer, sehr preiswert bis günstig,
1.–30. Okt. geschl.
Kleines Haus an der Uferpromenade. Garten.
******Camping Clairefontaine,**
allée des Peupliers,
Tel. 05 46 39 08 11, Fax 05 46 38 13 79.
300 Plätze, 25. Mai–10. Sept.
In Pontaillac, 300 m vom Strand.
Tennis, Pool.

Nautile Sarl,
4, bd. Germaine de la Falaise,
Tel. 05 46 38 65 13. Ausgezeichnete Fischgerichte und Meeresfrüchte am Strand von Foncillon.
Relais de la Mairie,
1, rue du Chay, Tel. 05 46 39 03 15.
Preiswerte Fischgerichte.

Grottes de Matata et du Régulus, bd. de la Falaise, 17132 Meschers-sur-Gironde.
1. Juni–15. Sept. 10–19, sonst 14–19, Juli/Aug. Mi bis 22 Uhr.
Zoo de Palmyre, 17570 La Palmyre (an der D 25). April–Sept. 9–19, Okt.–März 9–12, 14–19 Uhr.

Bootsausflüge: Promenades en Mer Brais, Port de Royan, quai Meyer, Tel. 05 46 05 29 91. Exkursionen zum Phare de Cordouan, in die Gironde-Mündung, zum Krabbenfischen etc.
Golf: Golf de Maine Gaudin, La Palud, 17420 St-Palais, Tel. 05 46 23 16 24.
Reiten: Centre Equestre Maine Gaudin, St-Palais, Tel. 05 46 23 11 44.
Surfen/Segeln: Neway, espl. du Bac, Tel. 05 46 39 87 26. Ecole de Croisière, Port de Plaisance, Tel. 05 46 05 44 13. Ecole de Voile de Cordou-an, Plage de Pontaillac, Tel. 05 46 05 12 15.
Thalasso: Institute Thalassothérapie Cap Royan, Fort du Chay, Tel. 05 46 39 96 96, Fax 05 46 06 63 61.

Marché Central, Lebensmittelmarkt im Zentrum, Di–So 8–13 Uhr.

Im Aug. Weltmeisterschaft der **Sandmurmelspieler.**
Port de Commerce, Fischauktionen, für Touristen Mo–Fr ab 16 Uhr.

Casino, espl. de Pontaillac. Boule, Roulette, Black Jack und Diskothek La Tropicana.

Palais des Congrès, Façade de Foncillon, diverse Kulturveranstaltungen.

Bahn: Gare SNCF, pl. de la Gare, Tel. 05 46 05 20 10. Verbindungen nach Saintes und Angoulême.
Fähre: vom Hafen an der Conche de Foncillon, Gare du Bac, zur Pointe de Grave/Médoc, Tel. 05 46 38 59 91. Pkw ca. 20 €.

Les Sables-d'Olonne

Lage: C4
PLZ 85100

OT, Centre de Congrès, 1, prom. Joffre, Tel. 02 51 96 85 85, Fax 02 51 96 85 71, www.ot-lessablesdolonne.fr.

*****Roches Noires,** 12, prom. Georges Clemenceau, Tel. 02 51 32 01 71, Fax 02 51 21 61 00. 37 Zimmer, moderat bis teuer. An der Promenade. Im Zimmer 104 wohnte Simenon in den 1940ern.
****Antoine,** 60, rue Napoléon, Tel. 02 51 95 08 36, Fax 02 51 23 92 78. 20 Zimmer, günstig, 15. März–15. Okt. Garten, Garage.
***Côte Sauvage,** 1, rue Montauban, Tel. 02 51 32 06 57, Fax 02 51 32 07 76. 16 Zimmer, sehr preiswert. Apart-Hotel im Fischerviertel. Parkplatz.
******Camping Roses,** rue des Roses, Tel. 02 51 95 10 42, Fax 02 51 33 94 04. 200 Plätze, 1. April–31. Okt. 300 m vom großen Strand. Pool.

Acropole, 2, place Foch, Tel. 02 51 95 73 94. Pizza und Grill. Große Terrasse am Meer.
Clipper, 19 bis, quai Guiné, Tel. 02 51 32 03 61. Meeresfrüchte am Fischereihafen.
Sloop, 5, prom. Georges Godet, Tel. 02 51 95 37 71.

An der Strandpromenade im Atlantic Hotel. Unter Leitung des Meisterkochs Jean-Jacques Moissinac. Fisch, regionale Weine. Teuer.

Parc Zoologique, Küstenstraße zum Lac du Tanchet.
1. April–15. Sept. tgl. 9.30–19, sonst 10–12, 14–18 Uhr.

Musée de l'Abbaye Ste-Croix, rue de Verdun.
1. Okt.–14. Juni Di–So 14.30–17.30, 15. Juni–30. Sept. 10–12, 14.30–18.20 Uhr. Zeitgenössische Kunst.
Musée du Coquillage, 8, rue Leclerc.
Mai/Juni tgl. 9–20, Juli/Aug. tgl. 9–23, im Winter tgl. (außer So morgens) 9.30–12.30, 14–18.30 Uhr.
35 000 tropische Muscheln und Korallen.

Golf: Golf des Olonnes, Gazé, Olonne-sur-Mer, Tel. 02 51 33 16 16. 18 Loch. **Thalasso:** Hôtel Mercure, Lac de Tanchet, Tel. 02 51 21 77 77, Fax 02 51 21 77 80. **Wassersport:** Ecole Française de Voile, bd. Kennedy, Tel. 02 51 95 15 66; Segelschule. Vendée Plongée, Port Olona, Tel. 02 51 21 51 51; Tauchen. Espace Mer, Port Olona, Tel. 02 51 21 14 64; Bootsvermietung. Seatime, 13, prom. Georges Clemenceau, Tel. 02 51 32 89 05; Surfbrettverleih.

Boutiquen entlang der Strandpromenade Le Remblai und in den abzweigenden Straßen. **Markt:** Mi und Sa am Cours Dupont; Schuhe, Kleider, Haushaltswaren, Teppiche. **Fisch** am Quai Franqueville, Mo–Sa 8.30–12.30 Uhr. Lebensmittel in den **Halles Centrales,** rue des Halles, tgl. 8–13 Uhr.

Um Pfingsten **Feria de la Mer.** Ende Juli **Loire-Wein- und Gastronomie-Festival.** Ende Aug. **Foire aux Oignons** (Zwiebelmarkt). Ende Sept. **Chansonfestival.** Alle vier Jahre Einhand-Regatta Vendée Globe von Les Sables zum Kap Hoorn und zurück.

Casino de la Plage (3, bd. Roosevelt) und **des Pins** (av. Rhin et Danube; mit Disco). **Liberty's** (6, prom. Amiral Lafargue) Disco für das jüngere, **Malibu** (Corniche, rte. de Cayola) für das ältere Publikum.

Bahn: Gare SNCF, pl. de la Gare, Tel. 08 36 35 35 35. TGV nach Paris und Bordeaux.

St-Emilion

Lage: F9
PLZ 33330

OT, pl. des Créneaux, Tel. 05 57 55 28 28, Fax 05 57 55 28 29, www.saint-emilion-tourisme.com.

******Château Grand Barrail,** Lamarzelle Figeac, rte. de Libourne, Tel. 05 57 55 37 00, Fax 05 57 55 37 49.
28 Zimmer, teuer, 26. Nov.–19. Dez. und 4.–26. Feb. geschl.
Schloss aus dem 19. Jh. Park, beheiztes Schwimmbad, erlesenes Restaurant (teuer), Parkplatz.
****Bonsai,** Bois de l'Or, rte. de Castillon, Tel. 05 57 25 25 07, Fax 05 57 25 26 59.
50 Zimmer, günstig.
Pool, Terrasse, Tennis, Parkplatz. Gutes Restaurant mit preiswerten Menüs.
*****Camping Barbanne,** rte. de Montagne,

Tel. 05 57 24 75 80, Fax 05 57 24 69 68.
160 Plätze, April–Sept.
Pool, Tennisplätze, Fahrradverleih.
5 ha großer See (Fischen, Kanufahren).

Côte Braisée, 3, rue du Tertre de la Tente, Tel. 05 57 24 79 65.
Traditionelle Küche, schönes Ambiente.
Cros Figeac, rte. de St-Emilion, Tel. 05 57 24 76 32.
Außerhalb in den Weinbergen, Terrasse, preiswerte Menüs.
Envers du Décor, rue du Clocher, Tel. 05 57 74 48 31.
Gute Weine, preiswertes Tagesgericht, regionale Küche. Terrasse.

Katakomben, **Chapelle de la Trinité** und Felskirche tgl. ab 10 Uhr über OT.

Musée de la Poterie, 21, rue André Loiseau. Tgl. 10–19 Uhr.
Töpfermuseum in den Grotten.

Ballonfahrt, Fahrradvermietung und **nächtliche Stadtführung** (ab 22 Uhr) über OT.
Train des Grands Vignobles: Mit Minibahn durch die Weinberge und Besuch eines Weinguts.

Maison Blanchet, 9, rue de la Cadène. Macarons (Makronen).
Markt: So morgens pl. Bouqueyre.

Im Sept. von der Jurade eröffnetes **Weinfest.**

BDL, Au Bois de l'Or, Tel. 05 57 51 35 43.
Disco mit Bar und Terrasse, an Wochenenden von 22–5 Uhr.

Bus: Nach Libourne und Bordeaux. **Bahn:** Nach Sarlat, Libourne und Bordeaux, ab Libourne TGV-Anschluss (3 Std. nach Paris).

St-Etienne-de-Baïgorry

Lage: C15
PLZ 64430

OT, pl. de l'Eglise, Tel. 05 59 37 47 28, Fax 05 59 37 49 58, baigorri.tourisme@wanadoo.fr.

*****Arcé,** Tel. 05 59 37 40 14, Fax 05 59 37 40 27.
23 Zimmer, teuer, 15. März–15. Nov.
Idyllisches Hotel direkt am Fluss.
Hervorragendes Restaurant, Spezialität: Forellen. Pool, Tennis.
****Izarra,** rte. de Bayonne, Tel. 05 59 37 41 77, Fax 05 57 37 48 76.
18 Zimmer, sehr preiswert bis günstig, 1. März–10. Nov.
Restaurant.
*****Camping Municipal de l'Irouléguy,**
Tel. 05 59 37 43 96, Fax 05 59 37 48 20.
66 Plätze.
Einfacher Platz am Fluss.

Château d'Echauz.
Tgl. 10–12, 14–17.30 Uhr.
Schloss aus dem 16. Jh.

Geführte Natur- und Bergwanderungen (z. B. Tal von Baïgorry, Nive des Aldudes) bieten D. Marguerat (Tel. 05 59 37 47 20) und S. Planes (Tel. 05 59 37 29 55) an.

Domaine Arretxea, Tel. 05 59 37 33 67. Weingut, Degustation und Verkauf des Irouléguy, des einzigen baskischen Weins.
Pierre Oteïza, Les Aldudes. Köstlicher

Schinken. Schafskäse: **Yolande Olçomendy,** Les Aldudes, Tel. 05 59 37 5 26, und Ramuntxo Cherbero, Baïgorry, Tel. 05 59 37 40 25.

Concours de Chiens de Bergers, Schäfer führen die Künste ihrer Hunde vor, Mitte Juli. **Force Basque France-Espagne** im Aug. Kräfte messen zwischen Frankreich und Spanien.

St-Gilles-Croix-de-Vie

Lage: B3
PLZ 85800

OT,
bd. de l'Egalité,
Tel. 02 51 55 03 66, Fax 02 51 55 69 60, www.stgillescroixdevie.com.

****Lion d'Or,**
84, rue du Calvaire,
Tel. 02 51 55 50 39, Fax 02 51 55 22 84. 53 Zimmer, sehr preiswert bis günstig. Familiäres Hotel (Logis de France) mit Pool, Nähe Jachthafen.
******Camping Bahamas Beach,**
168, rte. des Sables,
Tel. 02 51 54 69 16, Fax 02 51 33 94 04. 6180 Plätze, 10. April–15. Sept. 400 m vom Strand.

Maison du Pêcheur,
22, rue du Maroc.
Juni–15. Sept. Mi–Sa und Mo 10–12, 16–18 Uhr.
Fischerhaus aus den 1920er Jahren. Außerhalb: **Jardin des Olfacties,** 85220 Coëx (an der D 6). 14. April–15. Juni tgl. 14–19, 16. Juni–15. Sept. tgl. 10.30–19 Uhr. Pflanzengarten.
Moulin St-Révérend,
St-Révérend (an der D 94). 27. Juli–13. Sept. Di–So 10–19.30 Uhr. 150 Jahre alte Mühle.

Vélo-Rail, am Bahnhof von Commequiers (an der D 754). Re-servierung: Tel. 02 51 54 79 99. Auf Schienen-Fahrrädern durch die Naturlandschaft des Marais Breton. **Golf:** Golf des Fontenelles, l'Aiguillon-sur-Vie (10 km landeinwärts), Tel. 02 51 54 13 94, Fax 02 51 55 45 77. Durch kleine Waldstücke und über Wasserhindernisse. **Wassersport:** Station Voile, bd. de l'Egalité, Tel. 02 51 54 77 00. Segeln, Surfen, Strandsegeln.

Fähre: im Sommer Schnellboote zur Ile d'Yeu:
La Garcie-Ferrande, pl. de la Douane, Tel. 02 51 55 45 42; **Vedette Taxi Amarilys,** Agence Parenthèse, Tel. 02 51 54 09 88; V.I.I.V., av. Jean-Cristau, Tel. 02 51 54 15 15.

St-Jean-de-Luz

Lage: B14
PLZ 64500

OT,
pl. du Maréchal Foch,
Tel. 05 59 26 03 16, Fax 05 59 26 21 47, www.touradour.com/towns/stjeandeluz.

******Parc Victoria,**
5, rue Cépé,
Tel. 05 59 26 78 78, Fax 05 59 26 78 08. 17 Zimmer und Suiten, teuer, 15. März–15. Nov.
Villa aus dem 19. Jh. mit Art-déco-Mobiliar. Garten, Pool, Restaurant (teuer).
*****Réserve,** rond-point de Ste-Barbe, Tel. 05 59 51 32 00, Fax 05 59 51 32 01. 60 Zimmer, moderat bis teuer, 25. März–15. Okt.

Schöne Anlage in einem großen Park mit Blick aufs Meer. Pool, Tennis, Restaurant (teuer).
****Ohartzia,** 28, rue Garat,
Tel. 05 59 26 00 06, Fax 05 59 26 74 75. 17 Zimmer, günstig bis moderat. Hübsches baskisches Haus in zentraler Lage; ruhig.
*****Camping Duna Munguy,**
Quartier Acotz,
Tel. 05 59 47 70 70, Fax 05 59 47 78 82. 176 Plätze, 15. März–15. Okt.
Am Meer.

Brouillarta, 48, prom. Jacques Thibaud, Tel. 05 59 51 29 51. Fischgerichte, teuer; mit Meeresblick.
Buvette de la Halle, bd. Victor Hugo. Fischimbiss bei den Markthallen.
Kaiku, 17, rue de la République,
Tel. 05 59 26 13 20.
Haus aus dem 16. Jh. mit Balkendecke. Meeresfrüchte.
Tourasse,
25, rue Tourasse, Tel. 05 59 51 14 25. Gutbürgerliche Küche mit baskischen Spezialitäten in altem Haus am Hafen.

Ecomusée de la Tradition Basque, im Norden an der N 10. Mo–Sa 10–12.30, 14.30–19, Juli/Aug. bis 20 Uhr.
Freilichtmuseum zum Thema baskisches Leben.
Maison Louis XIV, pl. Louis XIV. 1.–30. Juni, 1. Sept.–15. Okt. 10.30–12, 14.30–17.30, 1. Juli–31. Aug. 10.30–12, 14.30–18.30 Uhr, So vormittags geschl. Haus aus dem 17. Jh., diente Louis XIV vor seiner Hochzeit als Herberge.
Musée Grévin, 3, rue Mazarin.
Tgl. 10–12, 14–18.30 Uhr,
Juli/Aug. bis 20 Uhr, Nov.–März nur am Wochenende.
Walfänger und Piraten aus Wachs, Museum zur Stadtgeschichte.

Boots- und Angelfahrten mit der Marie Rose,
Tel. 05 59 26 39 84. **Segeln und Fischen:** Die meisten Schulen liegen beim Fort Socoa, u. a. Centre UCPA Socoa, 64500 Ciboure, Tel. 05 59 47 18 17. **Tauchen:** Club de Plongée Moana, Tel. 05 59 54 42 38. **Thalasso:** Hôtel Hélianthal, pl. Maurice Ravel,
Tel. 05 59 51 51 51, Fax 05 59 51 51 54.

In der Fußgängerzone der Altstadt, zwischen Eglise St-Jean-Baptiste und Boulevard Thiers, gibt es **baskische Spezialitäten, Antiquitätengeschäfte, Mode und Bücher.**

Fête du Thon, Thunfischfest mit Feuerwerk und vielen Thunfischgerichten, erste Juliwoche.
Fête du Ttoro, Volksfest zur Feier der Fischragoutspezialität Ttoro im Sept.

Casino, 75, rue Gambetta,
Tel. 05 59 26 00 41.

Bahn: Gare SNCF, av. du Verdun, Tel. 05 59 55 50 50. Verbindungen nach Bayonne und Biarritz.

St-Jean-de-Monts

Lage: B3
PLZ 85160

OT, Palais des Congrès,
67, espl. de la Mer,
Tel. 02 51 59 60 61, Fax 02 51 59 87 87,
www.ot-saint-jean-de-monts.fr.

*****Richelieu,**
8, av. des Œillets,
Tel. 02 51 58 06 78, Fax 02 51 59 74 45. 8 Zimmer, günstig, 4.–24. März und 13. Nov.–4. Dez., Di abends und Mi geschl.

Komfortabel, 200 m vom Meer. Garten, Parkplatz, Restaurant.
****Robinson,** 28, bd. Leclerc, Tel. 02 51 59 20 20, Fax 02 51 58 88 03. 80 Zimmer, günstig bis moderat, Dez. und Jan. geschl.
Logis de France zwischen Ortszentrum und Wald. Garten, Garage, Pool, Tennis.
******Camping Amiaux,** 223, rte. de Notre-Dame, Tel. 02 51 58 22 22, Fax 02 51 58 26 09. 543 Plätze, Ostern–30. Sept.
Geheizte Schwimmbäder und Whirlpool 700 m vom Strand.
****Camping Parée du Jonc,** rte. de la Parée du Jonc, Tel. 02 51 58 81 19. 200 Plätze, Mai–Sept.
Ruhige Anlage 200 m vom Strand.

Quich'notte, 200, rte. de Notre-Dame, Tel. 02 51 58 62 64.
Vendée-Küche in authentischer Bourrine.
Chez Bastien, 9, av. de la Forêt, Tel. 02 51 58 01 60.
Regionale Küche. Teuer.

Bogenschießen: Parc des Sports, rue des Sports, Tel. 02 51 58 23 86. **Fahrradverleih:** Le Cycl'Love, 11, av. des Demoiselles, Tel. 02 51 59 04 31. **Golf:** Club St-Jean-de-Monts, av. des Pays de la Loire, Tel. 02 51 58 82 73. 18-Loch-Platz zw. Plage de la Tonelle und Plage St-Jean, Strand und Wald einbezogen. **Reiten:** Equitation Montoise, 111, rte. de Notre-Dame-de-Monts, Tel. 02 51 58 08 61. **Thalasso:** Les Thermes Marins, 12, av. des Pays de Monts, Tel. 02 51 59 18 18, Fax 02 51 59 91 03. **Wassersport:** Centre Nautique, av. de l'Estcade, Tel. 02 51 58 00 75; Segeln, Strandsegeln, Tauchen, Surfen, Drachenfliegen.

Bus: bd. Leclerc, Tel. 02 51 58 97 33. Verbindungen nach Challans, Les Sables-d'Olonne und La Roche-sur-Yon.

St-Jean-Pied-de-Port

Lage: C15
PLZ 64220

OT, 14, pl. Charles de Gaulle, Tel. 05 59 37 03 57, Fax 05 59 37 34 91, saint.jean.pied.de.port@wanadoo.fr.

*****Pyrénées,** 19, pl. Charles de Gaulle, Tel. 05 59 37 01 01, Fax 05 59 37 18 97. 21 Zimmer, moderat bis teuer, 5. Jan.–22. Dez.
Gemütliches Ambiente und meisterhafte baskische Küche (teuer). Pool.
****Central,** 1, pl. Charles de Gaulle, Tel. 05 59 37 00 22, Fax 05 59 37 27 79. 14 Zimmer, moderat, 1. März–15. Dez.
Rustikales Haus mit Terrasse an der Nive, direkt im Zentrum. Restaurant.
****Etchemaité,** an der D 26, 64560 Larrau, Tel. 05 59 28 61 45, Fax 05 59 28 72 71. 10 Zimmer, sehr preiswert, 15.–31. Jan. geschl.
Charmantes Hotel beim höchsten Gipfel der Gegend, dem Pic d'Orhy. Restaurant.
***Camping Municipal Plaza Berri,** av. du Fronton, Tel. 05 59 37 11 19, Fax 05 59 37 99 78. 53 Plätze, 5. April–15. Okt.
Am Wasser.

Gorges de Kakouetta, 64560 Ste-Engrâce.
15. März–15. Nov. tgl. von 8 Uhr bis zum Einbruch der Dunkelheit.
Canyon mit Wasserfällen, ca. 2-stündiger Rundgang.

Mountainbikes: 32, av. du Jaï-Alaï, Tel. 05 59 37 21 79. **Wandern:** Auf dem Pilgerweg nach Spanien. Wandern in der Forêt d'Iraty. Besteigung des Pic d'Orhy (2017 m).

Etienne Brana, 3 bis, av. du Jaï-Alaï, Tel. 05 59 37 00 44. Weinbrennerei mit hervorragenden Schnäpsen (Himbeer- und Birnengeist, Tresterschnaps).

St-Palais

Lage: D14
PLZ 64129

OT, pl. de Gaulle, Tel. 05 59 65 71 78, Fax 05 59 65 69 15, office.tourisme.stpalais@wanadoo.fr.

****Trinquet,** 31, rue du Jeu de Paume, Tel. 05 59 65 73 13, Fax 05 59 65 83 84. 12 Zimmer, günstig, 1.–14. Okt. geschl. Kleines, angenehmes Hotel. Spezialität des Restaurants: flambierte Tauben.

Musée de Basse Navarre et de Chemins de St-Jacques de Compostelle. Juli/Aug. Mo–Sa 9.30–12.30, 15–19, So 10–12.30, sonst Mo–Sa 9.30–12.30, 14–18.30 Uhr (Sa bis 18 Uhr). Regionalgeschichte, Pilgerwege.

Festival de la Force Basque, Mitte Aug.

St-Philbert-de-Grand-Lieu

Lage: C2
PLZ 44310

OT, Le Prieuré, Tel. 02 40 78 73 88, Fax 02 40 78 83 42, otsi.st-philbert@wanadoo.fr.

Camping Boulogne, La Chaussée, Tel. 02 40 78 72 27. 180 Plätze, 1. April–30. Sept. Einfacher, sehr preiswerter Platz.

Casamance, 3, rue de l'Hôtel de Ville, Tel. 02 40 78 79 49. Pizza, Fisch aus dem See.

Maison du Lac und **Abbatiale St-Philbert** zugänglich über OT. April–Sept. tgl. 10–12.30, 14.30–18.30, Okt.–März Mo–Sa 10–12, 14–17.30, So 14–17.30 Uhr.
Maison du Pêcheur in Passay. April–Okt. Di–So 14.30–18.30 Uhr; hier auch Informationen und Pläne zu Wanderwegen am See.

Fahrten auf der Boulogne, dem Zufluss des Lac, mit Elektroboot, über OT. **Reiten:** Centre Equestre du Manoir, Tel. 02 40 78 85 67.

Markt So morgens.

St-Savin-sur-Gartempe

Lage: H4
PLZ 86310

OT, 20, pl. de la Libération, Tel. 05 49 48 11 00, Fax 05 49 48 11 00, otsi.st-savin@worldonline.fr.

****Midi,** 4 rte. Nationale, Tel. 05 49 48 00 40.

9 Zimmer, sehr preiswert.
Im Zentrum. Garten, Garage.
****Camping Municipal du Moulin,**
10, rue de la Gassotte,
Tel. 05 49 48 18 02, Fax 05 49 48 28 56.
49 Plätze, 12. Mai–15. Sept.
Schattiger Platz am Wasser.

Abbaye, Feb./März, Nov./Dez. tgl. 14–17.30, April.–Juni tgl. 9.30–18 Uhr (So und Mo nur nachmittags), Juli/Aug. tgl. 9.30–19 Uhr.

St-Vincent-sur-Jard

Lage: C4
PLZ 85520

OT,
pl. de l'Eglise,
Tel. 02 51 33 62 06, Fax 02 51 33 01 23,
otstvincent@aol.com.

****L'Océan,**
72, rue Clemenceau,
Tel. 02 51 33 40 45, Fax 02 51 33 98 15.
37 Zimmer, günstig bis moderat,
15. Feb.–15. Nov.
Am Meer neben dem Haus von Clemenceau (Logis de France). Garten, Pool, Restaurant.
******Camping Bolée d'Air,**
rte. du Bouil,
Tel. 02 51 90 36 05, Fax 02 51 33 94 04.
280 Plätze, 1. April–30. Sept.
900 m vom Strand.
****Camping Municipal Pied Girard,**
rue de la Forêt, Tel. 02 51 33 65 11.
150 Plätze, 15. März–15. Sept.
600 m vom Strand.

Maison Georges Clemenceau. 15. Mai–30. Juni, 1.–15. Sept. tgl. 9.30–12.30, 14.15–18.30, Juli/Aug. tgl. 9.30–18.30, 23. Sept.–14. Mai Di–So 10–12.30, 14–17.30 Uhr.
Alterswohnsitz des ehemaligen Staatspräsidenten.

Wassersport: Canoë Kayak Club Longevillais, Centre Social, 85560 Longeville-sur-Mer,
Tel. 02 51 33 94 73. Wellenreiten, Surfen, Kanu- und Kajakverleih.

Saintes

Lage: E7
PLZ 17100

OT,
62, cours National,
Tel. 05 46 74 23 82, Fax 05 46 92 17 01,
www.ot-saintes.fr.

Château de Crazannes,
24, rue du Château, 12 km nördl. in 17350 Crazannes an der D 128,
Tel. 05 46 90 15 94, Fax 05 46 91 34 46.
Moderat.
Haus aus dem 11.–15. Jh. an der Charente. Park.
****France,** pl. de la Gare,
Tel. 05 46 93 01 16, Fax 05 46 74 37 90.
25 Zimmer, günstig.
Logis-de-France-Hotel. Garten, Garage, Restaurant mit guter regionaler Küche.
****Messageries,** rue des Messageries,
Tel. 05 46 93 64 99, Fax 05 46 92 14 34.
32 Zimmer, günstig, 25. Dez.–3. Jan. geschl.
Ehemalige Poststation, Restaurant mit lokalen Spezialitäten. Garage.
Auberge de Jeunesse,
2, pl. Geoffroy Martel,
Tel. 05 46 92 14 92, Fax 05 46 92 97 82.
Sehr preiswert.
Parkplatz, Garten. Sehr preiswerte Halbpension.

***Camping au Fil de l'Eau,**
6, rue de Courbiac,
Tel. 05 46 93 08 00, Fax 05 46 93 61 88.
214 Plätze, 7. Mai–15. Sept.
Schattiger Platz. Pool, Angeln.

Bistrot Galant,
28, rue St-Michel,
Tel. 05 46 93 08 51.
Relativ preiswerte Feinschmeckerküche. So und Mo geschl.
Brasero, Domaine de Lucérat,
Tel. 05 46 74 08 04.
Regionale Spezialitäten, am Ufer der Charente. So geschl.

Außerhalb: **Château de la Roche-Courbon,**
17250 St-Porchaire.
Schloss tgl. 10–12, 14–18.30, Park und Garten tgl. 9–18.30, im Winter bis 17.30 Uhr, 15. Sept.–15. Mai Do geschl.

Achtung: **Preiswerter Museumspass** im OT.
Abbaye aux Dames, pl. de l'Abbaye.
8. April–30. Sept. tgl. 10–12.30, 14–19, 1. Okt.–7. April Mo–Mi, Fr und So 14–18, Do und Sa 10–12.30, 14–19 Uhr.
Arènes. 1. April–31. Okt. tgl. 9–19, 1. Nov.–31. März Di–So 10–12.30, 14–16.30 Uhr.
Musée Archéologique, espl. Malraux.
Mai–Sept. Di–So 10–12, 14–18, übrige Jahreszeit Di–Sa 10–12, 14–17.30, So 14–18 Uhr.
Fragmente römischer Architektur.
Musée Dupuy-Mestreau,
4, rue Montconseil.
Führungen Di–So 14–17.30 Uhr.
Sammlung regionaler Kunst, Töpferei, Musikinstrumente in Palais des 18. Jh.
Musée de l'Echevinage,
27, rue Alsace-Lorrain.
Mai–Sept. Di–So 10–12, 14–18, übrige Jahreszeit Di–Sa 10–12, 14–17.30, So 14–18 Uhr.
Gemälde des 19./20. Jh.
Musée du Présidial,
28, rue Victor Hugo.
Zeiten wie Musée de l'Echevinage.
Palais von 1605, Gemälde des 15.–18. Jh., Fayencen des Saintaisers Bernard Palissy (1510–90).

Golf: Louis Rouyer-Guillet, rte. de Niort, Fontcouverte. 18 Loch.

Markt: pl. St-Pierre Mi und Sa; pl. du 11-Novembre Di und Fr; Marché St-Pallais Do und So; am ersten Mo des Monats auf dem Cours National/Av. Gambetta großer Markt.
Poterie J. Alexiu, 82, rte. de Burie, im Töpferdorf La Chapelle-des-Pots nordöstl. der Stadt. Handgefertigtes Porzellan.

Im Juli Musikfestival in der **Abbaye aux Dames** und **Jeux Santons** (internat. Folklorefest, am Monatsanfang in der Arena eröffnet).

Discos Le Santon (Di–So), **Le Rétro** (Mi–So, Sa/So live), Complexe Saintes-Végas, rte. de Royan, mit preiswertem Restaurant und Brasserie.

Bus: cours Reverseaux,
Tel. 05 46 97 52 01.
Bahn: Gare SNCF, pl. Pierre Semard,
Tel. 08 36 35 35 35.

Salies-de-Béarn

Lage: D14
PLZ 64270

OT,
rue des Bains,
Tel. 05 59 38 00 33, Fax 05 59 38 02 95,
salies-de-bearn.tourisme@wanadoo.fr.

****Golf,** Domaine Hélios, rte. d'Orthez, Tel. 05 59 65 02 10, Fax 05 59 38 16 41. 32 Zimmer, günstig.
Etwas außerhalb. Pool, Tennis und 12-Loch-Golfplatz. Gutes Restaurant.
***Domaine Hélios,** rte. d'Orthez, Tel. 05 59 38 37 59, Fax 05 59 38 16 41. 13 Zimmer, sehr preiswert, 15. Juni–30. Sept.
Die einfache Dépendance des Hôtel du Golf.
*****Camping Municipal de Mosqueros,** rte. de Bayonne, Tel. 05 59 38 12 94.
67 Plätze, 15. März–15. Okt.

Terrasse, rue Loumé, Tel. 05 59 38 09 83.
Klassische Gerichte der Region im Stadtzentrum, herrliche Lage am Fluss.
Auberge du Saumon, av. de la Gare, Tel. 05 59 38 53 29.
Lachsgerichte. Übernachtung möglich.

Musée du Sel, pl. du Baya. April–Nov. Di–Sa 15–18 Uhr.
Salzgewinnung und -handel.
Musée des Traditions Béarnais, pl. du Baya.
15. Mai–15. Okt. Di–Sa 15–18 Uhr.
Heimatmuseum.

Kanufahren und Rafting auf dem Gave d'Oloron, Infos beim OT. Rafting von Sauveterre nach Navarrenx, dem Hauptort der **Lachsfischerei:** Tel. 05 59 66 04 04. Kuren im Quellwasser von Salies: **Les Thermes,** pl. du Jardin-Public, Tel. 05 59 38 10 11.

Galerie 17, 17, rue Elysée-Cousrère, Tel. 05 59 65 00 00.
Glas, Keramik, Porzellan der 1920er und 30er Jahre. Ausstellungen zeitgenössischer Künstler.

Fête du Sel, Salzfest am 2. Sept.-Wochenende.

Sare

Lage: C14
PLZ 64310

OT, im Rathaus, Tel. 05 59 54 20 14, Fax 05 59 54 29 15.

*****Arraya,** pl. du Village, Tel. 05 59 54 20 46, Fax 05 59 54 27 04. 20 Zimmer, moderat, 1. April–11. Nov.
Typisch baskisches Haus, ursprünglich aus dem 16. Jh. Restaurant.
****Oppoca,** rue Principale, 64250 Aïnhoa, Tel. 05 59 29 90 72, Fax 05 59 29 81 03. 12 Zimmer, sehr preiswert bis günstig, 16. Nov.–14. Dez. geschl.
Gemütliches Hotel im Zentrum. Restaurant (regionale Spezialitäten; köstlich: Milchlamm).
*****Camping Xokoan,** Quartier Dancharia, 64250 Aïnhoa, Tel. 05 59 29 90 26, Fax 05 59 29 73 82. 30 Plätze.

3 Fontaines, Col de St-Ignace, Tel. 05 59 54 20 80.
Rustikales Haus mit deftiger Küche, bei der Station zum Gipfel La Rhune.

Außerhalb: **Grottes préhistoriques,** 6 km südöstl.
Juli/Aug. tgl. 9.30–20, sonst nur am Wochenende 10–18 Uhr.
Audiovisuelle Führungen.
Petit train de la Rhune, Zahnradbahn vom Col de St-Ignace zum 900 m hohen Gipfel. Mitte März–Mitte Nov. alle 30 Min. von 8.30–18 Uhr.

Musée du Gâteau Basque, chemin Lehambiscay. April–Okt. Mo–Fr 11–12, 15–17, Juli/Aug. tgl. 11–12, 15–18 Uhr. Geschichte und Herstellung des baskischen Kuchens.

Wandern: La Rhune. Aufstieg von Sare ca. 4 Std., Aufstieg von Ascain ca. 3 Std.

Confit d'Ascain, pl. de l'Eglise, 64310 Ascain. Regionale Spezialitäten liebevoll verpackt.
Conserverie Artisanale, rte. de St-Jean-de-Luz (D 918), 64310 Ascain. Baskische Spezialitäten (typisch: *piperade* aus geschlagenen Eiern, Tomate, Paprika und Schinken; *foie gras).*
Pains d'Epices Frais, 64250 Aïnhoa. Köstliches Gewürzbrot.

Cross des Contrebandiers, 7 km langer Wettlauf in den Bergen am vorletzten So im Aug.
Fête de la Pelote Ende Aug.
Fête de Sare, Stadtfest Mitte Sept. mit Tanz-, Pelota- und Gesangswettbewerb.

Soulac-sur-Mer

Lage: D7
PLZ 33780

OT, 68, rue de la Plage, Tel. 05 56 09 86 61, Fax 05 56 73 63 76, www.soulac.com.

****Michelet,** 1, rue Baguenard, Tel. 05 56 09 84 18, Fax 05 56 73 65 25. 20 Zimmer, günstig, Jan. geschl. Zentral, am Strand.
*****Camping Sables d'Argent,** bd. de l'Amélie, Tel. 05 56 09 82 87, Fax 05 56 09 94 82. 152 Plätze, 1. April–30. Sept. Am Strand, mehrere Sportanlagen.

Dame de Cœur, 103, rue de la Plage, Tel. 05 56 09 80 80. Regionale Küche, preiswerte Menüs.

Leuchtturm an der Pointe de Grave. Juni und Sept. 14–18, Juli/Aug. 10–12, 14–18 Uhr. Museum zum Leben eines Leuchtturmwärters, Aquarium.
Moulin de Vensac, 33590 Vensac. Juli/Aug. tgl. 10–12.30, 14.30–18.30 Uhr, Juni, Sept. Sa/So, März-Mai und Okt./ Nov. So nachmittags. Mühle Ende 18. Jh.

Ab Pointe de Grave 4-stündiger **Bootsausflug** zum Phare de Cordouan, Tel. 05 56 09 62 93.

Markt: In den Hallen tgl. vormittags, im Freien vor den Hallen Juli/Aug. tgl., sonst Do.

Bahn: Gare SNCF, av. de Gaulle. Züge nach Bordeaux. **Fähre:** Ab Pointe de Grave in ca. 30 Min. nach Royan, Pkw 20 € einfache Strecke.

Talmont-St-Hilaire

Lage: C4
PLZ 85440

OT, pl. du Château, Tel. 02 51 90 65 10, Fax 02 51 20 71 80.

*****Jardins de l'Atlantique,** Port-Bourgenay, Tel. 02 51 23 23 23, Fax 02 51 23 23 24. 137 Zimmer, moderat bis teuer. Modernes Komforthotel beim Jacht-

hafen. Garten, Parkplatz, Tennis, Pool.
***Port-Bourgenay,**
av. de la Mine, Port-Bourgenay,
Tel. 02 51 23 35 35, Fax 02 51 22 27 95.
36 Zimmer, günstig bis moderat,
1. April–5. Okt.
Modernes Golfhotel, 18-Loch-Platz. Garten, Pool, Tennis.
****Camping Littoral,** Le Porteau,
Tel. 02 51 22 04 64, Fax 02 51 22 05 37.
483 Plätze, 1. April–30. Sept.
Am Strand, mit allem Komfort.

Cottage,
60, av. de Luçon (D 949),
Tel. 02 51 96 04 61.
Regionale Küche im Landhaus mit hübschem Garten.

Château de Talmont.
30. März–9. Juni tgl. 10.30–12.30, 14–18.30, 10. Juni–15. Sept. 11–19, 16. Sept.–3. Nov. 14–18 Uhr.
Schlossruine aus dem 11. Jh., Ritterspiele im Juli/Aug.
Außerhalb: **Château de la Guignardière,** 85440 Avrillé.
Juni–Aug. 10–19, 1.–22. Sept. 10–18 Uhr.
Renaissanceschloss.

Musée de l'Automobile, rte. de Talmont, 3 km vom Ortskern.
April/Mai, Sept.–Mitte Okt. 9.30–12, 14–18.30, 1. Juni–31. Aug. 9.30–19 Uhr.

Golf: Golf de Port-Bourgenay, Talmont St-Hilaire,
Tel. 02 51 23 35 45. 18 Loch.

La Tranche-sur-Mer

Lage: C5
PLZ 85360

OT,
pl. de la Liberté,
Tel. 02 51 30 33 96, Fax 02 51 27 78 71,
ot.latranchesurmer@wanadoo.fr.

***Marinotel Villa,**
rue du Pré de la Cure,
La Grière-Plage,
Tel. 02 51 27 44 20, Fax 02 51 27 43 54.
18 Zimmer, moderat, Ostern–15. Sept.
Ruhige Bungalowanlage mit Garten, 300 m zum Meer. Parkplatz, Pool.
Dunes,
68, av. Maurice Samson,
Tel. 02 51 30 32 27, Fax 02 51 27 78 30.
50 Zimmer, günstig bis moderat,
1. April–25. Sept.
Am Meer. Meeresspezialitäten im Restaurant. Pool.
La Mer,
74, bd. des Vendéens, La Grière-Plage,
Tel. 02 51 30 15 15, Fax 02 51 30 49 03.
40 Zimmer, günstig bis moderat.
Ansprechendes Haus etwas außerhalb.
****Camping Cottage Fleuri,**
4, impasse de Cottage, La Grière-Plage,
Tel. 02 51 30 34 57, Fax 02 51 27 74 77.
238 Plätze, 1. April–30. Sept.
500 m vom Strand. Pool.
****Camping Sable d'Or,**
rue du Marais, La Terrière,
Tel. 02 51 27 46 74, Fax 02 51 30 17 14.
200 Plätze, 1. April–22. Sept.
Am Waldrand, 1,8 km zum Strand.

Parc des Floralies,
März–Mai Mo–Fr 10–12.30, 14–18, Sa/So 10–18 Uhr.
Park mit Millionen Zwiebelgewächsen.
Außerhalb: **Court d'Aron,** 85400 St-Cyr-en-Talmondais (an der D 949).
31. März–30. Okt. tgl. 10–19 Uhr.
Renaissanceschloss mit Garten.
Maison de la Mytiliculture,
17137 Esnandes (in der Bucht von L'Aiguillon).

Feb./März, Sept. Di, Mi und Sa 14–18, April–Juni Di–So 14–19, Juli/Aug. tgl. 10.30–19.30, Okt.–Jan. Sa 14–17 Uhr. Informationen zur Pfahlmuschelzucht.

Bootsausflüge: Inter-Iles, Embarcadère, Tel. 02 51 27 43 04. Schiffstouren zur Ile de Ré, Ile d'Aix und nach La Rochelle. **Wassersport:** Centre Nautique, rte. de l'Embarcadère, Tel. 02 51 27 44 14. Fun Board, Segeln, Surfen. Auf dem Binnensee Plan d'Eau wird auch Kindern Segelunterricht erteilt.

Grand Fête des Fleurs, Blumenkorso Mitte April. **Windsurfregatta** zur Ile de Ré (26 km) im Juli.

Vendays-Montalivet

Lage: D8
PLZ 33930

OT, 62, av. de l'Océan, Tel. 05 56 09 30 12, Fax 05 56 09 36 11, www.ot-vendays-montalivet.fr.

****L'Océan,** front de Mer, Tel. 05 56 09 30 05, Fax 05 56 09 39 55. 13 Zimmer, günstig. Meeresblick von den Balkonen der Zimmer und von der Restaurantterrasse.
*****Camping Municipal,** av. de l'Europe, Tel. 05 56 09 33 45, Fax 05 56 73 32 03. 905 Plätze, 1. Mai–30. Sept.
Hélio Marin de Montalivet, FKK-Camps. Infos: C.H.M. Montalivet Naturisme, 46, av. de l'Europe, Tel. 05 56 73 26 70, Fax 05 56 09 32 15.

Villandraut

Lage: F11
PLZ 33730

OT, 9, pl. de Gaulle, Tel. 05 56 25 31 39, Fax 05 56 25 89 33.

****Goth,** pl. Gambetta, Tel./Fax 05 56 25 31 39, Fax 05 56 25 30 59. 8 Zimmer, günstig. Mit hervorragendem Restaurant, Spezialität: Ente auf Pfirsichen, Jakobsmuscheln und Pasta mit Lachs.

Vallée du Silence, Tel. 05 56 25 33 91. Spezialitäten: Entengerichte und Kalbsbries.
Estaminet, 33730 Uzeste, Tel. 05 56 25 33 17. Grillgerichte und Lamproie (Neunauge) *à la bordelaise.*

Château. Juni 10–12.30, 14–18, Juli/Aug. 10–19, Sept.–Nov. und Feb.–Mai 14–18 Uhr.
Außerhalb: **Château Cazeneuve,** bei Préchac (über D 9). Führungen 1. Juni–30. Sept. tgl. 14–18, Juli/Aug. auch 10.30–12 Uhr. Wohnsitz von Henri IV.
Château de Roquetaillade, ca. 10 km nordwestl. von Uzeste. Juli/Aug. tgl. 10.30–19, Ostern–11. Nov. tgl. 14.30–18, sonst nur So und feiertags 14.30–18 Uhr.

Festival les Journades im Juli. Theater, Musik und Kunst in den Ruinen des Schlosses Villandraut.
Festival Musicale d'Uzeste im Aug., Musikfestival im Nachbarort Uzeste.

Reiseinformationen von A–Z

Ein Nachschlagewerk – von A wie Anreise über N wie Notfälle bis Z wie Zeitungen – mit vielen nützlichen Hinweisen, Tipps und Antworten auf Fragen, die sich vor oder während der Reise stellen. Ein Ratgeber für die verschiedensten Reisesituationen.

Anreise

mit dem Flugzeug

Flüge der Air France (Tel. 01 80/ 583 08 30, Tel. 069/256 63 01, Fax 069/ 95 30 71 62) führen fast alle über Paris-Charles de Gaulle mit Anschlussflügen nach Nantes, Bordeaux, Poitiers, La Rochelle, Pau und Biarritz. Ebenso mit der Swissair von der Schweiz aus und der Austrian Airlines von Österreich aus. Pau und Biarritz können auch über Lyon angeflogen werden. Nantes wird direkt von Deutschland aus angeflogen (von Regional Airlines und Lufthansa, Tel. 01803/803803, Fax 05 61/ 9933115, ab Düsseldorf und Frankfurt). Regional Airlines (Tel. 01 80/500 52 00, Fax 02 21/93 72 72) fliegt u. a. von Düsseldorf und München über Clermont-Ferrand in verschiedene Städte der französischen Atlantikküste. Air Littoral (Tel. 018 03/00 04 36, Fax 018 03/ 00 04 36) bedient u. a. Bordeaux und Nantes von München über Nizza.

mit der Bahn

Auch für Bahnreisende aus Deutschland, Österreich und der Schweiz führen fast alle Wege über Paris. Autoreisezüge der Deutschen Bahn nach Bordeaux gibt es ab Hamburg, Hannover, Köln, Neu-Isenburg und Berlin (Hamburg–Bordeaux knapp 24 Std., Kosten: Hin- und Rückfahrt für Pkw in der Hauptsaison ca. 520 €; der Einzelplatz im Liegewagen kostet zusätzlich ca. 315 €, ein eigenes Abteil mit bis zu fünf Personen belegbar ca. 1000 €. Nach Nantes fahren die Züge ab Hamburg, Hannover, Köln, Dortmund, Neu-Isenburg. Informationen: Tel. 01 80/ 524 12 24.

Auch die Französische Eisenbahn (SNCF c/o Rail Europe) bietet Autozüge nach Frankreich an. Informationen: Tel. 01 80/521 82 38, Fax 0 69/97 58 46 35.

Zwischen Paris und Bordeaux verkehrt der Hochgeschwindigkeitszug TGV (Train à Grande Vitesse) Atlantique: von Paris nach Nantes (2 Std. 15 Min., ca. 50 € 2. Klasse, ca. 80 € 1. Klasse jeweils inkl. Reservierungszuschlag), Poitiers (1 Std. 30 Min.), Angoulême, La Rochelle (2 Std. 50 Min.), Bordeaux (3 Std.), Bayonne (4. Std. 45 Min.), Dax (4 Std. 15 Min.). Außerdem verbindet er Paris mit Badeorten wie Les Sables d'Olonne, Arcachon, Biarritz (4 Std. 45 Min., ca. 70 € 2. Klasse, ca. 100 € 1. Klasse jeweils inkl. Reservierungszuschlag), St-Jean-de-Luz (5 Std. 10 Min.) und Hendaye (5 Std. 25 Min.).

Der TGV ist reservierungspflichtig. Nach der Ankunft in der Pariser Gare du Nord oder Gare de l'Est muss der Bahnhof gewechselt werden: TGV-Abfahrtsbahnhöfe sind die Gare d'Austerlitz oder die Gare de Montparnasse (Metroverbindung in Paris ca. 1 Std.).

Es gibt Ermäßigungen zwischen 25 und 50 % für Gruppen und für Besitzer von Grundkarten (Kinder, Senioren etc.).

Informationen: Französische Eisenbahnen (SNCF c/o Rail Europe), Lindenstr. 5, 60325 Frankfurt/M., Tel. 01 80/ 521 82 38, Fax 069/97 58 46 35.

Bahnauskünfte in Frankreich: Tel. 08 36 35 35 35.

mit dem Bus

Busfahrten werden lediglich als Pauschalreisen angeboten. Busverbindungen bestehen nur von mehreren deutschen Städten bis nach Paris.

mit dem PKW

Alle Autobahnen führen über Paris, dann statt des Boulevard Périphérique über die Francilienne Richtung Westen fahren; weiter geht es entweder über die A 11 an die nördliche Atlantikküste (über Angers–Nantes) oder über die A 10 in den Südteil (über Poitiers und Bordeaux). Aus Süddeutschland, Österreich und der Schweiz ist auch eine Anreise über Genf, Narbonne und Toulouse möglich.

Kostspielig sind in Frankreich die Autobahngebühren *(péage)*, die an den Mautstationen auch mit Kreditkarten bezahlt werden können (belgische Grenze–Paris: ca. 10 €, Paris–Angers: ca. 20 €; Paris–Bordeaux: ca. 40 €, zwischen 14 und 17 Uhr ist die Autobahnbenutzung besonders teuer). Eine Alternative sind die National- und Departementstraßen.

Empfohlen wird die grüne Versicherungskarte, für Schweizer ist sie Pflicht (s. auch S. 328).

Ärztliche Versorgung

Nach EU-Vereinbarung werden deutschen und österreichischen Urlaubern die Arztkosten bei einem Frankreichaufenthalt nach Vorlage der Rechnung von der heimischen Krankenkasse erstattet. Wer bereits in Frankreich sein Geld zurückerhalten möchte, muss sich vor der Reise bei der Krankenkasse einen Anspruchsausweis (für Deutsche Vordruck E 111, für Österreicher SE 100-07) besorgen. Der Arzt in Frankreich stellt dann eine Bescheinigung *(feuille de soins)* aus, die mit der Rechnung für Medikamente an der örtlichen Caisse Primaire d'Assurance Maladie vorgelegt wird. Erstattet wird nach französischen Sätzen. Schweizer Urlauber müssen selbst bezahlen. Privat Versicherte legen die Abrechnungen daheim vor. Unter Umständen ist eine Auslandskrankenversicherung zu empfehlen.

Apotheken

Apotheken erkennt man am grünen, oft erleuchteten Kreuz. Notdienste sind an der Tür und in der lokalen Presse angezeigt. Reguläre Öffnungszeiten der *pharmacies* 9–12 und 14–18.30 Uhr.

Auskunft

in Deutschland

Maison de la France, Westendstr. 47, 60325 Frankfurt/M.,
Tel. 01 90/57 00 25, Fax 01 90/59 90 61, www.maison-de-la-france.com.

in Österreich

Französisches Fremdenverkehrsamt, Argentinierstr. 41 a, 1040 Wien,
Tel. 01/503 28 90, Fax 503 28 71.

in der Schweiz

Maison de la France, 2, rue Thalberg, 1201 Genève, Tel. 022/909 89 77, Fax 909 89 71;
Französisches Fremdenverkehrsamt, Löwenstr. 59, Postfach 7026, 8023 Zürich, Tel. 01/211 30 85, Fax 212 16 44.

in Frankreich

Für die einzelnen Regionen
(Comité Régional du Tourisme, CRT):

Pays de la Loire: 2, rue de la Loire, B.P. 20411, 44204 Nantes Cédex 2, Tel. 02 40 48 24 20, Fax 02 40 08 07 10.

Poitou-Charentes: B.P. 56, 62, rue Jean-Jaurès, 86002 Poitiers Cedex, Tel. 05 49 50 10 50, Fax 05 49 41 37 28.

Aquitaine: Bureaux de la Cité Mondiale, 23, parvis des Chartrons, 33074 Bordeaux Cédex, Tel. 05 56 01 70 00, Fax 05 56 01 70 07.

Für die einzelnen Departements
(Comité Départemental du Tourisme, CDT):

Vendée: 8, pl. Napoléon, B.P. 233, 85006 La Roche-sur-Yon Cédex, Tel. 02 51 47 88 24, Fax 02 51 05 37 01.

Charente-Maritime: 11 bis, rue des Augustins, B.P. 1152, 17088 La Rochelle Cédex 2, Tel. 05 46 41 43 33, Fax 05 46 41 34 15.

Charente: 27, pl. Bouillaud, 16021 Angoulême, Tel. 05 45 69 79 19, Fax 05 45 69 48 60.

Vienne: 15, rue Carnot, B.P. 287, 86007 Poitiers Cédex, Tel. 05 49 37 48 48, Fax 05 49 37 48 61.

Deux-Sèvres: 15, rue Thiers, B.P. 8510, 79025 Niort Cédex 9, Tel. 05 49 77 15 90, Fax 05 49 77 15 94.

Gironde: 21, cours de l'Intendance, 33000 Bordeaux, Tel. 05 56 52 61 40, Fax 05 56 81 09 99.

Landes: 4, av. Aristide Briand, B.P. 407, 40012 Mont-de-Marsan, Tel. 05 58 06 89 89, Fax 05 58 06 90 90.

Agence Touristique du Pays Basque, 1, rue de Donzac, B.P. 811, 64108 Bayonne, Tel. 05 59 46 46 64, Fax 05 59 46 46 60.

Agence Touristique du Béarn, 21 ter, rue Jean-Jacques de Monaix, 64000 Pau, Tel. 05 59 30 01 30, Fax 05 59 84 10 13.

In fast jedem Ferienort ist ein Office de Tourisme (OT) oder Syndicat d'Initiative (SI) für ausführliche Informationen zu finden.

Autofahren

Verkehrsregeln, Tanken und Parken: In Frankreich herrscht Anschnallpflicht, die Alkoholgrenze liegt bei 0,5 Promille. Wer den Führerschein noch kein Jahr besitzt, darf höchstens 90 km/h fahren, ansonsten gilt: 130 km/h auf Autobahnen, 110 km/h auf vierspurigen und 90 km/h auf anderen Nationalstraßen, bei Nässe 100 bzw. 80 km/h, auf Departementstraßen 90 km/h, in Ortschaften 50 km/h. Für Motorräder: 90 km/h auf Autobahnen, 80 km/h auf anderen Straßen. Fahrzeuge im Kreisverkehr haben Vorfahrt.

Die Autobahnen sind gebührenpflichtig *(péage)*. An den Péage-Stationen kann auch per Kreditkarte gezahlt werden. Mitunter fallen an Brücken Gebühren an: z. B. ca. 10 € pro Auto zur Ile de Ré (hin und zurück). Benzin (Normal = *essence ordinaire,* Super = *supercarburant;* bleifrei heißt *sans plomb)* und Diesel (= *Gaz-oil)* sind etwas billiger als in Deutschland. Am günstigsten kann man an den Tankstellen der großen Supermärkte tanken, am teuersten ist es auf Autobahnen.

Übertretungen der Geschwindigkeitsbeschränkungen und der Parkverbote werden mit empfindlichen Strafen geahndet.

Die Parkplatzsituation in den Städten ist sehr problematisch. Parken ist gerade in den Küstenorten im Sommer zeitlich stark begrenzt (häufig auf 2 Std.). Mitunter werden Gratisparkflächen am Ortsrand eröffnet. Vor Krankenhäusern, Polizeirevieren und Postämtern herrscht grundsätzlich Parkverbot, ebenso an Bushaltestellen und gelb markierten Bordsteinen. Wer die Parkdauer überschreitet, wird abgeschleppt.

Pannenhilfe: Kann über die Autobahn-Notrufsäulen oder die Polizei (Tel. 17) gerufen werden. Es gibt auch die Möglichkeit, direkt beim ADAC anzurufen: Tel. 04 72 17 12 22. Auslandsnotruf des ADAC in München auch für Nichtmitglieder: Tel. 00 49/89/22 22 22.

Diebstahlgefahr: Das Auto sollte nachts in Hotelgaragen oder auf überwachten Parkplätzen abgestellt werden.

Papiere: Sinnvoll ist ein Auslandsschutzbrief wie die grüne Versicherungskarte.

Behinderte

Ein Verzeichnis behindertengerechter Unterkünfte und Restaurants (»Où ferons-nous étape«, auf Französisch) wird gegen eine Gebühr von ca. 12 € von der Behindertenorganisation Association des Paralysés de France, Délégation de Paris (22, rue du Père Guerin, 75013 Paris, Tel. 01 44 16 83 83, Fax 01 44 16 83 80) versandt.

Diebstahl

An der Küste und auf den Inseln sind Fahrräder gefährdet. In den stark touristischen Ecken kommt es in den Ferienhäusern hin und wieder zu Einbrüchen. Kameras und Wertsachen sollten nicht im Auto gelassen, Leihwagen nicht in einsamen Gegenden abgestellt werden. Das Inland ist relativ sicher.

Diplomatische Vertretungen

Bundesrepublik Deutschland
Botschaft, 13/15, av. Franklin D. Roosevelt, 75008 Paris, Tel. 01 53 83 45 00, Fax 01 43 59 74 18.
Generalkonsulat, 377, bd. du Président Wilson, 33021 Bordeaux, Tel. 05 56 17 12 22, Fax 05 56 42 32 65.

Österreich
Botschaft, 6, rue Fabert, 75007 Paris, Tel. 01 40 63 30 63, Fax 01 45 55 63 65.
Honorarkonsulat, 86, cours Balguerie-Stuttenberg, 33300 Bordeaux, Tel. 05 56 00 00 70, Fax 05 57 87 60 30.

Schweiz
Botschaft, 142, rue de Grenelle, 75007 Paris, Tel. 01 49 55 67 00, Fax 01 45 51 34 77.
Generalkonsulat, 14, cours Xavier Arnozan, 33080 Bordeaux, Tel. 05 56 52 18 65, Fax 05 56 44 08 65.

Einreise- und Zollbestimmungen

Bürger der EU-Staaten benötigen lediglich einen Personalausweis, Schweizer einen gültigen Reisepass. Für Kinder unter 16 Jahren ist ein eigener Ausweis oder ein Eintrag in den Papieren der Eltern notwendig. Bei Anreise mit dem eigenen Kraftfahrzeug ist die Grüne Versicherungskarte empfehlenswert. Hält man sich länger als drei Monate im Lande auf, ist eine *carte de séjour* (Aufenthaltserlaubnis) erforderlich.

Seit Einführung des EU-Binnenmarktes ist der Warenverkehr für private Zwecke zollfrei. Allerdings müssen Richtmengen eingehalten werden. Nicht-EU-Mitglieder dürfen 200 Zigaretten, 1 l Spirituosen, 2 l Wein einführen.

Elektrizität

Die Stromspannung beträgt 220 V. Deutsche Stecker bei Radios und anderen Elektrogeräten passen häufig nicht, deshalb ist die Mitnahme eines Adapters empfehlenswert.

Essen und Trinken

Essgewohnheiten

Im Schlemmerparadies Frankreich ist das Frühstück eher ein Trauerspiel und außerdem teuer. Den Kaffee kann man statt im Hotel besser im nächsten Café nehmen. Dort sind die Baguettes und Croissants auch oft billiger und frischer. Zwischen 12 und 14.30 Uhr ist Mittagszeit. Viele Restaurants bieten als *déjeuner* ein günstiges Menü *(plat du jour)* an. Für den kleinen Hunger offerieren Bistros, Brasserien und Rôtisserien meist durchgehend Kleinigkeiten wie Salate, Suppen und Croque-Monsieurs. Kaffee und Kuchen gibt es im Salon de Thé. In den Cafés bekommt man bis in die späten Abendstunden einen *café au lait* und alkoholische Getränke, häufig auch kleine Snacks serviert. Gegen 19 Uhr öffnen die Restaurants für das *dîner*, wo man die Auswahl zwischen den Tagesmenüs oder A-la-carte-Speisen hat. Für die kleinen Gäste gibt es häufig Kindermenüs *(menu enfant)*. Crêperien, die außer Crêpes meist auch regionale Spezialitäten anbieten, sind eine preisgünstigere Variante.

In der Vor- und Hauptsaison sind häufig *suggestions* (›Angebote‹) erhältlich: Menüs um 10 € mit Salat, Fisch und Eis. Für ein *menu régional* muss man ab 15 € rechnen. Ausgesprochen teure Restaurants sind an der Atlantikküste eher selten, abgesehen von Nobelorten wie Biarritz. In Bordeaux gibt es natürlich zahlreiche Gourmettempel. Im Hinterland ist Essengehen meist billiger als an der Küste. In der Nebensaison sind nicht alle Restaurants an der Küste geöffnet, häufig wird Sonntagabend und Montag ein Ruhetag eingelegt.

Im Restaurant

Für das abendliche *dîner* sollte man zwei Stunden einplanen. Im Sommer empfiehlt sich eine Reservierung. Üblicherweise lässt man sich den Tisch vom Kellner zuweisen. Man kann zwischen den Menüs oder *à la carte* wählen, was meist teurer ist. Nur eine Vorspeise zu bestellen, ist ein regelrechter *faux pas*, den der Kellner den Gast meist auch spüren lässt. Eingeleitet wird die Speisefolge häufig mit einem *apéritif*, beispielsweise einem Pastis (Anisschnaps mit Wasser), einem Lillet (Fruchtlikör mit Wein) aus der Bordeaux-Region oder einem Pineau

(Likörwein aus der Charente). Zu einem *dîner* gehören ein *entrée,* der *plat* (das Hauptgericht), ein *dessert,* etwas *fromage* (›Käse‹) und dazu Wein und Wasser oder seltener ein Bier vom Fass *(bière à pression).* Wer Wein vorzieht: Günstig ist die Hausmarke *(la réserve du patron)* oder ein offener Wein *(vin au pichet* oder *vin en carafe).* Zum Abschluss gibt es einen kleinen Kaffee und vielleicht einen Cognac als *digestif.*

Es ist üblich, 5–10 % Trinkgeld zu hinterlassen.

Restaurantdolmetscher

Grundbegriffe, Zutaten, Beilagen

à la Bordelaise:	Sauce aus Rotwein mit Schalotten
mogettes:	weiße Bohnen (aus dem Marais Poitevin)
pastis:	Blätterteig, mit Gänsefett zubereitet
pommes:	Kartoffeln, als *landaises* gedünstet und mit Petersilie und gehacktem Knoblauch verfeinert, als *sarladaises* roh in der Pfanne in Gänsefett und mit Knoblauch geröstet
rouille:	hausgemachte scharfe Mayonnaise

Fisch, Meeresfrüchte

alose:	Alse, im Frühjahr in der Gironde gefangen, gegrillt und mit Thymian, Lorbeer, Sauerampfer und Zitrone serviert
anguille:	Aal, als Frikassee (Vendée) oder mit Knoblauch (Marais Poitevin)
bar:	Seebarsch, einer der teuersten Fische an der Atlantikküste
barloup:	Wolfsbarsch
coquille St-Jacques:	Jakobsmuscheln, meist als Vorspeise
crevettes:	Garnelen, als *blanches* (›weiße‹) aus dem Médoc, als *roses* (›rosa‹) aus dem Bassin d'Arcachon
eclade:	Miesmuscheln mit einer Schicht Piniennadeln über offenem Feuer gegart
éperlure:	frittierte Fischchen
homard à à l'américaine:	Hummer in einer Bouillon aus Butter, Tomaten, Zwiebeln, Schalotten, Knoblauch, Wein und Cognac
huîtres:	Austern (kauft man im Dutzend), meist mit einem Spritzer Zitronensaft, Brot und Weißwein; in der Schale gegrillt als *huîtres chaudes,* ansonsten in Sahnesoße gegart oder mit Vinaigrette aus Schalotten und Essig
lamproie:	Neunauge, Fisch aus Gironde, Garonne und Dordogne, serviert *à la Bordelaise* mit Lauch oder *à la Dacquoise* mit Pinienkernen und Rosinen

lotte: Seeteufel

mouclade: Regionalgericht der Charente, Miesmuscheln, Muschelsud und Sahne, mit Eigelb gebunden, Schalotten, Weißwein, Kräuter und Curry zugegeben

moules: Miesmuscheln (kauft man nach ›Lichtern‹ = 1 kg); mit Wein, Kräutern und Zwiebeln zubereitet als *moules marinières;* gern auch als *moules frites* (mit Pommes frites); in L'Aiguillon-sur-Mer in einer Soße aus Weißwein, Sahne, Nelken und Lorbeer geköchelt

piballe: Glasaal, weißer Fisch, zwischen Nov. und April in der Gironde gefischt

raie: Rochen

rouget: Rotbarbe, gegrillt, mit Anchovisbutter

sole: Seezunge

thon: Thunfisch, deftig gebraten, in der Gegend von Nantes mit Kohl als Beilage

Geflügel, Wildvögel

caille farcie: gefüllte Wachtel

confit de canard: meist Schenkel, aber auch andere Stücke von der Ente, im eigenen Fett eingemacht, kalt mit Salat oder warm mit Kartoffeln und Steinpilzen gegessen

cou farci: Enten- oder Gänsehals, mit Fleischstücken und Gewürzen gefüllt

foie gras: Stopfleber (von Gänsen oder Enten), im Ganzen eingekocht, teils mit Trüffeln

gésiers: gekochter Geflügelmagen, in Scheiben geschnitten (oft als Garnitur bei Salaten)

grive: Drossel

magret de canard: Entenbrust, in der Pfanne gebraten oder über dem Rost gegrillt

mousse de foie: passierte Geflügelleber

palombe en salmis: Ragout von Ringeltauben

poulets jaunes: Geflügel aus den Landes, das mit Mais gefüttert wurde und dessen Fleisch dadurch eine gelbe Färbung hat

rillette: Enten- oder Gänseschmalz

terrine: Pastete (aus dem Tongefäß, in dem *pâté* angemacht wird)

Fleischgerichte, Wild, Wurstwaren, Schnecken

cagouilles: Schnecken der Charente, in Gemüsebrühe geköchelt, dann mit Schinkenstreifen gebraten; *à la Bordelaise* mit Knoblauch und Petersilie; *grillés,* gegrillt und heiß mit Butter und Petersilie

	serviert; *à la Saintongeaise* mit Wurstmett gefüllt und Kräutern gewürzt
crépinettes:	kleine, trockene Schweinswürste im Bordelais
cuisses: de grenouille	Froschschenkel (in der Bocage)
enchaud:	gefülltes Schweinefilet
entrecôte bordelaise:	über Weinreben gegrilltes Stück Rind, mit schmelzendem Rindermark bedeckt und mit gehackten Schalotten gewürzt
farci poitevin:	geschmorter Krautwickel mit Füllung aus gehacktem Gemüse, Kartoffeln, Knoblauch, Eiern und Schweinefleisch oder Speck
grenier de Médoc:	Kuttelwurst
jambon fumé:	geräucherter Schinken
lumas:	Schnecken aus dem Marais Poitevin, in einer Soße aus Rotwein und Speck

Käse, Nachspeisen

crème brûlée:	flambierte Creme, oft leicht gewürzt, beispielsweise mit Angelikawurz oder Lavendel
Curé Nantais und Chabichou:	Ziegenkäse aus Nantes und dem Poitou, vor dem Nachtisch gegessen
far:	Puddingkuchen mit Pflaumen, Spezialität aus Nantes
fromage blanc:	Quark
galette:	dunkle Crêpe aus Buchweizenmehl, immer mit herzhafter Füllung
gâteau charentais:	Mürbeteigkuchen mit Engelwurz
macarons:	Kekse aus Eiweiß und Mandeln, eine Spezialität aus St-Emilion

Feiertage

1. Januar (Neujahr = Jour de l'An)
Ostermontag (Lundi de Pâques)
1. Mai (Tag der Arbeit = Fête du Travail
8. Mai (Waffenstillstand 1945 = Armistice 1945)
Christi Himmelfahrt (Ascension)
Pfingstmontag (Lundi de Pentecôte)
14. Juli (Nationalfeiertag Sturm auf die Bastille)
15. August (Mariä Himmelfahrt = Assomption)
1. November (Allerheiligen = Toussaint)
11. November (Waffenstillstand 1918 = Armistice 1918)
25. Dezember (Weihnachten = Noël)

Feste und Festivals

Januar: Am letzten Wochenende des Monats internationales Comicfestival in Angoulême
Februar: Rinderfest in Bazas
März/April: Karneval in Nantes, Bordeaux, Pornic, St-Jean-de-Luz; Festival des Kriminalfilms in Cognac
April: Musikalischer Frühling in Poitiers; Oldtimertreff (Autos) in Pornic; am Monatsanfang Schinkenfest in Bayonne; am 2. Wochenende Segelfest

Coupe de France de Voile Olympique in Lacanau
April/Mai: Blumenfest in La-Tranche-sur-Mer
Mai: Am 1. Mai Meeresfest in Mimizan; Musikfestivals in Angoulême (Dritte Welt) und Melle (Klassik); Mitte des Monats Fest der Chocolatiers in Bayonne
Pfingsten: Internationale Segelwoche (Semaine Internationale de la Voile) in La Rochelle; Feria de la Mer in Les-Sables-d'Olonne
Mai/Juni: Printemps des Arts in Nantes mit Musik, Gesang und Tanz der Barockzeit; Autorennen in Pau
Juni: Am Monatsanfang Umzug La Cavalcade in La Rochelle, Johannisfest in St-Jean-de-Luz mit baskischen Spielen am Monatsende; internationales Filmfestival in La Rochelle
Juli: Am Anfang des Monats im Bordelais Weinfeiern bei 5000 Châteaux, Ausschank des Primeur; Flamenco und unblutiger Stierkampf in Mont-de-Marsan (6 Tage lang); Musikfestival in Saintes (Abbaye aux Dames); Jeux Santons, internat. Folklorefest am Monatsanfang, wird in der Arena von Saintes eröffnet; Fête de la Mer in Pornic und andernorts zum 14. Juli (Feuerwerke über dem Meer, Lampionzüge für Kinder); um den 14. Juli Beginn der 6-tägigen Francofolies in La Rochelle, beliebte Rock- und Popgruppen treten in Theatern und bei Open-Air-Konzerten auf, überwiegend Französischsprachiges; Monatsanfang Internationales Filmfestival in La Rochelle; am 2. Wochenende Festival Jazz Fort Médoc in La Rochelle; Loire-Wein- und Gastronomie-Festival am Monatsende in Les Sables d'Olonne; Windsurfregatta von La Tranche-sur-Mer zur Ile de Ré (26 km); Sommerfest in Nantes, Musik und Folklore der Welt; 2. Woche Beginn des 4-wöchigen Austernfestes in der Bucht von Arcachon; Mitte Juli Forces Basques in St-Etienne-de-Baïgorry; Mitte Juli Résonances (Straßenmusiktage) in Rochefort
Juli/August: Nachspiel der Schlacht von Castillon in der Ebene von Coly; Bluesfestival in Cognac
August: Mitte des Monats Beginn der Stierkämpfe in Bayonne und Dax; Segelregatta Les Régates du Bois de la Chaise, Ile de Noirmoutier; Foire aux Oignons, Zwiebelmarkt am Monatsende in Les Sables d'Olonne; Monatsende Forces Basques in Hendaye
September: 1. des Monats Folkloremusikfest in Pornic; Oldtimerfestival in Angoulême; Weinfest in St-Emilion; Weinlesefest in Pornic; Le Grand Pavois in La Rochelle, größte Bootsmesse Europas; Chansonfestival am Monatsende in Les Sables d'Olonne; Mitte September Salzfest in Salies-de-Béarn
Oktober: Feierliche Eröffnung der Weinlese; Chorfestival in Hendaye, St-Jean-de-Luz, Obourne; Monatsanfang Piano en Valois in Angoulême; Fête du Piment in Espelette
November: SIGMA in Bordeaux, Theater, Tanz, Film, Musik, Design u. a., Festival seit 1965; Vendée Globe, Einhand-Segelregatta um die Welt ohne Zwischenaufenthalt, alle 4 Jahre ab Les Sables d'Olonne; Salon de la Littérature Européenne in Cognac
November/Dezember: Festival des Trois Continents in Nantes, Filme aus Afrika, Asien, Amerika

FKK

»Oben ohne« ist an der Küste weit verbreitet. Doch nur an den als *plages des naturistes* gekennzeichneten Stränden sollte man alle Hüllen fallen lassen. Es gibt auch FKK-Ferienzentren mit Restaurants und Geschäften. Die Maison de la France (s. S. 326) in Frankfurt gibt eine Broschüre »Freikörperkultur in Frankreich« heraus.

Geld und Banken

Landeswährung ist auch in Frankreich der Euro.

Kreditkarten haben sich inzwischen als allgemeines Zahlungsmittel durchgesetzt (besonders Visa und Eurocard) – auch an den *péage*-Stellen der Autobahnen, an Bahnhöfen und Tankstellen werden sie akzeptiert.

Mit EC-Karte und einer persönlichen Geheimnummer können an Geldautomaten *(guichet automatique)* bis zu 500 € abgehoben werden.

Eine Alternative ist das Postsparbuch (gebührenfreie Auszahlung bei Postämtern bis zu 1000 € pro Kalendermonat) oder Travellerschecks. Banken haben häufig montags geschlossen.

Karten

Sehr empfehlenswerte Straßenkarten gibt Michelin heraus: Nr. 232 für das Pays de Loire, Nr. 233 für Poitou-Charentes, Nr. 234 für Aquitaine. Vom Institut Géographique National (IGN) sind die Fahrrad- und Wanderkarten zu empfehlen sowie Themenkarten für Golfer und Kanuten.

Kinder

Frankreich ist ein kinderfreundliches Land. Weder im Restaurant noch in Museen werden sie als Störenfriede empfunden. In fast jedem Restaurant kann man ein Kindermenü *(menu enfant)* bestellen. In den großen Ferienzentren gehören Freizeitparks, Zoos und Aquarien häufig zum Angebot. Viele Campingplätze sind kindgerecht mit Spielplätzen und Freibädern ausgestattet und bieten ein spezielles Animationsangebot für Kinder. Die weiten flachen Sandstrände eignen sich hervorragend auch für kleine Sommerurlauber. Große Vorsicht ist allerdings geboten bei den nicht zu unterschätzenden Meereswellen und -strömungen.

Kur- und Heilbäder

Bereits im 19. Jh. folgte die europäische Aristokratie dem Beispiel der Kaiserin Eugénie und entdeckte die wohltuende Wirkung der Meerwasserkur. Seit den 60er Jahren des 20. Jh. ist die französische Atlantikküste das Zentrum der Thalassotherapie. Bekannte Kurhotels gibt es u. a. in Pornic, Les Sables-d'Olonne, Châtaillon-Plage, auf der Ile de Ré, in Biarritz und St-Jean-de-Luz. Die Maison de la France gibt eine Broschüre zur Thalassotherapie heraus.

Thermalbäder sind in berühmten Kurorten wie Dax, Eugénie-les-Bains, Cambo-les-Bains, Les Eaux-Bonnes, Les Eaux-Chaudes und Salies-de-Béarn zu finden (s. auch S. 82).

Thalassotherapie-Anbieter in Deutschland:
Locaboat Plaisance,
79008 Freiburg,
Tel. 07 61/20 74 10, Fax 207 41 83;
IKD Reisen,
Mozartstr. 17, 80336 München,
Tel. 089/54 40 92 20, Fax 54 40 92 29.

Lesetipps

Honoré de Balzac: Verlorene Illusionen, Zürich 1977 (Sozialkritischer Roman über die Kluft zwischen den Fabrikarbeitern und dem Adel im Angoulême des 19. Jh.)
Gustave Flaubert: Reisetagebücher, 3 Bde., Leipzig 1993 (u. a. Notizen über Nantes).
Wilhelm von Humboldt: Die Vasken, 2 Bde., Stuttgart 1986 (Reisebilder von Biarritz und dem französischen Baskenland Anfang des 19. Jh.).
Tanja Kinkel: Die Löwin von Aquitanien, München 1991 (Roman über das Leben von Aliénor, der Herzogin von Aquitanien).
Tanja Kinkel: Die Schatten von La Rochelle, München 1996 (Roman über die Glaubenskriege, die Belagerung von La Rochelle und Kardinal Richelieu auf dem Höhepunkt seiner Macht).
Pierre Loti: Roman eines Kindes, Stuttgart 1994 (Autobiographische Erinnerungen an Rochefort und das Leben in Frankreichs Südwesten Mitte des 19. Jh.).
Heinrich Mann: Henri Quatre, 2 Bde., Frankfurt/M. 1994 (Roman über das Leben des volkstümlichen französischen Königs).
Margarete von Navarra: Das Heptameron, München 1999 (Erotische Novellen aus dem 16. Jh.).
Régine Pernoud: Königin der Troubadoure, München 1979 (Biographie über Aliénor von Aquitanien)
Françoise Sagan: Stehendes Gewitter, Hamburg 1993 (Liebesdrama aus dem Angoulême des 19. Jh.).
Georges Simenon: Maigret und der Verrückte von Bergerac, Zürich 1998 (spannender Krimi).
Georges Simenon: Wellenschlag, Zürich 1979 (Aus dem Muschel- und Austernfischermilieu bei La Rochelle).
Kurt Tucholsky: Ein Pyrenäenbuch, Hamburg 1998 (Reisebilder der Pyrenäenlandschaft und ihrer Bevölkerung aus dem Jahre 1925).

National- und Naturparks

Im Herzen des 950 000 ha großen Kiefernwaldes der Landes, der im 19. Jh. zum Schutz gegen die Wanderdünen angepflanzt wurde, liegt der Parc Naturel Régional des Landes de Gascogne. An den Ufern der Eyre bietet der 262 000 ha große Naturpark eine Heide- und Waldlandschaft, die sich zum Kajak- und Kanufahren, für Fahrrad- und Reittouren sowie für Ausflüge in das Ecomusée de la Grand Lande eignet. Informationen: Place de l'Eglise, 33830 Belin-Béliet, Tel. 05 56 88 06 06, Fax 05 88 12 72.

Der Parc National des Pyrénées, der sich über die Hautes Pyrénées und Pyrénées-Atlantiques 100 km entlang der spanischen Grenze erstreckt, wurde 1967 gegründet und umfasst eine Gebirgslandschaft von rund 50 000 ha Größe. 3000 m hohe Bergspitzen (Pic du Midi d'Ossau, Balaitous und Vignemale), Wildbäche, Gebirgsseen, weitläufige Wälder und eine artenreiche Fauna bilden eine grandiose Naturlandschaft und Möglichkeiten zum Bergwandern, Skilaufen, Fischen, Reiten und Trekken. In den Hochtälern leben noch einige Braunbären, viele Gämsen, Gänsegeier, Murmeltiere und Adler. Informationen beim regionalen Fremdenverkehrsamt Béarn (s. S. 327).

Notfälle

Landesweit gelten die Notrufnummern für Polizei *(police)* Tel. 17 und Feuerwehr *(pompiers)* Tel. 18. ADAC-Notruf Frankreich: Tel. 04 72 17 12 22. Auskunft: Tel. 12.

Öffnungszeiten

Geschäfte haben üblicherweise von 9–12 und 14–19 Uhr geöffnet, in den Touristenorten zumindest in der Hochsaison auch länger. Supermärkte und einige kleine Lebensmittelgeschäfte schließen sonntags erst am Mittag.

Heilig ist die Mittagspause in Frankreich. Zwischen 12 und 14 Uhr wird man selten jemanden antreffen – abgesehen von den großen Supermärkten.

Behörden sind Mo–Fr von 9 bis 12 und 14–17 Uhr, Banken bis 16 Uhr geöffnet. Staatliche Museen haben dienstags in der Regel Ruhetag.

Polizei

Polizeinotruf: Tel. 17 *(police secours)*.

Post

Postämter (PTT mit Telefon und Postbank) haben in größeren Orten in der Regel Mo–Fr 9–19 sowie Sa bis 12 Uhr geöffnet. In kleineren Orten wird häufig von 12 bis 14 Uhr eine Mittagspause gemacht. Briefmarken *(timbres)* und Telefonkarten *(télécartes)* erhält man auch in Tabakläden *(bureau de tabac)*. Briefe und Postkarten (bis zu 20 g) ins europäische Ausland müssen mit 0,50 € frankiert werden.

Reisezeit

Das Küstenklima ist ozeanisch mit viel Wind, Schauern im Frühjahr und Herbst, einem sonnenreichen Sommer und milden Wintern, vor allem südlich der Gironde-Mündung. Von Mai bis Oktober ist Badesaison, empfehlenswert ist die Zeit von Mitte Juni bis Mitte September. Vom 10. Juli bis 20. August sind in ganz Frankreich Sommerferien. Dann sind die Strände überlaufen, überall Reisegruppen anzutreffen und die Preise am höchsten. Für Hausboottouren und Besichtigungsfahrten sind Mai und September empfehlenswerte Monate. Im Herbst sind besonders die Weinregionen einen Besuch wert. In den Höhen der Pyrenäen ist im Winter Skilaufen möglich.

Souvenirs

Die großen Bordeaux-Weine und der berühmte Cognac (wegen hoher Besteuerung kaum günstiger als bei uns) sind beliebte Mitbringsel, aber auch kleinere Sandweine von den Inseln Ré und Oléron, der Jurançon aus dem Béarn und der baskische Irouléguy sowie ein Pineau-Aperitif aus der Charente (Likörwein) und grüner oder gelber Izarra (Kräuterlikör aus dem Baskenland) lohnen einen Einkauf.

Kulinarische Spezialitäten, die man auch noch in der Heimat genießen kann, sind der Schafskäse aus den Pyrenäen *(fromage de brébis)*, luftgetrockneter Schinken aus Bayonne *(jambon de Bayonne)*, Schokolade aus Bayonne, Makronen aus St-Jean-de-Luz, *piments* (getrocknete Paprikaschoten) aus dem baskischen Bergdorf Espelette, Leberpastete von der Ente *(foie gras de canard)* oder von der Gans *(foie gras d'oie)* und Meersalz *(sel marin)* von der Insel Noirmoutier.

Beliebt sind auch Textilien aus dem Baskenland wie *espadrilles* (Leinensandalen), der *béret* (die typische Baskenmütze), Leinenartikel *(linge basque)*, Schafswolljacken und mit Schafswolle gefütterte Lederhausschuhe.

Souvenirs aus den Hafenstädten sind Flaschenschiffe und Schiffsmodelle sowie Antiquitäten aus Bordeaux und La Rochelle.

Strände

Die Atlantikküste ist bekannt für ihre hervorragenden weitläufigen Sandstrände und unendlichen Bademöglichkeiten. Allerdings hat der raue Atlantik seine Tücken, denn die Wellen, Gezeiten und Strömungen sind nicht ohne Gefahren. So sollten auch trainierte Schwimmer auf die Zeichen der Strandwacht achten. Rote Flaggen bedeuten striktes Badeverbot, Gelb, dass Vorsicht geboten ist, und Grün ungefährliches Baden. Die bewachten Strandabschnitte sind mit blauen Flaggen markiert. An den unbewachten Stränden sollte man äußerst vorsichtig sein. »Oben ohne« ist recht verbreitet, FKK sollte jedoch nur an den mit *naturisme* ausgewiesenen Stränden praktiziert werden (s. auch S. 333).

An der Côte de Lumière ist der flache, 8 km lange Sandstrand von St-Jean-de-Monts besonders bei Familien beliebt, ebenso der 3 km lange Strand des Traditionsbades Les Sables-d'Olonne und der Strand von Châtelaillon, südlich von La Rochelle. Reges Strandleben ist auf den Inseln Ré, Oléron und Noirmoutier anzutreffen. Herrlich weite Sandstrände sind an der Côte Sauvage, entlang des Forêt de la Coubre und bei Royan zu finden. Die Bucht von Arcachon ist für ihre Austernparks berühmt. Von der Gironde-Mündung bis hinunter zum berühmten Badeort Biarritz ziehen sich kilometerlang die breiten Sandstrände der Côtes des Landes und Côtes d'Argent, gesäumt von Dünenstreifen und Kiefernwäldern. Ferienzentren mit bewachten Stränden sind hier Biscarrosse und Mimizan. Hossegor ist besonders bei Surfern beliebt. Die wilde Côte Basque zwischen Biarritz und der spanischen Grenze mit ihren Felsbuchten und der hohen Brandung eignet sich nur stellenweise zum Baden, ist jedoch ein bevorzugtes Surfrevier. Schöne Sandstrände sind hier in St-Jean-de-Luz und Hendaye anzutreffen.

Telefonieren

Alle öffentlichen Fernsprecher sind Kartentelefone. Die *télécarte* zu 50 oder 120 Einheiten (1 Einheit = 0,15 €) ist in Tabakgeschäften, Bars oder bei der Post erhältlich. Die Tarife der Inlandsgespräche sind gestaffelt. Am günstigsten ist Telefonieren zwischen 22.30 und 6 Uhr. Verbilligte Auslandsgespräche kann man wochentags ab 21.30 Uhr und von Sa 18 Uhr bis Mo 8 Uhr führen.

Die Telefonnummern innerhalb Frankreichs sind zehnstellig. Die Vorwahl eines Ortes oder Departements ist stets mitzuwählen.

Von Deutschland nach Frankreich wählt man die 00 33 und lässt dann die 0 der zehnstelligen Anschlussnummer weg. Von Frankreich nach Deutschland: 00 49, nach Österreich: 00 43, in die Schweiz: 00 41. Bei der Ortsvorwahl der deutschen Nummer fällt jeweils die 0 weg.

Trinkgeld

Selbst wenn das Bedienungsgeld in Restaurants inbegriffen ist *(service inclus)*, wird zwischen 5 und 10 % Trinkgeld *(pourboire)* erwartet. Dies gilt ebenso für Taxifahrer, Zimmermädchen und Fremdenführer.

Unterkunft

In den Städten und Badeorten reicht das Angebot vom Luxushotel bis zum einfachen Gästezimmer und Campingplatz.

Kostenlose, jährlich aktualisierte Verzeichnisse von Hotels, Privatpensionen, Ferienwohnungen und -häusern erhält man beim jeweiligen regionalen Fremdenverkehrsamt (s. S. 327) oder beim örtlichen Office de Tourisme. Im Juli/August ist eine Reservierung empfehlenswert. Außerhalb der Saison sind die Unterkünfte sehr viel günstiger, im Winter allerdings an der Küste überwiegend geschlossen. Die französischen Hotels sind in fünf Kategorien unterteilt (1–4 Sterne und Luxus) und werden regelmäßig überprüft. Das Frühstück ist im Hotelpreis meist nicht inbegriffen.

Familienhotels sind im »Guide de l'Hôtellerie Familiale« aufgeführt, erhältlich bei: Industrie Hôtelière, 22, rue d'Anjou, 75008 Paris, Tel. 01 44 94 19 94, Fax 01 47 42 15 20. Besonders idyllisch gelegene oder außergewöhnliche Hotels sind im »Guide des Hôtels de Charme« (französische Broschüre) zusammengefasst, der im Buchhandel erhältlich ist.

Übernachtungsmöglichkeiten auf der Durchreise in der unteren bis mittleren Preislage sind die Hotelketten Campanile, Etap-Hotel, Formule 1, Frantour und Ibis, die meist an Ausfallstraßen liegen.

Schlosshotels

Immer mehr Schlossherren bieten Gästen Übernachtungen in ihren herrschaftlichen Gemäuern an. Das Niveau und die Preise variieren zwischen einem Stern und der Luxuskategorie. Schlosshotels zwischen Loire und Dordogne findet man in der Broschüre »Bienvenue au Château«, beim CRT in Nantes und Poitiers erhältlich. Die Broschüren der Vereinigungen »Relais & Château«, »Château Accueil« und »Hôtels du Patrimoine« werden von der Maison de la France in Frankfurt/M. oder den CRTs versandt (s. S. 326f.).

Das Verzeichnis der Vereinigung »Les Hôtels Particuliers«, in der Schlösser und besondere historische Gebäude, die zu Hotels umfunktioniert wurden, zusammengeschlossen sind, kann bestellt werden über: Groupe Philippe et Gérard Savry, 30, rue des Francs Bourgeois, 75003 Paris, Tel. 01 48 04 86 28, Fax 01 48 04 57 97.

Logis de France

Familienhotels der Mittelklasse mit einem guten Preis-Leistungs-Verhältnis und regionaltypischer Küche sind an dem Signet des grün-gelben Kamins zu erkennen. Der Zusammenschluss »Logis de France« gibt jährlich einen neuen Hotelführer heraus, der in Buchhandlungen oder bei den CDTs erhältlich ist. Zu bestellen auch über: Fédération Nationale des Logis de France, 83, av. d'Italie, 75013 Paris, Tel. 01 45 84 70 00, Fax 01 45 83 59 66. Reservierungszentrale Logis de France: Tel. 01 45 84 83 84, Fax 01 44 24 08 74.

Relais du Silence

Exklusive Landhotels in ruhiger Lage mit gemütlicher Atmosphäre und guter Küche. Hotelführer zu bestellen bei:

Relais du Silence, 17, rue d'Ouessant, 75015 Paris, Tel. 01 44 49 79 00, Fax 01 44 49 79 01. Reservierungszentrale: Tel. 01 44 49 90 00, Fax 01 44 49 79 01.

Chambres d'hôtes

Chambres d'hôtes nennt sich das französische Bed & Breakfast. Privatunterkünfte mit Frühstück werden auch häufig von einer Ferme-Auberge (Bauernhof), oft mit Table d'hôte (einem preiswerten Abendessen) angeboten. Verzeichnisse bei den örtlichen Fremdenverkehrsämtern oder bei den CDTs. Bei Gîtes de France, 56, rue St-Lazare, 75009 Paris, Tel. 01 49 70 75 85, Fax 01 49 70 75 80, erhält man die Liste der Reservierungsbüros, in denen man die Kataloge für jedes Departement bestellen kann.

Ferienhäuser und -wohnungen

Bei den staatlich überprüften Gîtes de France werden die zu vermietenden Ferienhäuser und -wohnungen je nach Ausstattung und Lage mit ein bis drei Kornähren klassifiziert. Kataloge können bestellt werden bei den Fremdenverkehrsämtern der Departements (CDTs).

Zu den großen Anbietern von Ferienwohnungen und -häusern in Frankreich gehört auch Clévacances. Fédération Nationale des Locations de France Clévacances, 54, bd. de l'Embouchure, B.P. 2166, 31022 Toulouse Cédex 2, Tel. 05 61 13 55 66, Fax 05 61 13 55 94.

Weitere Vermittler sind:
Voyages Sud-Soleil, Günterstalstr. 17, 79102 Freiburg, Tel. 07 61/70 87 00, Fax 07 61/708 70 26.
Inter Châlet, Postfach 5420, 79021 Freiburg, Tel. 07 61/21 00 77, Fax 07 61/210 01 54.
Cherdo Armoric, Ackerstr. 144, 40233 Düsseldorf, Tel. 02 11/67 00 70, Fax 670 07 77.

Jugendherberge

Günstigste Übernachtungsmöglichkeit ist die *auberge de jeunesse.* Man braucht einen internationalen Jugendherbergsausweis und eine Voranmeldung für Juli/August. Informationen: Deutsches Jugendherbergswerk, Bismarckstr. 8, 32756 Detmold, Tel. 052 31/740 10, Fax 74 01 49; Österreichischer Jugendherbergsverband, Schottenring 28, 1010 Wien, Tel. 01/533 53 53, Fax 535 08 61; Schweizer Jugendherbergen, Schaffhauserstr. 14, Postfach 161, 8042 Zürich, Tel. 01/360 14 14, Fax 360 14 60.

Camping

In fast jedem Ort von touristischem Interesse ist mind. ein Campingplatz zu finden. Die Auswahl an der Atlantikküste reicht vom luxuriösen 4-Sterne-Platz mit beheizten Schwimmbädern, Tennisplatz und Kinderanimation bis zur einfachen Anlage mit kalter Dusche. Häufig werden auch Bungalows und Mietzelte angeboten. Listen gibt es bei den Offices de Tourisme oder den CRTs. Der ADAC und der Guide Michelin geben jährlich Campingführer heraus, die jedoch die einfachen Plätze weitgehend ignorieren. Eine Reservierung in der Hochsaison ist unumgänglich, zumindest für bessere Plätze an den Stränden. Idyllisch gelegen und besonders preiswert, allerdings sehr einfach, sind die Plätze der Kommunen. Sie sind auch im Sommer häufig nicht ausgebucht. Die meisten Campingplätze sind geöffnet von März/April bis September/Oktober.

Für Wohnmobile gilt in vielen Orten ein Nacht- oder generelles Parkverbot.

Manchmal werden Parkmöglichkeiten außerhalb des Ortskerns zugewiesen, teils sogar mit Trink- und Abwasserversorgung.

Die in Deutschland üblichen 5- und 11-kg-Propangasflaschen sind in Frankreich nicht nachfüllbar. Eine Alternative: bei Gasverkaufsstellen (z. B. Tankstellen, Einkaufsmärkten) 13-kg-Butangasflasche. Sie kann gegen die Kaufquittung zurückgegeben werden.

Urlaubsaktivitäten

Angeln

Pêche à pied, das Sammeln von Meerestieren bei Ebbe, ist eine beliebte und erlaubte Freizeitbeschäftigung an der Atlantikküste. Das Angeln ist am gesamten Küstenstreifen ohne Schein möglich. Angelexkursionen werden in den Hafenstädten angeboten. Für Binnengewässer wird eine Erlaubnis benötigt, die in den örtlichen Angelfachgeschäften oder bei der Mairie (Bürgermeister) erhältlich ist. Eine Broschüre »Fischen in Frankreich« verschickt die Maison de la France (s. S. 326f.). Im Departement Pyrénées-Atlantiques finden Sportfischer ideale Bedingungen für Forellen- und Lachsfischerei vor. Informationen gibt es bei den Tourismusverbänden im Béarn und Pays Basque (Agences Touristiques).

Boot fahren

Segelboote werden in den Häfen verliehen; meist ist kein Segelschein erforderlich. Es muss jedoch eine Kaution (per Euroscheck, selten Kreditkarte) hinterlegt werden. Für Segeltörns zu den Inseln sollte man Erfahrung mitbringen, da die Meerengen nicht ungefährlich sind. Man kann auch Jachten mit Skipper mieten.

Ideal sind auch die Flüsse für Bootstouren. Hierfür bieten sich die reizvollen Wasserstraßen des Adour mit seinen Nebenflüssen Nive, Bidouze und Gaves Réunis sowie der Courant d'Huchet und der Courant de Léon an. Zahlreiche Einrichtungen bieten auch organisierte Bootstouren auf den Flüssen und Kanälen an. Informationen bei den regionalen Fremdenverkehrsämtern (s. S. 327).

Bestens geeignet für Hausboottouren sind die Charente und der Canal Latéral (Seitenkanal der Garonne). Hierfür ist kein Führerschein erforderlich. Vor der Abfahrt erfolgt eine Einweisung. Das Hinterlegen einer Kaution wird verlangt. Boote, die bis zu zehn Personen aufnehmen können, sind an zahlreichen Bootsstationen zu mieten. Mietstationen an der Charente sind: St-Savinien, Saintes, Cognac, Jarnac, Angoulême. Informationen bei den regionalen Fremdenverkehrsämtern (s. S. 327). Am besten bucht man bereits in Deutschland, z. B. bei Locaboat Plaisance, Postfach 867, 79008 Freiburg, Tel. 07 61/ 207 37 37, Fax 207 37 73, oder bei Kuhnle-Tours, Nagelstr. 4, 70182 Stuttgart, Tel. 07 11/16 48 20, Fax 16 48 26-0 (2–12-Personen-Boote kosten für 1 Woche ab ca. 165 bis 1000 € für die Luxusvariante; die Kaution beträgt ebenfalls zwischen 165 und 1000 €.

Fahrradfahren

Die französische Atlantikküste bietet ein großzügiges Wegenetz für Fahrradfahrer, das noch immer weiter ausgebaut wird. Die regionalen Fremdenverkehrsämter (s. S. 327) geben Broschüren der Radwege an der Atlantikküste heraus. Einen Fahrradverleih kann man in allen Touristenzentren finden. Pro Woche muss mit einer Miete von ca. 50 €

gerechnet werden. Vorsicht vor Diebstählen an den Stränden.

Golf

1856 wurde in Pau der erste Golfplatz auf dem europäischen Kontinent angelegt. Seitdem sind allein in Aquitanien rund 50 weitere entstanden. Die französische Atlantikküste ist ein Paradies für Golfer. Die bekanntesten Plätze liegen um Biarritz und vor den Toren von Bordeaux. In Bidart, bei Biarritz, befindet sich ein Golftrainingscenter (Centre d'Entrainement d'Ilbaritz, av. de la Reine Nathalie, Tel. 05 59 43 81 30). Einen Überblick verschafft die Broschüre »Golf in Frankreich«, erhältlich bei der Maison de la France. Es gibt Golfpässe für die Plätze der Charente-Maritime, der Gironde, des Baskenlandes und Les Landes, dank derer die Green Fees vergünstigt werden. Informationen und Broschüren bei den Fremdenverkehrsverbänden der Departements (s. S. 327).

Kanu und Kajak

Die Kanäle des Marais Poitevin, die Flüsse der Charente-Maritime, Eyre und Leyre im Nationalpark der Landes sowie die Flüsse und Seen im Hinterland der aquitanischen Küste eignen sich hervorragend zum Kanu- und Kajakfahren. Zahlreiche Clubs und Verbände bieten Touren an, sowohl für Anfänger als auch für erfahrene Paddelsportler. Pyrenäenflüsse wie der Gave d'Oloron und der Gave de Pau im Béarn eignen sich für Wildwasserfahrten und Raftingtouren. Informationen bei den Fremdenverkehrsämtern der jeweiligen Departements (s. S. 327).

Paragliding und Drachenfliegen

Die Dune du Pilat bei Arcachon eignet sich optimal zum Drachenfliegen und Paragliding. Kurse bietet Baptême en Aile Delta et Parapète Biplace, 1, rue Aurélien Daisson, 33470 Gujan Mestras, Tel. und Fax 05 56 22 15 02. In St-Jean-de-Luz bietet Challenge Evénement Anfängerkurse im Paragliding an, Tel. 05 59 26 36 26. In den Pyrenäen gibt es in zahlreichen Orten Paraglidingschulen. Informationen beim regionalen Fremdenverkehrsamt (s. S. 327).

Reiten

Hoch zu Ross durch die Weingüter des Médoc, die weiten Strände der Côte d'Argent entlanggaloppieren, durch die Kiefernwälder der Landes reiten oder die Berglandschaft der Pyrenäen auf dem Pferderücken erkunden – wer dem Reitsport zugetan ist, findet in dieser Region ideale Bedingungen. Informationen über lokale Reitzentren *(centre équestre)* und geführte Reittouren geben die Fremdenverkehrsämter.

Segeln

Zentren des Hochseesegelns sind La Rochelle und die Inseln Noirmoutier, Ré und Oléron. Für den Segelsport eignen sich die gesamte Küste sowie die großen Seen der Landes und der Gironde. Bedeutende Jachthäfen findet man in Les Sables-d'Olonne, Arcachon, Capbreton und Hendaye.

An der gesamten Küste bietet der französische Segelverband (Fédération Française de Voile, Tel. 01 44 05 81 00, Fax 01 47 04 90 12) Segelkurse mit gut ausgebildeten Lehrern an. Der Unterricht der F.F.V. ist auf Französisch, z. T. aber auch auf Englisch.

Strandsegeln (char à voile)

Bei Ebbe und Wind rasen die Strandsegler an den dafür ausgewiesenen Pisten der langen und breiten Sandstrände der Côte de Jade und Côte de Lumière entlang. Char-à-Voile-Zentren sind St-Brévin, La Faut, Notre-Dame-de-Monts, St-Jean-de-Monts, St-Gilles-Croix-de-Vie und Les Sables-d'Olonne. Informationen sind bei den örtlichen Offices de Tourisme oder beim CDT der Vendée erhältlich.

Surfen (planche à voile)

Die Atlantikküste ist ein ideales Surfgebiet. Arcachon, Hossegor und die Côte Basque mit Biarritz als beliebtem Surfzentrum sind eher für Profis geeignet. Anfänger sollten die Vendée und die Küste der Charente-Maritime vorziehen. Kurse bieten ebenfalls die F.F.V. (s. S. 341) sowie örtliche Surfschulen (s. Tipps von Ort zu Ort S. 260ff.).

Tauchen

Für Tauchgänge eignet sich die Felsküste der Côte Basque am besten. Sowohl in Biarritz als auch in St-Jean-de-Luz und Hendaye gibt es Tauchschulen (s. Tipps von Ort zu Ort S. 260ff.).

Wandern

Die Fédération Française de la Randonnée Pédestre hat drei unterschiedliche Kategorien von Wanderpfaden eingerichtet. Die Sentiers de Grande Randonnée (GR) sind rot-weiß gekennzeichnet und erstrecken sich über mehrere hundert Kilometer: GR 10 durchquert die Pyrenäen von West nach Ost, GR 4 beginnt in Angoulême, durchquert die Charente und führt am Meer entlang bis nach Royan; GR 8 folgt der Côte d'Argent von Hourtin bis Capbreton; GR 364 führt durch die Vendée; GR 65 (»Jakobsweg«) folgt den Pilgerspuren über St-Pied-de-Port bis nach Compostela. Die kürzeren Sentiers de Grande Randonnée de Pays (GRP) sind gelb-rot markiert und Tages- oder Halbtagestouren. Bei den Sentiers de Randonnée de Pays (PR) handelt es sich um kurze Trekkingpfade. Die Wanderwege sind in den Topo-Guides beschrieben, die von der Fédération Française de la Randonnée Pédestre, 14, rue Riquet, 75019 Paris, Tel. 01 44 89 93 90, Fax 01 40 35 85 48, herausgegeben werden. Derselbe Verband veröffentlicht auch den Wanderführer »Charente-Maritime et ses iles«, der in größeren Buchhandlungen der Region erhältlich ist. Reizvolle Wandertouren führen auch durch die Pinienwälder der Landes und die Berglandschaft der Pyrenäen. Die örtlichen Fremdenverkehrsämter und CDTs geben Broschüren über Wanderrouten heraus mit Adressen von Organisationen, die geführte Touren anbieten.

Wintersport

Im Winter eignen sich die Pyrenäen hervorragend zum Skilaufen. Wintersportorte wie Les Beaux-Bonnes, Artouste-Fabréges, Arette-La Pierre St-Martin, Issarbe und Iraty bieten sowohl Alpin- als auch Langlaufskimöglichkeiten. Informationen bei den CRTs von Béarn und dem Pays Basque.

Verhalten als Tourist

»Heilig« ist das Mittagsmahl. Zwischen 12 und 14.30 Uhr sollte man keine Besuche abstatten, bei Fremdenverkehrsämtern oder Behörden auftauchen. Ebensowenig sollte man unangemeldet ab 19 Uhr vorbeikommen. Essen ist eine wichtige Angelegenheit in Frankreich, und ungern nur lassen sich die Franzosen dabei stören.

Sehr hilfreich sind Grundkenntnisse in der französischen Sprache. Fremdsprachen sollte man bei Franzosen nicht voraussetzen. Selbst wenn Kenntnisse vorhanden sind, werden sie ungern angewandt. Spricht man als Besucher die Landessprache, wird man offener empfangen und stößt auf sehr viel mehr Hilfsbereitschaft, besonders, wenn man die Höflichkeitsfloskeln beherrscht: *S'il-vous-plaît, excusez-moi, merci beaucoup* in Verbindung mit einem Lächeln bewirken manchmal Wunder. In der eigenen Landessprache ungeduldig loszuschimpfen wird nur auf eisiges Schweigen stoßen – und man wird nichts erreichen.

Franzosen legen sehr viel Wert auf angemessene Kleidung und Etikette. In gehobeneren Restaurants sollte man nicht in kurzer Hose erscheinen; zu Feierlichkeiten, offiziellen Anlässen, im Theater wird häufig eine Krawatte erwartet.

Verkehrsmittel

Flugverbindungen

Die Regionalflughäfen werden neben Air France (Tel. 01 80/583 08 30, Fax 069/256 63 01) von kleineren Gesellschaften wie Air Littoral (Tel. 018 03/00 04 36, Fax 018 03/00 04 40) und Regional Air (Tel. 01 80/500 52 00, Fax 02 21/963 72 72) angeflogen.

Zugverbindungen

Die staatliche Bahn SNCF (Societé Nationale des Chemins de Fer Français) verbindet alle größeren Orte. Nantes, Poitiers, Angoulême, Les Sables-d'Olonne, La Rochelle, Bordeaux, Arcachon, Dax, Bayonne, Biarritz, St-Jean-de-Luz und Hendaye werden auch von dem Hochgeschwindigkeitszug TGV Atlantique angefahren. Für den TGV ist eine Reservierung notwendig. Alle Fahrkarten sind vor der Abfahrt in den *composteurs* (orangefarbenen Automaten) zu entwerten. Bahnauskünfte unter Tel. 08 36 35 35 35.

Busverbindungen

Innerhalb größerer Städte existiert ein gutes Busnetz. Nantes unterhält auch noch eine Straßenbahn. Auch von Stadt zu Stadt sind die Verbindungen gut. Fahrpläne und Tickets sind am Gare Routière (Busbahnhof) erhältlich.

Mietwagen

In größeren Orten und auf den Flughäfen sind Vertretungen der großen Mietwagenfirmen zu finden. In der Hochsaison ist eine Reservierung bereits vom Heimatort zu empfehlen. Kleinwagen sind ab ca. 200 € pro Woche inkl. Haftpflichtversicherung zu bekommen.

Buchungszentralen in Deutschland: Avis, Tel. 01 80/555 77, Fax 061 71/68 18 07, Europcar, Tel. 01 80/522 11 22, Fax 040/52 01 86 13,
Sixt, Tel. 01 80/525 25 25 oder Tel. 01 80/533 35 35, Fax 03 81/807 02 22.

Das Mindestalter bei der Anmietung liegt bei 21 Jahren. Der Führerschein muss mindestens ein Jahr alt sein. Hinterlegt wird eine Kreditkartennummer oder eine Kaution.

Fähren

Die vorgelagerten Inseln werden im Sommer mehrmals täglich von Fähren angesteuert. Zur Ile d'Yeu gelangt man von Fromentine oder von St-Gilles-Croix-de-Vie, die Ile de Ré wird von La Tranche-sur-Mer und La Rochelle aus angesteuert, die Ile d'Aix von Fouras und die Halbinsel Cap Ferret von Arcachon (keine Pkws). Ebenso herrscht in der Saison Pendelverkehr zwischen den einzelnen Inseln.
Auch über die Gironde-Mündung

gibt es Fährverbindungen: von Royan nach Le Verdon, von Blaye nach Lamarque (nähere Informationen s. Adressen & Tipps von Ort zu Ort S. 260ff.).

Taxis

Taxis sind an Bahnhöfen und großen Plätzen anzutreffen. Die Tarife liegen bei 0,60 € pro km und nach 19 Uhr bei 1 €. Hinzu kommt eine Grundgebühr von 2,50 € und ein Aufpreis für Gepäckstücke.

Zeitungen

Die bekannteste Regionalzeitung ist die »Sud-Ouest« aus Bordeaux. Die im Jahr 1944 gegründete Tageszeitung hat eine Auflage von ca. 400 000, verschiedene Lokalteile und eine besonders umfangreiche Sonntagsausgabe mit Veranstaltungskalender. In der Maison de la Presse erhält man sowohl die lokalen Blätter als auch die großen überregionalen Zeitungen wie »Le Figaro«, »Le Monde« und »Libération«. In den touristischen Orten erhält man während der Hochsaison auch deutsche Zeitungen.

Abbildungsnachweis

Alle Abbildungen wurden, sofern nicht im Folgenden aufgelistet, von **Manfred Görgens,** Wuppertal, eigens für diesen Band fotografiert.

all over, Wuppertal (Manfred Görgens) S. 219
Archiv Görgens, Wuppertal S. 34, 48
Thomas Stankiewicz, München Coverfoto (Innenklappe), Coverfoto (hinten), S. 4 (oben), 101, 110, 125, 208/09, 222, 234
Martin Thomas, Aachen S. 5 (oben), 8/9, 16/17, 98/99, 104/05, 117, 119, 120/21, 146, 159, 161, 163, 166/67, 179, 207, 212/13, 228/29, 236/37, 239, 256
Heinz Wohner/Look, München, Coverfoto

Karten und Pläne:
Elsner & Schichor, Karlsruhe
© DuMont Reiseverlag, Köln

Register

Personen

Orte

Bitte schreiben Sie uns, wenn sich etwas geändert hat!
Alle in diesem Buch enthaltenen Angaben wurden von den Autoren nach bestem Wissen erstellt und von ihnen und dem Verlag mit größtmöglicher Sorgfalt überprüft. Gleichwohl sind – wie wir im Sinne des Produkthaftungsrechts betonen müssen – inhaltliche Fehler nicht vollständig auszuschließen. Daher erfolgen die Angaben ohne jegliche Verpflichtung oder Garantie des Verlages oder der Autoren. Beide übernehmen keinerlei Verantwortung und Haftung für etwaige inhaltliche Unstimmigkeiten. Wir bitten daher um Verständnis und werden Korrekturhinweise gerne aufgreifen:

DuMont Reiseverlag, Postfach 10 10 45, 50450 Köln
E-mail: info@dumonreise.de

Titelbild: Der Hafen von St-Jean-de-Luz
Umschlaginnenklappe: Küste bei Biarritz
Umschlagrückseite: Blick auf die Brücke zur Ile de Ré

Über die Autoren: Manfred Görgens, Jahrgang 1954, studierte Freie Kunst in Düsseldorf und Indologie in Bochum. Zahlreiche, oft mehrmonatige Reisen führten ihn in Länder Asiens, Afrikas und Europas. Auf Publikationen im eigenen Verlag (Graphium press) folgten Tätigkeiten als Lektor, Übersetzer, Rezensent und Reisejournalist. Der heute in Wuppertal lebende Fotograf und Autor arbeitet für mehrere Buch- und Zeitschriftenverlage. Bei DuMont sind von ihm erschienen: »Kleine Geschichte der indischen Kunst« und »Schnellkurs: Buddhismus« (mit F. R. Scheck).
Dr. Daniela Kasischke, geboren 1965, ist promovierte Historikerin und arbeitet seit Jahren als freie Reisejournalistin. Eine besondere Vorliebe hat die Autorin für Frankreich entwickelt, wohin sie immer wieder reist und wo sie zeitweise auch gelebt hat. Als Buchautorin hat sie sich hauptsächlich mit historischen Themen beschäftigt.

Zum Entstehen dieses Buches haben viele Freunde und Helfer in Frankreich beigetragen. Ihnen allen gilt Dank, insbesondere Paul Ligtenberg vom CRT Pays de la Loire in Nantes, Marie-Yvonne Holley vom CRT Aquitaine in Bordeaux und Delphine Boissières vom CDT Charente-Maritime in La Rochelle. Frank Rainer Scheck, Köln, danken wir für seinen Beitrag über Jules Verne und seine zahlreichen Hinweise zu Detailfragen. Sabine Pläcking, Wuppertal, leistete wertvolle Hilfestellung in der Endphase der Manuskripterstellung. Susanne Völler, Köln, gilt Dank für die hervorragende Lektoratsarbeit.

2., aktualisierte Auflage 2003

Redaktion und Satz: Susanne Völler, Redaktion A–Z, Köln
Umbruch: Britta Zuschlag, Blickpunkt X; Köln
Satz und Druck: Rasch, Bramsche
Buchbinderische Verarbeitung: Bramscher Buchbinder Betriebe

Printed in Germany ISBN 3-7701-4884-3